财务报表分析

王前锋　陈 瑶◎编著

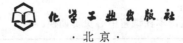

化学工业出版社
·北京·

内容简介

本书以我国现行会计准则为依据，结合上市公司案例，系统阐述了分析财务报表的基本方法和操作技能。本书内容包括财务报表分析的基础知识；通过资产负债表、利润表、现金流量表、所有者权益变动表的项目分析、趋势分析、结构分析和质量分析，对财务报表进行初步分析；从偿债能力、盈利能力、营运能力和发展能力等方面进行财务能力分析，并在此基础上进行了财务综合分析，从而了解企业的整体状况；对企业的内在价值进行评估，为投资决策提供重要参考。本书体系完整、通俗易懂、便于操作。

本书可作为会计学、财务管理、金融学、工商管理等经济管理类专业的本科教材，也可以作为MBA、MPAcc等专业硕士学习的参考教材，还可以作为广大投资者自学的参考书。

图书在版编目（CIP）数据

财务报表分析/王前锋，陈瑶编著. —北京：化学工业出版社，2024.2（2024.7重印）
ISBN 978-7-122-44395-3

Ⅰ.①财… Ⅱ.①王… ②陈… Ⅲ.①会计报表-会计分析 Ⅳ.①F231.5

中国国家版本馆CIP数据核字（2023）第209324号

责任编辑：曾照华　　　　　　　　　　　　装帧设计：王晓宇
责任校对：李露洁

出版发行：化学工业出版社（北京市东城区青年湖南街13号　邮政编码100011）
印　　装：北京科印技术咨询服务有限公司数码印刷分部
787mm×1092mm　1/16　印张19½　字数500千字　2024年7月北京第1版第2次印刷

购书咨询：010-64518888　　　　　　　　　售后服务：010-64518899
网　　址：http://www.cip.com.cn
凡购买本书，如有缺损质量问题，本社销售中心负责调换。

定　　价：78.00元　　　　　　　　　　　　　　　　　　　　版权所有　违者必究

前言

随着资本市场的日益发达和企业规模的不断扩大，企业财务活动越来越复杂，许多人意识到财务报表分析的重要性，企业经营者、投资者、社会中介机构和政府职能部门等利益相关者都需要了解企业。只有了解企业的经营状况，才能做出科学的决策，而财务报表是了解企业最为重要的渠道。

说说财务报表，仅需要一小时；

学习财务报表，却需要一学期；

精通财务报表，至少需要十年功。

正如这首小诗所言，一小时可以了解财务报表的表面现象，一学期可以奠定财务报表分析的基础，而真正精通财务报表则需要付出很大的努力。

笔者几十年来一直从事财务报表分析课程的教学工作，在给学生上课时，深深地感受到：一方面，学生认识到财务报表分析的重要性，学习积极性很高；另一方面，他们认为现有的教材专业性较强，大量的专业术语、枯燥的数字让他们心生畏惧。为了提高学生的学习兴趣，笔者在课堂教学中选择典型案例，以年报为基本资料，辅以其他相关资料，分析财务报表中涉及的各种财务、管理等问题。通过诸如此类的方法，学生不仅了解数字本身，还了解到数字背后的东西，从而深刻认识到财务报表分析是一个分析研究过程，而非计算过程。本书正是根据这些年的授课讲义整理而来，希望这些经验和技巧能够对读者有所裨益。

本书具有以下特点。

1. 体系完整

本书从使用者的角度出发，首先介绍了财务报表分析的基础知识，其次通过四张财务报表的项目分析、趋势分析、结构分析和质量分析，对财务报表进行初步分析，然后从偿债能力、盈利能力、营运能力和发展能力等方面进行财务能力分析，在此基础上进行了财务综合分析，从而让使用者了解企业的整体状况，最后对企业的内在价值进行评估，为投资决策者提供重要参考。

2. 通俗易懂

为了加深对相关理论知识的理解，本书选取了大量的教学案例，以此对相关知识点进行讲解，同时还配有丰富的专栏，主要针对正文中的某个知识点进一步阐述使用技巧，它们是教材知识的延伸，有利于开阔眼界。

3. 便于操作

本书以Y公司五年的年报作为分析对象，贯穿全书始终，并采用大量近年来上市公司的真实案例讲解相关知识。在学习过程中，读者可以选择一家感兴趣的上市公司，收集相关资料，模仿教材中的分析方法，边学边练，跟踪研究，以达到事半功倍的效果。

本书可作为会计学、财务管理、金融学、工商管理等经济管理类专业的本科教材，也可以作为 MBA、MPAcc 等专业硕士学习的参考教材，还可以作为广大投资者自学的参考书。

王前锋担任本书主编，并对全书进行了总体设计、总纂并定稿。第一章至第五章、第十章至第十一章由王前锋编写，第六章至第九章由王前锋、陈瑶编写。

本书在编写过程中，参考了大量的相关教材、网站信息等资料，借鉴了许多最新研究成果和研究报告，在此一并表示最诚挚的谢意。由于水平有限，书中难免存在不完善之处，恳请读者批评指正，以便我们在下次修订时加以完善。

王前锋

2023 年 12 月

目录

第一章 财务报表分析概述 ... 001
第一节 财务报表分析的起源和发展 ... 001
一、财务报表分析的起源 ... 001
二、财务报表分析的发展 ... 002
第二节 财务报表分析的概念与目标 ... 003
一、财务报表分析的概念 ... 003
二、财务报表分析的目标 ... 004
第三节 财务报表编制的基础 ... 005
一、会计信息质量要求 ... 006
二、会计要素 ... 008
三、会计假设 ... 011
四、会计基础 ... 012
五、会计计量 ... 013
第四节 上市公司信息披露制度 ... 014
一、上市公司信息披露公告 ... 014
  专栏1-1 如何查询上市公司公告信息 ... 017
二、审计报告 ... 017
第五节 财务报表分析的体系与内容 ... 019
一、从企业活动到财务报表 ... 019
二、财务报表分析的不同体系 ... 019
三、财务报表分析的内容 ... 021
第六节 财务报表分析的方法 ... 022
一、比较分析法 ... 022
二、比率分析法 ... 023
三、因素分析法 ... 024
四、结构分析法 ... 026
五、趋势分析法 ... 027
第七节 财务报表分析的步骤 ... 028
本章小结 ... 029
复习思考题 ... 029
拓展训练 ... 030

第二章　资产负债表解读与分析 ... 031

第一节　资产负债表的性质和结构 ... 031
一、资产负债表的性质 ... 031
二、资产负债表的结构 ... 032
三、资产负债表项目的排列顺序 ... 033

第二节　资产项目解读与分析 ... 033
一、资产项目分类 ... 033
二、经营资产 ... 034
三、投资资产 ... 043
　　专栏 2-1　金融资产的分类 ... 045
四、其他资产 ... 047

第三节　负债项目解读与分析 ... 049
一、负债项目分类 ... 049
二、经营负债 ... 050
　　案例 2-1　通过应付票据和应付账款，看 W 公司对上游供应商的话语权 ... 051
　　专栏 2-2　合同资产与合同负债 ... 052
　　专栏 2-3　如何判断上市公司所处的市场地位 ... 054
三、筹资负债 ... 055
四、其他负债 ... 058

第四节　所有者权益项目解读与分析 ... 059
一、所有者权益项目分类 ... 059
二、投资人投入 ... 060
三、留存收益 ... 061
　　专栏 2-4　所有者权益特殊项目 ... 062

第五节　资产负债表趋势分析和结构分析 ... 064
一、资产负债表趋势分析 ... 064
　　案例 2-2　Y 公司合并资产负债表趋势分析 ... 065
二、资产负债表结构分析 ... 070
　　案例 2-3　Y 公司合并资产负债表结构分析 ... 071

第六节　资产质量分析 ... 076
一、资产质量的概念 ... 076
二、资产质量的特征 ... 076
三、资产质量分析的步骤 ... 078
　　专栏 2-5　如何快速阅读资产负债表 ... 080

本章小结 ... 081
复习思考题 ... 081
拓展训练 ... 082

第三章 利润表解读与分析 083

第一节 利润表的性质和结构 083
一、利润表的性质 083
二、利润表的结构 084
专栏 3-1 资产负债表与利润表的关系 085

第二节 利润表项目解读与分析 086
一、收入类项目解读与分析 087
二、费用类项目解读与分析 091
专栏 3-2 研发投入资本化还是费用化？ 093
专栏 3-3 馅饼并非天天有——非经常性损益 096
三、利润类项目解读与分析 098
专栏 3-4 直接计入当期损益的利得和损失与直接计入所有者权益的利得和损失 101

第三节 利润表趋势分析和结构分析 103
一、利润表趋势分析 103
案例 3-1 Y公司合并利润表趋势分析 105
二、利润表结构分析 108
案例 3-2 Y公司合并利润表结构分析 108

第四节 利润质量分析 110
一、利润质量的概念 110
二、利润质量的特征 110
三、利润质量分析的内容 111
四、利润质量恶化的主要表现形式 112
专栏 3-5 理想的利润表 115

本章小结 115
复习思考题 116
拓展训练 116

第四章 现金流量表解读与分析 117

第一节 现金流量表的性质和结构 117
一、现金流量表的性质 117
二、现金流量表的结构 118
三、现金流量表的内容 121
专栏 4-1 现金及现金等价物余额等于货币资金吗？ 123

第二节 现金流量表项目解读与分析 125
一、经营活动现金流量项目解读与分析 125
专栏 4-2 如何计算职工人均薪酬 126
二、投资活动现金流量项目解读与分析 129
专栏 4-3 自由现金流的魅力 130

三、筹资活动现金流量项目解读与分析 131
　　　　专栏 4-4　企业现金流的"造血"、"输血"与"失血" 132
　　四、汇率变动对现金及现金等价物的影响项目解读与分析 133
　　五、将净利润调节为经营活动现金流量项目解读与分析 134
　第三节　现金流量表的趋势分析和结构分析 135
　　一、现金流量表趋势分析 135
　　　　案例 4-1　Y 公司合并现金流量表趋势分析 136
　　二、现金流量表结构分析 139
　　　　案例 4-2　Y 公司合并现金流量表结构分析 140
　第四节　现金流量质量分析 142
　　一、现金流量质量的概念 142
　　二、现金流量质量分析方法 142
　　　　案例 4-3　A 公司现金流量整体状态分析 148
　　三、现金流量操纵分析 149
　　　　专栏 4-5　如何通过现金流量表发现优秀公司 150
　本章小结 151
　复习思考题 152

第五章　所有者权益变动表解读与分析 153

　第一节　所有者权益变动表概述 153
　　一、所有者权益变动表的性质 153
　　二、所有者权益变动表的结构 154
　　三、所有者权益变动表的勾稽关系 155
　　四、所有者权益变动表的作用 156
　　　　专栏 5-1　四张财务报表之间的关系 157
　第二节　所有者权益变动表项目解读与分析 158
　　一、会计政策变更和前期差错更正 158
　　二、综合收益总额 158
　　三、所有者投入和减少资本 159
　　　　专栏 5-2　股票回购与库存股 159
　　四、利润分配 161
　　五、所有者权益内部结转 162
　第三节　所有者权益变动表的趋势分析和结构分析 163
　　一、所有者权益变动表趋势分析 163
　　二、所有者权益变动表结构分析 163
　　　　案例 5-1　S 公司所有者权益变动表趋势分析和结构分析 164
　第四节　所有者权益变动表质量分析 166
　　　　专栏 5-3　如何有效阅读财务报表 167
　本章小结 168
　复习思考题 168

第六章 偿债能力分析 170

第一节 偿债能力分析的目的和内容 170
一、偿债能力的概念 170
二、偿债能力分析的目的 170
三、偿债能力分析的内容 171

第二节 短期偿债能力分析 171
一、短期偿债能力的概念 171
二、营运资本 172
三、流动比率 173
四、速动比率 174
案例 6-1 B 股份的短期偿债能力分析 175
五、现金比率 175
六、现金流量比率 177
七、影响短期偿债能力的表外因素 178

第三节 长期偿债能力分析 178
一、长期偿债能力的概念 178
二、资产负债率 180
专栏 6-1 各行业资产负债率排行 181
三、产权比率 182
四、权益乘数 183
五、资产有息负债率 184
六、利息保障倍数 185
专栏 6-2 利息支出的计算 186
七、现金流量债务比 187
八、影响长期偿债能力的表外因素 187
专栏 6-3 上市公司年报披露偿债能力相关信息 188

本章小结 189
复习思考题 189

第七章 盈利能力分析 190

第一节 盈利能力分析的目的和内容 190
一、盈利能力的概念 190
二、盈利能力分析的目的 191
三、影响盈利能力的因素分析 191
四、盈利能力分析的内容 192

第二节 商品经营盈利能力分析 193
一、毛利率 193
案例 7-1 A 公司毛利率的计算 193
二、经营利润率 195

三、销售净利率 196
　　四、成本费用利润率 197
第三节　资产经营盈利能力分析 198
　　一、总资产报酬率 198
　　二、总资产净利率 200
　　三、长期资本利润率 200
　　四、投入资本收益率 201
第四节　资本经营盈利能力分析 202
　　一、净资产收益率 202
　　　　专栏 7-1　上市公司加权平均净资产收益率的计算 202
　　　　专栏 7-2　A 股公司 2021 年净资产收益率总体分布 205
　　二、资本收益率 206
第五节　上市公司盈利能力分析 207
　　一、每股收益 207
　　　　专栏 7-3　时间加权因素 209
　　二、每股净资产 210
　　三、每股股利 211
　　　　专栏 7-4　股息、红利与股利 211
　　四、股利支付率 212
　　五、股息率 213
　　　　案例 7-2　从高息股的赚钱视角分析 C 公司的投资价值 214
　　六、市盈率 215
　　七、市净率 218
本章小结 219
复习思考题 220

第八章　营运能力分析 221

第一节　营运能力分析的目的和内容 221
　　一、营运能力的概念 221
　　二、营运能力分析的目的 221
　　三、影响营运能力的因素分析 222
　　四、营运能力分析的内容 223
　　　　专栏 8-1　财务指标命名的规律 223
第二节　流动资产营运能力分析 224
　　一、流动资产周转率 224
　　二、应收账款周转率 225
　　三、存货周转率 226
　　　　专栏 8-2　存货周转率和毛利率的关系 228
　　四、现金周转期 229
　　　　案例 8-1　甲公司的现金周转期为何为负 230

  第三节 固定资产营运能力分析 231
    一、固定资产的特征与分类 231
    二、固定资产收入率 232
    三、固定资产净值率 233
  第四节 总资产营运能力分析 234
    一、总资产周转率的内涵与计算 234
    二、总资产周转率的判断标准 234
    三、总资产周转率分析 235
    四、提高总资产周转率的方法 236
  本章小结 237
  复习思考题 237

第九章 发展能力分析 238

  第一节 发展能力分析的目的和内容 238
    一、发展能力的概念 238
    二、发展能力分析的目的 238
    三、影响发展能力的因素分析 239
    四、发展能力分析的内容 239
      专栏9-1 增长率的不同表现形式 240
  第二节 以收入与利润为基础的发展能力分析 241
    一、销售增长率 241
    二、经营利润增长率 242
    三、净利润增长率 243
      专栏9-2 为何利润的降速比收入快 244
  第三节 以股东权益与资产为基础的发展能力分析 245
    一、股东权益增长率 245
      专栏9-3 长期投资收益率为什么约等于净资产收益率 245
    二、资产增长率 247
  第四节 以经营活动现金净流量为基础的发展能力分析 249
    一、经营活动现金净流量的作用 249
    二、经营活动现金净流量增长率 250
  本章小结 252
  复习思考题 253

第十章 财务综合分析 254

  第一节 财务综合分析的目的和方法 254
    一、财务综合分析的概念 254
    二、财务综合分析的目的 255
    三、财务综合分析的方法 255

  第二节 杜邦财务分析体系 256
   一、杜邦财务分析体系的概念 256
   二、杜邦财务分析体系的作用 256
    专栏 10-1 杜邦财务分析体系的来历 256
   三、杜邦财务分析体系的基本原理 257
   四、净资产收益率的驱动因素分析 259
   五、公司经营特性分析 259
   六、杜邦财务分析体系的局限性 260
    专栏 10-2 帕利普财务分析体系——杜邦财务分析体系的发展 261
  第三节 综合评价法 262
   一、沃尔评分法 262
   二、中央企业综合绩效评价体系 263
  第四节 雷达图分析法 267
   一、雷达图分析法的概念 267
   二、雷达图指标体系 268
   三、雷达图绘制步骤 268
   四、雷达图分析方法 269
   五、雷达图分析注意事项 270
    案例 10-1 E 公司雷达图分析 270
 本章小结 271
 复习思考题 271

第十一章 企业价值评估 273

  第一节 企业价值评估概述 273
   一、企业价值评估的概念 273
   二、企业价值评估的目的 274
   三、企业价值评估的对象 274
   四、企业价值评估的程序 276
   五、企业价值评估的方法 277
  第二节 现金流量折现法 277
   一、现金流量折现法的基本原理 277
   二、股利现金流量模型 277
   三、股权现金流量模型 278
   四、实体现金流量模型 282
   五、现金流量折现法的评价 285
  第三节 相对价值估价法 286
   一、相对价值模型的原理 286
   二、市盈率模型 287
   三、市净率模型 288
    专栏 11-1 股票回报来源拆分 289

四、托宾 Q 值模型法 290
　　五、相对价值估价法的评价 291
　　　　专栏 11-2　如何选择可比公司 291
　本章小结 292
　复习思考题 293

附录 294
　附录 1　Y 公司合并资产负债表 294
　附录 2　Y 公司合并利润表 296
　附录 3　Y 公司合并现金流量表 297
　附录 4　S 公司合并所有者权益变动表 298

第一章
财务报表分析概述

【学习目标】
1. 掌握财务报表分析的目标
2. 掌握财务报表分析的方法
3. 熟悉财务报表分析的概念
4. 熟悉财务报表分析的内容
5. 熟悉财务报表编制的基础
6. 熟悉上市公司信息披露制度
7. 了解财务报表分析的起源和发展
8. 了解财务报表分析的步骤

第一节 财务报表分析的起源和发展

一、财务报表分析的起源

一般认为,财务报表分析起源于19世纪末至20世纪初期。当时的财务报表仅指资产负债表,为了防止竞争对手获得信息,企业一般不予公布损益报表。随着经济的快速发展和资本主义大规模生产的出现,企业的融资需求大幅上升。在这种情况下,银行的地位和作用逐渐增强。金融机构为了了解贷款企业的财务结构和经营业绩,要求企业提交财务报表作为贷款决策的依据。

1898年2月,美国纽约州银行协会的经理委员会提出议案:要求所有的借款人必须提交由他们签字的资产负债报表,以衡量企业的信用和偿债能力。1900年,该协会发布了申请贷款的标准表格,包括部分资产负债表。此后,银行开始根据企业资产和负债的数量对比来判断企业对借款的偿还能力和还款保障程度,并且提出了诸如流动比率、速动比率等系列比率分析指标来作为判断的依据。例如,美国学者亚历山大·沃尔(Alexander Wall)建议使用财务比率法来评价企业的信用,借以防范贷款的违约风险。1923年,美国的詹姆斯·白利斯

（James Bliss）出版了《管理中的财务和经营比率》一书，提出并建立了各行业平均的标准比率，便于人们对各企业进行横向财务比较。当然，比率分析也存在许多不足之处。1923年，斯蒂芬·吉尔曼（Stephen Gilman）出版了《财务报表分析》一书，指出不能高估比率分析的作用，因为财务比率和资产负债表之间的关系似乎难以明确，他同时还主张应用趋势分析法的必要性。

尽管在20世纪初财务报表分析技术出现了许多重大的突破，但财务报表分析成为一门独立的学科还是始于20世纪50年代。随着股份制经济和资本市场的发展，债权人和投资者开始系统分析企业的财务信息，关注企业的偿债能力、信用品质和经营成果，从而促进了财务报表分析的发展，使之成为了一门独立的、实用性很强的新学科。

二、财务报表分析的发展

（一）信用分析

19世纪末20世纪初，美国企业在财务报表分析技术方面出现了许多重大的突破，尤其是以银行业为代表的信用分析和以铁路公司为代表的铁路建设投资分析。系统分析方法的出现和一些学者的研究使得财务报表分析方法从一般经验中逐步显现出来。例如，在信用分析方面，出现了沃尔的信用分析指标。

由于银行是企业融资的主要来源，这段时期的财务报表分析的重心在信用分析方面，资产负债表是最主要的报表。

（二）投资分析

将财务报表分析引入投资领域的是美国的伍德洛克。1900年，他出版了《铁路财务报表分析》一书。该书使用了诸如经营费用与毛利比率、固定费用与净收益比率等现代财务分析方法来评价当时的铁路行业经营状况。此后，财务报表分析作为评价财务状况的基础在投资领域越来越盛行。

当大量发行股票成为一般公司扩大规模的资金来源时，股票发行成为了外部资金的主要来源，股东成为了财务报表的主要使用者，财务报表分析的重心就从信用分析扩展到了投资分析，主要是盈利能力的分析，同时损益表也就成为了更为重要的报表。

需要注意的是，由以信用分析为重心转变为以投资分析为重心，并非后者对前者的否定，而是资本市场的发展和企业融资来源构成的变化使得这一时期的财务报表分析是以后者为重心、两者并存的状况。

（三）内部分析

在第二次世界大战以后，企业规模不断扩大，特别是公司制的企业组织形式出现后，经营活动日趋复杂。商业环境的变化促使财务报表分析重心由外部转向企业内部。自20世纪80年代全球经济进入一体化与知识化阶段以来，企业越来越明显地感受到来自国内外的双重压力，市场环境变幻莫测，经营条件日趋复杂，所有企业都面临着一个难题：如何在激烈的市场竞争中求得生存并力争获胜。于是，专注于企业经营管理的内部分析不断扩大和深化，成为财务报表分析的重心。此外，内部财务分析目标更加多元化，资料的可获得性也优于外部分析人员，这就为扩大分析领域、提高分析效果、发展分析技术提供了前提条件。

内部分析的最终目标是服务于企业战略的，一个好的战略是好的设想与好的分析结合的成果，运用价值分析进行投资和管理被称为基于价值的管理。首席财务官的基本任务之一就是协调各种分析用于管理，他的责任就是做出最好的价值分析。因此，内部分析的关键也落在了对价值的评估之上。

（四）资本市场分析

现代会计是资本市场发展的产物，现代财务报表也是更多地为服务资本市场而建立起来的。资本市场的发展渗透到了社会经济生活的各个方面，财务报表分析也将其研究的重点转向资本市场。财务报表分析逐渐被应用于解释和预测证券投资报酬及其风险水平，通过研究会计收益的性质及其与证券投资回报之间的统计关系，研究者发现，非预期的会计收益的变化能够对证券投资的回报产生影响，因而得出的结论是，所有能够预测非预期会计收益变化的财务分析方法都是有用的。

尽管利用财务报表分析的手段不能解决企业投资价值评估的全部问题，但西方国家的实践证明，财务报表分析的确是现代投资者和证券分析师等评估企业投资价值的一种基本手段。财务报表分析是证券定价基础分析的重要组成部分。

在资本市场日益发达的今天，为企业价值评估和证券定价而进行的财务报表分析逐步成为财务报表分析的主要内容。

财务报表分析产生于资产负债表分析，形成于美国 20 世纪初的信用分析。财务报表分析方法是在财务报表分析目标的不断变化中发展起来的。现代财务报表分析体系是一个多目标的分析体系，动态地看，从起初的对资产负债表状况的信用分析和一般投资分析到重视利润表的盈利能力分析，从资产负债表、利润表和现金流量表结合全面系统的筹资分析、投资分析、内部经营管理分析再到企业价值评估、证券分析、并购与重组分析等，财务报表分析不断扩大分析的目标和内容。

第二节 财务报表分析的概念与目标

一、财务报表分析的概念

在经济生活中，我们会接触到许多经济信息，经济信息的重要组成部分就是财务信息。财务信息由会计加工生成，包括初步加工和再加工两个过程：会计核算是初步加工过程，编制财务报表和进行财务报表分析是再加工过程。

财务报表所列示的是高度浓缩、内在关系复杂的信息，且财务报表本身存在一定的局限性，这导致大多数企业报表使用者难以有效地对之加以利用。因此，需要在企业财务报表与其使用者之间架起一座沟通的桥梁，在一定程度上，财务报表分析充当着这座桥梁。

财务报表分析是指报表分析主体以财务报表为主要依据，采取一定的标准和系统科学的分析方法，对企业的生产经营活动和财务状况进行综合评价的过程。其目的是了解过去、评价现在和预测未来，为报表使用者的各项决策行动提供依据。

要正确理解财务报表分析的概念，必须厘清以下几个问题。

1. 财务报表分析是一门综合性、边缘性学科

财务报表分析是在企业经济活动分析、财务管理和财务会计基础上形成的一门综合性、边缘性学科。所谓综合性、边缘性，是指财务报表分析不是对原有学科中关于财务报表分析问题的简单重复或拼凑，而是依据经济理论和实践的要求，综合了相关学科的长处所产生的一门具有独立的理论体系的经济应用学科。

2. 财务报表分析有完整的理论体系

随着财务报表分析的产生与发展，财务报表分析的理论体系不断完善。从财务报表分析的内涵、财务报表分析的目标、财务报表分析的内容，到财务报表分析的程序等都日趋成熟。

3. 财务报表分析有健全的方法论体系

财务报表分析的实践使财务报表分析的方法不断发展和完善，它既有财务报表分析的一般方法，又有财务报表分析的专门技术方法，如趋势分析法、比率分析法、因素分析法等都是财务报表分析的专门方法。

4. 财务报表分析有系统、客观的资料依据

财务报表分析最基本的资料是财务报表，财务报表体系、结构及内容的科学性、系统性和客观性为财务报表分析的系统性与客观性奠定了坚实的基础。

5. 财务报表分析有广泛的应用前景

财务报表分析可以单独发挥作用，如财务人员运用财务报表分析方法进行日常的财务分析，信贷人员运用财务报表分析方法分析贷款单位的偿债能力等。财务报表分析还可以作为其他工作中的一部分发挥作用，如可行性研究中的财务分析等。

二、财务报表分析的目标

企业财务报表的使用者包括投资者、债权人、经营管理者、政府监管部门等。财务报表分析的目标取决于人们使用会计信息的目标，企业对外公布的财务报表及相关会计信息是根据财务报表使用者的一般要求设计的，但是不同的报表使用者所关心的问题不同，他们进行财务报表分析的目标也不尽相同。下面对主要财务报表使用者的分析目标进行分析。

（一）投资者

投资者是指公司的权益投资人即普通股东。投资者将资金投入企业后，成为企业的所有者，拥有企业的剩余权益，即只有在企业的债权人和优先股股东等优先权享有者的求偿权得到满足之后，投资者才享有剩余财产的分配权。因此，投资者虽然不直接参与企业的经营管理，但是由于其承担着更大的风险，投资者也是最关心企业财务状况和经营情况的一方。企业的运行情况如何，盈利情况如何，将来的发展趋势怎样，投资的风险和收益是否匹配等，都是投资者关心的主要问题。

投资者最关注的是企业的盈利能力和风险状况。资本的增值和保值直接取决于企业的盈利能力。投资者不但要了解企业的短期盈利能力，还要考虑企业长期的发展潜力，所以财务报表分析为投资者制定是否继续投资、追加投资、转移投资或抽回投资等决策提供重要的依据。

（二）债权人

债权人是指借款给企业并得到企业还款承诺的人，债权人可以分为短期债权人和长期债权人，债权人的资金是需要偿还的。企业偿还债务资金的能力如何，企业是否有条件和能力

支付利息，债权人提供的资金是否有风险，企业对债权人所提供的资金的保障程度如何等，都是债权人密切关注的问题。

债权人最关注的是企业的偿债能力，这是债权人权益得以实现的保证。短期债权人主要关心企业当前的财务状况、短期资产的流动性以及资金周转状况。长期债权人侧重于分析企业未来的现金流量和评价企业未来的盈利能力。

（三）经营管理者

经营管理者是指被企业所有者聘用的、对企业资产和负债进行管理的个人组成的团队，有时称之为管理当局。经营管理者作为企业所有者的受托责任人，受托于企业所有者对企业进行有效的经营管理，而财务信息对于提高企业内部经营管理水平，制定有效的内外部决策具有重要意义。

经营管理者对企业现时的财务状况、盈利能力和未来发展能力非常关注。他们关心的不仅仅是盈利的结果，还有盈利的原因和过程。在财务报表分析中，表现为对资产结构的分析、营运状况与效率分析、经营风险与财务风险分析、偿债能力分析等。通过对企业现在和将来发展做出正确的评价和判断，制定合理的企业发展战略。

（四）政府监管部门

政府监管部门包括税务、财政、证券监管、审计等部门，他们也要通过定期了解企业的财务信息，审查企业纳税申报和检查报告数据的合理性，审查企业遵守会计法律法规和财务报表编制规范的情况，评价上市公司遵守法规和市场秩序的情况等。政府监管部门进行财务报表分析能更好地了解宏观经济的运行情况，以便为其制定相关政策提供决策依据。

（五）其他利益相关者

其他利益相关者包括企业供应商、注册会计师、雇员、工会等。他们出于对自身利益的考虑，也关心企业，希望通过财务报表分析获得有价值的信息。比如，企业员工不但关心企业目前的经营状况和盈利能力，还同样关心企业的经营前景，他们也需要通过财务报表分析来获取这些信息，知晓其辛勤劳动取得怎样的结果，企业和本部门的有关指标是否完成，了解各种工资、奖金和福利变动的原因以及企业的稳定性和职业的保障程度等。

第三节　财务报表编制的基础

进行财务报表分析的前提是首先要看懂财务报表，要想学会阅读财务报表必须具备基本的财务会计基础知识。企业会计准则体系是企业编制财务报表的基本规范。

我国现行的企业会计准则体系包括基本准则、具体准则、应用指南和会计准则解释。企业会计准则体系以基本准则为主导，对企业财务会计的一般要求和主要方面做出原则性的规定，为制定具体准则和会计制度提供依据。具体准则是在基本准则的指导下，处理会计具体业务的规范，其具体内容可分为一般业务准则、特殊行业和特殊业务准则、财务报告准则三大类。应用指南从不同角度对企业具体准则进行强化，是对具体准则的操作指引，解决实务操作。会计准则解释是根据企业会计准则执行情况和有关问题，同时考虑我国会计准则与国际会计准则的持续趋同和等效情况，对会计准则进行的解释。

根据我国《企业会计准则——基本准则》的规定，财务报表编制的基础主要包括会计信息质量要求、会计要素、会计信息的确认和计量等，如图 1-1 所示。

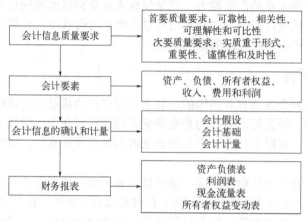

图 1-1　财务报表编制的基础

一、会计信息质量要求

我们知道产品应该有质量标准，如果不符合既定的产品质量标准，这些产品就不能为其消费者带来应有的效益，就不应该在市场上销售和流通。同理，会计信息为了满足使用者的要求，也必须达到会计信息质量要求。

会计信息质量要求是对企业财务报告中所提供的会计信息质量的基本要求，是使财务报告所提供的会计信息对投资者等财务报告使用者决策有用应具备的基本特征，根据我国《企业会计准则——基本准则》的规定，会计信息质量要求包括可靠性、相关性、可理解性、可比性、实质重于形式、重要性、谨慎性和及时性等。

（一）可靠性

可靠性要求企业应当以实际发生的交易或者事项为依据进行确认、计量和报告，如实反映符合确认和计量要求的各项会计要素及其他相关信息，保证会计信息真实可靠、内容完整。可靠性是高质量会计信息的重要基础和关键所在，企业以虚假的经济业务进行确认、计量和报告，属于违法行为，不仅会严重损害会计信息质量，而且会误导投资者，干扰资本市场，导致会计秩序混乱。

（二）相关性

相关性要求企业提供的会计信息应当与投资者等财务报告使用者的经济决策需要相关，有助于投资者等财务报告使用者对企业过去、现在或者未来的情况做出评价或者预测。

相关的会计信息应当能够有助于使用者评价企业过去的决策，证实或者修正过去的有关预测，因而具有反馈价值。相关的会计信息还应当具有预测价值，有助于使用者根据财务报告所提供的会计信息预测企业未来的财务状况、经营成果和现金流量。

会计信息质量的相关性要求，以可靠性为基础，两者之间是统一的，并不矛盾，不应将两者对立起来。也就是说，会计信息在可靠性前提下，尽可能地做到相关性，以满足投资者等财务报告使用者的决策需要。

(三) 可理解性

可理解性要求企业提供的会计信息应当清晰明了，便于投资者等财务报告使用者理解和使用。企业编制财务报告、提供会计信息的目的在于使用，而要让使用者有效使用会计信息，应当能够让其了解会计信息的内涵，弄懂会计信息的内容，这就要求财务报告所提供的会计信息应当清晰明了，易于理解。

会计信息是一种专业性较强的信息产品，在强调会计信息的可理解性要求的同时，还应假定使用者具有一定的有关企业经营活动和会计方面的知识。对于某些复杂的信息，如交易本身较为复杂或者会计处理较为复杂，但其与使用者的经济决策相关，企业就应当在财务报告中予以充分披露。

(四) 可比性

可比性要求企业提供的会计信息应当相互可比。这主要包括两层含义。

1. 同一企业不同时期可比

会计信息质量的可比性要求同一企业不同时期发生的相同或者相似的交易或者事项，应当采用一致的会计政策，不得随意变更。但是，满足会计信息可比性要求，并非表明企业不得变更会计政策，如果按照规定或者在会计政策变更后可以提供更可靠、更相关的会计信息，则可以变更会计政策。有关会计政策变更的情况，应当在附注中予以说明。

2. 不同企业相同会计期间可比

会计信息质量的可比性要求不同企业同一会计期间发生的相同或者相似的交易或者事项，应当采用统一规定的会计政策，确保会计信息口径一致、相互可比，以使不同企业按照一致的确认、计量和报告要求提供有关会计信息。

(五) 实质重于形式

实质重于形式要求企业应当按照交易或者事项的经济实质进行会计确认、计量和报告，不仅仅以交易或者事项的法律形式为依据。

企业发生的交易或者事项在多数情况下其经济实质和法律形式是一致的，但在有些情况下也会出现不一致。例如，以租赁的形式租入的固定资产，虽然从法律形式来讲企业并不拥有其所有权，但是由于租赁合同中规定的租赁期相当长，接近于该资产的使用寿命；租赁期结束时承租企业有优先购买的选择权，在租赁期内承租企业有权支配资产并从中受益。从实质上看，企业控制了该项资产的使用权及受益权。所以在会计确认、计量和报告时应当将租赁的固定资产视为企业的资产。

(六) 重要性

重要性要求企业提供的会计信息应当反映与企业财务状况、经营成果和现金流量有关的所有重要交易或者事项。

财务报告中提供的会计信息的省略或者错报，如果会影响投资者等财务报告使用者据此做出决策的，该信息就具有重要性。重要性的应用需要依赖职业判断，企业应当根据其所处环境和实际情况，从项目的性质和金额大小两方面加以判断。例如，企业发生的某些支出，金额较小的，从支出受益期来看，可能需要若干会计期间进行分摊，但根据重要性要求，可以一次计入当期损益。

(七) 谨慎性

谨慎性要求企业对交易或者事项进行会计确认、计量和报告时保持应有的谨慎，不应高估资产或者收益、低估负债或者费用。

在市场经济环境下，企业的生产经营活动面临着许多风险和不确定性，根据会计信息质量的谨慎性要求，企业在面临不确定性因素的情况下做出职业判断时，应当保持应有的谨慎，充分估计各种风险和损失，既不高估资产或者收益，也不低估负债或者费用。例如，企业对可能发生的资产减值损失计提资产减值准备，对固定资产采用加速折旧法计提折旧，以及对售出商品可能发生的保修义务确认预计负债等，都体现了会计信息质量的谨慎性要求。

谨慎性的应用不允许企业设置秘密准备，损害会计信息质量，扭曲企业实际的财务状况和经营成果。

(八) 及时性

及时性要求企业对于已经发生的交易或者事项，应当及时进行确认、计量和报告，不得提前或者延后。

在会计确认、计量和报告过程中贯彻及时性的要求如下：其一，及时收集会计信息，即在经济交易或者事项发生后，及时收集整理各种原始单据或者凭证；其二，及时处理会计信息，即及时对经济交易或者事项进行确认或者计量，并编制财务报告；其三，及时传递会计信息，即及时地将编制的财务报告传递给财务报告使用者，便于其及时使用和决策。

可靠性、相关性、可理解性和可比性是会计信息的首要质量要求，是企业财务报告中所提供的会计信息应具备的基本质量特征；实质重于形式、重要性、谨慎性和及时性是会计信息的次要质量要求，是对可靠性、相关性、可理解性和可比性等首要质量要求的补充和完善，尤其是在对某些特殊交易或者事项进行处理时，需要根据这些质量要求来把握其会计处理原则。另外，及时性还是会计信息相关性和可靠性的制约因素，企业需要在相关性和可靠性之间寻求一种平衡，以确定信息及时披露的时间。

二、会计要素

会计要素又称会计对象要素，是指对会计对象按经济业务的性质所作的分类，是会计对象的具体化，是会计用于反映企业财务状况、确定经营成果的基本单位。我国《企业会计准则——基本准则》将会计要素分为资产、负债、所有者权益、收入、费用和利润。

(一) 资产

资产是指企业过去的交易或者事项形成的，由企业拥有或者控制的，预期会给企业带来经济利益的资源。根据资产的定义，资产具有以下特征。

① 资产应为企业拥有或者控制的资源。资产作为一项资源，应当由企业拥有或者控制。企业享有资产的所有权，通常表明企业能够排他性地从资产中获取经济利益。有些情况下，资产虽然不为企业所拥有，但企业控制了这些资产，同样表明企业能够从资产中获取经济利益。例如，某企业以租赁方式租入一项固定资产，尽管企业并不拥有其所有权，但是如果租赁合同规定的租赁期相当长，接近于该资产的使用寿命，则表明企业控制了该资产的使用及其所能带来的经济利益。

② 资产预期会给企业带来经济利益。资产预期会给企业带来经济利益，是指资产直接

或者间接导致现金和现金等价物流入企业的潜力。资产预期能否会为企业带来经济利益是资产的重要特征。例如，企业采购的原材料、购置的固定资产等可以用于生产经营过程，制造商品或者提供劳务，对外出售后收回货款，货款即为企业所获得的经济利益。如果某一项目预期不能给企业带来经济利益，那么就不能将其确认为企业的资产。

③ 资产是由企业过去的交易或者事项形成的。过去的交易或者事项包括购买、生产、建造行为等。企业预期在未来发生的交易或者事项不形成资产。例如，企业有购买某项存货的意愿或者计划，但是购买行为尚未发生，就不符合资产的定义，不能确认为资产。

这里需要解释一下，"交易"或"事项"是会计术语。交易指两个或两个主体之间基于市场交换而使经济资源或资源产权发生变动的行为，比如商品的买卖。事项是指并非基于交换但也能使经济资源或资源产权变化的活动，如单方面捐赠资产，在企业内部把材料加工为产品。

企业的资产按其流动性分类，分为流动资产和非流动资产。
① 流动资产，通常包括货币资金、交易性金融资产、应收票据、应收账款、存货等。
② 非流动资产，是指除上述流动资产以外的所有其他资产，主要包括长期股权投资、固定资产、无形资产等。

（二）负债

负债是指企业过去的交易或者事项形成的，预期会导致经济利益流出企业的现时义务。根据负债的定义，负债具有以下特征。

① 负债是企业承担的现时义务。负债必须是企业承担的现时义务，这是负债的一个基本特征。未来发生的交易或者事项所形成的义务，不属于现时义务，不应当确认为负债。这里所指的义务可以是法定义务，也可以是推定义务。其中，法定义务是指具有法律约束力的合同约定的义务或者法律法规规定的义务，通常必须依法执行。例如，企业购买原材料形成应付账款，企业向银行借入款项形成借款，企业按照税法规定应当缴纳的税款等，均属于企业所承担的法定义务，需要依法予以偿还或缴纳。推定义务是指根据企业多年来的习惯做法、公开的承诺或者公开宣布的政策而导致企业将承担的责任，这些责任也使有关各方形成了企业将履行义务解脱责任的合理预期。

② 负债预期会导致经济利益流出企业。只有企业在履行义务时会导致经济利益流出企业的，才符合负债的定义，如果不会导致企业经济利益流出，就不符合负债的定义。在履行现时义务清偿负债时，导致经济利益流出企业的形式多种多样，如用现金偿还或以实物资产形式偿还，以提供劳务形式偿还等。

③ 负债是由企业过去的交易或者事项形成的。只有过去的交易或者事项才形成负债，企业在未来发生的承诺、签订的合同等交易或者事项，不形成负债。

企业的负债按其流动性分类，分为流动负债和非流动负债。
① 流动负债，是指将在一年（含一年）或者超过一年的一个营业周期内偿还的债务，主要包括短期借款、应付票据、应付账款、预收账款、应付职工薪酬、应交税费等。
② 非流动负债，是指将在一年或者超过一个营业周期以上偿还的债务，主要包括长期借款、应付债券、长期应付款等。

（三）所有者权益

所有者权益是指企业资产扣除负债后由所有者享有的剩余权益。所有者权益是所有者对企业资产的剩余索取权，它是企业资产中扣除债权人权益后应由所有者享有的部分，因此所有者权益又称为净资产。

由于企业组织形式不同,所有者权益有不同的名称。在我国,股份制公司的所有者权益称为股东权益,非股份制公司则统称为所有者权益。

所有者权益的来源包括所有者投入的资本、直接计入所有者权益的利得和损失、留存收益等。

所有者权益与负债有本质不同。负债是企业承担的经济责任,负有到期偿还的义务,而所有者权益在一般情况下企业不需要将其归还给投资者;企业使用负债所形成的资金通常需要支付报酬,如借款利息支出等,而企业使用所有者权益所形成的资金没有约定需要支付费用;在企业清算时,负债拥有优先清偿权,而所有者权益只有在清偿所有的负债后,才被返还给投资者;负债不能参与利润分配,只能按照约定的条件取得利息收入,而所有者权益中的资本部分则可以参与企业实现利润的分配。

(四)收入

收入是指企业在日常活动中形成的、会导致所有者权益增加的、与所有者投入资本无关的经济利益的总流入。根据收入的定义,收入具有以下特征。

① 收入是企业在日常活动中形成的。日常活动是指企业为完成其经营目标所从事的经常性活动以及与之相关的活动。例如,工业企业制造并销售产品,商业企业销售商品,咨询公司提供咨询服务等,均属于企业的日常活动。明确界定日常活动是为了将收入与利得相区分,日常活动是确认收入的重要判断标准,凡是日常活动所形成的经济利益的流入应当确认为收入,反之,非日常活动所形成的经济利益的流入不能确认为收入,而应当计入利得。例如,处置固定资产属于非日常活动,所形成的净利益就不应确认为收入,而应当确认为利得。再如,无形资产出租所取得的租金收入属于日常活动所形成的,应当确认为收入。

② 收入会导致所有者权益的增加。与收入相关的经济利益的流入应当会导致所有者权益的增加,不会导致所有者权益增加的经济利益的流入不符合收入的定义,不应确认为收入。例如,企业向银行借入款项,尽管也导致了企业经济利益的流入,但该流入并不导致所有者权益的增加,而使企业承担了一项现时义务。不应将其确认为收入,应当将其确认为一项负债。

③ 收入是与所有者投入资本无关的经济利益的总流入。收入应当会导致经济利益的流入,从而导致资产的增加。例如,企业销售商品,应当收到现金或者在未来有权收到现金,这才表明该交易符合收入的定义。但是,经济利益的流入有时是所有者投入资本的增加所致,所有者投入资本的增加不应当确认为收入,应当将其直接确认为所有者权益。

企业的收入按经营业务的主次分类,分为主营业务收入和其他业务收入。

(五)费用

费用是指企业在日常活动中发生的、会导致所有者权益减少的、与向所有者分配利润无关的经济利益的总流出。根据费用的定义,费用具有以下特征。

① 费用是企业在日常活动中形成的。费用必须是企业在其日常活动中所形成的,这些日常活动的界定与收入定义中涉及的日常活动的界定相一致。因日常活动所产生的费用通常包括营业成本、管理费用等。将费用界定为日常活动所形成的,目的是将其与损失相区分,企业非日常活动所形成的经济利益的流出不能确认为费用,而应当计入损失。

② 费用会导致所有者权益的减少。与费用相关的经济利益的流出应当会导致所有者权益的减少,不会导致所有者权益减少的经济利益的流出不符合费用的定义,不应确认为费用。

③ 费用是与向所有者分配利润无关的经济利益的总流出。费用的发生应当会导致经济利益的流出，从而导致资产的减少或者负债的增加（最终也会导致资产的减少）。其表现形式包括现金或者现金等价物的流出，存货、固定资产和无形资产等的流出或者消耗等。企业向所有者分配利润也会导致经济利益的流出，而该经济利益的流出属于投资者投资回报的分配，是所有者权益的直接抵减项目，不应确认为费用。

费用按其功能分类，分为生产费用和期间费用。

① 生产费用，是指能够予以对象化的部分，它主要包括直接材料、直接人工和制造费用。

② 期间费用，是指不易予以对象化的部分，不计入成本而直接计入当期损益，包括管理费用、研发费用、销售费用和财务费用。

（六）利润

利润是指企业在一定会计期间的经营成果。利润包括收入减去费用后的净额、直接计入当期利润的利得和损失等。收入减去费用后的净额反映企业日常活动的经营业绩，直接计入当期利润的利得和损失反映企业非日常活动的业绩。

直接计入当期利润的利得和损失，是指应当计入当期损益、最终会引起所有者权益发生增减变动的、与所有者投入资本或者向所有者分配利润无关的利得或者损失，如营业外收入和营业外支出。

利润金额取决于收入、费用、直接计入当期利润的利得和损失的计量。

综上所述，在会计要素中，资产居于核心地位，其他五个要素都和它有关联。比如，负债是负资产，所有者权益是资产减去负债的净资产，收入是使净资产增加的东西，费用是使净资产减少的东西，利润是收入减去费用的净收入。

三、会计假设

会计所处的社会经济环境极为复杂，要使会计核算工作具有一定的稳定性和规律性，必须对会计工作提出一定的前提条件，即做出某些假设，从而使会计工作处于一个相对稳定的、比较理想的环境中。

会计假设又称会计基本前提，它是企业会计确认、计量和报告的前提，是对会计核算所处时间、空间环境等所作的合理设定。会计假设包括会计主体、持续经营、会计分期和货币计量。

（一）会计主体

会计主体是指会计人员为其服务的特定单位，它为企业会计核算界定了空间范围。在会计主体假设下，企业应当对其本身发生的交易或者事项进行会计核算，反映企业本身所从事的各项生产经营活动。那些不影响企业本身经济利益的各项交易或者事项则不能加以核算。

会计主体不同于法律主体。一般来说，法律主体必然是一个会计主体。例如，一个企业作为一个法律主体，应当建立财务会计系统，独立反映其财务状况、经营成果和现金流量。但是，会计主体不一定是法律主体。例如，企业集团中的母公司拥有若干子公司，母、子公司虽然是不同的法律主体，但是母公司对子公司拥有控制权，为了全面反映企业集团的财务状况、经营成果和现金流量，有必要将企业集团作为一个会计主体，编制合并财务报表。在这种情况下，尽管企业集团不属于法律主体，但它却是会计主体。

（二）持续经营

持续经营是指在可以预见的将来，企业会按当前的规模和状态继续经营下去，不会停业，也不会大规模削减业务。在持续经营假设下，会计核算应当以企业持续、正常的生产经营活动为前提。比如，持续经营为资产按照计量基础计量、费用定期分配、负债按期偿还等提供理论依据。如果一个企业不能持续经营时就应当停止使用这个假设，否则，如果仍按持续经营基本假设选择会计核算原则与方法，就不能客观地反映企业的财务状况、经营成果和现金流量，会误导会计信息使用者的经济决策。

（三）会计分期

会计分期是指将一个企业持续经营的生产经营活动划分为一个个连续的、长短相同的期间。会计分期的目的在于通过会计期间的划分，将持续经营的生产经营活动划分成连续、相等的期间，据以结算盈亏，按期编报财务报告，从而及时向财务报告使用者提供有关企业财务状况、经营成果和现金流量的信息。

根据持续经营假设，一个企业将按当前的规模和状态持续经营下去。但是，无论是企业的生产经营决策还是投资者、债权人等的决策都需要及时的信息，需要将企业持续的生产经营活动划分为一个个连续的、长短相同的期间，分期确认、计量和报告企业的财务状况、经营成果和现金流量。

在会计分期假设下，企业应当划分会计期间。会计期间通常分为年度和中期。中期是指短于一个完整的会计年度的报告期间，如半年度、季度和月度。

（四）货币计量

货币计量是指会计主体在财务会计确认、计量和报告时以货币作为计量尺度，反映会计主体的生产经营活动。

在会计的确认、计量和报告过程中选择货币为基础进行计量，是由货币本身属性决定的。货币是商品的一般等价物，是衡量一般商品价值的共同尺度，具有价值尺度、流通手段、贮藏手段和支付手段等特点。用货币这一共同尺度进行计量，能全面反映企业的生产经营情况，所以《企业会计准则——基本准则》规定，会计确认、计量和报告选择货币作为计量单位。

在我国，企业通常以人民币为记账本位币。业务收支以人民币以外的货币为主的单位，可以选定其中一种货币作为记账本位币，但是所编报的财务报告应当折算为人民币。

四、会计基础

会计基础是指会计确认、计量和报告的基础，是确认一定会计期间的收入和费用，从而确定损益的标准。会计基础包括权责发生制和收付实现制。

（一）权责发生制

权责发生制又称应计制，是以取得收取款项的权利或支付款项的义务为标志来确定本期收入和费用的会计核算基础。也就是说，凡是当期已经实现的收入和已经发生的或应当负担的费用，不论款项是否收付，都应当作为当期的收入和费用；凡是不属于当期的收入和费用，即使款项已在当期收付，也不应当作为当期的收入和费用。

在实务中，企业交易或者事项的发生时间与相关货币收支时间有时并不完全一致。例如，款项已经收到，但销售并未实现；或者款项已经支付，但并不是为本期生产经营活动而发生的。为了更加真实、公允地反映特定会计期间的财务状况和经营成果，企业在会计确认、计量和报告中应当以权责发生制为基础。

在我国，遵循现行会计准则的要求，企业和其他具有营利性质的组织和机构的会计核算采用权责发生制。

（二）收付实现制

收付实现制又称现金制，是以现金的实际收付为标志来确定本期收入和支出的会计核算基础。也就是说，凡是当期实际收到的现金收入和支出，均应作为当期的收入和支出；凡是不属于当期的现金收入和支出，均不应当作为当期的收入和支出。

在我国，政府会计由预算会计和财务会计构成。其中，预算会计采用收付实现制，国务院另有规定的，依照其规定；财务会计采用权责发生制。事业单位会计除经营业务可以采用权责发生制外，其他大部分业务采用收付实现制。

五、会计计量

会计计量是为了将符合条件的会计要素登记入账并列报于财务报表而确定其金额的过程。会计计量反映的是会计要素金额的确定基础，主要包括历史成本、重置成本、可变现净值、现值和公允价值等。

（一）历史成本

历史成本又称实际成本，是指取得或制造某项财产物资时所实际支付的现金或者其他等价物。在历史成本计量下，资产按照购置时支付的现金或现金等价物的金额，或者按照购置资产时所付出的代价的公允价值计量。负债按照因承担现时义务而实际收到的款项或资产的金额，或者承担现时义务的合同金额，或者按照日常活动中为偿还负债预期需要支付的现金或现金等价物的金额计量。

长期以来，在财务会计中，按历史成本计量资产是一项重要的基本原则，历史成本成为会计计量中最重要和最基本的属性。

（二）重置成本

重置成本又称现行成本，是指按照当前市场条件，重新取得一项资产所需支付的现金或者其他等价物。在重置成本计量下，资产按照现在购买相同或者相似的资产所需支付的现金或者现金等价物的金额计量。负债按照偿付该项负债所需支付的现金或者现金等价物的金额计量。

（三）可变现净值

可变现净值是指在生产经营过程中，预计售价减去进一步加工成本和销售所必需的预计税金、费用后的净值。在可变现净值计量下，资产按照其正常对外销售所能收到的现金或者现金等价物的金额扣减该资产至完工时估计将要发生的成本、估计的销售费用以及相关税费后的金额计量。

（四）现值

现值是指对未来现金流量以恰当的折现率进行折现后的价值，是考虑货币时间价值因素等的一种计量属性。在现值计量下，资产按照预计从其持续使用和最终处置中所产生的未来净现金流入量的折现金额计量。负债按照预计期限内需要偿还的未来净现金流出量的折现金额计量。

（五）公允价值

公允价值又称脱手价格，是指出售资产所能收到或者转移负债所需支付的价格。在公允价值计量下，资产和负债按照市场参与者在计量日发生的有序交易中，出售资产所能收到或者转移负债所需支付的价格计量。

长期以来，我国都是以历史成本为基本计量原则，历史成本是传统会计计量的核心。历史成本的运用体现了会计的可靠性及谨慎性。但是，随着经济活动的日趋复杂，大量的兼并、重组、联营行为使资产价值频繁变动；金融工具不断创新，期权、期货等衍生金融工具给传统的会计计量提出了新的挑战。这对历史成本形成了较大的冲击。公允价值正是由于历史成本满足不了新经济形式的需求被提出的，其运用体现了会计的实质重于形式原则。目前，公允价值计量代表了会计发展的国际趋势。

在各种会计要素计量属性中，历史成本通常反映的是资产或者负债过去的价值，而重置成本、可变现净值、现值以及公允价值通常反映的是资产或者负债的现时成本或者现时价值，是与历史成本相对应的计量属性。当然，这种关系也并不是绝对的。比如，资产或者负债的历史成本有时就是根据交易时有关资产或者负债的公允价值确定的，在非货币性资产交换中，如果交换具有商业实质，且换入、换出资产的公允价值能够可靠计量，换入资产入账成本的确定应当以换出资产的公允价值为基础，除非有确凿证据表明换入资产的公允价值更加可靠。

第四节　上市公司信息披露制度

财务报表分析所使用的主要资料是企业对外发布的财务报表，但财务报表不是财务分析唯一的信息来源。企业还以各种形式发布补充信息，分析时应注意获取这些补充信息。下面我们重点介绍上市公司信息披露公告和审计报告。

一、上市公司信息披露公告

信息披露是指上市公司及其他信息披露义务人，依照法律规定将其自身的财务变化、经营状况等可能对公司股票及其衍生品种价格产生较大影响的信息，或是对投资者做出投资决策有重大影响的信息，通过指定媒体向社会公开的行为。

依据中国证券监督管理委员会（以下简称证监会）《上市公司信息披露管理办法》的规定，上市公司信息披露公告主要有四类：招股说明书、上市公告书、定期报告和临时报告等。

（一）招股说明书

招股说明书是经证监会批准，向公众介绍公司详细情况和发行事宜，并指导公众购买股票的重要文件。招股说明书第一次详细地向投资者披露了公司的经营情况、商业模式和财务信息等内容，其中包含了与公司价值相关的大部分信息。招股说明书中披露的信息不仅包括财务数据、经营数据和行业数据等量化信息，还包括描述公司前景、战略规划和竞争地位的文本信息。

依据《公开发行证券的公司信息披露内容与格式准则第 1 号——招股说明书》（2015 年修订）的规定，招股说明书的主要内容如下。

（1）封面、书脊、扉页、目录、释义
（2）概览
（3）本次发行概况
（4）风险因素
（5）发行人基本情况
（6）业务和技术
（7）同业竞争与关联交易
（8）董事、监事、高级管理人员与核心技术人员
（9）公司治理
（10）财务会计信息
（11）管理层讨论与分析
（12）业务发展目标
（13）募集资金运用
（14）股利分配政策
（15）其他重要事项
（16）董事、监事、高级管理人员及有关中介机构声明
（17）备查文件

（二）上市公告书

上市公告书是指上市公司按照证券法律法规和证券交易所业务规则的要求，在上市公司完成股票发行工作后，由管理当局在股票上市前向社会公众发表的关于股票进入市场流通有关事项的信息披露文件。

根据上海证券交易所《股票上市公告书内容与格式指引》（2013 年修订）的规定，上市公告书应披露的主要内容如下。

（1）重要声明与提示
（2）股票上市情况
（3）发行人、股东和实际控制人情况
（4）股票发行情况
（5）财务会计情况
（6）其他重要事项
（7）上市保荐机构及其意见

招股书明书与上市公告书在一定程度上存在相同之处，如二者的编制主体相同，发布的方式相同，有时使用的资料也完全一样。比如，自招股说明书核准生效日至股票上市首日不超过 3 个月，且招股说明书及其引用的财务资料尚未失效的，可适当简化刊登有关财务资料，但应当作必要的附注说明。招股说明书已经失效，或其引用的财务资料已经失效的，应补充披露最近一期经审计的财务报告。但二者也有一定的区别。例如，上市公告书除应包括招股

说明书的主要内容外，还应说明：
① 股票获准在证券交易所上市的日期和批准文号。
② 股票发行情况、股本结构、最大 10 名股东名单及其持股数量。
③ 关于招股说明书中虚假记载、误导性陈述或重大遗漏情况的承诺。

此外，招股说明书是在申请公开发行股票时，面向一级市场公布的，而上市公告书是在股票发行工作完成后上市之前，面对二级市场公布的；招股说明书的批准标志着公司成为可向社会公众发行股票的股份有限公司，而上市公告书的公布则标志着公司股票上市交易。

（三）定期报告

定期报告是上市公司就自身一定时期内的经营成果、财务状况和重大事项所披露的报告，包括年度报告（又可简称为年报）、半年度报告和季度报告。年度报告应当在每个会计年度结束之日起 4 个月内，半年度报告应当在每个会计年度的上半年结束之日起 2 个月内，季度报告应当在每个会计年度第 3 个月、第 9 个月结束后的 1 个月内编制完成并披露。第一季度季度报告的披露时间不得早于上一年度年度报告的披露时间。上市公司年度报告中的财务报告应当经具有执行证券、期货相关业务资格的会计师事务所审计，半年度报告、季度报告中的财务资料一般无须审计。

定期报告侧重于对上市公司报告期内总体经营成果、财务状况和已发生的重大事项及其进展等的介绍，具有全面回顾、阶段总结、不同报告期彼此连贯的特点。

依据《公开发行证券的公司信息披露内容与格式准则第 2 号——年度报告的内容与格式》（2021 年修订）及中国证监会和沪、深交易所发出的相关通知及规定，上市公司年报正文的主要内容应包括：

（1）重要提示、目录和释义
（2）公司简介和主要财务指标
（3）管理层讨论与分析
（4）公司治理
（5）环境和社会责任
（6）重要事项
（7）股份变动及股东情况
（8）优先股相关情况
（9）债券相关情况
（10）财务报告

年报中的财务报告需要审计，因此年报是公司上市后持续信息披露阶段最重要、最值得信赖的一份公告。上市公司投资者通过阅读年报，可以全面获取公司信息，方便投资决策并行使股东权利，所以阅读和分析财务报表一般以年报为主。

（四）临时报告

临时报告是指上市公司按照有关法律法规和规章制度的规定，在发生重大事件时，不定期向社会公布的重大事件公告。当公司发生可能对其上市交易的股票价格产生较大影响，而投资者尚未得知的重大事件时，上市公司应当立即将有关该重大事件的报告提交证券交易所和证监会，并向社会公布，说明事件的真实情况。从投资者角度出发，常见临时公告类型如下。

（1）分红系列公告

（2）业绩预告公告
（3）持股变动公告
（4）资产重组类公告
（5）再融资公告
（6）股权激励公告
（7）关联交易公告
（8）担保公告
（9）退市风险公告

临时报告数量多，是对公司某一项可能对股票及其衍生品种价格产生较大影响的事件的披露，具有事件突发、及时通报、内容聚焦等特点。

专栏 1-1

如何查询上市公司公告信息

许多投资者了解上市公司公告信息，是通过股票行情软件的 F10 功能。通过 F10 了解上市公司公告信息的好处是查询迅速，使用便捷。但也存在一些问题。比如，上市公司公告只能显示摘要，无法全文展示；一些重要的非财务信息不能展示；数据更新不及时，有些内容错误率较高。如果投资者以 F10 提供的公告信息作为决策依据，有可能会被误导。

查询上市公司公告信息权威的渠道是中国证监会指定的信息披露网站或上市公司网站。

1. 上海证券交易所

可以查询在上海证券交易所上市的公司发布的各类公告信息，如上市公司公告全文（PDF）、上市公司定期报告预约披露情况、可扩展商业报告语言（XBRL）实例档案等。

2. 深圳证券交易所

可以查询在深圳证券交易所上市的公司发布的各类公告信息，如上市公司公告全文（PDF）、上市公司诚信档案等。

3. 巨潮资讯网

可以查询在上海证券交易所和深圳证券交易所上市的公司发布的各类公告信息，如上市公司公告全文（PDF）、上市公司定期报告预约披露情况、可视化财报等。

4. 上市公司的官网

根据证监会的规定，每家上市公司都应该在公司网站中设置"投资者关系"栏目。通过该栏目可以查询上市公司发布的各类公告信息。此外，还可以通过公司网站"新闻中心"栏目，了解公司的动态信息，如项目进展、市场拓展、新产品开发等。

二、审计报告

（一）审计报告的性质

审计报告是注册会计师对财务报表是否在所有重大方面按照财务报告编制基础编制，并实现公允反映发表审计意见的书面文件。因此，审计报告是注册会计师对财务报表的质量做出的专业评判，是投资者阅读、分析、判断上市公司财务报表的基础，也是投资者做投资决策的重要依据。

(二)财务报告审计意见类型

财务报告审计意见分为标准的无保留意见、带强调事项段的无保留意见、保留意见、否定意见和无法表示意见,其中第一种意见属于标准审计意见,后四种属于非标准审计意见,即非标意见。

1. 标准的无保留意见

注册会计师认为被审计单位编制的财务报表已按照适用的会计准则的规定编制,并在所有重大方面公允反映了被审计单位的财务状况、经营成果和现金流量。

2. 带强调事项段的无保留意见

注册会计师认为被审计单位编制的财务报表符合相关会计准则的要求,并在所有重大方面公允反映了被审计单位的财务状况、经营成果和现金流量,但是存在需要说明的事项,如对持续经营能力产生重大疑虑及重大不确定事项等。

3. 保留意见

注册会计师在获取充分、适当的审计证据后,认为错报单独或汇总起来对财务报表影响重大,但不具有广泛性;或者注册会计师无法获取充分、适当的审计证据以作为形成审计意见的基础,但认为未发现的错报(如存在)对财务报表可能产生的影响重大,但不具有广泛性。

4. 否定意见

注册会计师在获取充分、适当的审计证据后,如果认为错报单独或汇总起来对财务报表的影响重大且具有广泛性,注册会计师会发表否定意见。

5. 无法表示意见

注册会计师无法获取充分、适当的审计证据以作为形成审计意见的基础,但认为未发现的错报(如存在)对财务报表可能产生的影响重大且具有广泛性,注册会计师应当发表无法表示意见。

(三)审计报告的应用

标准的无保留意见,即标准意见。对于投资者而言,标准意见所对应的财务报告是最值得信赖的。

带强调事项段的无保留意见对于财务报告的可信赖度仍然是正面的肯定。但相较于标准意见而言,投资者在看到这类信息时,应考虑强调事项段中所描述的不确定性,并考虑是否契合自身的投资风险偏好。

保留意见对于财务报告的可信赖度给出了一定的负面评分。但注册会计师认为该负面事项对于财务报表的影响是可以量化的。所以,如果注册会计师发现财务报表存在重大错报,经与管理层和治理层沟通后,最终管理层未对财务报表进行更正,那么,注册会计师会选择出具保留意见,并对相关事项做出定性以及定量的描述。这类意见不仅反映了财务报表所存在的问题和影响程度,在某种程度上也反映出管理层和治理层对于这类问题的处理态度与解决问题的方式。投资者在遇到这类审计意见时,应认识到保留意见不妨碍报表的总体使用价值,但某个重要局部的数据不可信。

无法表示意见和否定意见,通常对财务报表的可信赖度亮了红灯。无法表示意见对于财务报表的可信赖度投出了"弃权票",而否定意见则是给出了"反对票"。投资者遇到这类审计意见的时候通常都会"绕路而行"。该财务报表不能作为财务报表分析的依据。

注册会计师出具保留意见、否定意见、无法表示意见的,财务报表一定有问题,但是出具无保留意见的财务报表不一定没有问题,如某股份1999年、2000年年度报告均是无保留意见的审计报告,2001年其造假被揭穿,2001年年报被出具无法表示意见的审计报告。

第五节 财务报表分析的体系与内容

财务报表分析的体系与内容取决于财务报表分析的主体及其目标。不同的分析主体所关注的企业经营的侧重点是不同的,因此财务报表分析的体系与内容也会有所差异。

一、从企业活动到财务报表

财务报表分析是以企业活动为对象、以财务报表为主要信息来源、以分析和综合为主要方法的系统认识企业的过程。企业活动与财务报表存在如下的递进关系(见图1-2)。

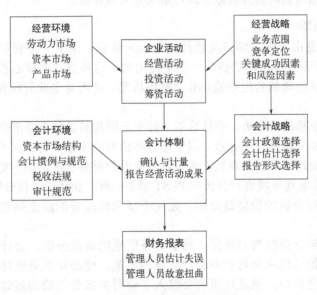

图1-2 从企业活动到财务报表

从图1-2可以看出,分析人员使用财务报表中的数据进行企业分析时,必须认识到财务数据受到企业的业务活动和会计体制的影响。企业的财务报表出现问题,既有外界经营环境和会计环境的影响,又有企业自身经营战略和会计战略的影响。这些因素综合作用造成财务报表的失真。

二、财务报表分析的不同体系

理论界关于财务报表分析体系的安排多种多样,从现阶段总体看,可归纳为以下几种体系。

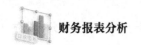

1. 概论、会计分析、财务分析

这种体系是在概论的基础上，分为会计分析和财务分析两大部分。这种分析体系参考利奥波德·伯恩斯坦和约翰·维欧德所著的《财务报表分析》，其基本内容如下。

概论：财务分析目的、方法、资料、环境等。

会计分析：会计分析实质上是明确会计信息的内涵与质量，即从会计数据表面揭示其实际含义。会计分析不仅包含对各会计报表及相关项目内涵的分析，而且包括对会计原则与政策变动的分析、对会计方法选择与变动的分析、对会计质量及变动的分析等。

财务分析：它是在会计分析的基础上，应用专门的分析技术与方法，对企业的财务状况与经营成果进行分析。财务分析包括对企业投资收益、盈利能力、短期支付能力、长期偿债能力、企业价值等进行分析与评价，从而得出对企业财务状况及成果的全面、准确评价。

2. 概论、经营分析、投资分析、筹资分析、价值评估分析

这种体系是在概论的基础上，分为经营分析、投资分析、筹资分析、价值评估分析四大部分。这种分析体系参考埃里克·赫尔弗特所著的《财务分析技术——价值创造指南》，其基本内容如下。

概论部分主要论述财务分析的内涵，从企业筹资活动、筹资活动和经营活动三方面引出分析目的、分析资料及分析内容。在此基础上，从经营分析、投资分析、筹资分析、价值评估分析几个方面，运用相应的分析方法进行系统分析与评价。

3. 哈佛分析框架

哈佛分析框架是由哈佛大学三位教授克里舍·佩普、保罗·希利和维克多·伯纳德在《运用财务报表进行企业分析与估价》一书中提出的。这种方法的核心在于将财务信息与非财务信息相结合，从战略的角度审视企业的财务状况，进而对企业的经营情况进行更客观和全面的评价。

哈佛分析框架包括战略分析、会计分析、财务分析和前景分析四部分。

战略分析是哈佛分析框架的起点，属于非财务信息的定性分析。深入的战略分析不仅可以帮助分析者全方面地了解企业现状，也可以对企业的财务状况形成一定的预判。常用的理论工具包括：对企业宏观环境进行分析的PEST模型；对产业环境进行分析的波特五力模型；对企业内部环境进行分析的价值链分析；适用于多元化经营的波士顿矩阵以及综合分析的SWOT模型。

会计分析是哈佛分析框架的前提，属于财务信息的定量分析。会计分析通过评估会计政策和会计估计的恰当性来分析企业会计信息的质量，使会计信息更好地反映企业经营的现实情况。在具体分析中，报表使用者要深入了解财务报告的编制基础、重要会计政策和会计估计、重要项目的会计解释和重要事项的揭示等内容，评价会计信息质量，防范会计操纵风险。

财务分析是哈佛分析框架的基础，属于财务信息的定量分析。一般通过对企业盈利能力、营运能力、偿债能力及发展能力的分析和与同行业公司间的指标比较，透视企业深层的财务状况，挖掘可能存在的财务风险。常用的理论工具是杜邦分析体系。

前景分析是哈佛分析框架的升华，属于非财务信息的定性分析。前景分析将目前停留在静态的财务分析推向动态评估，将目前反映历史经营情况的财务分析推向对企业发展的关注。其主要包括行业发展前景和公司发展前景的预测。通过前三个阶段的分析，分析主体在前景分析中发现公司存在的问题，并有针对性地提出建议。

三、财务报表分析的内容

本书从财务报表外部使用者的角度,首先简要介绍财务报表分析的基础知识,其次以四张财务报表的解读与分析为基础,详细介绍如何从财务报表中分析企业的财务状况、经营成果以及现金流量情况,然后从偿债能力、盈利能力、营运能力和发展能力等方面进行分析,在此基础上进行财务综合分析,从而了解企业的整体状况,最后对企业的内在价值进行评估,为投资决策提供重要参考依据。财务报表分析框架图如图1-3所示。

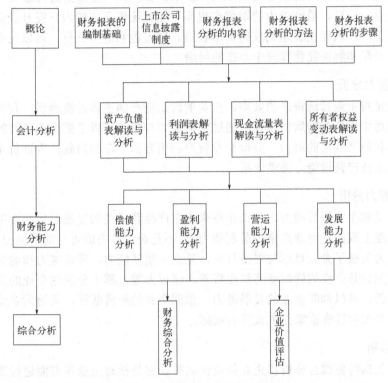

图1-3 财务报表分析框架图

1. 财务报表的解读与分析

财务报表是指企业对外提供的反映企业某一特定日期的财务状况和某一会计期间的经营成果、现金流量等会计信息的文件。财务报表包括四大基本财务报表(资产负债表、利润表、现金流量表、所有者权益变动表)及其报表附注。本书每个报表单独成章,分别介绍报表的性质和结构,针对重要项目进行详细解读,在此基础上进行趋势分析、结构分析和质量分析。

2. 偿债能力分析

偿债能力是指企业偿还各种债务的能力。企业的负债按偿还期的长短,可以分为流动负债和非流动负债两大类。其中,反映企业偿付流动负债能力的是短期偿债能力;反映企业偿付非流动负债能力的是长期偿债能力。

企业短期债务是弥补日常经营活动中营运资金不足的一个重要来源,通过短期偿债能力分析,可以了解企业短期偿债能力的高低和短期偿债能力的变化情况,说明企业的财务状况和风险程度。长期债务是企业重要的资金来源。通过长期偿债能力分析，可以了解企业长期偿债能力的高低及其变动情况，说明企业整体财务状况和债务负担及偿债能力的保障程度。总之，通过偿债能力分析，可以了解企业的资产流动性、负债水平以及偿还债务的能力，从而评价企业的财务状况和财务风险，为投资者、债权人和经营管理者提供企业偿债能力的财务信息。

3. 盈利能力分析

盈利能力是指企业在一定时期内赚取利润的能力。企业从事经营活动的直接目的是最大限度地赚取利润并维持企业持续稳定地经营和发展，企业经营业绩的好坏最终可通过企业的盈利能力来反映。而且，盈利能力的增强会提高企业偿还债务的能力，提升企业的信誉，还会使股票价格上升，从而使股东们获得资本收益。通过盈利能力分析，可以反映和衡量企业的经营业绩，发现和解决经营管理中存在的问题。

4. 营运能力分析

营运能力是指企业营运资产的效率。企业的营运资产的主体是流动资产和固定资产，营运资产的效率通常指资产的周转速度。通过营运能力分析，可以了解企业资产的流动性、资产利用的效率和资产利用的潜力，分析企业资产利用方面存在的问题，为评价企业经营管理水平、提高企业资产营运能力提供依据。

5. 发展能力分析

发展能力又称企业增长能力，是指企业未来生产经营活动的发展趋势和发展潜能。企业价值在很大程度上取决于企业未来的盈利能力，而不是企业过去或者目前所取得的收益情况。同时，发展能力反映了企业目标与财务目标，是企业偿债能力、营运能力和盈利能力的综合体现。因此，无论是企业的管理者还是投资者、债权人等，都十分关注企业的发展能力。通过发展能力分析，可以判断企业的发展潜力，预测企业的经营前景，从而为企业管理者和投资者进行经营决策和投资决策提供重要的依据。

6. 综合分析

综合分析包括财务综合分析和企业价值评估等。它是指对企业各方面进行系统、全面的分析，从而评价企业财务状况及经营业绩，明确企业的经营水平、战略定位及发展方向，为利益相关者进行投资决策提供参考，为完善企业财务管理和经营管理提供依据。

第六节　财务报表分析的方法

财务报表分析方法是实现财务报表分析目标的重要方式和手段。没有科学的财务报表分析方法，将无法提供有用的财务报表分析信息，也就不可能充分发挥财务报表分析的作用。因此，建立科学的财务报表分析方法是财务报表分析的重要内容。

一、比较分析法

比较分析法是将报告的实际数据与一个恰当标准进行对比，进而确定差异，分析原因的一种方法。比较的标准一般有经验标准、历史标准、行业标准和预算标准。

1. 经验标准

经验标准是指依据大量且长期的实践经验而形成的标准。例如，西方国家20世纪70年代形成的流动比率的经验标准为2∶1，速动比率的经验标准为1∶1等。经验标准并非一般意义上的平均值，统计上的平均值并不一定就能构成经验标准。一般而言，只有那些既有上限又有下限的财务标准，才可能建立适当的经验标准，而那些越大越好或越小越好的财务指标，如各种利润率指标，不可能确定适当的经验标准。

2. 历史标准

历史标准是指本企业过去某一时期（如上期或前几期）指标的实际值。历史标准可以选择本企业历史最高值，也可以选择企业正常经营条件下的水平，还可以选择过去连续多年的平均值。将报告期的实际数据与过去某期的实际数据（历史标准）进行对比，比较其差异，揭示所比较指标的增减变动情况，有助于及时发现并解决问题。

应用历史标准的好处：一是历史标准是企业已经发生的实际数据，比较可靠；二是同一主体进行比较，具有较强的可比性。但是历史标准也存在一些不足：一是现实要求不同于历史要求，历史标准比较保守；二是当企业主体发生重大变化（如企业合并）或外部环境发生突变时，历史标准就会失去意义或不便于直接使用。

3. 行业标准

行业标准一般是指同行的平均水平或者同行先进水平。把企业的实际数据与同行业的平均水平或先进水平的数据进行比较，可以说明企业在行业中所处的相对地位和水平，以便寻找差距，采取对策。

运用行业标准需要注意三个问题：一是同行业内的两个企业并不一定是完全可比的。因为同一行业内还有许多细分行业，它们的经营有时差异较大，不具有可比性；二是许多大企业跨行业多元化经营，企业的不同业务差异较大，无法采用一种行业标准来衡量；三是运用行业标准还要受到企业所采用的会计政策差异的限制。

4. 预算标准

预算标准是指实行预算管理的企业所制定的标准。将报告期的实际数据与计划数据进行对比，分析其差异，可以比较计划的实际完成情况。

由于预算数据往往不公开披露，预算标准的应用范围受到限制，通常仅适用于企业内部评价，不适用于外部评价。同时，预算的制定受人为因素影响较大，其评价的可靠性可能存在一些问题。

在运用比较分析法时，对比的指标可以是绝对数指标，如营业收入，也可以是相对数指标，如资产负债率。无论进行何种指标的对比，都应当注意对比指标之间必须在计算口径上、时间单位上保持一致，在会计政策、会计估计上保持一致，在企业类型、规模上也应该保持一致，只有这样，才能保证比较结果的正确性。

二、比率分析法

比率分析法是指在同一张财务报表的若干不同项目之间，或在两张不同财务报表的有关项目之间，用相对数揭示它们之间的相互关系，以分析和评价企业的财务状况和经营成果的一种方法。比率分析法是财务报表分析最基本、最重要的方法。财务比率有很多种，常见的主要有以下三种。

1. 结构比率

结构比率是某项经济指标的各组成部分数值占总体数值的百分比，反映部分与总体的关系。其计算公式为：结构比率=(各组成部分数值÷总体数值)×100%。

2. 效率比率

效率比率是某项经济活动中所费与所得的比例，反映投入与产出的关系。例如，将利润项目与资产项目对比，可以计算出资产利润率，反映企业盈利能力的高低。

3. 相关比率

相关比率是指将某个项目和与其相关但又不同的项目进行对比得出的比率，反映有关经济活动的相互关系。比如，将流动资产和流动负债对比，计算流动比率，该指标可以反映企业的短期偿债能力。

比率分析法的优点是计算简便，计算结果比较容易判断，而且便于在不同规模企业之间进行比较，有些比率甚至不受行业的限制。由于财务比率可以衡量企业生产经营许多方面的情况，因而其应用范围十分广泛。但是，它也存在一定的局限性：首先，计算财务比率的数据来自历史的财务报表，利用财务指标预测不够准确；其次，不同企业之间由于采用的会计政策或会计估计方法不同，所计算的同一指标缺乏可比性；最后，财务比率仅仅从不同方面反映企业的部分情况，任何一个比率都不能综合反映企业的全貌。

三、因素分析法

应用比较分析法和比率分析法，可以确定财务报表中各项指标发生变动的差异。至于差异形成的原因以及各种原因对差异形成的影响程度，则需要进一步应用因素分析法来予以解决。

因素分析法是依据分析指标与其影响因素的关系，按照一定的程序和方法，确定各因素对分析指标影响方向和影响程度的一种方法。因素分析法根据分析特点可分为连环替代法和差额分析法两种。

1. 连环替代法

连环替代法是将分析指标分解为各个可以计量的因素，并根据各个因素之间的依存关系，顺次用各因素的比较值（通常为实际值）替代基准值（通常为标准值或计划值），据以测定各因素对分析指标的影响。具体计算方法如下。

设某一分析指标 X 由 a、b、c 三个因素构成，其关系式为 $X=a\times b\times c$。

我们可以将替代顺序依次确定为 a、b、c，则有下式。

计划指标：$X_0=a_0\times b_0\times c_0$

第一次替代：$a_1\times b_0\times c_0$

第二次替代：$a_1\times b_1\times c_0$

第三次替代：$X_1=a_1\times b_1\times c_1$（实际指标）

实际与计划的总差异 $V=X_1-X_0$（分析对象）

其中，a 因素对 X 的影响为：$V_1=a_1\times b_0\times c_0-a_0\times b_0\times c_0$

b 因素对 X 的影响为：$V_2=a_1\times b_1\times c_0-a_1\times b_0\times c_0$

c 因素对 X 的影响为：$V_3=a_1\times b_1\times c_1-a_1\times b_1\times c_0$

综上得出：$V=V_1+V_2+V_3$

例 1-1　永乐公司 2021 年 4 月某种材料费用实际数是 5 670 元，而其计划数是 4 800 元，实际数比计划数增加 870 元。影响材料费用的基本因素可以归纳为三个，即产品产量、单位产品材料消耗数量和材料单价，它们之间的关系可用公式表示：材料费用=产品产量×单位产品材料消耗数量×材料单价，逐个分析三个因素对材料费用的影响程度。假定三个影响因素的数值如表 1-1 所示。

表 1-1　计划数与实际数对比表

指标	单位	计划数	实际数	实际数比计划数增减
产品产量	件	30	35	5
单位产品材料消耗数量	千克/件	20	18	−2
材料单价	元/千克	8	9	1
材料费用	元	4 800	5 670	870

根据表 1-1 中的数据，产品产量增加、单位产品材料消耗数量降低和材料单价增加三个因素综合影响的结果是材料费用超支 870 元，这是分析对象。运用连环替代法计算各个因素变动对材料费用总额的影响程度，具体计算过程如下。

分析对象：5 670−4 800=870（元）
计划指标：30×20×8=4 800（元）　　　①
第一次替代：35×20×8=5 600（元）　　②
第二次替代：35×18×8=5 040（元）　　③
第三次替代：35×18×9=5 670（元）　　④
因素分析：
产品产量增加的影响：②−①=5 600−4 800=800（元）
单位产品材料消耗数量降低的影响：③−②=5 040−5 600=−560（元）
材料单价增加的影响：④−③=5 670−5 040=630（元）
全部因素的影响：800−560+630=870（元）

2. 差额分析法

差额分析法是连环替代法的一种简化形式，是利用各个因素的比较值与基准值之间的差额，来计算各因素对分析指标的影响。具体计算方法如下。

分析对象：$a_1 \times b_1 \times c_1 - a_0 \times b_0 \times c_0$
a 因素对 X 的影响为：$V_1=(a_1-a_0)\times b_0 \times c_0$
b 因素对 X 的影响为：$V_2=a_1\times(b_1-b_0)\times c_0$
c 因素对 X 的影响为：$V_3=a_1\times b_1 \times(c_1-c_0)$
综上得出：$V=V_1+V_2+V_3$

例 1-2　仍以表 1-1 中的数据为例，采用差额分析法计算各个因素变动对材料费用总额的影响程度，具体计算过程如下。

分析对象：5 670−4 800=870（元）
因素分析：
① 产品产量增加对材料费用的影响：(35−30)×20×8=800（元）

② 单位产品材料消耗数量降低对材料费用的影响：35×(18-20)×8=-560（元）
③ 材料单价增加对材料费用的影响：35×18×(9-8)=630（元）
全部因素的影响：800-560+630=870（元）

由例 1-1 和例 1-2 可以看出，采用差额分析法与采用连环替代法的分析结果是一致的，而差额分析法与连环替代法相比，计算更为简单，所以应用比较广泛。

根据上述内容，归纳出因素分析法的一般步骤为：

首先，确定分析对象，将该指标的实际数与分析标准数进行比较，求出实际脱离标准的差异，即为分析对象；

其次，根据经济指标的形成过程，明确该经济指标受哪些因素变动的影响；

再次，明确各影响因素与经济指标的数量关系，即建立因素关系式，分清主要因素与次要因素；

最后，按照一定顺序依次替换各个因素变量，计算各个因素对总的经济指标的影响程度。

因素分析法的优点是既可以全面分析各因素对经济指标的影响，又可以单独分析某因素对经济指标的影响，但是在采用因素分析法时，必须注意以下问题。

① 因素分解的关联性。经济指标分解的各个因素既要经济意义明确，又要与分析指标之间具有相关性，必须能够说明分析指标产生差异的内在原因，即经济指标的构成因素，必须客观上与经济指标存在因果关系，否则就失去了分析的意义。

② 分析前提的假定性。分析某一因素对分析指标的影响时必须假定其他因素不变，只有这样才能准确计算单一因素对分析指标的影响程度。分析某一因素对分析指标的影响而假定其他因素不变必须要求各因素之间没有显著的相关性，即各因素对分析指标的作用是直接且相互独立的。为保证各因素之间没有显著的相关性，指标的分解不是越细越好，指标分解越细，各因素之间越可能存在显著的相关性。所以进行指标分解时，尽量减少对相互影响较大的因素进行再分解，使之与分析前提的假定基本相符。

③ 因素替代的顺序性。替代各因素时，必须按照各因素的依存关系，按照一定顺序依次替代，不能随意颠倒，否则会得出不同的计算结果。一般而言，替代顺序在前的因素对经济指标影响的程度不受其他因素影响或影响较小，排列在后的因素中含有其他因素共同作用的成分。因此，为分清责任，将对分析指标影响较大的且能明确责任的因素放在前面较为妥当。

④ 顺序替代的连环性。进行因素分析时，在排好各因素的替代顺序后必须严格按照替代顺序，将某因素的替代结果与该因素替代前的结果进行对比，一环套一环。这样才能保证各因素对分析指标影响程度的可分性，且便于检验分析结果的准确性。因为只有连环替代并确定各因素影响额，才能保证各因素对经济指标的影响之和与分析对象相等。

四、结构分析法

结构分析法又称垂直分析法、纵向分析法或共同比报表分析法，就是在同一财务报表内部各项目之间进行比较，以某一关键项目的金额为 100%，将其他项目与之相比，以显示各项目的相对地位，分析各项目的比重是否合理。同一报表中不同项目的结构比例（百分比）的计算公式是：结构百分比=(某项目数值÷总体数值)×100%。

结构百分比反映项目内各组成部分的比例关系，代表企业某一方面的特征、属性和能力。这种方法排除了规模的影响，使不同比较对象建立起可比性。

结构分析法的一般步骤是：第一，根据具体的分析目的，选定恰当的项目作为共同基数；第二，计算各年度确定报表中各组成项目占基数总额的比重或百分比；第三，通过各项目的比重分析各项目在企业经营中的重要性，通常认为项目比重越大，则其重要程度越高；第四，根据企业各期的变动情况，研究其变动趋势或规律，从而预测出企业未来的发展变动情况。

五、趋势分析法

趋势分析法又称水平分析法或横向分析法，就是将两期或连续数期的财务报表中相同指标进行对比，确定其增减变动的方向、数额和幅度，以说明企业财务状况和经营成果的变动趋势的一种方法。

趋势分析法的一般步骤是：第一，计算趋势比率。趋势比率的计算有三种方法：定基增长率、环比增长率和复合增长率。定基增长率是将各期指标增减额与某一固定时期指标进行对比；环比增长率是将各期指标增减额与前一时期指标进行对比；复合增长率是环比增长率的几何平均数，复合增长率一般采用3年或5年数据进行增长率平均计算，具备稳健性。第二，根据比率计算结果，评价与判断企业各项指标的变动趋势及其合理性。第三，预测未来的发展趋势。根据企业以前各期的变动情况，研究其变动趋势或规律，从而可预测出企业未来发展变动情况。

趋势分析法是在财务报表数据的基础上进行分析的，而这些数据隶属于不同的会计期间，就目前的市场经济发展状况而言，企业的经济活动很容易受到诸如通货膨胀等因素的影响，严重时企业的财务状况会有很大的波动，那么采用趋势分析法就会失去分析的价值。所以，采用这种分析方法的企业应当将趋势分析法自身的局限性作为一个特别注意的事项。

上述财务报表分析方法既相互独立，又有其内在的联系。企业先用比率分析法算出各指标的财务比率。但是财务比率只能反映几个项目之间的相互关系，不能反映企业的整体情况。为了加强这些财务比率的关系，应将企业近几年的财务比率进行比较，这时就用到了比较分析法。比较分析之后，将各年份的比率进行对比，做出各年份比率趋势变动图，观察各年份的变动幅度，这就用到了趋势分析法。在应用种种方法分析完之后，找到影响企业运营的财务指标，然后分析是哪些因素造成这些财务指标的不正常，找出主要因素和次要因素，这就用到了因素分析法。

上述方法各有特点和不足。比率分析法分析的是已经发生的事项，有一定的滞后性；没有考虑非会计信息；没有统一的比率标准。趋势分析法则要求分析的各个会计数据在时间上必须连续，中间没有间断。因素分析法由于主要因素和次要因素难以确定，其结果有不确定性。在使用比较分析法时，由于数据的可比性受到计算标准、计算方法和会计期间的影响，因此我们要注意比较数据的选择是否客观合理。行业环境是随着市场经济环境变化而改变的，因此比较分析出来的数据一般只能起指导性的作用。

在分析财务报表时，各种方法都有特定的用途，很难单独采用一种方法解决所有问题，实践中往往会综合使用这些方法。

第七节 财务报表分析的步骤

财务报表分析的步骤包括：明确分析目标，制订工作方案；搜集、整理资料；行业分析、企业竞争力分析与会计分析；财务能力分析与综合分析；撰写财务分析报告。

1. 明确分析目标，制订工作方案

财务报表不同的使用者，对财务报表分析的目标并不相同。因此，在进行财务报表分析时，首先要明确分析的目标，其次应根据目标确定分析的内容，最后根据分析的目标和内容制订分析工作的方案。分析方案至少应包括分析的目标和内容、拟采用的分析方法、分析人员的组成及分工和时间进度安排等。

2. 搜集、整理资料

搜集、整理相关资料是进行财务报表分析的基础。在进行财务报表分析时，除了要搜集资产负债表、利润表、现金流量表等几张基本财务报表，还要搜集财务报表附注、注册会计师出具的审计报告以及其他相关资料。整理资料包括：将资料进行分类；对资料筛选，选取有用的资料；调整相关数据等。

3. 行业分析、企业竞争力分析与会计分析

行业分析是指通过对企业所在行业或企业拟进入行业的分析，明确企业自身地位及应采取的竞争战略。行业分析的目的在于分析行业的经济特征、行业的盈利水平与盈利潜力，因为不同行业的盈利能力和潜力大小可能不同。行业分析是会计分析和财务能力分析的基础和导向。通过行业分析，分析人员能够深入了解企业的经济环境、经济状况和比较优势，从而能够进行客观、正确的会计分析与财务能力分析。

企业竞争力是指通过培育自身资源和能力，获取外部资源，并综合加以利用，在为顾客创造价值的基础上，实现自身价值的综合性能力。企业要在市场经济条件下长期稳定发展，必须在产品、质量、技术、管理等方面具有竞争优势，因此对企业竞争能力进行分析，为企业的经营业绩做一个预期具有重要意义。

行业分析和竞争力分析可以采用的方法包括价值链分析模型、SWOT分析模型和波特五力分析模型等。

会计分析以四大财务报表（资产负债表、利润表、现金流量表、所有者权益变动表）及其附注分析为核心。会计分析的目的在于分析企业财务报表所反映的财务状况与经营成果的真实性和可比性。进行会计分析，一般可按以下步骤进行：阅读财务报告；比较财务报表；解释财务报表；修正财务报表信息。会计分析是财务分析的基础，通过会计分析，对于发现的由于会计职业判断、会计政策等原因而引起的会计信息差异，应通过一定的方式加以说明或调整，提高会计信息质量。

4. 财务能力分析与综合分析

财务能力分析与综合分析阶段是在行业分析与会计分析的基础上进行的，财务能力分析以四大能力（偿债能力、盈利能力、营运能力和发展能力）分析为基础，综合分析主要包括财务综合分析和企业价值评估等。

5. 撰写财务分析报告

撰写财务分析报告是在上述分析的基础上进行的，它是财务报表分析的最后一步。财务分析报告将财务报表分析的基本问题、财务报表分析的结论，以及针对问题提出的措施、建议以书面的形式表示出来，为分析主体及其他利益相关者提供决策依据。

面向投资者的财务分析报告应包括以下内容：公司概况、行业分析、公司竞争力分析、公司主营业务分析、财务能力分析、估值分析和投资建议等。

本章小结

贷款人和投资者对财务报表信息的需求是财务报表分析产生的根源，并影响着财务报表分析的发展。财务报表分析从信用分析、投资分析、内部分析发展到资本市场分析，现代财务报表分析的领域不断扩展。

财务报表分析是指报表分析主体以财务报表为主要依据，采取一定的标准和系统科学的分析方法，对企业的生产经营活动和财务状况进行综合评价的过程。其目的是了解过去、评价现在和预测未来，为报表使用者的各项决策行动提供依据。

企业财务报表的使用者包括投资者、债权人、经营管理者、政府监管部门等。财务报表分析的目标取决于人们使用会计信息的目标，不同的报表使用者关心的问题不同，他们进行财务报表分析的目的也不尽相同。

根据《企业会计准则——基本准则》的规定，财务报表编制的基础主要包括会计信息质量要求、会计要素、会计信息的确认和计量等。

按照证监会《上市公司信息披露管理办法》的规定，上市公司信息披露公告主要有四类：招股说明书、上市公告书、定期报告和临时报告等。其中，年报是上市公司披露的最重要、最值得信赖的一份公告，所以阅读和分析财务报表一般以年报为主。

审计报告是指注册会计师根据审计准则的规定，在执行审计工作的基础上，对被审计单位财务报表发表意见的书面文件。财务报告审计意见分为标准的无保留意见、带强调事项段的无保留意见、保留意见、否定意见和无法表示意见等五种，其中标准的无保留意见的财务报告是最值得信赖的。

财务报表分析首先以四张财务报表的分析为基础，然后从偿债能力、盈利能力、营运能力和发展能力等方面进行财务能力分析，最后在此基础上进行财务综合分析。

财务报表分析的方法包括比较分析法、比率分析法、因素分析法、结构分析法和趋势分析法。不同的方法各有其优缺点和适用范围，在具体分析时要注意组合使用。

财务报表分析的步骤包括：明确分析目标，制订工作方案；搜集、整理资料；行业分析、企业竞争力分析与会计分析；财务能力分析与综合分析；撰写财务分析报告。

复习思考题

1. 常见的财务报表分析主体有哪些？各个财务报表分析主体的分析目标分别是什么？
2. 财务报表分析的内容主要有哪些？
3. 如何理解财务报表编制的基础？
4. 上市公司信息披露公告主要有哪几种类型？

5. 财务报表分析的方法有哪些？
6. 财务报表分析的步骤是什么？

拓展训练

本课程的学习目标是"学会自主学习，学会独立思考，学会灵活应用，学会团队合作"。为实现这一目标，需要学生3~5人组成一个团队，选定一家上市公司跟踪研究。

上市公司的选择需要符合以下条件：①主营业务突出；②行业前5名；③至少有完整的10年年度报告；④近10年净利润均为正数；⑤不属于*ST或ST公司；⑥近10年的财务报表审计意见不能为保留意见、否定意见或无法表示意见。

收集选定上市公司如下资料：行业信息；公司各类公告信息；专业机构研究报告；公司高管访谈信息；公司相关媒体报道；公司相关视频、书籍等。

第二章 资产负债表解读与分析

【学习目标】
1. 掌握资产负债表各项目的含义
2. 掌握资产负债表趋势分析
3. 掌握资产负债表结构分析
4. 熟悉资产质量分析
5. 了解资产负债表的性质和结构

第一节 资产负债表的性质和结构

一、资产负债表的性质

资产负债表是反映企业某一特定日期（如月末、季末、年末等）财务状况的财务报表。该表综合反映了企业在特定日期所拥有的各项资产，以及这些资产的分布与结构情况、企业承担的各项债务、所有者在企业中占有的权益及其构成情况。由于资产负债表反映的是某一时点的情况，因此其属于静态财务报表，资产负债表上的项目属于"存量"指标。

资产负债表是企业的主要财务报表之一，它主要提供有关企业财务状况方面的信息，反映了企业的资金从哪里来、到哪里去。简化资产负债表如图2-1所示，资产负债表的主要作用概括如下。

① 可以提供某一日期资产的总额及其结构。由于不同形态的资产对企业的经营活动有不同的影响，因而对企业资产结构的分析可以对企业的资产质量做出一定的判断。

② 可以提供某一日期负债的总额及其结构，反映企业未来需要用多少资产或劳务清偿债务以及清偿时间，即流动负债有多少、长期负债有多少、长期负债中有多少需要用当期流动资产进行偿还等。

③ 可以提供某一日期所有者权益的总额及其结构，据以判断资本保值、增值的情况以及对负债的保障程度。

④ 可以提供进行财务分析的基本资料。例如，将流动资产与流动负债对比，可以反映企业短期债务的偿还能力；将负债总额与所有者权益对比，可以反映企业的资本结构是否合理，了解企业所面临的财务风险等。

⑤ 通过对企业不同时点资产负债表的比较，可以对企业财务状况的发展趋势做出判断。企业某一特定日期的资产负债表对信息使用者的作用极其有限，只有把不同时点的资产负债表结合起来分析，才能把握企业财务状况的发展趋势。同样，将不同企业同一时点的资产负债表进行对比，还可以对不同企业的相对财务状况做出评价。

简化资产负债表示意图如图 2-1 所示。

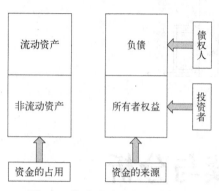

图 2-1 简化资产负债表示意图

二、资产负债表的结构

资产负债表的格式有账户式和报告式。不管采取何种格式，都必须遵循"资产=负债+所有者权益"这一会计等式。

① 账户式资产负债表。按照 T 形账户构思设计，它将该表分为左右两个基本部分，左边列示资产，右边列示负债和所有者权益，左右两方合计数必然相等。其简化格式如表 2-1 所示。

表 2-1 账户式资产负债表

资产	负债及所有者权益
流动资产	流动负债
非流动资产	非流动负债
	所有者权益
资产总计	负债及所有者权益总计

② 报告式资产负债表。将资产、负债、所有者权益项目上下垂直排列，资产列示在上面，负债和所有者权益列示在下面。其简化格式如表 2-2 所示。

表 2-2 报告式资产负债表

资产
流动资产
非流动资产
资产总计
负债
流动负债
非流动负债
负债合计
所有者权益
……
所有者权益合计
负债及所有者权益总计

从上述资产负债表的两种格式可以看出，账户式资产负债表反映资产、负债、所有者权益之间的关系比较直观，有利于使用者通过左右两方的对比，了解企业的财务状况，也便于对财务报表结构进行分析；报告式资产负债表便于编制若干期资产负债表，也便于对某些项目加括号注释，但会计等式的关系不如账户式那样明确。

为了便于报表信息使用者分析、了解企业财务状况的变化及其发展趋势，企业的资产负债表采取前后期对比方式编制，即在表内设"期初数"和"期末数"两栏。

资产负债表的附注部分，一般列示在表外的下端，它们是报表信息使用者需要了解，但是在表内又无法反映的一些重要的会计信息。

三、资产负债表项目的排列顺序

根据"资产=负债+所有者权益"这一会计等式，资产负债表按照一定的分类标准和顺序，把企业特定日期的资产、负债和所有者权益各项目进行适当分类、汇总、排列后分类、分项反映。

在资产负债表中，资产项目按其变现或耗用的期限分为流动资产与非流动资产，按流动性强弱排列。其中，流动资产排列在前，按货币资金、交易性金融资产、应收票据、应收账款、预付款项、存货等顺序列示；非流动资产排列在后，按债权投资、长期股权投资、固定资产、在建工程、无形资产、开发支出、商誉等顺序列示。

在资产负债表中，负债项目按其偿还期长短分为流动负债和非流动负债，按偿还期长短排列。其中，流动负债排列在前，按短期借款、交易性金融负债、应付票据、应付账款、预收款项、应付职工薪酬、应交税费等顺序列示；非流动负债排列在后，按长期借款、应付债券、长期应付款等顺序列示。

在资产负债表中，所有者权益项目排列在负债项目下面，根据永久性程度排列，按实收资本、资本公积、盈余公积和未分配利润等顺序列示。

第二节 资产项目解读与分析

一、资产项目分类

资产负债表中资产项目按其变现或耗用的期限分为流动资产与非流动资产。为了便于财务报表分析，资产可以根据对利润的贡献方式进行分类，可分为经营资产、投资资产和其他资产。

经营资产是指与企业日常经营活动有关的资产，主要包括货币资金、商业债权、存货、固定资产类和无形资产类等。

投资资产是指企业对外投资所形成的资产，主要包括交易性金融资产、债权投资、长期股权投资等金融资产，此外还包括投资性房地产。

其他资产是指除经营资产和投资资产以外的资产，主要包括其他应收款、其他流动资产、商誉、长期待摊费用、其他非流动资产和递延所得税资产等。

一般来说，企业的有些资产项目如果金额不大、不经常发生或较为复杂，对报表分析影响不大，则可以作为其他资产处理。

二、经营资产

（一）货币资金

货币资金是指企业生产经营过程中，处于货币形态的资金，主要包括库存现金、银行存款和其他货币资金。库存现金是企业存放于保险柜，用于零星开支的现金，一般金额不会太大。银行存款用于企业的日常经营、投资、偿还债务等，一般以活期存款、定期存款、协定存款等形式存放于银行。其他货币资金主要包括一些受限制的资金，如外埠存款、银行汇票保证金、信用证保证金、司法冻结资金等受限资金。

货币资金是企业流动性最强的资产，其主要特点如下。

① 转化迅速。货币资金一经使用，该项货币资产就会消失，相应地会引起存货、固定资产或其他资产的增加或企业负债的减少。

② 存量不稳定。企业货币资金的存量是由一定时期的流入量和流出量决定的。货币收支业务的经常性和偶发性使企业的货币资金难以保持稳定的持有量。

③ 有一定的投资性。货币资金如以现金形式存在，则丧失了增值的机会；如以银行存款形式存在，可以得到一定的存款利息。

分析货币资金项目时，应关注以下内容。

① 货币资金的来源与运用。货币资金通常有三种来源途径：一是经营活动的现金流入大于现金流出；二是发行股票、债券或借款；三是出售资产。根据产生货币资金的不同来源途径，判断货币资金的持续性。货币资金主要运用于企业生产经营、收购、分红给股东、偿还以前的贷款等。

② 货币资金是否受限。受限的货币资金主要包括以下两类：一是用于支持企业日常经营形成的受限资金，如企业用于开立银行承兑汇票的保证金及银行备用信用证保证金和保函保证金等；二是属于被企业股东或者其他关联方占用的资金或为其他企业做担保而放在银行的保证金，这类资金受限意味着资金被占用且是否可全部收回存在不确定性。

③ 货币资金金额绝对值变动情况。货币资金过小或者过大都需要思考原因。货币资金过小，则表示企业可用于生产扩张及未来发展的自有资金稀少、偿债能力不足；货币资金过大，则表示企业资金运用能力弱，缺少良好的资金使用计划。企业所持货币资金量的多少，直接制约着企业的资产规模和支付能力。因此，货币资金管理涉及企业生存、发展以及兴衰成败的全局，必须予以高度重视。

④ 货币资金与现金流量表的勾稽关系。在分析货币资金金额及变动合理性时，常常遇到企业未直接在年报中披露原因的情况，可以通过货币资金与现金流量表的勾稽关系分析货币资金变动合理性。

一般而言，资产负债表与现金流量表的勾稽关系在于资产负债表的库存现金、银行存款及其他货币资金等项目的期末数减去期初数，约等于现金流量表最后的现金及现金等价物净流量。当发现企业货币资金发生较大变动时，可以结合现金流量表各个项目以及财务报表附注来分析货币资金变动的原因。

此外，在实务中会发现有时资产负债表货币资金余额的差值不等于现金流量表的现金及现金等价物金额。其差别主要体现在：其一，属于货币资金但不属于现金等价物，如包括其他货币资金和定期存款；其二，属于现金等价物但不属于货币资金，如短期国库券、其他流动资产中的理财产品。

⑤ 货币资金与公司短期负债的匹配度。如果企业货币资金少于短期负债，则企业面临较大的偿债压力；如果企业货币资金充裕，同时有息负债金额很高且利息偏高，则可能存在财务舞弊问题。

（二）商业债权

商业债权是指企业生产经营过程中，由于销售商品或采购物资而形成的债权，主要包括应收票据、应收账款和预付款项。

1. 应收票据

应收票据是指企业因销售商品、提供劳务等而收到的商业汇票。商业汇票是一种由出票人签发，委托付款人在指定日期无条件支付确定金额给收款人或者持票人的票据。商业汇票的付款期限最长不超过6个月。

根据承兑人不同，商业汇票分为商业承兑汇票和银行承兑汇票。商业承兑汇票是指由付款人签发并承兑，或由收款人签发交由付款人承兑的汇票。银行承兑汇票是指由在承兑银行开立存款账户的存款人签发，由承兑银行承兑的票据。银行承兑汇票的承兑人为银行，出票人需要事先在银行存入承兑汇票保证金，所以银行承兑汇票可靠性较高。实际上，商业汇票的可靠性取决于承兑人，像银行、国企、现金流稳定且充足的企业信用高，承兑能力较强，其承兑的汇票也易于在市场上进行提前变现。提前变现方法常见的有三种：质押、背书转让、贴现。

商业汇票易于变现，当企业需要资金时，可持未到期的商业汇票到银行申请贴现，银行按一定的贴现率从票据到期价值中扣除贴现期的利息后，以其净额付给企业。在我国，由于商业汇票不带息，企业贴现的应收票据实际款项一般低于票面金额。

在年报财务报表附注中会披露应收票据相关内容如下：应收票据分类列示；期末公司已质押的应收票据；期末公司已背书或贴现且在资产负债表日尚未到期的应收票据；期末公司因出票人未履约而将其转为应收账款的票据；按坏账计提方法分类披露；坏账准备的情况；本期实际核销的应收票据情况。

应收票据分类列示中会列出银行承兑票据、商业承兑票据、坏账准备三项内容，前两者减第三者得到合计数值与合并资产负债表应收票据数值相一致。

应收票据核算的是企业应收的商业汇票，其实质仍然属于应收账款性质，只是要比普通应收账款多持有一份具有相当高支付能力的商业汇票。正是由于商业汇票的高支付能力，银行承兑汇票一般不会进行坏账计提，但商业承兑汇票一般需要进行坏账计提。

例如：S公司公布的2021年年报的财务报表附注中关于应收票据坏账准备列示了如下内容。

本公司的应收票据均因销售商品、提供劳务等日常经营活动产生，无论是否存在重大融资成分，均按照整个存续期的预期信用损失计提损失准备。

于2021年12月31日，原计入组合中的应收A类公司及其控股股东控制的子公司商业承兑汇票约人民币1.74亿元，这些公司已发生重大财务困难，信用风险已显著增加，本集团针对该笔款项评估了不同场景下预计可能回收的现金流量，并根据其与合同应收的现金流量之间差额的现值，单独计提坏账准备约人民币1.18亿元。于2021年12月31日，原计入组合中的应收B类公司及其控股股东控制的子公司商业承兑汇票约人民币318.24万元，这些公司已发生重大财务困难，信用风险已显著增加，本集团针对该笔款项评估了不同场景下预计可能回收的现金流量，并根据其与合同应收的现金流量之间差额的现值，单独计提坏账准备约人民币 180.03 万元。本年度应收票据计提的坏账准备金额约人民币 1.19 亿元。

分析应收票据项目时，应关注以下内容。

① 应收银行承兑汇票，应视为准现金。不过具体含金量还得视出票行（承兑行）而定。一般五大行的信誉高，未上市的城市商业银行风险较高。

② 从应收票据金额变化看行业周期。一般而言，行业景气向上周期，不收或少收票据；行业景气向下周期，则企业的赊销政策放宽，开始大量接受票据。

③ 从应收票据占营业收入比例比较企业竞争力。同行业不同企业的应收票据占营业收入比例反映不同企业的竞争力。

④ 看应收票据的结构。应收票据中银行承兑汇票比商业承兑汇票信誉高。应收票据结构中，如果银行承兑的汇票多，则其反映了品牌在产业链的话语权较强，该品牌比同行业其他品牌有更强的竞争力。

2. 应收账款

应收账款是指企业因销售商品、提供劳务等日常活动应收取的款项。应收账款反映了扣除备抵坏账后的净值。

应收账款是经济发展的必然产物。应收账款有两个好处：一是可以扩大销售，增加企业市场份额，是扩大销售的最有效手段之一；二是减少存货积压，控制成本费用，存货积压过多会导致仓储费、保险费等费用增加，应收账款的流动性肯定大于存货。

应收账款还存在一些负面影响：一是应收账款降低了企业的资金使用效率，使企业效益下降。由于企业的物流与资金流不一致，虽然在利润表中已经确认了营业收入和利润，但是在现金流量表中没有收回货款，同时企业需要垫交税款，如随着收入确认需要上交增值税，随着利润确认还要上交所得税，又或者根据利润进行现金分红。二是应收账款夸大了企业经营成果，加大了管理难度。由于我国企业实行的记账基础是权责发生制，当期赊销全部计入当期收入。因此，企业如果存在较多的应收账款，等于"虚增"营业收入，在一定程度上夸大了企业经营成果，增加了企业的风险成本。

分析应收账款项目时，应关注以下内容。

（1）应收账款的金额

正常情况下，企业议价能力越强，下游客户越不容易占用企业的资金，体现在财务报表上则是应收账款金额越小。应收账款虽然是企业的资产，但它能否收回，还存在许多不确定因素。所以，从金额的大小来看，金额越大，风险越大。金额大小一般用应收账款占总资产的比重反映。应收账款占总资产的比重与企业的市场地位、经营环境的变化以及企业的性质有很大关系。批发企业一般是以赊销的方式进行销售，零售企业主要是以现金收款方式进行销售，因此批发企业应收账款占总资产的比重可能就比零售企业的要大。

（2）应收账款变动情况

应收账款通常会随着营业收入的增加而增加。如果企业营业收入没有大幅增加，应收账款大幅增加，必然是企业经营恶化的征兆。特别是应收账款超过营业收入的 30%，就是经营恶化的象征。

应收账款增长较大，应当分析其原因。一般来说，应收账款增加的原因主要有三个：一是销售增加引起应收账款的自然增加；二是客户故意拖延付款；三是企业为扩大销售适当放宽信用标准，造成应收账款增加。

（3）应收账款的账龄

应收账款账龄是指从销售实现、产生应收账款之日起，至资产负债表日止经历的时间间隔。应收账款账龄分析是对现有债权按欠账期的长短进行分类。一般而言，未过信用期或已过信用期，但拖欠期较短的债权发生坏账的可能性较小，而拖欠时间越久的债权发生坏账的可能性越大。

理论上应收账款账龄越短，资金回收的可能性越大。上市公司的年报附注里都会披露应收账款账龄，通常将应收账款的账龄划分为六段，即1年以内、1年至2年、2年至3年、3年至4年、4年至5年和5年以上。一般来说，1年内的应收账款，在企业信用期宽限范围内；1年至2年的应收账款，有一定预期，但仍属正常；2年至5年的应收账款，风险较大；5年以上的因经营活动而形成的应收账款已经与企业的信用状态无关，其收回的可能性极低。

（4）应收账款债务人的构成及集中程度

对债务人进行分析，包括债务人的区域构成、所有权性质、资金实力、信誉和债务人的稳定情况等，上市公司年报中通常会对前五大债务人进行披露。一般来说，与企业业务关系稳定、经营效益好、信誉度高的债务人，其偿还应收账款的可能性较高；反之，则应收账款收回的可能性较低。

企业的债务是否集中在少数几个债务人手中。有些企业应收账款集中度较高，有些企业较低。客户的集中程度较高，需要特别关注大额应收账款账户的付款能力，以判断应收账款的可回收性。

（5）应收账款的坏账准备政策

根据会计稳健性原则，企业的应收账款应当计提一定比例的坏账准备。按照我国企业会计准则的规定，企业应当根据自己的实际情况自行确定坏账准备的计提方法和计提比例。由于坏账准备的计提具有一定的主观性，因此应格外关注企业关于坏账准备方面的信息披露，尤其关注坏账准备的计提比例。

一般来说，企业坏账准备的计提方法和计提比例一经确定，就不能随意更改。企业随意更改坏账准备的计提方法和计提比例，往往是出于操控利润的目的。分析时应当查明当企业坏账准备的计提方法和计提比例变更时，企业是否遵照信息披露制度的规定，对其重要性予以说明，并且要分析企业这种变更的理由是否充分、合理，以判断是正常的会计处理还是调节利润。

企业某年突然巨额计提应收账款坏账准备，通常是不正常的。这多发生在经营情况恶劣的年份，其目的或者是将过去多年积累而隐藏的坏账风险一次性暴露出来，或者是有意地一次性多计坏账准备，使得以后几年可以少计、不计甚至转回坏账准备。这种做法的实质是用一年的坏成绩弥补以前多年隐藏的坏成绩，以换取以后多年的好成绩，这种做法在西方被形象地称为"洗大澡"。

值得注意的是，根据财政部《关于修订印发2019年度一般企业财务报表格式的通知》（财会〔2019〕6号）和《关于修订印发合并财务报表格式（2019版）的通知》（财会〔2019〕16号）的规定，上市公司2019年资产负债表中增加了"应收款项融资"项目。该项目反映资产负债表日以公允价值计量且其变动计入其他综合收益的应收票据和应收账款等。简单地讲，应收款项融资就是已经被用于融资的应收款项。比如，已经被贴现的、对方有追索权的应收票据，已经被用于保理融资的应收账款，等等。从本质上来说，应收款项融资还是应收款项的组成部分，分析时视同应收款项处理即可。但是，应收款项融资金额过高的公司，可能存在资金紧张的风险。

应收款项融资，简单理解就是把应收票据或者应收账款进行融资，但是法律规定企业还承担一定被追索权的资产。最常见的就是银行承兑汇票的贴现或者背书转让，少而又少的是应收账款的保理业务。

应收票据项目、应收账款项目、应收款项融资项目以及预收款项项目（详见本章第三节）反映了企业与客户的关系。从公司销售商品的收款方式可以看出该公司的市场实力。产品极为抢手的公司，可能是先收款，后发货，在年报中体现为预收款项多；产品热销的公司，可能是一手交货，一手拿钱，在年报中体现为货币资金多；产品较为热销的公司，可以要求收货人支付银行承兑汇票，接下来，则是支付商业承兑汇票，在年报中体现为应收账款融资多，应收票据多；身处竞争激烈市场的公司，产品竞争力不强，没有实力要求收货人提供汇票，只能接受没有什么保障的延期付款方式，在报表中体现为应收账款多。

3. 预付款项

预付款项是指企业根据购货合同约定预付给供货单位或个人的货款，或多付给供货单位的款项，按实际发生额计价。

分析预付款项项目时，应关注以下内容。

（1）预付款项金额是否重大

从资金管理角度看，预付账款不可能很高，因为这些资金是要被上游无偿占用的。对于一般制造业企业而言，账面价值比较高的资产一般是货币资金、应收账款、存货、固定资产等，如果预付款项账面价值非常高，甚至是账面价值最高的资产，就不符合商业逻辑了。

（2）预付款项是否异常变化

从长期来看，预付款项与营业收入存在一定的比例关系。如果预付款项激增，企业又没有合理的商业理由，则很可能是通过预付款项将资金流出企业，资金可能被挪作他用或体外循环。

（3）预付款项是否长期挂账

预付款项是提前支付给供应商的货款，作为一种流动资产，一般一年以内收到存货等，如果好几年一直挂在账上，就可能是虚增采购。

（4）预付款项的披露是否关联方

上市公司年报附注中要对前五名的预付款项情况进行披露，可以通过查询所支付单位的工商信息等判断是否构成关联方关系，如果是关联方或者压根没有披露，就要引起注意了。

企业的控股股东和关联方从企业提走现金或者占用企业其他资源时，一般是通过"其他应收款"项目来反映的。但是，一些单位为了掩盖关联单位占用上市公司资源的情况，把被占用的资源反映在"预付账款"上。如果企业的预付款项属于此类，其质量在很大程度上属于不良资产。

（5）与其他财务指标背离

预付款项可以反映一家企业对上游供应商的议价能力，但财务指标从来不是单一的，应付票据及应付账款、应付账款周转率等也可以反映一家公司对上游供应商的议价能力。上述指标的变动趋势应该一致，如果相关指标的变动出现背离现象，就要警惕了。

（6）同时观察合并报表与母公司

若合并报表的预付账款的规模远小于母公司的规模，呈现出越合并越小的状况，其差额就是向子公司提供资金的基本规模；合并报表的数字远远大于母公司的数字，呈现出越合并越大的态势，表明母公司和子公司一致对外支付预付款。

（三）存货

存货是指企业在日常活动中持有以备出售的产品或商品、处在生产过程中的在产品、在生产过程中或提供劳务过程中耗用的材料或物料等。其包括各种材料、在产品、半成品、成品、商品以及包装物、低值易耗品、委托代销商品等。

存货之所以重要主要有以下两个方面的原因：一是存货是企业的一项重要资产，在流动资产甚至总资产中占有很大的比重，因此在会计期末应以正确的金额列示于资产负债表中；二是存货的计价直接影响销货成本的确定，从而影响当期的损益，因此企业要加强对存货的管理与控制，并且对其进行正确的确认和计量。

一般在财务报表附注中，存货应该披露如下信息：存货的分类；存货跌价准备；存货期末余额是否含有借款费用资本化金额情况；存货期末建造合同形成的已完工未结算资产情况。

分析存货项目时，应关注以下内容。

（1）存货的真实性

存货是企业重要的实物资产。资产负债表上列示的存货，应与库存的实物相符。对这一项目进行分析，应结合资产负债表附注给出的存货结构及种类的详细信息。同时分析存货的真实性需要，结合企业的内部控制制度来进行。

（2）存货变动情况

企业的存货种类越多，客户选择范围越大；企业的存货数量越多，越能快速满足客户交货需要。但是，存货越多，成本越高。一旦销售下滑，存货就会积压，存货跌价损失就会越大。

如果企业存货增量突然放大，且增加幅度大大超过了营业收入增幅，则有可能是企业通过加大生产、增加存货，降低每个单品所摊销的固定成本，以达到降低当期营业成本、提升当期利润的目的。这种情况往往伴随企业的毛利率上升，但营业收入却并没有多大的变化。

如果企业存货较大幅度减少，那么有可能是企业产品出现热销甚至脱销的情况，这种情况往往伴随企业的营业收入大增。另外，也有可能是企业因为某些原因而导致存货大幅度减值或消失，从而使得存货期末余额大幅降低。如果是后者，需要警惕。

（3）存货计价方法的合理性

企业每次购买的原材料数量或价格不同，企业应当根据各类存货的实物流转方式、企业管理的要求、存货的性质等实际情况，合理选择存货成本的计价方法。企业在确定发出存货的成本时，可以采用先进先出法、移动加权平均法、月末一次加权平均法和个别计价法四种方法。现在我国不允许采用后进先出法。在物价变动时期，不同的计价方法所确定的发出存货金额与期末存货金额也不一样。所以，当企业突然改变存货计价方法时，多数情况是操纵利润。

（4）计提的存货跌价损失是否足够

在资产负债表上，存货应当按照成本与可变现净值孰低计量。当存货成本低于可变现净值时，存货按成本计量；当存货成本高于可变现净值时，存货按可变现净值计量，同时按照成本高于可变现净值的差额计提存货跌价准备，计入当期损益。如果存货价值很大，那么存货市场价格的下跌可能会给企业带来很大损失。

（四）固定资产类

1. 固定资产

固定资产是指企业为生产商品、提供劳务、出租或者经营管理而持有的，使用寿命超过一个会计年度的有形资产。

固定资产反映企业各种固定资产原价减去累计折旧和累计减值准备后的净额。其特点是：长期拥有并在生产经营过程中发挥作用；投资数额大、风险也大；反映企业生产的技术水平、工艺水平；对企业的经济效益和财务状况影响巨大；变现能力差。

一般在财务报表附注中，应该披露与固定资产相关的如下信息：固定资产的确认条件、分类、计量基础和折旧方法；各类固定资产的使用寿命、预计净残值和折旧率；各类固定资产的期初和期末原价、累计折旧额及固定资产减值准备累计金额；当期确认的折旧费用；对固定资产所有权的限制及其金额和用于担保的固定资产账面价值；准备处置的固定资产名称、账面价值、公允价值、预计处置费用和预计处置时间等。

分析固定资产项目时，应关注以下内容。

(1) 固定资产规模分析

固定资产的规模需和企业经营的总体规模、产品的市场前景以及企业所处的发展阶段相适应，也应和流动资产的规模保持合理的比例关系。如果企业盲目添置固定资产，不但占用资金巨大，而且极易导致资产闲置和快速贬值，对企业的财务状况和经营业绩均产生较大的负面影响。将固定资产与资产总额进行比较，如果企业固定资产占资产总额的比例明显超过同行业的一般水平，说明固定资产过多。将固定资产增长率与营业收入增长率进行比较，判断规模变化的合理性。

(2) 固定资产结构分析

合理配置固定资产，既可以在不增加固定资产占用量的同时提高企业生产能力，又可以使固定资产得到充分利用。固定资产按使用情况可分为生产用固定资产、非生产用固定资产、未使用和不需用固定资产。在各种固定资产中，生产用固定资产特别是其中的生产设备，同企业生产经营直接相关，在全部资产中占有较大比重。一般而言，生产用固定资产所占比重越大，说明企业固定资产的质量越高。未使用和不需用固定资产，对固定资产的有效利用是不利的，应该查明原因，采取措施，积极处理，压缩到最低限度。

(3) 固定资产折旧分析

固定资产折旧是指固定资产使用寿命内，按照确定的方法对应计折旧额进行系统分摊。固定资产折旧按其用途分别计入管理费用、销售费用、制造费用、在建工程、其他业务成本等，会影响公司的当期损益。

常用的固定资产折旧方法包括年限平均法、工作量法、双倍余额递减法和年数总和法等。不同的折旧方法会带来不同的折旧金额，并且其折旧会影响到当期和以后年份的利润，因此其折旧方法的变更，有可能是企业美化业绩的手段。

企业变更固定资产折旧年限也会影响企业的业绩。延长折旧年限与缩短折旧年限会使当期利润产生很大差异。优秀的企业相较于同行业企业往往愿意采用更保守的折旧年限（折旧年限短），而业绩较差和喜欢造假的企业，很可能喜欢采用较长的折旧年限。如果企业存在把固定资产折旧年限进行了延长的情况，则需要警惕企业通过减少固定资产折旧来美化利润。

例如：从 2011 年开始，A 公司出现了剧烈亏损，为了扭转亏损局面，公司从 2011 年 10 月起对主要固定资产折旧年限进行调整，其中房屋建筑物从 20 年延长至 30 年，机器设备从 10 年延长至 15 年。调整后，预计将影响公司 2011 年度所有者权益及净利润增加 7.77 亿元，但是这依然无法阻挡公司的巨额亏损，2011 年和 2012 年，该公司分别亏损 21.46 亿元、40.25 亿元。2013 年 A 公司再次延长固定资产折旧年限，其中房屋建筑物从 30 年延长至 40 年，机器设备从 15 年延长至 19 年。调整后，预计将影响公司 2013 年度所有者权益和净利润分别增加人民币 9 亿元，A 公司 2013 年终于扭亏为盈，当年盈利 7.70 亿元，化解了退市风险。

(4) 固定资产减值分析

固定资产发生损坏、技术陈旧或者其他经济原因，导致其可收回金额低于其账面价值，这种情况被称为固定资产减值。如果固定资产的可收回金额低于其账面价值，应当按可收回金额低于其账面价值的差额计提减值准备，并计入当期损益。该减值准备一旦计提，以后便不可回转。

如果减值数额较大，可能说明企业现有固定资产的公允价值或现值较低，固定资产已经落后，需要更新换代；也有可能是企业要通过此招来"洗大澡"，结果就是当年巨亏。

2. 在建工程

在建工程是指企业尚未达到使用状态的建设工程。它包括固定资产的新建、改扩建工程，或技术改造、设备更新和大修理工程等尚未完工的工程。

一般情况下，企业的在建工程有以下两种方式：一是自营在建工程，即企业自行购买工程用料、自行施工并进行管理的工程；二是出包在建工程，即企业通过签订合同，由其他工程队或单位承包建造的工程。

一般在财务报表附注中，应该披露与在建工程相关的如下信息：在建工程情况；重大在建工程项目本期变动情况；本期计提在建工程减值准备情况；其他说明。

分析在建工程项目时，应关注以下内容。

① 重大在建工程施工进度。一般企业对于重大的投资项目都会在年报中披露项目实施计划，并且在建设期持续披露投入的金额以及施工进度。如果企业披露各种所谓的天灾人祸导致工程进度低于预期，如工程进度停滞甚至倒退，投资者就要警惕，这是在建工程舞弊征兆之一。对于这些存疑的在建工程项目，要通过分析在建工程的历年年报，查阅其报表附注，追溯施工进度，推算其合理进展。

② 在建工程结转固定资产的时点控制。在建工程达到预定可使用状态时，应当转为固定资产，而因为在建工程不需要计提折旧，固定资产需要计提折旧，同时在建工程对工程相关债务的利息支出可以资本化，固定资产不可以，所以有的企业就会在在建工程转入固定资产的时点上做文章。企业可以通过延迟将在建工程转入固定资产，减少企业当期的财务费用和折旧费用，从而优化企业当期利润。

③ 在建工程与其生产经营规模和发展规划是否相匹配。一些生产型企业在建工程金额非常高，在全国乃至全球各地都在新建厂房扩大产能，但是这些企业近几年毛利率却在下降，产能利用率下降，存货周转率下降，这种情况下，企业在建工程与其生产经营规模和发展规划就不匹配。

④ 在建工程减值准备。企业应当定期或者至少于每年年度终了时对在建工程进行全面检查，如果有证据表明在建工程已经发生了减值，应当计提减值准备。

企业发生大额的在建工程减值准备或意外损毁，这往往是企业操纵报表的表现。一般有如下原因：其一，企业的大额资金被控股股东挪用了，财务以"在建工程"科目来"毁尸灭迹"。其二，可能在操纵利润。企业通过在建工程将资金转移给虚构或关联的供应商，然后再以采购企业商品或提供服务的名义，变成营业收入流回企业，虚增企业业绩。

（五）无形资产类

1. 无形资产

无形资产是指企业拥有或者控制的没有实物形态的可辨认非货币性资产。它一般包括专利权、商标权、非专利技术、著作权、土地使用权、特许权、租赁权等。无形资产的突出特性在于没有实物形态，它表明公司拥有一种法定权利，或者表明公司拥有获得高于一般收益水平的能力。

分析无形资产项目时，应关注以下内容。

(1) 无形资产的内容是否存在差异

不同的企业,无形资产的构成有很大的不同,不同类型的无形资产其价值有很大差异。比如,很多企业的无形资产包括土地使用权,而且其占比还比较大,土地使用权的价格趋势有很大不同,特别是在一线和二线城市,而土地使用权一般是按成本法核算摊销的,所以账面价值远低于土地的公允价值,那么企业的资产很可能存在被低估的情况。再如,企业拥有很多专利权、商标权、特许经营权等,这些无形资产给企业带来巨额利润,但是无形资产价值很大,就需要关注无形资产摊销对利润的影响。

(2) 关注研发资本化率

企业的无形资产可以有两个来源,一是外购,二是自己研发。

当一项无形资产处于开发阶段,也就是项目和成果有明显的关系,在这一阶段的费用要资本化;当项目成果达到可使用状态后,需要从开发支出转入无形资产,然后按照一定期限进行摊销。所以,在关注无形资产时,一定要关注企业利润表的研发费用项目,利用资本化率(开发支出/研发费用)来分析。

一般来说,高资本化率意味着企业可能将有新技术面世,可能对业绩产生很大影响;但同时也可能意味着财务风险较大,就像乐视网,业务扩张得过快、种类过于复杂,可能会导致现金流出现问题。低资本化率意味着财务比较稳健,需及时关注研发费用的变化情况。

(3) 无形资产的摊销和减值准备计提是否合理

与固定资产一样,无形资产也要摊销,也存在减值的风险。

无形资产从开始使用的年份起,凡有规定使用年限的应按使用年限平均摊销;对于没有规定使用年限的,一般应在10年之内摊销。一般来说,累计摊销数额越大,意味着无形资产所能带来的收益可能会下滑。

如果无形资产的价值受外部条件的影响,使其有效使用期有明显变化的,应当将永久性下降的价值计提无形资产减值准备。可以通过追溯减值的原因,发现行业风险。特别关注连续计提的情况,其往往预示行业前景变差或企业技术落后。

2. 开发支出

开发支出是指企业开发无形资产过程中能够资本化形成无形资产成本的支出部分,反映当期按照规定可以资本化,但尚未达到预定可使用状态从而暂时未转入无形资产的金额。

自行研发无形资产分为研究和开发两个阶段。研究阶段发生的支出全额记入"研发支出——费用化支出",期末转入"管理费用"。开发阶段发生的支出符合资本化条件的记入"研发支出——资本化支出",当无形资产达到预定可使用状态时记入"无形资产";不符合资本化条件的,记入"研发支出——费用化支出",期末转入"管理费用"。

分析开发支出项目时,应关注以下内容。

① 划分研究阶段和开发阶段的标准必须具体而明确。研究开发活动在不同行业和性质的单位确实表现出不一样的情况,但是对于相对较成熟的一些高新技术行业而言,明确划分研究阶段和开发阶段的标准并不是绝对不可能。研究和开发阶段在技术研究方面有很多重叠,但仍各有侧重。研究阶段强调学术和技术意义,开发阶段则强调市场价值和经济意义。如果相关职能部门能够结合专业特点、借鉴某些公司和国际会计准则的划分思路制定出切实可行的划分标准,同时要求公司强制执行,那么研发支出的会计处理将更具有可操作性。

② 当期研究支出、开发支出以及分别计入当期损益和开发支出项目的开发支出金额必须明示。作为研发支出,既然其理论上存在必备的研究阶段和开发阶段,而且对于开发阶段的支出必须要在满足条件时才能予以资本化,那么投资者应该可以借助资产负债表、利润表

的数据和报表附注综合分析而获取上市公司在研发过程中的相关支出及其处理原因,从而对该公司的前景进行适当预期,提高会计信息的有用性。

③ 用研发支出总额占营业收入的比例衡量研发支出强度。一般来讲,游戏、生物制品、半导体、计算机、军工电子等成长板块科技属性较强,研发支出强度较高;而银行、房地产、物流等研发支出强度较低。

例如:××公司公布的 2021 年年报的财务报表附注中关于开发支出列示了如表 2-3 所列内容。

表 2-3　开发支出明细表　　　　　　　　　　　单位:万元

项目	期初余额	本期增加金额		本期减少金额		期末余额
		内部开发支出	其他	确认为无形资产	转入当期损益	
项目 W	886	3 612				4 498
项目 B	1 596	1 639				3 235
项目 S		2 075				2 075
项目 R		1 907				1 907
项目 U	426	814				1 240
项目 P	5 345	2 722		8 067		
项目 N	3 466	1 660		5 126		
项目 A	1 065	1 598		2 663		
项目 Y	3 888	3 410		7 298		
项目 V	439	18			457	
其他	329	722				1 051
合计	17 440	20 177		23 154	457	14 006

资料来源:公司年报

三、投资资产

(一) 交易性金融资产

交易性金融资产是指为了近期内出售而持有的,以公允价值计量且其变动计入当期损益的金融资产。它主要包括从二级市场购买的股票、债券、基金、理财产品、资管计划等。

交易性金融资产包含以下两个特点:第一,企业持有的目的是短期性的(一年以内);第二,该资产有活跃的交易市场,而且是可以被可靠计量的。

分析交易性金融资产项目时,应关注以下内容。

① 企业不打算长期持有,持有交易性金融资产的目的是赚取差价。

② 不需要计提折旧和减值。

③ 持有期间的公允价值变动确认为"公允价值变动损益",影响当期损益。持有期间产生的利息或分红,作为投资收益,进入利润表的"投资收益"项目,影响当期损益。

④ 当交易性金融资产处置或出售时,售价与账面价值之间的差额确认为投资收益;同时调整公允价值变动损益。需将原记入"公允价值变动损益"科目的累计公允价值变动额转出至"投资收益",而转出的部分则以同等的金额且记录为负数(若转出额为负则记录为正数)体现在"公允价值变动损益"科目上。

⑤ 如果企业交易性金融资产很大,有可能该资产会影响企业当年利润。因为交易性金

融资产持有期间，其公允价格的变动会影响利润表的"公允价值变动收益"。如果收益为正，则利润增加；如果收益为负，则利润减少。

例如：L 公司买了 1 000 万元的股票，并记为"交易性金融资产"。由于大盘下跌，到了年末，这些股票的市值只剩下 800 万元。那么在利润表的"公允价值变动收益"这里就会出现 -200 万元，同时资产负债表的"交易性金融资产"项目就只剩下 800 万元。

（二）债权投资

债权投资是指为取得债权所进行的投资。企业进行债权投资不是为了获得其他企业的剩余资产，而是为了获取高于银行存款利率的利息，并保证按期收回本息。它主要包括其他企业的债券、金融债券和国债等。

分析债权投资项目时，应关注以下内容。

① 债权投资仅以收取合同现金流量为目标，且在特定日期产生的现金流量仅为本金和利息的支付，以摊余成本进行计量。

② 债权投资只能获取投资单位的债权，债权投资自投资之日起即成为债务单位的债权人，并按约定的利率收取利息，到期收回本金。债权人对债务人无管理权，不能参与债务人的经营管理。

（三）长期股权投资

长期股权投资是指投资方对被投资单位实施控制、重大影响的权益性投资，以及对其合营企业的权益性投资。

在长期股权投资中，当持股大于 50%，对被投资公司具有控制权利，也就是平常说的子公司，这种情况下需要把子公司的经营情况合并到投资公司报表。当持股在 20%～50% 之间，如果对被投资公司有重大影响，则是联营企业；如果投资企业跟其他企业一起共同对被投资企业实施控制，则为合营企业。至于持股在 20% 以下时，根据新会计准则，不属于长期股权投资，属于其他权益性投资。

长期股权投资实质上就是一家公司购买了另一家公司较大比例的股份，持有目的是控制或影响对方。因为它持有时间至少是一年以上，也就是不会被频繁买进卖出，属于非流动资产。

分析长期股权投资项目时，应关注以下内容。

① 长期股权投资的最终目的是获得较大的经济利益，这种经济利益可以通过分得利润或股利获取，也可以通过其他方式取得。公司进行长期投资的目的概括地讲有以下三个方面：充分利用闲置资金，获取更多的经济效益；积累资金，以满足生产经营中的特定用途之需要；控制其他企业，使之与本公司的经营相配合。

② 长期股权投资的股东，有参与决策投票的权利，按照企业实现的利润享有红利。

③ 关注被投资的公司和投资公司主营业务的相关性，警惕公司盲目多元化和跟风投资。如果被投资公司和投资公司没有直接关系，就把这类长期股权投资视为非核心资产，重点关注被投资公司的未来收益情况。如果被投资公司和投资公司有紧密关系，那么可以将该笔长期股权投资视为核心资产，和公司的主营业务一起分析，其贡献的投资收益也视为公司的核心利润。

④ 长期股权投资后续计量成本法和权益法的异同。长期股权投资以取得股权时的成本计价，在持有期间，除了投资企业追加投资、收回投资等情形，长期股权投资的账面价值一般保持不变，成本法也因此而得名。权益法是指投资最初以投资成本计价，以后根据被投资企业所有者权益份额的变动对投资的账面价值进行调整，体现了"实质重于形式"的原则。

成本法和权益法的相同点：

在会计处理上，初始投资成本的核算内容一致；所确认的投资收益，均限于获得投资后的被投资企业产生的累计净利润的分配额。

成本法和权益法的不同点：

其一，核算范围不同。在持股比例为 20%～50%或共同控制或重大影响时，应使用权益法核算；在持股比例大于 50%或控制时，应使用成本法核算。

其二，成本法下，长期投资的账面金额不受被投资企业权益变动的影响，权益法则相反。无论是被投资企业实现盈利或亏损还是其他权益变动，权益法都要跟随被投资企业按持股比例做出相应的变动，并据此调整长期股权投资的账面价值。

其三，对于被投资单位分派的现金股利或利润，成本法下确认为投资收益；权益法下则冲减长期股权投资的账面价值，视同投资成本的收回。

⑤ 长期股权投资的可收回金额低于其账面价值的情况下将差额确认为减值损失，计提减值准备。无论成本法还是权益法都需要根据谨慎性原则计提。

（四）投资性房地产

投资性房地产是指为赚取租金或资本增值，或两者兼有而持有的房地产。它主要包括已出租的土地使用权、持有并准备增值后转让的土地使用权、已出租的建筑物等。投资性房地产应当能够单独计量和出售。通常，投资性房地产主要是商业地产。

分析投资性房地产项目时，应关注以下内容。

① 投资性房地产和自用房地产在实物形态上完全相同，如都表现为土地使用权、建筑物或构建物等，但在产生现金流量的方式上具有各自的特点和显著的差异。投资性房地产产生的现金流量在很大程度上独立于企业持有的其他资产，而自用房地产必须与其他资产（如生产设备、原材料、人力资源等）相结合才能产生现金流量。

② 投资性房地产可采用成本模式或公允价值模式。选用成本模式时，需要计提折旧、进行摊销及计提减值，减值一经计提，不得转回；选用公允价值计价时，以期末公允价值为基础调整其账面价值，两者差额计入当期损益，不再计提折旧或进行摊销。

③ 投资性房地产的计量模式一经确定，不得随意变更。从成本模式转为公允价值模式，视为会计政策变更。已采用公允价值模式计量投资性房地产的，不得再转为成本模式。

④ 投资性房地产和其他资产可以相互转换，其他资产转换为投资性房地产时，公允价值超过原账面价值的差额全部计入所有者权益。

例如：A 公司 2021 年年报披露：本公司投资性房地产所在地有活跃的房地产交易市场，而且本公司能够从房地产交易市场上取得同类或类似房地产的市场价格及其他相关信息，从而能够对投资性房地产的公允价值做出合理估计，因此本公司对投资性房地产采用公允价值模式进行后续计量，公允价值的变动计入当期损益。

B 公司 2021 年年报披露：本公司采用成本模式计量投资性房地产，即以成本减累计折旧摊销及减值准备在资产负债表内列示。本公司将投资性房地产的成本扣除预计净残值（残值率 0～7%）和累计减值准备后在使用寿命内（20～70 年）按年限平均法计提折旧或进行摊销。

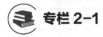

专栏 2-1

金融资产的分类

一、金融资产的定义

金融资产又称金融工具或证券，是指单位或个人拥有的以价值形态存在的资产，是一种索取实物资产的权利。金融资产是一切可以在有组织的金融市场上进行交易、具有现实价格和未来估价的金融工具的总称。金融资产的最大特征是能够在市场交易中为其所有者提供即期或远期的货币收入流量。

二、金融资产的分类标准

1. 现金流量特征

现金流量特征是指一项金融工具能带来现金流量的方式，通俗地讲就是看这项金融资产带来的现金流量与借款融资现金流量是否相同。

现金流量特征1（与借款融资现金流量相同）：本金融工具仅带来到期的本金与持有期间以未偿还本金部分计算的利息。例如小公司为了融资发行债券，没有活跃市场，只能收取利息和本金。

现金流量特征2（与借款融资现金流量不同）：除收取本金、利息之外还有其他的现金流量，也就是除第一类现金流量特征外的现金流量特征。

2. 业务模式

业务模式其实就是购买持有股票或债券的管理模式。

业务模式1：以收取合同现金流量为目标的业务模式（A公司购进一种债券目的仅为每期收取利息到期收回本金，为典型的收取合同现金流量）

业务模式2：既以收取合同现金流量为目标又以整体出售金融资产为目的的业务模式。（如A公司购进一种债券，持有期间既有收取每期利息和到期本金，但如果持有期间整体出售能获得更多现金流量则也会整体出售，而不像业务模式1，目标就是持有到期）

业务模式3：除业务模式1、2外的管理模式，也就是兜底的管理模式。（如A公司购进一种债券，根据相关因素判断既不符合业务模式1又不符合业务模式2，我们将其认定为业务模式3）

三、根据现金流量特征和业务模式把金融资产进一步分类

① 以摊余成本计量的金融资产，对应核算的会计科目为"债权投资"。

② 以公允价值计量且其变动计入当期损益的金融资产，对应核算的会计科目为"交易性金融资产"。

③ 以公允价值计量且其变动计入其他综合收益的金融资产，对应核算的会计科目如下。

债券形成的该类金融资产核算科目为"其他债权投资"。

股票形成的该类金融资产核算科目为"其他权益工具投资"。

四、新旧金融工具准则下金融资产分类的区别

由旧金融工具准则下"四分类"改为新金融工具准则下"三分类"，其对比如表2-4所示。

表2-4 新旧金融工具准则下金融资产分类的对比

原"四分类"	新"三分类"	计量属性
贷款和应收款项	以摊余成本计量的金融资产	摊余成本
持有至到期投资		摊余成本
以公允价值计量且其变动计入当期损益的金融资产	以公允价值计量且其变动计入当期损益的金融资产	公允价值
可供出售金融资产	以公允价值计量且其变动计入其他综合收益的金融资产	公允价值

四、其他资产

（一）其他应收款

其他应收款是指公司除应收账款、应收票据、预付账款以外的其他应收、暂付款项。其具体内容包括：应向职工收取的各种垫付款；租出物保证金，如包装物的租金；应收、暂付上级单位、所属单位的款项；拨给职能部门和职工的备用金。

其他应收款的特点体现在非经营性资产，数额不应过大。

其他应收款重点分析金额巨大、长期挂账的项目。

其他应收款基本是个"杂货铺"，各种往来资金混于其中，公司往往利用这一账户，进行资金流量的调节。目前，在上市公司中最为突出的问题就是大股东占用上市公司资金，将上市公司作为提款机。警惕用该项目粉饰利润。

分析其他应收款项目时，应关注以下内容。

① 让大股东无偿占用资金及转移销售收入偷逃税款等。

② 其他应收款作为企业调整成本费用和利润的手段，把一些应计入当期费用的支出或应计入其他项目的内容放在其他应收款中，从而高估利润或隐藏潜亏。

③ 将正常的赊销收入计入其他应收款，以此"合理避税"。

④ 隐瞒企业违规行为，如非法拆借资金、给个人的销售回扣、抽逃注册资金等。

⑤ 利用其他应收款调节经营活动现金流量。

（二）其他流动资产

其他流动资产是指企业除货币资金、应收票据、应收账款、其他应收款、存货等以外的流动资产。

其他流动资产核算内容非常多，如理财产品、委托贷款、待抵扣增值税进项税、预缴企业所得税、待摊费用等，需要查看报表附注，确认其具体内容。

其他流动资产尤其是理财产品等会给公司的现金流量表带来一些冲击，因为购买理财产品是一项投资，其体现在"收回投资收到的现金"和"投资支付的现金"里。例如，美的集团 2018 年理财产品高达 765 亿元，其"收回投资收到的现金"为 657 亿元，"投资支付的现金"为 807 亿元。

分析其他流动资产项目时，应关注以下内容。

① 计算其他流动资产占总资产的比重，如果比重较大，分析其他流动资产的构成，找出原因。

② 对于有减值迹象的其他流动资产，需要计提其他流动资产减值准备。

（三）商誉

商誉是指能在未来期间为企业经营带来超额利润的潜在经济价值，或一家企业预期的获利能力超过可辨认资产正常获利能力的资本化价值。

商誉按取得途径可分为自创商誉与合并商誉。其中自创商誉是企业在经营发展过程中不断积累的、可为企业带来超额收益的资源，涉及因素较宽泛，如知名品牌、独有配方、销售渠道优势、杰出的管理团队等，但由于其成本及价值均难以进行可靠计量，自创商誉并未作为资产单独入账。

资产负债表中所列示的商誉为合并商誉,为企业并购活动中并购方为标的资产支付的溢价。根据《企业会计准则第 20 号——企业合并》,非同一控制下企业合并中,购买方对合并成本大于合并中取得的被购买方可辨认净资产公允价值份额的差额,确认为商誉。若非同一控制下企业合并中,购买方支付的合并成本小于被购买方可辨认净资产公允价值份额的,则形成购买方的营业外收入(即负商誉)。

由此可见,商誉是随着企业并购而产生的,由于并购时认为企业未来会带来超额收益,因此相对净资产会给予溢价进行并购,溢价部分就以商誉资产形式体现在合并报表里。例如,假设 A 公司欲用 100 亿元收购 B 公司,但 B 公司的净资产只有 20 亿元,那么就相当于溢价 80 亿元收购了 B 公司,这 80 亿元的溢价就是并购产生的商誉。

分析商誉项目时,应关注以下内容。

① 分析被收购公司过去和未来的盈利能力。当一家公司公布收购另外一家公司,并在报表中体现出商誉价值的时候,可以参考被收购公司过去 3~5 年的平均盈利能力,大致推断出该公司过去和未来的盈利能力,然后对比行业内平均水平,预测未来的盈利水平,最后计算出商誉的价值。

② 报表中的商誉不会导致未来现金流流入,从严格意义上讲,根本就不能属于资产。商誉是企业收购价超过被收购企业净资产公允价值的差额,这个差额越大,对收购企业越不利。因此,对于商誉占总资产的比率较大的企业要格外关注。比如,商誉占总资产的比率大于 5%,企业因对外投资而产生的风险就比较大。

③ 商誉计提减值准备对公司利润有负面影响。商誉不像其他资产,如固定资产需要折旧,无形资产需要摊销,但是需要每年做减值测算。商誉是多付出的成本,并寄予乐观的期望,它的价值会与收购企业的盈利能力密切相关。如果很不幸,与之相关的被并购企业无法达到预期的盈利水平,或者是持续恶化,那么就需要对这个被寄予了乐观期望的商誉计提减值准备。而减值的这部分商誉会作为资产减值损失的一部分列入当年的利润表被扣除,一旦计提就不能在今后转回来。所以,商誉减值一直较为敏感,如果商誉减值较大,会让当年的利润表变得相当难看,甚至巨额亏损。商誉暴雷也一度成为投资者所担心的黑天鹅。

④ 注意公司利用商誉减值操纵利润。由于商誉减值损失的确认具有一定的主观性,商誉减值损失可能会在某个时间点集中释放,增加了业绩的不确定性。此时有些公司就会通过对商誉的某些操纵来获得不正当利益,操纵手段一般包括对商誉减值的时点伪装作弊、对商誉或商誉减值的金额进行作弊。这具体表现为:超常的高溢价收购,利益输送,商誉高企;通过某一时点"洗大澡"来集中释放商誉减值风险,以达到其他年份的业绩维持。

(四)长期待摊费用

长期待摊费用是指企业已经发生但应由本期和以后各期负担的分摊期限在一年以上的各项费用。它具体包括固定资产的装修、装潢净支出;其他各种摊销期应在一年以上的长期待摊费用。

长期待摊费用中在一年内(含一年)摊销的部分,在资产负债表"一年内到期的非流动资产"项目反映。

长期待摊费用本质上不是一项资产,而是一项费用,它不代表企业所拥有的一项资源。长期待摊费用之所以记在资产方,是因为企业把以后要花的钱提前给花了,那以后就可以少花钱,这对于企业今年来说,就是一种资产。长期待摊费用会在摊销期限内,每年计入费用里,到最后一年这项资产就没有了。

从财务制度的实际执行情况来看,不少企业对长期待摊费用没有制订严格的摊销计划,而且还有一些企业将本应计入当期损益的费用开支项目转入长期待摊费用挂账，有人形容为"长期待摊费用"是个筐，什么费用都往里装，使得长期待摊费用成为调节利润的一种手段。

（五）递延所得税资产

递延所得税资产反映企业由于暂时性差异而产生的企业已预付、未来可以抵扣的所得税金额。递延所得税资产的产生主要源于会计的谨慎原则要求计提的资产减值损失和权责发生制要求预提的相关费用。由于税法中更大程度体现的是实际发生原则，对于会计计提的相关减值损失和费用要求进行纳税调整。因此，递延所得税资产规模越大，说明企业在核算利润过程中越稳健。

但是，递延所得税资产需要企业预先支付，未来才可以抵扣，对企业是不利的。如果因亏损而形成的递延所得税资产无法抵扣，需要转回递延所得税资产。

例如：2021年是××公司30年发展历程中最艰难的时期，公司遇到了前所未有的困难，6月以来持续的流动性严重不足，使得公司核心电器3C业务的库存商品规模创历史最低值，销售规模急剧下滑，带来了经营业绩的大幅度亏损。

对于账面因亏损而形成的递延所得税资产，公司按照《企业会计准则第33号——合并财务报表》的相关规定，于2021年年末根据基于相关经营战略调整初步编制的未来期间应纳税所得额的预测，初步确认未来期间无法取得足够的应纳税所得额使用下述两部分可抵扣亏损：①快递公司因业务关停，原快递公司留存的递延所得税资产转回10.47亿元；②零售板块部分子公司经营业绩下滑，结合其未来的经营预测，经审慎判定，转回递延所得税资产3.81亿元。另外，公司因可抵扣年限期满，对应转回2021年到期的未抵扣递延所得税1.58亿元。于报告期末，2021年共计转回15.86亿元。

（六）其他非流动资产

其他非流动资产是指企业除以上非流动资产项目以外的其他非流动资产。例如，预付设备款、预付工程款和预付土地款等。

例如：F公司2019年资产负债表显示，其他非流动资产3.57亿元。通过报表附注发现其他非流动资产主要是预付土地款。2019年5月23日，该公司发布关于竞得土地使用权的公告，公司以3.52亿元竞价获得国有建设用地使用权，该土地将作为公司投资建设"绿色智能化生产基地"用地，为生产经营提供必要的保障，增强公司持续发展能力。

第三节 负债项目解读与分析

一、负债项目分类

资产负债表中负债项目按其偿还期长短分为流动负债和非流动负债。为了便于财务报表分析，负债可以按照形成的原因分为经营负债、筹资负债和其他负债。

经营负债是指与企业日常经营活动有关的负债，主要包括应付票据、应付账款、预收款项、应付职工薪酬、应交税费等。这部分负债属于经营过程中形成的，短期占用对方的资金，不需要支付利息，因此这部分负债又称为无息负债。

筹资负债是指企业筹资形成的负债，主要包括短期借款、长期借款和应付债券等。这部分负债一般是企业向银行或其他单位、个人筹集的，需要支付一定的利息，因此这部分负债又称为有息负债。

其他负债是指除经营负债和筹资负债以外的负债，主要包括其他应付款、预计负债和递延所得税负债等。

一般来说，企业的有些负债项目，如果金额不大、不经常发生或较为复杂，对报表分析影响不大，可以作为其他负债处理。

二、经营负债

（一）应付票据

应付票据是指由出票人出票，并由承兑人允诺在一定时期内支付一定款项的书面证明。在我国，应付票据是在商品购销活动中由于采用商业汇票结算方式而发生的。商业汇票分为银行承兑汇票和商业承兑汇票。如果是银行承兑汇票，最终承兑人是银行，银行对企业授信，实质上是一笔银行短期借款；如果是商业承兑汇票，最终承兑人是企业，到期后企业最终要还款。

分析应付票据项目时，应关注以下内容。

① 一般情况下，应付账款越多，表明公司越优秀，但是应付票据可不一定。因为如果是银行承兑汇票就说明上游行业对公司不放心，不愿意打借条，这时候要有银行背书；但如果是商业承兑汇票那结果就不一样了，企业背书即可。

② 票据的出具银行。如果出票银行是大行，一般说明公司的信誉较好。

（二）应付账款

应付账款是指企业购买材料、商品或者接受劳务应付而暂未付给供应单位或提供劳务单位的款项，是企业在商品交易活动中尚未结算的负债，是流动负债的重要组成部分。

分析应付账款项目时，应关注以下内容。

（1）应付账款总额

能够赊款的企业产业链地位一般很强势，或者品牌强大，这部分企业议价能力很强，经营良好。但是，过多的应付账款，将会影响企业的商业信用，给今后的融资借款、赊购等业务带来困难。

（2）应付账款占总负债的比重

分析应付账款占总负债的比重可以反映应付账款的规模，还可以与企业历史数据、业内可比企业进行比较分析应付账款比重。如果应付账款占比过大，表明企业欠供应商款项较多，就要着重分析企业资金周转是否出现问题。

（3）展期信用

展期信用是指买方企业超过规定的信用期推迟付款而强制获得的信用。注意分析企业推迟付款的原因，以此判断其现金周转是否出现问题。

（4）应付账款账龄

应付账款的付款期限比较短，一般情况下卖方根据买方的信用不同会给予不同的信用期，如一个月、三个月或者半年，但期限都是相对比较短的，一般来说应付账款的账龄集中在一年以内。因为对于卖方来说应收账款时间越长，坏账的风险就越高。所以，如果应付账款长期未还，需要仔细分析其原因。

应付账款长期挂账，有些明细款项可能属于合同或者诉讼纠纷，有些属于无力偿还，还有的属于供应单位可能消亡不存在。这些企业事实上无需支付的款项可以作为营业外收入，而企业将其一直列为负债，属于虚列债务，从而对利润及利润之后的纳税造成影响。

例如：A公司帮B公司冲业绩，B公司假装在A公司买了一批货，采取赊购的方式，不用付钱，这样在权责发生制的条件下，A公司可以确认营业收入，记在应收账款上；B公司存货增加，记在应付账款上。几年之后A公司认为是应收账款坏账，计提坏账准备；B公司也不用付钱了，就可计入营业外收入。

 案例 2-1

通过应付票据和应付账款，看 W 公司对上游供应商的话语权

应付账款和应付票据都是先拿货后付钱，但是，两者还是有区别的。

应付账款就是凭借企业的商业信用赊账，卖方直接找买方要钱。作为买方来说，商业信用没有财务成本，相当于占用上游卖方的资金，由上游提供无息借款。上游为什么会提供商业信用这种无息贷款模式给买方？是因为上游卖方对于买方的偿债能力有信心，有把握届时收回货款。应付账款的规模增长速度快，也说明买方与上游供应商就结算方式谈判能力强。

而采用应付票据，通常是因为供应商对买方的信用情况和支付能力存在担忧，所以不想去找买方讨债，希望直接找银行要钱。银行不会白打工，是要收手续费的，所以这种方式会不可避免引起买方财务费用增加，增大企业货币资金周转压力。因此，强势的企业会优先采用应付账款的方式赊账。

以W公司为例，2017—2021年的应付票据和应付账款数据如表2-5所示。

表 2-5　W公司应付票据和应付账款情况表

项目	2017年	2018年	2019年	2020年	2021年
应付票据和应付账款/亿元	37.68	35.66	36.77	41.47	62.76
应付票据/亿元	6.30	4.14	4.20	7.64	8.72
应付账款/亿元	31.38	31.52	32.57	33.83	54.04
应付票据占比/%	16.72	11.61	11.42	18.42	13.89
应付账款占比/%	83.28	88.39	88.58	81.58	86.11

资料来源：公司年报。

根据表2-5得出结论：2017—2021年，应付票据和应付账款规模从37.68亿元增长到62.76亿元。W公司的应付票据和应付账款总规模逐年增大，主要是应付账款增长速度快，占比从83.28%提高到86.11%。从节约成本和企业信用角度来说，应付账款是比应付票据更优先采用的负债形式。W公司的数据表明其对于上游供应商的话语权一直比较强势，地位稳定。

（三）预收款项

预收款项（又称预收账款），是指企业对客户订货、工程项目预定以及劳务提供预约，在企业产品交货、工程完工验收、劳务提供之前，预先按全货款的一定比例收取部分或全部款项。

企业预收账款后，要根据合同承诺在收款后一定日期发送商品或提供劳务，如果无法履

行合同交货或提供劳务时,要负责如数退还预收的账款并承担相应损失。

预收账款是提前获得的现金收入,属于未来的收入,只有企业把货发出去了或者提供了劳务才能将预收账款确认为营业收入。从某种程度上来说,预收账款越多,企业预计的营业收入也就越多,未来营收能力越好。

分析预收账款项目时,应关注以下内容。

① 只有卖方市场企业(或特种行业)会存在大量预收账款。比如贵州茅台,产品很有市场,完全不愁卖,其下游的经销商都抢着打钱提前订货,所以贵州茅台账上会有大量预收款。如果企业属于买方市场却存在大量预收款,就要仔细分析这个预收款的来源去向,很有可能是财务造假。

② 预收账款占营业收入比重。一般来说,如果预收账款占营业收入比重逐渐增加,代表公司产品越做越好,盈利能力不断增强;如果预收账款占营业收入比重逐渐下降,可能是企业盈利能力下滑的重要的信号。

③ 预收账款的变动要与毛利率、存货周转率、营业收入等指标的变化联系比较。预收账款增加预示着企业产品销量越来越好,产品盈利能力越强,企业的毛利率、存货周转率、营业收入也会上涨,呈正相关关系。如果预收账款增加,但毛利率、存货周转率或营业收入并没有增加,很有可能是虚增预收账款,要注意企业是否存在关联交易。

④ 预收账款调整利润。企业会通过推迟或提前将预收账款确认为收入,调整营业收入粉饰利润。比如,企业今年业绩很好,但是担心明年业绩会下滑,那么就推迟确认预收账款,待明年再确认为收入;反之亦然。

⑤ 预收账款长期挂账。预收账款一般账龄都在一年以内,如果预收账款账龄中有很高比例是一年以上的则造假概率比较大。

应付账款和预收账款是在企业购买或出售商品时产生的,应付账款产生于赊购,预收账款产生于赊销,它们能够反映企业在上下游的地位与话语权,展现企业的盈利能力和经营状况,同时也是容易被用来财务造假的项目。

 专栏 2-2

合同资产与合同负债

《企业会计准则第 14 号——收入》(财会〔2017〕22 号)对原收入准则做了重大修订,其中新增了"合同资产"和"合同负债"的概念,该准则境内上市公司自 2020 年 1 月 1 日起施行,2020 年上市公司年报开始披露"合同资产"和"合同负债"信息。

一、合同资产与合同负债的概念

合同资产是指企业已向客户转让商品而有权收取对价的权利,且该权利取决于时间流逝之外的其他因素。合同资产并不是一项无条件收款权,除时间流逝之外,该权利还取决于其他条件(如履行合同中的其他履约义务)才能收取相应的合同对价;除承担信用风险之外,还可能承担其他风险,如履约风险等。

合同负债是指企业已收或应收客户对价而应向客户转让商品的义务。企业在向客户转让商品之前,如果客户已经支付了合同对价或企业已经取得了无条件收取合同对价的权利,则企业应当在客户实际支付款项与到期应支付款项孰早时点,将该已收或应收的款项列示为合同负债。

从上述概念可以看出,合同资产和应收账款具有很大的相关性,合同负债和预收账款具有很大的相关性。

二、合同资产和应收账款的关系

合同资产和应收账款都是企业拥有的有权收取对价的合同权利。二者的区别在于，应收账款代表的是无条件收取合同对价的权利，即企业仅仅随着时间的流逝即可收款，而合同资产并不是一项无条件收款权，除时间流逝之外，该权利还取决于其他条件（如履行合同中的其他履约义务）才能收取相应的合同对价。因此，与合同资产和应收账款相关的风险是不同的，应收账款仅承担信用风险，而合同资产除承担信用风险之外，还可能承担其他风险，如履约风险等。

应收账款是无条件的收款权，合同资产并不能无条件向客户收钱，我们将其称为附条件的收款权。这项附加的条件一般是额外的履约义务，如商品售出后，客户冻结一部分货款作为质保金，需要满足一定的质保期限后，才能要求客户支付该部分货款。

一般来说，在附加条件达成前这笔收款权作为合同资产，条件达成后合同资产应转换成应收账款。因此，合同资产就是"未成熟"的应收账款。

综上所述，合同资产是从原制度下的"应收账款"中剥离出来的一部分，与现在的应收账款的主要区别为，仅受"随时间流逝因素"影响的应收部分，作为应收账款核算；除时间因素影响外，还受其他因素影响的应收部分，作为合同资产核算。合同资产的资产质量弱于应收账款，还受合同履约义务等因素的影响。

三、合同负债和预收账款的关系

合同负债和预收账款的区别主要表现为以下几个方面。

① 是否收到钱。预收账款是在确认预付款前确定是否已经收到付款，而合同负债是在确定是否履行义务，并不是以收到付款为前提。

② 收到的款项是否履约。合同责任的确认是以履约义务为前提的，而预收账款与合同约定的履约义务并没有直接的关系，是无法进入到合同负债中的，需要记为预收款项。

③ 商品交货期不同，预收账款往往已经约定了商品交货期，合同负债通常是无法确定商品交货期的。

④ 核算范围存在差异。预收账款只能核算已经实际收到的账款。而合同负债不仅可以核算出已经收到的预付账款，还能计算出没有实际收到，但是有收款权利的预收款。

⑤ 合同是否成立。预收账款不会强调合同是否成立，而当合同成立之后，预收账款会转向合同负债。

合同负债和预收账款二者之间有区别，同时也存在联系。二者都是依据合同约定与收入相关的负债，二者在未来都可以转化为收入，有商业实质。但是，二者的核算范围存在差异，产品交货期也不同，主要表现在是否收到钱、是否履约、合同是否成立上。

综上所述，合同负债是在新收入准则下对原"预收账款"科目做出的进一步增补，与现在的预收账款的主要区别为：合同签订前收到的款项，作为预收账款（或其他应付款）核算，待签订合同后，转入合同负债；合同签订后收到的、应收未收的款项，作为合同负债核算。合同负债比预收账款更强调合同的履约性。

（四）应付职工薪酬

职工薪酬是指企业为获得职工提供的服务或解除劳动关系而给予的各种形式的报酬或补偿。职工薪酬包括短期薪酬、离职后福利、辞退福利和其他长期职工福利。

应付职工薪酬是根据有关规定应付给职工的各种薪酬。在财务报表附注中披露与职工薪酬有关的下列信息。

① 应当支付给职工的工资、奖金、津贴和补贴，及其期末应付未付金额。

② 应当为职工缴纳的医疗保险费、养老保险费、失业保险费、工伤保险费和生育保险费等社会保险费，及其期末应付未付金额。

③ 应当为职工缴存的住房公积金，及其期末应付未付金额。

④ 为职工提供的非货币性福利，及其计算依据。

⑤ 应当支付的因解除劳动关系而给予的补偿，及其期末应付未付金额。

⑥ 其他职工薪酬。

在分析应付职工薪酬项目时，应关注以下内容。

① 通过分析公司普通职工工资水平是否与行业、地域相匹配，也可以大致得出其财务状况的好坏。一般情况下，公司不会直接披露普通员工人均薪酬的，需要通过"应付职工薪酬"本年增加数或现金流量表中的"支付给职工以及为职工支付的现金"估算。

② 如果年末应付职工薪酬余额比上年度有较大的增长，很有可能是企业为了隐藏利润而多预提的应付职工薪酬。反之，则为虚增利润而少计提的应付职工薪酬。

（五）应交税费

应交税费是指企业按照税法规定计算应缴纳的各种税费，包括增值税、消费税、城市维护建设税、教育费附加、企业所得税、资源税、土地增值税、房产税、城镇土地使用税、车船税、矿产资源补偿费等。

分析应交税费项目时，应关注以下内容。

① 增值税、消费税、所得税和城市维护建设税内容是否真实。

② 各项税费的计税依据是否符合相应的税法或暂行条例的规定。

③ 税率计算是否符合国家出台的相应税法、暂行条例的规定，有无故意选用低税率、擅自调整税率等行为。

④ 增值税的减免是否合理，有无任意扩大增值税减免范围的情况。所得税减免是否合理，有无超范围、超期限等情况。

⑤ 应交税费的变动与企业营业收入、利润的变动相关。分析时应注意查明企业是否有拖欠国家税款的现象。

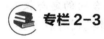

如何判断上市公司所处的市场地位

在上市公司资产负债表的资产方存在"应收账款"和"应收票据"这两个资产项目，其负债方还存在一个"预收款项"项目。如果"应收账款"和"应收票据"之和远远大于"预收款项"，说明上市公司的产品市场是一个典型的买方市场，产品销售的难度较大；反之，如果"应收账款"和"应收票据"之和远远小于"预收款项"，则说明上市公司的产品市场是一个典型的卖方市场，其产品销售的市场前景看好。

与此对应，在上市公司资产负债表的负债方存在"应付账款"和"应付票据"这两个负债项目，其资产方还存在"预付款项"这一资产项目。如果"应付账款"和"应付票据"之和远远大于"预付款项"，说明上市公司的原材料市场是一个典型的买方市场，其原材料供应充足；反之，如果"应付账款"和"应付票据"之和远远小于"预付款项"，说明上市公司的原材料市场是一个典型的卖方市场或该上市公司的财务信誉差。

将上市公司的"应收账款"、"应收票据"和"预收款项"以及"应付账款"、"应付票据"和"预付款项"结合起来分析，则会发现更为有用的信息。如果"应付账款"和"应付票据"之和远远大于"预付款项"的同时，其"应收账款"和"应收票据"又远远小于其"预收款项"，说明该上市公司使用非稀缺资源生产了稀缺产品，其技术含量高，其产品的市场前景特别看好；反之，如果"应付账款"和"应付票据"之和远远小于"预付款项"的同时，其"应收账款"和"应收票据"又远远大于其"预收款项"，说明该上市公司使用稀缺资源生产了非稀缺产品，其技术含量低，其产品的市场前景则看淡。

三、筹资负债

筹资负债又称有息负债，是指依照负债契约产生利息的负债。常见的企业有息负债包括短期借款、交易性金融负债、长期借款、应付债券四个项目中的全部，以及其他流动负债、一年内到期的非流动负债两个项目中的部分。

对于有息负债，应该从借款利率、偿付能力、负债规模方面来进行分析。

① 借款利率。看企业的融资利率是否过高。银行贷款或企业债券发行，机构一般会对企业的偿付能力进行评估，对于优质的企业，融资利率相对会较低，而对于质量较差的企业，利率会高出不少。

② 偿付能力。关注企业的现金及现金等价物数量，是否能够覆盖有息负债，一旦企业出现突发状况，可以使用手中的现金及现金等价物及时偿还债务。

③ 负债规模。看有息负债占总资产的比例。这个因行业而异，最好和同行，尤其是行业内龙头企业对比一下。大幅高于或大幅低于同行，都值得投资者思考一下原因和后果。

（一）短期借款

短期借款是指企业根据生产经营的需要，从银行或其他金融机构借入的偿还期在一年以内（含一年）的各种借款。短期借款主要是为弥补企业流动资金不足，维持企业进行正常生产经营业务活动而借入的款项，也可能是为偿还某些负债而借入的款项。工业企业的短期借款一般包括经营周转借款、临时借款、结算借款、票据贴现借款、卖方信贷、预购定金借款和专项储备借款等。短期借款利息计入企业的财务费用。

短期借款基本上可以分为四类：信用借款，依赖企业信用等级；保证金借款，企业交的保证金被冻结在银行；保证借款，第三方给企业借款作保证；抵质押借款，企业的资产抵押或者质押给银行。

分析短期借款项目时，应关注以下内容。

① 辩证看待短期借款规模的变化。短期借款的利率是比较低的，灵活性较好，但是企业的还款压力是比较大的，从而需要看利息支出和净利润的比值，不能太高。但以下情况短期借款出现大幅增加对企业是有利的：其一，企业短期借款出现大幅增加可能是增加流动资产对资金的需要，特别是临时性占用流动资产。比如，当季节性或临时性扩大生产时，企业就可能通过举借短期借款来满足其资金需要。当这种季节性或临时性需要消除时，企业就会偿还这部分短期借款，从而在一定期间内引起短期借款的变动。其二，企业短期借款增加也可能是为节约利息支出考虑的，因为一般而言，短期借款的利率低于长期借款和长期债券的利率，举借短期借款相对于长期借款来说，可以减少利息支出。其三，企业短期借款增加也可能是为了调整企业负债结构和财务风险。企业增加短期借款，就可以相对减少对长期负债

的需求，使企业负债结构发生变化。但相对于长期负债，短期借款具有风险大、利率低、使用灵活等特点，负债结构变化的同时引起负债成本和财务风险发生变化。

② 分析财务费用占借款总额的比重，即财务费用率。财务费用率过高说明企业利息支出金额过大，需要重点关注，谨防虚列利息的情况。

③ 可以借助短期借款类型帮助判断企业在银行的信用。四种短期借款类型依照信用借款、保证金借款、保证借款、抵质押借款顺序，所对应的信用逐渐降低。在银行信用低，风险就大。

（二）长期借款

长期借款是指企业向银行或其他金融机构借入的期限在一年以上（不含一年）或超过一年的一个营业周期以上的各种借款。长期借款主要用于固定资产投资和技术改造，还款期一般比较长，是企业可以在较长时间内使用的一种资金。

分析长期借款项目时，应关注以下内容。

① 是否存在期限错配。如果将长期借款用于流动资金的需求，就会产生比较高的财务成本，如果将短期借款用来满足长期的在建项目，就会产生很高的财务风险。

② 还款来源，即项目未来所带来的收益。在本金分期偿还情况下，还款期是否与项目预计产生收益的时间相匹配，如果不匹配，就会有"资金从哪里来"的问题。

③ 利息费用化和资本化的问题。利息既可以被看成在建项目的初始成本，计入资产负债表，也可以被看成费用，计入利润表。这具体需要看是否满足企业会计准则关于长期借款资本化还是费用化的条件。由于费用化利息会影响企业利润，因此存在操纵利润的可能性。

④ 分析企业的持续盈利能力和资本结构是否合理，来进一步分析企业是否有较强的、稳定的经济实力支付利息、偿还本金，承担经营和财务上的风险。

一般来讲，长期借款优于短期借款，信用借款优于其他借款。如果公司的短期借款比例过高，就要警惕。长期借款和短期借款的风险是不同的，在企业扩张期，经营一旦出现问题，短期借款带来的风险非常巨大。而长期借款的债权人不能马上收回借款，无论借款人的经营情况多么糟糕，只要还在继续支付利息，就不会要求提前归还，长期负债给企业提供了走出困境的时间。

（三）应付债券

应付债券是指企业为筹集资金而对外发行的期限在一年以上的长期债券。应付债券属于非流动负债，其特点是期限长、数额大、到期无条件支付本息。

企业债券发行有面值发行、溢价发行和折价发行三种情况。债券按其面值出售的，称为面值发行；按高于面值的价格出售，称为溢价发行；按低于面值的价格出售，称为折价发行。溢价或折价实质上是发行债券企业在债券存续期内对利息费用的一种调整。

关于应付债券的利息摊销，债券通常分为到期一次还本付息、分期付息一次还本两种，利息应在债券存续期间内采用直线摊销法和实际利率法进行摊销。

分析应付债券项目时，应关注以下内容。

① 应付债券是企业有息负债的一种，投资者应关注企业应付债券的规模。严格来讲，企业的有息负债越少越好，当然应付债券也是越少越好。其越多说明企业缺乏资金。当然，这还要结合行业本身的特点来具体分析。

② 对于企业发行的债券，分析时应当关注债券的有关条款，查看该债券的付息方式是到期一次还本付息还是分期付息一次还本。

③ 如果存在溢价和折价，看企业对于溢价和折价的摊销以及实际利息费用的确认是否准确。

④ 债券是否存在可赎回条款，企业是否具有可用于赎回的资金准备。

⑤ 债券是否具有可转换条款，对于可转换债券的核算，企业会计准则规定应当将转换权单独分离出来计入资本公积，转换时不发生转换损益。

⑥ 应付债券的利息归属问题。谨防本应计入在建工程的利息计入财务费用，影响当期利润。

（四）交易性金融负债

交易性金融负债是指企业采用短期获利模式进行融资所形成的金融负债。符合以下条件之一的金融负债，企业应当将其划分为交易性金融负债。

① 承担金融负债的目的，主要是近期内出售或回购。

② 金融负债是企业采用短期获利模式进行管理的金融工具投资组合中的一部分。

③ 属于衍生金融工具。

交易性金融负债采用以公允价值计量且其变动计入当期损益。但企业自身信用风险提升引起的公允价值下降的部分，计入其他综合收益，不能重分类进损益。

例如：如果 A 是发行股票方，以短期筹资为目的发行了 1 000 万股股票，面值为 1 元，B 购买了该股票以短期持有卖出为目的，那么对于 A 来说该股票为交易性金融负债，对于 B 来说该股票为交易性金融资产。

（五）其他流动负债

其他流动负债是指不能归属于短期借款、应付短期债券、应付票据、应付账款、应付所得税、其他应付款、预收款项这七款项目的流动负债。其一般包括税费、期限很短的债券或有负债。其中期限很短的债券，如短期融资券属于有息负债。

短期融资券是指具有法人资格的企业，依照规定的条件和程序在银行间债券市场发行并约定在一定期限内还本付息的有价证券。短期融资券虽然期限在一年以内，但一般不是交易性金融负债，因为从其持有意图看，其并非意图通过短期内出售变现而从价差收益中获利。短期融资券一般在报表中列报至"其他流动负债"项目。

例如：××公司在 2019 年年末的其他流动负债为 79.99 亿元，报表附注显示其他流动负债全部是短期应付债券。短期应付债券是 2019 年发行的三期尚未到期的短期融资券。

（六）一年内到期的非流动负债

一年内到期的非流动负债是指企业的非流动负债中将要在一年内到期的部分。一年内到期的非流动负债一般包括一年内到期的长期借款、一年内到期的长期应付款和一年内到期的应付债券。

一年内到期的非流动负债需要在一年内偿还，若是数额较大，在短期可能会对企业造成较大的资金压力，这个时候需要对企业的资金状况作评估。

例如：C 公司在 2020 年年末的一年内到期的非流动负债为 604.62 亿元，在 2021 年年末为 479.32 亿元，一年内到期的非流动负债项目的附注如表 2-6 所示。C 公司 2022 年在"一年内到期的非流动负债"这一个项目上支出的现金就要达到 479.32 亿元。其中，一年内到期的长期借款为 392.20 亿元，一年内到期的应付债券为 50.06 亿元。这对于 C 公司来说也是一笔不小的现金支出。因此，在关注筹资负债的时候，需要关注一年内到期的非流动负债。

表 2-6 一年内到期的非流动负债分类　　　　　　　　单位：亿元

项目	2020年12月31日	2021年12月31日
一年内到期的长期借款	449.47	392.20
一年内到期的应付债券	129.28	50.06
一年内到期的租赁负债	15.84	19.26
一年内到期的应付利息	10.03	17.80
合计	604.62	479.32

四、其他负债

（一）其他应付款

其他应付款是指企业在商品交易业务以外发生的应付和暂收款项。具体来说，它是指企业除应付票据、应付账款、预收款项、应付职工薪酬、应交税费等以外的各种应付、暂收其他单位或个人的款项。

其他应付款通常包括：租金，如包装物的租金；存入保证金，包括商品质量保证金、招标保证金、经销商保证金、股权转让保证金、收入包装物押金等；预提费用，如预提广告费、运输费、管理费、销售折让等费用支出；职工统筹退休金、离职补偿金、员工持股计划等；借款或投资款，如欠股东或者关联方的借款等；其他单位或个人暂垫款；其他应付、暂收款项；等等。

企业的其他应付款一般总体规模或者占总负债的比例都相对较小，如果规模或占比相对较大，就要给予适当的关注，分析其具体的构成及来源。

分析其他应付款项目时，应关注以下内容。

① 通过其他应付款占负债的比重分析其他应付款的金额大小，如果金额较大，需要分析其具体的来源以及账龄，分析每一项的来源是否合情合理。

② 有没有其他应付款长期挂账的现象。

③ 有没有通过其他应付款隐藏收入的现象。例如，收取的逾期未退包装物押金故意不及时结转收入、经济业务挂在贷方时间过长。

④ 有没有虚列其他应付款的行为。把不属于其他应付款的业务放到其他应付款，如各项费用支出。

⑤ 如果存在账龄超过一年的重要其他应付款，则要注意其是否合理。例如，××公司2019年其他应付款附注，具体如下：于2019年12月31日，账龄超过一年的其他应付款约人民币21.13亿元（2018年12月31日：约人民币11.56亿元），主要为收取的各类保证金和押金。对于账龄超过一年的保证金和押金应进一步分析其合理性。

（二）预计负债

预计负债是指因或有事项可能产生的负债。这包括对外提供担保、未决诉讼、产品质量保证、重组义务以及固定资产和矿区权益弃置义务等产生的预计负债。

根据《企业会计准则第13号——或有事项》的规定，与或有事项相关的义务同时符合以下三个条件的，企业应将其确认为负债。

① 该义务是企业承担的现时义务。
② 该义务的履行很可能导致经济利益流出企业，这里的"很可能"指发生的可能性为"大于50%，但小于或等于90%"。
③ 该义务的金额能够可靠地计量。

（三）递延所得税负债

递延所得税负债产生于应纳税暂时性差异。应纳税暂时性差异在转回期间将增加企业的应纳税所得额和应交所得税，导致企业经济利益的流出，在其发生当期，构成企业应支付税金的义务，应作为负债确认。

例如：比如公司收入1 000万元，成本800万元，计提折旧费用50万元，那么计算出来的利润总额=1 000-800-50=150万元，"所得税费用"=150×25%=37.5万元。这是会计上的计算处理。在税法上，如果税法规定，今年公司要计提的折旧是100万元，那么计算出来的应纳税所得额=1 000-800-100=100万元，"应交税费——应交所得税"=100×25%=25万元。这两个数字相差12.5万元。也就是说，今年税务局只收25万元的所得税，但是会计上算出来的是37.5万元。此时税务局说这12.5万元不是不要了，是今年不需要交，明年再交。

由此可以看出：递延所得税负债对公司是有利的。

递延所得税资产和递延所得税负债是和暂时性差异相对应的。可抵扣暂时性差异是将来可用来抵税的部分，是应该收回的资产，所以对应递延所得税资产；递延所得税负债是由应纳税暂时性差异产生的，对于影响利润的暂时性差异，确认的递延所得税负债应该调整"所得税费用"。

① 资产的账面价值大于计税基础，形成应纳税暂时性差异，确认递延所得税负债。
② 资产的账面价值小于计税基础，形成可抵扣暂时性差异，确认递延所得税资产。
③ 负债的账面价值大于计税基础，形成可抵扣暂时性差异，确认递延所得税资产。
④ 负债的账面价值小于计税基础，形成应纳税暂时性差异，确认递延所得税负债。

第四节 所有者权益项目解读与分析

一、所有者权益项目分类

所有者权益（在股份公司称为股东权益）是指投资人对公司净资产拥有的所有权。所有者权益是企业财力状况的重要标志，其形成和使用直接关系到财力的分配和企业资本的积累，关系到公司与投资人之间的经济利益。

在资产负债表中所有者权益主要分为两类：第一类是投资人投入，包括实收资本以及投入形成的资本公积；第二类是留存收益，包括盈余公积和未分配利润。这种分类主要是从法律层面考虑的，按照《公司法》的规定，公司成立后，股东不得抽逃资金。也就是说，股东投资公司的资金作为本金，不能再分给股东，股东能够分的应该是利用这些本金赚取的收益。

二、投资人投入

(一) 实收资本

实收资本（在股份公司称为股本）是指企业按照章程或合同、协议约定，接受投资者投入企业的资本。实收资本的构成比例是确定所有者参与企业财务经营决策的基础，也是企业进行利润分配的依据，同时还是企业清算时确定所有者对净资产的要求权的依据。

我国《公司法》规定，股东可以用货币出资，也可以用实物、知识产权、土地使用权等可以用货币估价并可以依法转让的非货币财产作价出资；但是，法律、行政法规规定不得作为出资的财产除外。

(二) 资本公积

资本公积是企业收到的投资者超出其在企业注册资本所占份额的投资，以及直接计入所有者权益的利得和损失等。资本公积包括资本（或股本）溢价和其他资本公积。资本（或股本）溢价是企业收到的投资者超出其在企业注册资本（或股本）中所占份额的投资。形成资本（或股本）溢价的原因有溢价发行股票、投资者超额缴入资本等。其他资本公积是指除资本溢价（或股本溢价）项目以外所形成的资本公积，主要包括以权益结算的股份支付以及采用权益法核算的长期股权投资，确认被投资单位除净损益、其他综合收益和利润分配以外的其他所有者权益变动。

根据我国《公司法》等法律的规定，资本公积的用途主要是用来转增资本。资本公积转增资本既没有改变企业的投入资本总额，也没有改变企业的所有者权益总额，应不会增加企业的价值。那么，将资本公积转增资本的原因是：其一，资本公积转增资本可以改变企业投入资本的结构，体现企业稳健、持续发展的潜力，因为企业实收资本一般不会用于投资者的分配或者用于弥补亏损，即使是在企业破产的情况下，它也将被优先分配给债权人；其二，对于股份有限公司而言，它会增加投资者持有的股份，从而增加公司股票的流通量，进而可以激活股价，提高股票的交易量和资本的流动性。

在我国，许多投资者喜欢上市公司推出大比例的资本公积转增股本方案。判断一家上市公司的股本扩张潜力，主要就是看它的资本公积与实收资本之比，即每股资本公积，比值越高，扩张潜力也就越大。

实收资本和资本公积都属于投入资本的范畴，但两者是有区别的。实收资本一般是投资者投入的，以谋求价值增值的原始投资，属于注册资本。因此，实收资本无论在来源上，还是在金额上，都有比较严格的限制。资本公积属于资本的范畴，并由全体投资者享有，它是企业收到投资者出资超出其在注册资本中所占的份额以及直接计入所有者权益的利得和损失等。实收资本的构成比例是确定所有者参与企业财务经营决策的基础，也是企业进行利润分配的依据，同时还是企业清算时确定所有者对净资产的要求权的依据。资本公积主要用于转增资本，资本公积不体现各所有者的占有比例，也不能作为所有者参与企业财务经营决策的基础或利润分配的依据。

(三) 其他综合收益

2009 年 6 月，财政部在其印发的《企业会计准则解释第 3 号》中，首次引入"其他综合收益"的概念，要求上市公司自 2009 年 1 月 1 日起在利润表"每股收益"项下增列"其他综合收益"项目和"综合收益总额"项目。2009年12月，财政部又印发《关于执行会计准则的上市公司和非上市企业做好2009年年报工作的通知》，配合《企业会计准则解释第3号》利润表格式的修改，对所有者权益变动表的格式也进行了调整，同时对其他综合收益在附注中的披露做出了具体规定。2014年财政部修订的《企业会计准则第30号——财务报表列报》将其他综合收益正式列入财务报表项目披露。

其他综合收益是指企业根据企业会计准则的规定未在当期损益中确认的各项利得和损失。

资本公积与其他综合收益都会引起企业所有者权益发生增减变动，资本公积不会影响企业的损益，而部分其他综合收益项目则在满足企业会计准则规定的条件时，可以重分类进损益，从而成为企业利润的一部分。

三、留存收益

（一）盈余公积

盈余公积是指企业按照规定从税后利润中提取的各种积累资金，包括法定盈余公积和任意盈余公积。法定盈余公积是指按照《公司法》的规定，公司必须根据当年税后利润，以减去弥补亏损后的余额的10%强制计提的公积金。法定盈余公积只有达到注册资本的50%以后，才可以免提。任意盈余公积是指根据公司章程或股东大会决议而从税后利润中自由计提的公积金，其目的是应付经营风险和不测。

盈余公积具有以下作用。

① 用于弥补亏损。企业发生亏损时，应由企业自行弥补。弥补亏损的渠道主要有三条：一是用以后年度税前利润弥补。按照现行制度规定，企业发生亏损时，可以用以后5年内实现的税前利润弥补，即税前利润弥补亏损的期间为5年。二是用以后年度税后利润弥补。企业发生的亏损经过5年期间未弥补足额的，尚未弥补的亏损应用所得税后的利润弥补。三是以盈余公积弥补亏损。企业以提取的盈余公积弥补亏损时，应当由公司董事会提议，并经股东大会批准。

② 转增资本。企业将盈余公积转增资本，必须经股东大会决议批准。在实际将盈余公积转增资本时，要按股东原有持股比例结转。转增后留存的盈余公积的数额不得少于注册资本的25%。

③ 分配股利。原则上企业当年没有利润，不得分配股利。如果为了维护企业信誉，用盈余公积分配股利，必须符合下列条件：其一，用盈余公积弥补亏损后，该项公积金仍有结余；其二，用盈余公积分配股利时，要控制股利分配率，不得超过股票面值的6%；其三，分配股利后，法定盈余公积不得低于注册资本的25%。

盈余公积的提取实际上是企业当期实现的净利润向投资者分配利润的一种限制。提取盈余公积本身就属于利润分配的一部分，提取盈余公积相对应的资金，一经提取形成盈余公积后，在一般情况下不得用于向投资者分配利润或股利。盈余公积的用途并不是指其实际占用形态，提取盈余公积也并不是单独将这部分资金从企业资金周转过程中抽出。

企业以盈余公积转增资本时，也只是减少盈余公积结存的数额，但同时增加企业实收资本或股本的数额，也并不引起所有者权益总额的变动。至于企业盈余公积的结存数，其实际上只表现企业所有者权益的组成部分，表明企业生产经营资金的一个来源而已，其形成的资金可能表现为一定的货币资金，也可能表现为一定的实物资产，如存货和固定资产等，随同企业的其他来源所形成的资金进行循环周转。

资本公积与盈余公积的区别如下。

① 形成资本公积与盈余公积的来源不同。资本公积主要由投资人投资所形成，属于投入资本的范畴。盈余公积来源于企业的盈利，是从净利润中提取的，由净利润转化而来，属于留存收益范畴。

② 资本公积与盈余公积所包含的内容不同。资本公积包括资本（或股本）溢价和其他资本公积。资本（或股本）溢价是企业收到的投资者超出其在企业注册资本（或股本）中所占份额的投资；其他资本公积包括以权益结算的股份支付、长期股权投资权益法下被投资单位净利润以外的变动。盈余公积是有特定用途的累积盈余，包括法定盈余公积和任意盈余公积。法定盈余公积是企业按照规定的比例从净利润中提取的盈余公积，任意盈余公积是企业按照公司章程或股东大会决议提取的盈余公积。

③ 资本公积与盈余公积的用途不同。资本公积主要用于转增资本。盈余公积主要用来弥补亏损、转增资本，在满足一定条件下，也可以用于分配股利。

（二）未分配利润

未分配利润反映企业尚未分配的利润，它是历年未分配的净利润的积累。如果未分配利润为负值，说明以前年度亏损。未分配利润有两层含义：一是留待以后年度处理的利润；二是未指明特定用途的利润。相对于所有者权益的其他部分来说，企业对于未分配利润的使用有较大的自主权。它可以被提取为盈余公积；可以转化成股本，即股票股利分配的送红股；还可以用现金的形式分给股东，即现金股利分配的派现。

未分配利润在以后年度可继续进行分配，在未进行分配之前，属于所有者权益的组成部分。从数量上来看，未分配利润是期初未分配利润加上本期实现的净利润，减去提取的各种盈余公积和分出的利润后的余额。

上市公司未分配利润与股本的比值，称为每股未分配利润。每股未分配利润越高，说明上市公司股本扩张潜力越大。

盈余公积与未分配利润属于留存收益范畴，都是从净利润中提取的，两者的区别在于，盈余公积是具有特定用途的累积盈余，未分配利润是尚未指明特定用途的累积盈余。

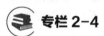

专栏 2-4

所有者权益特殊项目

资产负债表中的所有者权益除了包括实收资本、资本公积、其他综合收益、盈余公积和未分配利润等常规项目，还包括一些特殊项目，如优先股、永续债、库存股、专项储备、一般风险准备和少数股东权益等。

1. 优先股

优先股是"普通股"的对称，是股份公司发行的在分配红利和剩余财产时比普通股具有优先权的股份。优先股也是一种没有期限的有权凭证，优先股股东一般不能在中途向公司要求退股（少数可赎回的优先股例外）。

优先股具有权益工具和债务工具的双重性质。企业发行的优先股分类为权益工具的，应在资产负债表中的"其他权益工具"项目下的"优先股"项目列报。企业发行的优先股分类为金融负债的，应在资产负债表中的"应付债券"项目下的"优先股"项目列报。

2. 永续债

永续债券又称无期债券，是指没有明确的到期时间或者期限非常长（一般超过 30 年）的债券。20 世纪 90 年代，基于银行为了满足其资本的需求，永续债得到了长远的发展。如今永续债已经成为国内外资本市场上一种有效的融资工具。一方面，永续债多设计为没有固定到期日、发行人有权无限期递延利息支付，以便发行人没有还本付息的"合同义务"，从而符合《企业会计准则第 37 号——金融工具列报》关于"权益工具"的定义，即满足发行人对于"股"的诉求；另一方面，为同时照顾持有人对于"债"的诉求，往往通过股利推动机制、制动机制、利率跳升机制以及发行人赎回权，乃至投资者保护等条款为发行人按时还本付息提供"合理预期"。因此，永续债具有权益工具和债务工具的双重性质。企业发行的永续债分类为权益工具的，应在资产负债表中的"其他权益工具"项目下的"永续债"项目列报。企业发行的永续债分类为金融负债的，应在资产负债表中的"应付债券"项目下的"永续债"项目列报。

永续债作为混合型金融工具，成为目前国内大型国企融资渠道的一种有效补充方式，2013—2017 年已累计发行 774 只。以行业特征来看，目前永续债的发行主体主要集中于各种基础设施行业（如港口、地铁及能源等）和房地产行业。当下很多企业在会计核算上都将永续债作为权益类工具核算，仅有少数企业将其作为债务类工具核算。

3. 库存股

库存股是公司收回已发行的但尚未转让或尚未注销的本公司股份份额。在资产负债表中，库存股列在"实收资本"和"资本公积"之后，作为资本的抵减项目。

一般情况下，企业的库存股有如下来源：股权激励条件未达成而回购的限制性股票；公司在二级市场购买（一般在低价时购买）；其他原因回购的股票。

库存股具有以下特点：①库存股不是公司的一项资产，而是股东权益的减项；②库存股由发行公司通过收购、受赠或换股等其他方法取得，然后按规定的方式转让、奖励职工或者按规定的程序注销；③公司持有收购的本公司股票没有表决权，也不得参加分配利润；④库存股会影响到公司的股价、资本结构、公司形象等多方面。

4. 专项储备

专项储备是高危行业提取的安全生产费以及维持简单再生产费用等具有类似性质的费用，相当于一种准备金，类似于法定盈余公积，其目的是提高企业应对风险的能力。

按照财政部 2009 年 6 月发布的《企业会计准则解释第 3 号》的规定，高危行业企业按照国家规定提取的安全生产费，应当计入相关产品的成本或当期损益，同时记入"专项储备"科目。企业使用提取的安全生产费时，属于费用性支出的，直接冲减专项储备。企业使用提取的安全生产费形成固定资产的，应当通过"在建工程"科目归集所发生的支出，待安全项目完工达到预定可使用状态时确认为固定资产；同时，按照形成固定资产的成本冲减专项储备，并确认相同金额的累计折旧。该固定资产在以后期间不再计提折旧。

"专项储备"是一个权益类会计科目，同时也是一项报表项目，从其账务处理中可以看出，其计提和使用的处理均不影响未分配利润，"专项储备"项目列在资产负债表所有者权益项下"盈余公积"之前，与资本公积、盈余公积等并列。

需要注意的是，专项储备虽然是所有者权益项目，但股东实际上无法享有该部分权益。因此，在对联营、合营企业进行权益法核算及确认由此形成的其他综合收益时，应剔除专项储备变动对所有者权益的影响。

5. 一般风险准备

一般风险准备是指金融企业运用动态拨备原理，采用内部模型法或标准法计算风险资产的潜在风险估计值后，扣减已计提的资产减值准备，从净利润中计提的、用于部分弥补尚未识别的可能性损失的准备金。金融企业应当于每年年度终了对承担风险和损失的资产计提一一般准备。一般准备由金融企业总行（总公司）统一计提和管理。

例如：中国平安 2019 年年报在资产负债表中披露"一般风险准备"项目年末余额 719.64 亿元。在"一般风险准备"项目附注中进一步披露如下信息：根据中国有关财务规定，从事保险、银行、信托、证券、期货及基金行业的公司需要提取一般风险准备，用于补偿巨灾风险或弥补亏损。其中，从事保险业务的公司按净利润的 10%提取总准备金、从事银行业务的公司按年末风险资产的 1.5%提取一般准备、从事证券业务的公司按净利润的 10%提取一般风险准备、从事信托业务的公司按净利润的 5%提取信托赔偿准备、从事期货业务的公司按净利润的 10%提取风险准备金以及从事基金业务的公司按基金管理费收入的 10%提取风险准备金。本集团从事上述行业的子公司在其各自年度财务报表中，根据中国有关财务规定以其各自年度净利润或年末风险资产为基础提取一般风险准备。上述一般风险准备不得用于分红或转增资本。

6. 少数股东权益

少数股东权益简称少数股权，是反映除母公司以外的其他投资者在子公司中的权益，表示其他投资者在子公司股东权益中所拥有的份额。

我国合并报表的编制采纳的是"实体理论"，即无论母公司对子公司是否全资控股，均将其资产和负债 100%纳入合并财务报表中。属于母公司的股东权益份额，列在"归属于母公司股东权益"项目；不属于母公司的股东权益份额，综合列示于"少数股东权益"项目。

第五节　资产负债表趋势分析和结构分析

资产负债表项目分析是定性分析，资产负债表的趋势分析和结构分析是定量分析。趋势分析和结构分析的目的是准确理解报表数据本身的含义，获得对企业财务状况的准确认识，为进一步分析财务能力奠定基础。

一、资产负债表趋势分析

资产负债表趋势分析是指将连续几期的资产负债表项目的数据列在一起，对各项目数据进行比较，计算出变动额和变动率，目的在于了解企业的资产、负债和所有者权益的变动情况，分析变动的原因。

资产负债表的趋势分析内容包括总体变动情况分析、分类变动情况分析和具体项目变动情况分析。

（一）总体变动情况分析

根据"资产=负债+所有者权益"，分析资产、负债和所有者权益变动对企业财务状况的总体影响。

① 资产规模的变化情况。通过资产规模来判断企业的行业地位，通过资产规模的增长来判断企业的扩张性。一般情况下，资产的规模应该与行业发展趋势一致。如果行业在萎缩，企业资产规模却在扩大，那么可能存在某种问题，值得关注。

② 结合负债和所有者权益项目分析资产增加的原因是借入资金、投资者投入还是留存

收益转入。如果借入资金和投资者投入金额较大,留存收益转入少,可能是企业正在外延扩大规模。如果留存收益转入金额大,说明企业自我发展的潜力大。

(二)分类变动情况分析

1. 分类资产变动情况分析

资产一般分为经营资产、投资资产和其他资产。通过比较这三类资产的变动额和变动率,分析资产增加的原因。如果资产增加主要是经营资产引起的,说明企业主营业务是比较健康的;如果资产增加主要是投资资产引起的,说明企业主营业务有点问题,应该关注这些投资的持续性和有效性;如果资产增加与其他资产有很大关系,应该高度重视,进一步分析原因。

2. 分类负债变动情况分析

负债一般分为经营负债、筹资负债和其他负债。通过比较这三类负债的变动额和变动率,分析负债增加的原因。如果负债增加主要是经营负债引起的,说明企业占用供应商的资金,这对企业是有利的;如果负债增加主要是筹资负债引起的,说明企业利用银行等借钱经营,应该关注这些借款的规模、利息等;如果负债增加与其他负债有很大关系,应该关注负债来源,分析判断其财务风险。

3. 分类所有者权益变动情况分析

所有者权益一般分为投入资本和留存收益。通过比较这两类所有者权益的变动额和变动率,分析所有者权益增加的原因。如果所有者权益增加主要是投入资本引起的,说明企业需要投资者输血,才能不断发展;如果所有者权益增加主要是留存收益引起的,说明企业具有造血功能,依靠自身的积累,可以不断发展壮大。

(三)具体项目变动情况分析

资产负债表具体项目变动情况分析需要把资产负债表本期的所有项目与上期进行全面、综合的对比分析,分析时重点关注三类项目。

① 与主营业务相关的项目。如果公司主营业务是产品销售,那么货币资金、存货、应收账款、应付账款等,就是需要重点关注的项目。

② 金额比较大或变动百分数比较大的项目。不同行业、不同类型的企业,重点项目可能有所不同。例如,房地产公司存货的金额比较大,存货的增加意味着土地储备的增加,意味着资金充裕,拿地能力强,同时看负债变化和所有者权益的变化,研究支撑其购地的资金来源。

③ 对将来产生重大影响的项目。

Y 公司合并资产负债表趋势分析

根据附录 1 Y 公司合并资产负债表数据,计算资产负债表各个项目的变动额和变动率,得到 Y 公司合并资产负债表项目趋势分析表,如表 2-7 所示。

根据表 2-7 相关数据,从总体变动情况、分类变动情况和具体项目变动情况三个方面,对 Y 公司合并资产负债表进行趋势分析。

表 2-7　Y 公司合并资产负债表项目趋势分析表

项目	变动额/万元				变动率/%			
	2018 年末	2019 年末	2020 年末	2021 年末	2018 年末	2019 年末	2020 年末	2021 年末
流动资产								
货币资金	−1 077 206.25	27 431.72	36 986.32	2 004 718.69	−49.36	2.48	3.27	171.41
交易性金融资产	49.88	38 949.51	−26 677.42	−8 600.66		78 079.63	−68.40	−69.80
衍生金融资产	0.00	0.00	26 282.86	−20 220.81				−76.94
应收票据	1 750.30	4 062.00	−7 884.50	557.50	10.70	22.43	−35.56	3.90
应收账款	31 488.64	51 448.38	83.45	34 263.30	40.05	46.73	0.05	21.20
预付款项	26 716.68	−30 242.57	13 255.88	23 001.82	22.41	−20.72	11.46	17.83
应收利息	−18 844.70	0.00	0.00		−100.00			
其他应收款	10 989.74	4 020.00	−7 927.34	1 054.74	246.07	26.01	−40.70	9.13
存货	86 708.01	220 795.74	−17 000.58	137 217.01	18.69	40.09	−2.20	18.19
一年内到期的非流动资产	0.00	30 324.07	125 896.83	66 771.10			415.17	42.74
其他流动资产	399 304.20	−221 733.48	124 457.38	−61 324.62	396.37	−44.34	44.72	−15.23
流动资产合计	−539 043.51	125 055.37	267 472.88	2 177 438.07	−18.06	5.11	10.41	76.72
非流动资产								
可供出售金融资产	17 919.14	−83 101.10	0.00	0.00	27.49	−100.00		
长期股权投资	14 420.20	5 151.78	94 191.27	130 713.27	8.17	2.70	48.03	45.03
其他权益工具投资	0.00	114 789.61	248 172.67	18 573.15			216.20	5.12
其他非流动金融资产	0.00	14 216.77	12 252.31	37 331.60			86.18	141.04
投资性房地产	0.00	53 329.59	−1 284.38	−1 284.37			−2.41	−2.47
固定资产	143 137.22	360 845.18	504 720.02	603 526.83	10.80	24.57	27.59	25.85
在建工程	79 884.85	347 834.44	−74 031.24	−168 908.55	42.32	129.47	−12.01	−31.14
工程物资	−1 420.83	0.00	0.00	0.00	−100.00			
生产性生物资产	0.00	0.00	0.00	177 694.57				
使用权资产	0.00	0.00	0.00	71 808.95				
无形资产	12 490.74	76 941.35	12 710.27	7 334.98	24.28	120.36	9.02	4.78
开发支出	0.00	0.00	0.00	0.00				
商誉	0.00	51 686.52	−16 599.28	−5 526.43	0.00	4 840.19	−31.47	−15.29
长期待摊费用	−1 065.74	62 019.04	−13 404.62	−13 491.77	−15.40	1 059.47	−19.75	−24.77
递延所得税资产	4 913.81	13 489.02	55 041.75	−11 040.90	8.78	22.15	73.98	−8.53

续表

项目	变动额/万元				变动率/%			
	2018年末	2019年末	2020年末	2021年末	2018年末	2019年末	2020年末	2021年末
其他非流动资产	99 349.02	143 248.69	−19 941.91	56 638.14	137.04	83.36	−6.33	19.19
非流动资产合计	369 628.42	1 160 450.89	801 826.86	903 369.47	19.00	50.13	23.07	21.12
资产合计	−169 415.09	1 285 506.26	1 069 299.74	3 080 807.54	−3.44	27.00	17.69	43.30
流动负债								
短期借款	−633 700.00	303 663.13	239 709.94	563 963.57	−80.62	199.38	52.57	81.07
交易性金融负债	0.00	3 707.90	−3 707.90	2.87			−100.00	0.00
衍生金融负债	0.00	0.00	3 222.01	−280.02				−8.69
应付票据	6 097.23	2 384.84	−4 092.79	14 297.76	28.32	8.63	−13.64	55.17
应付账款	158 558.28	166 166.33	87 534.19	228 304.92	21.86	18.80	8.34	20.07
预收款项	27 519.02	161 929.70	−602 005.83	0.00	6.67	36.80	−100.00	
合同负债	0.00	0.00	605 589.79	183 542.97				30.31
应付职工薪酬	−9 022.46	−9 303.81	29 279.72	45 502.43	−3.47	−3.70	12.10	16.77
应交税费	−5 071.12	4 331.20	23 566.56	−22 962.59	−12.55	12.26	59.41	−36.31
应付利息	−932.68	0.00	0.00	0.00	−100.00			
应付股利	−7 313.12	0.00	0.00	0.00	−100.00			
其他应付款	−4 800.89	260 065.81	−68 481.97	37 783.15	−3.78	212.99	−17.92	12.04
一年内到期的非流动负债	893.73	27 306.34	51 704.38	−15 512.45	36.94	824.25	168.86	−18.84
其他流动负债	−152.53	305 898.04	−28 727.09	−181 837.15	−12.78	29 397.26	−9.36	−65.36
流动负债合计	−467 924.54	1 226 149.47	333 591.01	852 805.46	−19.62	63.96	10.61	24.53
非流动负债								
长期借款	0.00	47 083.51	90 390.76	400 514.48	0.00	162 918.73	191.86	291.28
应付债券	0.00	150 000.00	226 245.00	−57 460.00			150.83	−15.27
租赁负债	0.00	0.00	0.00	41 598.69				
长期应付款	6 962.75	3 035.03	−9 275.88	13 698.76	108.73	22.71	−56.56	192.25
递延收益	1 214.41	−4 375.27	6 454.24	12 914.88	8.31	−27.63	56.33	72.10
递延所得税负债	10 591.84	39 921.83	−3 955.90	−9 102.17		376.91	−7.83	−19.55
非流动负债合计	18 769.00	235 665.10	309 858.22	402 164.64	89.16	591.82	112.48	68.71
负债合计	−449 155.53	1 461 814.57	643 449.23	1 254 970.10	−18.67	74.70	18.82	30.89
股东权益								
股本	−36.50	1 825.13	−1 375.41	31 750.61	−0.01	0.30	−0.23	5.22
资本公积	7 580.24	−199 689.81	57 297.22	1 285 115.40	2.74	−70.28	67.85	906.66
减：库存股	−10 422.77	323 027.81	−155 572.38	−52 094.98	−51.68	3314.37	−46.75	−29.40

续表

项目	变动额/万元				变动率/%			
	2018年末	2019年末	2020年末	2021年末	2018年末	2019年末	2020年末	2021年末
其他综合收益	44 662.95	60 890.65	13 082.02	-32 201.10	-625.59	162.27	13.29	-28.88
盈余公积	62 307.45	16 123.84	-15 877.75	15 187.61	25.72	5.29	-4.95	4.98
未分配利润	156 282.55	265 422.12	216 590.06	380 492.51	11.08	16.94	11.82	18.57
归属于母公司股东权益合计	281 219.47	-178 455.89	425 288.53	1 732 440.01	11.20	-6.39	16.28	57.02
少数股东权益	-1 479.02	2 147.57	561.98	93 397.43	-10.84	17.66	3.93	627.95
股东权益合计	279 740.45	-176 308.32	425 850.51	1 825 837.44	11.08	-6.29	16.21	59.80
负债和股东权益总计	-169 415.09	1 285 506.26	1 069 299.74	3 080 807.54	-3.44	27.00	17.69	43.30

(一) 总体变动分析

从附录1和表2-7可以看到,Y公司资产2017年为4 930 035.53万元,2021年为10 196 233.98万元,2018—2021年资产变动率分别为-3.44%、27.00%、17.69%、43.30%,除了2018年略有下降,其他年份呈逐年上升趋势,总体处于扩张之中。从负债及股东权益的变化来看,2018年资产的减少主要是负债减少所致,2019年资产开始正增长,主要是负债大幅增长,而股东权益出现负增长。2020年及2021年负债及股东权益同步增长,资产保持正增长,特别是2021年资产大幅增加,股东权益的增长幅度大于负债增长幅度。

这说明Y公司资产规模不断增加,实力不断增强。实力增强的原因一方面是负债增长,另一方面是股东权益的增长。

(二) 分类变动情况分析

1. 分类资产变动情况分析

根据附录1的相关资料,计算分类资产变动率。分类资产变动情况如表2-8所示。

表2-8 分类资产变动情况分析表 单位:%

项目	2018年末	2019年末	2020年末	2021年末
经营资产	-16.09	28.38	9.79	54.97
投资资产	13.40	52.30	84.55	20.32
其他资产	212.46	11.00	29.53	3.05
资产总计	-3.44	27.00	17.69	43.30

从表2-8可以看到,Y公司2018年经营资产出现负增长,其他资产虽然有较大增长幅度,但总资产仍然出现负增长。在2019年、2020年投资资产出现较大增长。2021年经营资产大幅增加,带动资产总额大幅增长。总体来讲,总资产增长与经营增长基本保持一致,说明Y公司主营业务健康。

2. 分类负债变动情况分析

根据附录1的相关资料，计算分类负债变动率。分类负债变动情况如表2-9所示。

表2-9 分类负债变动情况分析表　　　　　　　　　　　　　　　　　　　　单位：%

项目	2018年末	2019年末	2020年末	2021年末
经营负债	12.20	19.87	7.12	21.33
筹资负债	-80.26	341.66	88.39	68.82
其他负债	3.54	371.04	-13.55	-12.80
负债总计	-18.67	74.70	18.82	30.89

从表2-9可以看到，Y公司2018年筹资负债出现负增长，经营负债和其他负债虽然正增长，但总负债仍然出现负增长。在2019—2021年筹资负债出现较大增长，相应地负债总额也出现增长。总体来讲，总负债增长较多依赖筹资负债增长。

3. 分类股东权益变动情况分析

根据附录1的相关资料，计算分类股东权益变动率。分类股东权益变动情况如表2-10所示。

表2-10 分类股东权益变动情况分析表　　　　　　　　　　　　　　　　　　单位：%

项目	2018年末	2019年末	2020年末	2021年末
投资者投入	2.08	-59.04	58.54	238.99
留存收益	13.22	15.04	9.32	16.81
其他权益	664.01	126.87	12.10	48.43
股东权益总计	11.08	-6.29	16.21	59.80

从表2-10可以看到，Y公司2019年投资者投入出现较大负增长，留存收益和其他权益正增长，但股东权益仍然出现负增长。2018—2021年，留存收益每年都有一定幅度增长。2021年非公开发行股票，导致投资者投入大幅增长，相应地股东权益出现较大增长。总体来讲，Y公司留存收益相对比较稳定，股东权益增长受投资者投入影响较大。

（三）具体项目变动情况分析

下面以2021年为例，分析资产负债表项目大幅变动的原因。

2021年资产增长43.30%，与下面的项目大幅变动有关：非公开发行股票募集资金及银行借款增加，导致货币资金增长171.41%。子公司持有的权益工具公允价值下降，导致交易性金融资产增长-69.80%。子公司持有部分远期外汇合约到期平仓，导致衍生金融资产增长-76.94%。子公司将于一年内到期的中长期小额贷款及应收保理款增加，导致一年内到期的非流动资产增长42.74%。联营A公司上市融资、实现净利润等原因使得公司享有其净资产增加，导致长期股权投资增长45.03%。子公司投资权益工具及其公允价值增加，导致其他非流动金融资产增长141.04%。部分在建项目达到预定可使用状态转入固定资产增加，导致在建工程增长-31.14%。

2021年负债增长30.89%，与下面的项目大幅变动有关：票据贴现借款增加以及子公司合并中国某乳业控股有限公司，导致短期借款增长81.07%。向供应商采购材料使用银行承兑汇票结算量增加，导致应付票据增长55.17%。受2022年春节较2021年春节时间提前的影响，预收经销商的货款增加，导致合同负债增长 30.31%。支付上期收到代收股权激励对象的个人所得税，导致应交税费增长-36.31%。超短期融资券减少，导致其他流动负债增长-65.36%。分期付息到期还本的银行借款增加，导致长期借款增长 291.28%。子公司合并中国某乳业控股有限公司，导致长期应付款增长 192.25%。子公司收到政府给予的科研项目资金增加，导致递延收益增长 72.10%。

2021 年股东权益增长 59.80%，与下面的项目大幅变动有关：非公开发行股票，导致资本公积增长 906.66%。子公司非全资合并中国某乳业控股有限公司引起少数股东权益增加，导致少数股东权益增长 627.95%。

二、资产负债表结构分析

资产负债表结构分析是通过计算资产负债表中的各项目占总资产或权益总额的比重，分析评价企业资产结构和权益结构的变动情况及变动合理性。与资产负债表趋势分析侧重于重要项目的各年比较不同，资产负债表结构分析在一定程度上消除了规模差异的影响，因此既可以用于企业同一期内部结构分析，又可以用于企业不同时期的结构分析。

（一）资产负债表结构分析步骤

① 计算确定资产负债表中各项目占总额的比重。资产项目以资产总额为基数，计算各项资产的占比；负债及所有者权益项目以权益总额为基数，计算各项负债及所有者权益项目的占比。

② 通过各项目的占比，分析其在企业经营中的重要性。一般项目占比越大，其重要程度越高，对公司总体的影响程度越大。

③ 将本期各项目的比重与上期同项目比重对比，研究各项目的比重变动情况，对变动较大的重要项目进一步分析。

（二）资产负债表结构分析内容

资产负债表结构分析内容包括资产结构分析、负债结构分析、所有者权益结构分析和资本结构分析。

1. 资产结构分析

资产结构是指不同类型的资产在企业总资产中所占的比重，一个企业不同的资产与资产结构的不同都会对企业利润产生不同的影响。

（1）经营资产和投资资产的比例关系分析

按照资产带来经济利益的方式，资产分为经营资产、投资资产和其他资产三类。实体经济经营资产占比较高，投资资产占比较低。

（2）流动资产与非流动资产的比例关系分析

对流动资产与非流动资产的比例关系分析可以帮助我们从宏观角度上把握企业所在行业的特点、经营特点。

流动资产占资产总额的比例越高，企业的日常生产经营活动越重要。比如，在企业生产产品市场需求旺盛或扩大经营规模的时期，企业投入本期生产经营活动的资金要比其他企业、其他时期投入的多。一般而言，纺织、冶金企业流动资产占比为 30%~60%，商业批发企业可高达 90%以上。

在同一行业中，流动资产和非流动资产所占的比重反映出企业的经营特点。流动资产比重较高会占用大量资金，降低流动资产周转率，从而影响企业的资金利用效率。非流动资产比例过低会影响企业的获利能力，从而影响企业未来的发展。

（3）流动资产内部结构分析

流动资产内部结构是指组成流动资产的各个项目占流动资产总额的比重，分析流动资产结构，可以了解流动资产的分布和配置情况、资产的流动性及支付能力。流动资产结构是否合理，没有统一的判断标准，可以选择同行业的平均水平作为参考。

（4）非流动资产内部结构分析

计算非流动资产中各项目的比重，便于了解企业资产的状况和潜能。非流动资产的金额和比重大小，反映企业资产经营的规模和水平。例如，固定资产净额和比重的大小，反映企业的生产能力和技术进步，进而反映其获利能力。如果固定资产净额接近原值，说明企业资产是新的，或者是老企业的旧资产通过技术改造成为优质资产。如果固定资产净额很小，说明企业技术落后，资金缺乏。无形资产金额和比重大小，反映企业的技术含量。

2. 负债结构分析

（1）经营负债和筹资负债的比例关系分析

负债按性质分为两类，一是经营负债（又称无息负债），二是筹资负债（又称有息负债）。有息负债因其需要及时还本付息，具有更大的偿还风险。所以，当一个企业有息负债占总负债的比例过高时，企业存在较大的财务风险。

（2）流动负债与非流动负债的比例关系分析

负债按流动性分为流动负债和非流动负债。这里的流动是指负债的到期日，流动负债到期时限较短，非流动负债到期时限较长。一般而言，到期时限越短，面临还款的压力越大，财务风险也就越大。所以，当一个企业流动负债占总负债的比例过高时，企业的财务风险很大。

计算流动负债与长期负债的比重，如果流动负债比重大，反映企业偿债压力大；如果长期负债比重大，说明企业财务负担重。此外，还需计算负债总额中信用性债务和结算性债务的比重与流动负债中临时性负债和自发性负债的比重，判断债务结构是否合理。

3. 所有者权益结构分析

所有者权益由投入资本和留存收益构成，相应形成投入资本结构和留存收益资本结构。投入资本主要包括实收资本和资本公积，实收资本反映企业所有者对企业利益要求权的大小，资本公积反映投入资本本身的增值。留存收益主要包括盈余公积和未分配利润，留存收益是企业经营过程中的资本增值，如果留存收益大，则意味着企业自我发展的潜力大。

4. 资本结构分析

广义的资本结构是指企业的全部资金的来源、组成及相互关系。企业的资金来源按性质可以分为负债和所有者权益两大部分。负债资金和权益资金相比，其资金成本低、财务风险大。通过资本结构分析可以了解企业负债是否适度，是否充分运用财务杠杆。

案例 2-3

Y 公司合并资产负债表结构分析

根据附录 1 Y 公司的资产负债表数据，计算整理资产负债表项目结构百分比如表 2-11 所示。

表 2-11　Y 公司合并资产负债表项目结构分析表　　　　　单位：%

项目	2017 年末	2018 年末	2019 年末	2020 年末	2021 年末
流动资产					
货币资金	44.27	23.21	18.73	16.44	31.13
交易性金融资产	0.00	0.00	0.65	0.17	0.04
衍生金融资产	0.00	0.00	0.00	0.37	0.06
应收票据	0.33	0.38	0.37	0.20	0.15
应收账款	1.59	2.31	2.67	2.27	1.92
预付款项	2.42	3.07	1.91	1.81	1.49
应收利息	0.38	0.00	0.00	0.00	0.00
其他应收款	0.09	0.32	0.32	0.16	0.12
存货	9.41	11.57	12.76	10.60	8.75
一年内到期的非流动资产	0.00	0.00	0.50	2.20	2.19
其他流动资产	2.14	10.51	4.61	5.61	3.31
流动资产合计	60.54	51.37	42.52	39.89	49.19
非流动资产					
可供出售金融资产	1.32	1.75	0.00	0.00	0.00
长期股权投资	3.58	4.01	3.24	4.08	4.13
其他权益工具投资	0.00	0.00	1.90	5.10	3.74
其他非流动金融资产	0.00	0.00	0.24	0.37	0.63
投资性房地产	0.00	0.00	0.88	0.73	0.50
固定资产	26.89	30.85	30.26	32.81	28.81
在建工程	3.83	5.64	10.20	7.62	3.66
工程物资	0.03	0.00	0.00	0.00	0.00
生产性生物资产	0.00	0.00	0.00	0.00	1.74
使用权资产	0.00	0.00	0.00	0.00	0.70
无形资产	1.04	1.34	2.33	2.16	1.58
开发支出	0.00	0.00	0.00	0.00	0.00
商誉	0.02	0.02	0.87	0.51	0.30
长期待摊费用	0.14	0.12	1.12	0.77	0.40
递延所得税资产	1.14	1.28	1.23	1.82	1.16
其他非流动资产	1.47	3.62	5.21	4.14	3.46
非流动资产合计	39.46	48.63	57.48	60.11	50.81
资产合计	100.00	100.00	100.00	100.00	100.00
流动负债					
短期借款	15.94	3.20	7.54	9.78	12.35
交易性金融负债	0.00	0.00	0.06	0.00	0.00
衍生金融负债	0.00	0.00	0.00	0.05	0.03
应付票据	0.44	0.58	0.50	0.36	0.39
应付账款	14.71	18.57	17.37	15.99	13.40
预收款项	8.37	9.24	9.96	0.00	0.00
合同负债	0.00	0.00	0.00	8.51	7.74
应付职工薪酬	5.28	5.28	4.00	3.81	3.11

续表

项目	2017年末	2018年末	2019年末	2020年末	2021年末
应交税费	0.82	0.74	0.66	0.89	0.39
应付利息	0.02	0.00	0.00	0.00	0.00
应付股利	0.15	0.00	0.00	0.00	0.00
其他应付款	2.57	2.56	6.32	4.41	3.45
一年内到期的非流动负债	0.05	0.07	0.51	1.16	0.66
其他流动负债	0.03	0.03	5.07	3.90	0.94
流动负债合计	48.38	40.27	51.99	48.86	42.46
非流动负债					
长期借款	0.00	0.00	0.78	1.93	5.28
应付债券	0.00	0.00	2.48	5.29	3.13
租赁负债	0.00	0.00	0.00	0.00	0.41
长期应付款	0.12	0.29	0.26	0.11	0.20
递延收益	0.30	0.33	0.19	0.25	0.30
递延所得税负债	0.00	0.22	0.84	0.65	0.37
非流动负债合计	0.42	0.84	4.55	8.23	9.69
负债合计	48.80	41.11	56.54	57.09	52.15
股东权益					
股本	12.33	12.77	10.08	8.55	6.28
资本公积	5.61	5.97	1.40	1.99	13.99
减：库存股	0.41	0.20	5.50	2.49	1.23
其他综合收益	−0.14	0.79	1.63	1.57	0.78
盈余公积	4.91	6.40	5.30	4.28	3.14
未分配利润	28.62	32.91	30.31	28.80	23.83
归属于母公司股东权益合计	50.92	58.64	43.22	42.70	46.79
少数股东权益	0.28	0.25	0.24	0.21	1.06
股东权益合计	51.20	58.89	43.46	42.91	47.85
负债和股东权益总计	100.00	100.00	100.00	100.00	100.00

根据表 2-11 相关数据，从资产结构分析、负债结构分析、所有者权益结构分析和资本结构分析四个方面，对 Y 公司合并资产负债表进行结构分析。

一、资产结构分析

根据附录 1 及表 2-11 的相关资料，计算、整理资产结构百分比。资产结构情况如表 2-12 所示。

表 2-12 资产结构情况分析表　　　　　　　　　单位：%

项目	2017年末	2018年末	2019年末	2020年末	2021年末
经营资产	90.20	78.38	79.23	73.91	79.94
投资资产	4.90	5.76	6.91	10.83	9.09
其他资产	4.90	15.86	13.86	15.26	10.97
流动资产	60.54	51.37	42.52	39.89	49.19
非流动资产	39.46	48.63	57.48	60.11	50.81
资产总额	100.00	100.00	100.00	100.00	100.00

从表 2-12 可以看到，Y 公司 2017 年经营资产占比高达 90.20%，其他年份接近 80%，投资资产占比逐年上升，最近两年达到 10% 左右，其他资产占比大部分时间在 10% 以上。投资资产比重近 5 年均小于 11%，说明 Y 公司还是比较专注于主业。但应关注随着投资资产占比的增加，投资收益是否会同时增加。

2017—2020 年，流动资产占比逐年下降，非流动资产占比逐年上升。流动资产占比下降，主要是货币资金下降引起的，非流动资产占比上升与在建工程有很大关系。

为了进一步了解情况，需要对资产具体项目进行分析。

货币资金占比较高，一直是 Y 公司的重要资产。Y 公司 2017—2021 年货币资金占比分别为 44.27%、23.21%、18.73%、16.44%、31.13%，2017 年货币资金占比最多，2018 年占比减少，结合短期借款分析，主要原因是 2017 年向银行借款，2018 年偿还借款。2021 年货币资金增加的主要原因是非公开发行股票募集资金及银行借款增加。

应收账款占比较低。Y 公司 2017—2021 年应收账款占比分别为 1.59%、2.31%、2.67%、2.27%、1.92%，比较稳定，但也远低于 10%。2021 年应收账款 19.59 亿元，其中绝大部分都是一年以内的应收账款。说明 Y 公司竞争力很强，产品销售比较顺畅，回款风险很小。

存货占比较低。Y 公司 2017—2021 年存货占比稳定在 10% 左右，低于存货 15% 占比的标准，2021 年存货 89.17 亿元，其中大部分是原材料。说明 Y 公司库存商品没有明显的积压情况，结合其占用上下游资金的情况及应收账款占比，说明其产品比较好卖，存货暴雷的风险小。

其他流动资产波动大，有玄机。2018 年其他流动资产有非常大的增长，增加近 40 亿元，占比高达 10.51%，与 2017 年相比，增长 396.37%，增长的原因主要是子公司某财务有限公司发生购买国债逆回购和质押式报价回购的同业业务。

长期股权投资是 Y 公司重要的投资资产。长期股权投资占比相对稳定，保持在 3%~5% 的水平，2021 年为 4.13%。2021 年的年报显示，长期股权投资主要投资 7 家联营企业，共计金额 42.09 亿元，其中最大的一家是联营 A 公司。Y 公司的这笔长期股权投资来自 2016 年支付 14 亿元认购的国外公司，持股比例 40%。2020 年 Y 公司继续追加 9 个亿，2021 年联营 A 公司上市，股权投资从期初的 27 亿元增加到 40 亿元。

固定资产和在建工程比较稳定。Y 公司 2017—2021 年固定资产和在建工程占比大多低于 40%，比较稳定，属于轻资产型公司，保持持续的竞争力成本相对较低。从 2021 年在建工程附注可以看出未来公司发展的重点，液态奶计划产能增加，奶粉从年初的 4.81 亿元增加到期末的 12.16 亿元，可见奶粉是未来的重点业务。

商誉和长期待摊费用忽略不计。商誉和长期待摊费用都是只存在于财务报表上的虚化资产。Y 公司的商誉和长期待摊费用合计占比在多数情况下低于 1%，占比极小，商誉没有暴雷的风险，分析时可以忽略不计。

二、负债结构分析

根据附录 1 及表 2-11 的相关资料，计算、整理负债结构百分比。负债结构情况如表 2-13 所示。

从表 2-13 可以看到，Y 公司 2018 年经营负债占比高达 34.41%，其他大部分年份在 30% 左右。2019—2021 年筹资负债有增加的趋势，说明 Y 公司在产业链上十分强势，在占用上下游的资金为自己赚钱。但是，最近三年 Y 公司规模扩张较快，固定资产每年以高于 20% 的速度扩张，为了满足资金需求，Y 公司也开始增加筹资负债的比重。

表 2-13 负债结构情况分析表　　　　　　　　　　单位：%

项目	2017 年末	2018 年末	2019 年末	2020 年末	2021 年末
经营负债	29.62	34.41	32.48	29.57	25.03
筹资负债	15.99	3.27	11.37	18.20	21.44
其他负债	3.19	3.42	12.69	9.32	5.67
流动负债	48.38	40.27	51.99	48.86	42.46
非流动负债	0.42	0.84	4.55	8.23	9.69
负债和所有者权益总额	100.00	100.00	100.00	100.00	100.00

2017—2019 年流动负债均在 40%以上，说明过去使用的资金属于短期资金，2019—2021 年非流动负债逐年增加，说明 Y 公司开始重视长期资金的使用。

为了进一步了解情况，需要对负债具体项目进行分析。

应付账款较高。Y 公司 2017—2021 年应付账款占比分别为 14.71%、18.57%、17.37%、15.99%、13.40%，2021 年应付账款 136.60 亿元，并且随着营业收入的增长不断增加，表明 Y 公司对上游客户有较强的话语权。

预收款项和合同负债较高。2020 年 Y 公司首次执行新收入准则，将原"预收款项"调整至"合同负债"。2021 年 Y 公司的合同负债 78.91 亿元，占比 7.74%，这两年随着营业收入的增长不断增加，表明 Y 公司对下游客户的话语权随着营业收入的增长不断增强。

短期借款持续增长。Y 公司 2017—2021 年短期借款占比分别为 15.94%、3.2%、7.54%、9.78%、12.35%，2021 年短期借款 125.96 亿元，Y 公司的解释是票据贴现借款增加以及子公司合并中国某乳业控股有限公司所致，并不属于经营资金短缺，毕竟公司账面上"躺着"300 多个亿的现金。

长期借款开始增加。Y 公司 2017—2018 年几乎没有长期借款，2019—2021 年长期借款占比逐年增多，2021 年占比达到 5.28%，金额为 53.80 亿元，其中主要是信用借款，风险不大。

发行应付债券。Y 公司 2017—2018 年没有应付债券，Y 公司 2019 年开始发行应付债券。2019 年发行 15 亿美元的中期票据和公司债券。Y 公司子公司 2020 年发行 5 亿美元债券。应付债券总体规模不大，风险可控。

三、所有者权益结构分析

根据附录 1 及表 2-11 的相关资料，计算、整理所有者权益结构百分比。所有者权益结构情况如表 2-14 所示。

表 2-14 所有者权益结构情况分析表　　　　　　　单位：%

项目	2017 年末	2018 年末	2019 年末	2020 年末	2021 年末
投资者投入	17.53	18.53	5.98	8.05	19.04
留存收益	33.53	39.32	35.62	33.08	26.97
其他权益	0.13	1.04	1.86	1.78	1.84
负债和所有者权益总额	100.00	100.00	100.00	100.00	100.00

从表 2-14 可以看到，Y 公司 2018 年留存收益占比高达 39.32%，其他年份留存收益占比均在 25%以上。投资者投入有些波动，2021 年由于非公开发行股票 31 795.33 万股，投资者投入占比提高到 19.04%。说明 Y 公司的所有者权益中以留存收益为主，投资者的投入也为公司持续不断发展提供了保障。

四、资本结构分析

根据附录1及表2-11的相关资料,计算、整理资本结构百分比。资本结构情况如表2-15所示。

表 2-15 资本结构情况分析表　　　　　　　　　　单位:%

项目	2017年末	2018年末	2019年末	2020年末	2021年末
负债	48.80	41.11	56.54	57.09	52.15
所有者权益	51.20	58.89	43.46	42.91	47.85
负债和所有者权益总额	100.00	100.00	100.00	100.00	100.00

从表2-15可以看到,Y公司负债占比围绕50%上下波动。因此,从资本结构情况来看,公司无长期偿债风险。

第六节　资产质量分析

一、资产质量的概念

资产质量是指资产在特定的经济组织中,实际所发挥的效用与其预期效用之间的吻合程度。与预期越接近,资产质量越好;反之,资产质量越差。不同资产项目都有各自的特点,即使是同一个资产项目,对于不同的企业或同一企业的不同发展阶段其预期要求也会有所不同,因而资产质量并没有统一的衡量标准。虽然资产质量的衡量标准不同,但相同的是应当通过对资产质量的分析充分地了解企业所拥有的资产的质量,在了解的基础上促进资产的更新换代、优化资产的结构、维持资产的良性循环,使资产能够为企业的发展发挥应有的效用。

资产质量具有相对性和时效性。相对性是指同一项资产,或许对于某一个企业来说是闲置资产,但对于另一个企业却是优质资产。资产质量相对性的这一特征,实质上促进了社会资源的整合,推动了资源更有效的配置和利用,在一定程度上也促进了经济的发展。时效性是指同一项资产,或许在以前的某一时期是优质资产,但随着时间的推移和技术的进步,由于不能给企业带来应有的经济利益而被弃置或出售。因此,企业应当紧随科技发展的脚步,及时地淘汰陈旧的资产,研发新型技术和生产设备以适应企业发展的需求。

二、资产质量的特征

资产质量的特征是指企业针对不同的资产,根据自身的属性和功用所设定的预期效用。一般来讲,资产的质量特征包括存在性、流动性、盈利性、保值性和结构性。

1. 存在性

企业的资产首先要存在,其次才能评价其资产质量。资产的存在性是指资产真实存在,并能为企业带来经济利益。企业资产的存在性主要包括两个方面:第一,财务报表上对资产的记录是否能客观真实地反映其存在状况;第二,企业的资产预期能否给企业创造效益,带来经济利益的流入。针对资产的存在性特征,主要通过不良资产在总资产中的占比来评价,该指标越小,说明资产的质量越好。

不良资产包括以下两类:第一类主要包括长期待摊费用和待处理财产损失,这类资产本质是已经发生的损失或费用,以权责发生制为记账基础时被确认为资产;第二类是未来给企业带来经济利益流入的可能性非常小的资产,如三年以上的应收款项净额、积压商品物资、闲置无用的固定资产等。

2. 流动性

资产的流动性是指资产在不断流动中被利用的程度。资产只有在流动中才产生效率,流动性是资产的本质特征。资产的流动性一般用周转率指标来反映。企业的资产在生产经营过程中不断流动周转,资产周转率越高,说明资产被利用得越充分,其为企业创造效益的能力就越强,该种资产一般资产质量较好。相反,资产周转率越低,说明资产未被企业充分利用,其为企业创造效益的能力就越弱,其资产质量也就较差。

3. 盈利性

资产的盈利性是指资产的运用能够为企业带来一定的经济利益。盈利性是资产质量的综合表现,通过真实存在的资产的流动取得收益,是企业得以生存和发展的必要条件,只有获利的企业才能长久存在下去,且资产质量其他方面特征最终必然影响资产的盈利性。因此,资产的盈利性越强,企业的资产质量就较好,资产盈利性是评价资产质量的核心指标。

4. 保值性

资产的保值性又称资产的变现性,是指非现金资产通过交换能够直接转换为现金的能力,它强调的是资产作为企业债务的物资保障的这一效用。如果说资产的盈利性关注的是相应资产的增值能力,那么资产的保值性关注的则是相应资产按照账面实现其价值的能力。资产保值性的强弱直接影响企业的偿债能力的高低,而偿债能力又是企业能否健康地生存与发展的关键。对于企业的商业债权项目来说,可以通过对商业债权的回收状况以及坏账计提情况的考察来确定该项目的保值性。类似地,对于其他大多数资产项目来说,通常可以根据减值准备计提的情况来大体判断各项资产的保值程度。

从资产变现能力上分析,可以将资产分为以下三类:一是变现价值高于账面价值的资产,如大部分存货、部分对外投资、部分固定资产、已提足折旧但企业仍在使用的固定资产、已销账的低值易耗品等;二是变现价值等于账面价值的资产,如货币资金;三是变现价值低于账面价值的资产,如应收票据、应收账款、其他应收款、部分投资、部分存货、部分固定资产、部分无形资产、长期待摊费用等。

5. 结构性

资产的结构性是指资产的构成。资产结构如果安排合理,各项资产能达到要求最佳周转率,资产能得到充分利用,盈利性达到最大;反之,产生闲置资产,资产不能得到充分利用。资产可以根据对利润的贡献方式分为经营资产、投资资产和其他资产。一般情况下经营资产是企业资产中最重要的组成部分,是企业获利的主要源泉。投资资产可以获得一定的投资收益,增加企业的经济效益。资产结构是否合理,可以通过经营资产占资产总额的比重、投资资产占资产总额的比重和其他资产占资产总额的比重来反映。合理的资产结构应该是经营资产在资产总额中占有较大比重,投资资产应根据企业的具体情况分析确定其合理的比重。

三、资产质量分析的步骤

资产质量分析从资产总体质量分析到资产结构质量分析,最终到资产个体质量分析,可以初步得出一个企业资产质量的好坏。

(一)资产总体质量分析

资产总体质量分析是对企业资产整体质量状况给出一个综合性的评价。资产总体质量分析主要从企业增值质量分析与获现质量分析两个方面来研究。

1. 增值质量分析

资产的增值质量是指企业的资产作为一个整体,在周转过程中所具有的提升企业净资产价值的能力。计算总资产增长率,通过将企业当年度的总资产增加额同年初的总资产额进行比较,可以初步评价企业在经营规模总量上扩张的程度,资产的增加通常带动利润的增加。

2. 获现质量分析

资产的获现质量是指资产在使用过程中能够为企业创造现金净流量的能力。一般来说,如果企业没有相应现金净流入的利润,就说明其质量不是可靠的。如果企业经营活动产生的现金净流量长期低于净利润,将意味着与已经确认为利润相对应的资产可能属于不能转化为现金流量的虚拟资产。如果企业的银根长期很紧,现金流量经常是支出大于收入,则说明该企业的资产质量处于恶化状态。

(二)资产结构质量分析

资产结构是指各项资产相互之间、资产与其相应的来源之间由规模决定的比例关系。从资产自身的结构来看,既有按照流动性确定的流动资产与非流动资产的结构关系,也有按照利润贡献方式确定的经营资产、投资资产和其他资产的结构关系。对经营资产进行资产结构质量的分析,主要包含资产结构的合理性、资产结构与融资结构的对应性,以及资产结构与企业战略的吻合性。

1. 资产结构的合理性

资产结构的合理性是指企业资产的不同组成部分经过有机整合后从整体上发挥效用的状况,以此判断企业的资产配置是否合理。企业在日常管理中应该尽量用较少的资产实现较多的收益,任何资产项目如果不能与其他资产共同作用,为最终实现利润发挥作用,那么它的存在就是不够合理的。这就需要各资产之间保持一个合理的比例,形成良好的结构。资产结构分析中最主要的内容就是探讨各资产之间是否形成了一个良好的结构,某项资产相对于整个资产来说是不是合理的。

2. 资产结构与融资结构的对应性

企业的财务风险不仅仅取决于融资结构是否合理,也不仅仅取决于资产结构是否合理,而是取决于二者相对结构的合理性。只有将资产结构和融资结构联系起来,使其结构相对合理,企业财务才具有稳定性和安全性。资产结构与融资结构的对应分析主要内容是对资产期限结构与融资期限结构进行分析,也就是主要分析企业长短期资金占用与长短期资金来源的配比关系以及相应风险程度。

3. 资产结构与企业战略的吻合性

企业的战略是靠资产的有机整合和配置来实现的。资产结构与企业战略的吻合性是指资产结构反映企业战略意图的程度。根据经营性资产与投资性资产的比例，以及经营利润与投资收益的比例、结构等，可以大致判断该企业的资产结构与企业战略的吻合性。

（三）资产个体质量分析

资产个体质量分析主要是对各项资产进行单独的质量分析。以下对主要资产项目质量进行简要分析。

1. 货币资金质量分析

货币资金质量，主要是指企业对货币资金的运用质量以及企业货币资金的构成质量。货币资金质量主要分析货币资金使用是否受到限制，日常货币资金规模是否恰当。

2. 应收票据质量分析

首先，分析其是否具有较强的变现性。由于对出票人签发的商业汇票进行承兑是银行基于对出票人资信的认可而给予的信用支持，计算应收票据中银行承兑票据占资产总额的比例，可以判断该应收票据是否具有较强的变现性。

其次，分析应收票据数额过大是否可能给企业的财务状况造成负面影响。可以根据企业报表附注中已经贴现的商业汇票的数额来判断是否会对企业今后的偿债能力有负面影响。

3. 应收账款质量分析

应收账款与应收票据都具有较强变现性，所以在进行质量分析时需要关注体现其变现性的指标，如应收账款的账龄、债务人构成等。

4. 存货质量分析

分析存货物理质量、时效状况、品种构成、变现性、周转率等。

5. 长期股权投资质量分析

从长期股权投资所运用的资产种类以及长期股权投资收益确认方法分析其盈利性，并且分析其变现性。

6. 投资性房地产质量分析

首先，判断企业投资性房地产的分类是否恰当，即是否与固定资产、无形资产的界限做了正确的区分。

其次，判断其盈利性。

7. 固定资产和在建工程质量分析

主要分析固定资产的取得方式、固定资产原值变化、固定资产变现性、固定资产盈利性、固定资产周转性，以及分析在建工程的工期长短，是否存在工程管理问题等。

8. 无形资产与商誉质量分析

根据报表附注了解企业无形资产类别、性质等情况的说明，判断其盈利性；同时，根据企业对无形资产减值准备的计提情况分析其变现性，并根据其与固定资产或存货的组合分析其保值性。

由于商誉的质量很大程度上取决于企业整体的盈利水平，即企业在行业中的相对获利能力，因此对商誉质量的分析应当对企业的盈利趋势加以关注。

专栏 2-5

如何快速阅读资产负债表

资产负债表是最重要、最基础的财务报表,其他三张报表都是对它的补充,因此掌握资产负债表十分必要。由于资产负债表涉及的内容多、专业性强,下面试图用两张表概括其主要内容,并进行通俗解读,如表2-16、表2-17所示。

表 2-16 简易资产负债表

资产	负债
容易转换成现金的资产 ↕ 不容易转换成现金的资产	紧急偿还 ↕ 缓慢偿还
	所有者权益
	不必偿还

如表2-16所示,资产负债表分左右两部分。左边反映资金的占用情况,资金占用分成两类:一是容易转换成现金的资产,如很容易买卖的股票、用于生产的原材料以及可用于出售的库存商品等;二是不容易转换成现金的资产,如可用于长期投资的股票、生产用厂房、设备等。右边反映资金的来源情况,资金来源包括负债和所有者权益。负债是借来的钱,是必须偿还的,根据偿还的紧迫性分为两类:一是需要紧急偿还的债务,如向银行借入的短期借款、等待发放的职工薪酬等;二是可以缓慢偿还的债务,如向银行借入的长期借款等。所有者权益是投资者的钱,不需要偿还,而且还会随着公司的发展壮大逐渐增加。

表 2-17 资产负债表项目通俗解读

项目名称	项目解读
资产类项目	**资金以什么形态存在**
货币资金	钱放在保险柜或银行里
交易性金融资产	投资到股票、债券里
应收票据和应收账款	资金被客户占用
预付款项	资金被供应商占用
存货	资金被原材料、在产品和库存商品占用
长期股权投资	资金被用来投资其他公司
固定资产	资金被厂房、设备占用
无形资产	资金被用于研发并有成果
负债类项目	**欠别人的钱**
短期借款和长期借款	欠银行的钱
应付票据和应付账款	欠供应商的钱
预收款项	欠客户的钱
应付职工薪酬	欠职工的钱
应付税费	欠税务部门的钱
所有者权益类项目	**自有资金**
实收资本和资本公积	投资者投入的资金
盈余公积和未分配利润	赚来的钱

本章小结

资产负债表又称财务状况表,是反映企业某一特定日期(如月末、季末、年末等)财务状况的财务报表。它是企业的主要财务报表之一,主要提供有关企业资产、负债、所有者权益的信息,反映了企业的资金从哪里来,到哪里去。资产负债表的格式有账户式和报告式。

在资产负债表中,资产项目按其变现或耗用的期限分为流动资产与非流动资产,按流动性强弱排列;负债项目按其偿还期长短分为流动负债和非流动负债,按照偿还期长短排列;所有者权益项目排列在负债项目下面,按照永久性程度排列。

为了便于财务报表分析,资产可以根据对利润的贡献方式分为经营资产、投资资产和其他资产。经营资产是指与企业日常经营活动有关的资产,包括货币资金、商业债权、存货、固定资产类和无形资产类。投资资产是指企业对外投资所形成的资产,包括交易性金融资产、债权投资、长期股权投资和投资性房地产等。其他资产是指除经营资产和投资资产以外的资产,包括其他应收款、商誉、长期待摊费用和递延所得税资产等。

为了便于财务报表分析,负债可以按照形成的原因分为经营负债、筹资负债和其他负债。经营负债是指与企业日常经营活动有关的负债,包括应付票据、应付账款、预收款项、应付职工薪酬、应交税费等,这部分属于经营过程中形成的,短期占用对方的资金,不需要支付利息,因此这部分负债又称为无息负债。筹资负债是指企业筹资形成的负债,包括短期借款、长期借款和应付债券等,这部分负债一般是企业向银行或其他单位、个人筹集的,需要支付一定的利息,因此这部分负债又称为有息负债。其他负债是指除经营负债和筹资负债以外的负债,包括其他应付款、预计负债和递延所得税负债等。

在资产负债表中,所有者权益主要分为两类:第一类是投资人投入,包括实收资本以及投入形成的资本公积;第二类是留存收益,包括盈余公积和未分配利润。

资产负债表的结构分析和趋势分析是财务报表的初步分析,其目的是准确理解报表数据本身的含义,获得对企业财务状况的准确认识,为进一步分析财务能力奠定基础。

资产质量是指资产在特定的经济组织中,实际所发挥的效用与其预期效用之间的吻合程度。资产的质量特征包括存在性、流动性、盈利性、保值性和结构性。资产质量分析从资产总体质量分析到资产结构质量分析,最终到资产个体质量分析,可以初步得出一个企业资产质量的好坏。

复习思考题

1. 资产负债表能够提供哪些信息?
2. 制造业重要的经营资产包括哪些内容?
3. 应收账款分析时应该注意哪些内容?
4. 存货分析时应该注意哪些内容?
5. 在分析财务报表时将负债划分为经营负债和筹资负债有何意义?
6. 说明资产负债表结构分析的步骤。

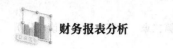

拓展训练

　　下载选定上市公司近 10 年的合并资产负债表，比较每年合并资产负债表的项目是否一致，如果有差异，应该以最近的合并资产负债表项目进行调整。

　　将近 10 年合并资产负债表项目及相关数据过录到 Excel 表中，计算各个项目的变动额、变动率和结构百分比。根据选定上市公司的实际情况，对重要项目进行趋势分析和结构分析。

第三章
利润表解读与分析

【学习目标】

1. 掌握利润表各项目的含义
2. 掌握利润表趋势分析
3. 掌握利润表结构分析
4. 熟悉利润质量分析
5. 了解利润表的性质和结构

第一节 利润表的性质和结构

一、利润表的性质

利润表又称损益表,是反映企业在一定会计期间(如月度、季度或年度)经营成果的财务报表。利润表把一定期间的收入与其同一会计期间相关的费用进行配比,从而计算出这一会计期间的净利润(或净亏损)。由于利润是企业经营成果的综合体现,又是利润分配的主要依据,因此利润表是财务报表中的主要报表之一。

利润表由企业收入、费用和利润三大会计要素构成,它动态反映了企业资金运动,属于动态财务报表,利润表上的项目属于"流量"指标。如果说资产负债表是一张瞬间快照,那么利润表就是记录在两张快照之间活动的一段录像。

根据利润表所提供的资料,可以了解企业经营业绩的主要来源和构成,有助于报表使用者判断净利润的质量及其风险,有助于报表使用者预测净利润的持续性,从而做出正确的决策。利润表的作用具体表现在以下几个方面。

① 利润表可以反映企业一定会计期间收入的实现情况,如实现的营业收入有多少、实现的投资收益有多少、实现的营业外收入有多少等。

② 利润表可以反映一定会计期间的费用耗费情况,如耗费的营业成本有多少,税金及

附加有多少，销售费用、管理费用、财务费用各有多少，营业外支出有多少等。

③ 利润表可以反映企业生产经营活动的成果，即净利润的实现情况，据以判断资本保值、增值等情况。

④ 将利润表与其他报表结合使用，还可以提供财务分析的基本资料。例如，将净利润与资产总额进行比较，计算出资产净利率，可以反映企业的盈利能力。

二、利润表的结构

由于不同国家和地区对财务报表的信息要求不完全相同，利润表具体项目的排列方式也不完全相同。按照收入与费用的排列方式不同，利润表可分为单步式利润表和多步式利润表。

单步式利润表是指将计入利润的各种收入项目和各种费用项目分别汇集，最后用收入总额减去费用总额从而得出利润数额的利润表格式。单步式利润表的优点主要有两个方面：一是结构简单，易于理解；二是对所有收入与费用一视同仁，不分彼此先后，这就避免了多步式下必须区分费用、支出与相应收入配比的先后层次。其缺点是一些有意义的中间信息被省略，不能直接提供报表使用者所需的某些有价值的资料。国外上市公司常采用这种结构，如表 3-1 所示。

表 3-1 单步式利润表

项目	本年累计数	上年数
一、收入、收益		
营业收入		
其他收益		
资产处置收益		
投资收益		
公允价值变动收益		
营业外收入		
二、成本、费用、支出、税金		
营业成本		
税金及附加		
销售费用		
管理费用		
研发费用		
财务费用		
资产减值损失		
营业外支出		
所得税费用		
三、净利润		

多步式利润表是指根据利润的构成项目，分步骤地逐步计算各项利润构成项目，从而得出各项利润数字的利润表格式。多步式利润表中利润形成的排列格式注意了收入与费用、支出配比的层次性。其优点是：能直观地反映净利润的形成过程；有利于同行业企业之间的比较；将同一企业前后期利润表的相应项目进行比较，可以预测企业未来的盈利能力。但多步

式利润表容易使人产生收入与费用的配比有先后顺序的误解,收入、费用、支出项目的归类、分步带有较强的主观性。

我国企业一般采用多步式利润表的形式,即通过分别计算列示营业收入、营业利润、利润总额、净利润和综合收益等的方式来进行利润表的编制,如表 3-2 所示。

表 3-2 多步式利润表

项目	本年累计数	上年数
一、营业收入		
减:营业成本		
税金及附加		
销售费用		
管理费用		
研发费用		
财务费用		
资产减值损失		
加:其他收益		
投资收益		
公允价值变动收益		
资产处置收益		
二、营业利润		
加:营业外收入		
减:营业外支出		
三、利润总额		
减:所得税费用		
四、净利润		
加:其他综合收益		
五、综合收益		
六、每股收益		
(一)基本每股收益		
(二)稀释每股收益		

专栏 3-1

资产负债表与利润表的关系

资产负债表反映企业的财务状况,利润表反映企业的经营成果,两者之间是互为表里的关系。

我们可以把公司当作运动员看待,资产负债表可以比喻为表明运动员健康状况的"健康诊断书",利润表可以比喻为运动员在比赛中的"成绩表"。身体健康是运动员取得优异成绩的前提条件,假如运动员生病或受伤,毫无疑问是不会取得好成绩的。在季节转变的时候,运动员也许会感冒,当大部分的运动员因感冒发烧而痛苦不堪时,也会有一些从不患感冒的运动员。

如果只是一次性的比赛,那么运动员即使身体很弱,使用镇静剂等也许能够应付。但愈是勉强应付，身体就会越差，成绩愈下降，结果不得不缩短运动员的寿命。

再者运动员即使身体非常健康，拼命进行练习，有时也会陷入低谷。与此相反，有些已经取得辉煌成绩的运动员，也许会碰上突发交通事故而死亡。

当然也有一些长期为大病所折磨，勉强度日的人，由于新药的开发而奇迹般地复活，作为运动员重返赛场。

讲述这些比喻目的只有一个，就是想说明"健康"和"成绩"的不同。

任何一个公司，都在为尽量取得较多的利润而努力，也就是说为取得"成绩"而努力。而表明取得这个成绩时的公司的"健康状况"，就是资产负债表。

我们经常仅仅看利润表就说这个公司好或者不好。但实际上常常有这样的情况，即使连续出现2~3年的亏损，公司却并未破产。或者相反，有些持续产生利润的公司突然因无法支付债务而破产。

在预测某个运动员的前途时，我们并不只是看他过去的成绩，而应对该运动员现在是否有宿疾或其他毛病等进行综合的判断。公司的财务报表与此相同，只看利润表，是不会了解公司情况的。因为即使本期比上期增长50%，这也许是靠出售股票或固定资产而取得的。如果看当期的资产负债表，就会发现公司的健康状况比上期弱了。

第二节 利润表项目解读与分析

为了反映各种活动对企业创造价值的影响，企业的收入按照功能分为经营活动收入、投资活动收入、其他活动收入、营业外收入等，企业的费用按照功能分为经营活动费用、筹资活动费用、其他活动费用、营业外支出和所得税费用等。企业的利润分为五个层次：毛利润、经营利润、净利润、综合收益和每股收益。这些分类如表3-3所示。

表3-3 利润表项目分类表

大类项目	分类项目	利润表项目
一、收入类	经营活动收入	营业收入
	投资活动收入	投资收益 公允价值变动收益
	其他活动收入	其他收益 资产处置收益
	营业外收入	营业外收入
二、费用类	经营活动费用	营业成本 税金及附加 销售费用 管理费用 研发费用
	筹资活动费用	财务费用
	其他活动费用	资产减值损失 信用减值损失
	营业外支出	营业外支出
	所得税费用	所得税费用

续表

大类项目	分类项目	利润表项目
三、利润类	毛利润	
	经营利润	
	净利润	净利润
		归属于母公司股东的净利润
		少数股东损益
	综合收益	其他综合收益
		综合收益总额
	每股收益	基本每股收益
		稀释每股收益

一、收入类项目解读与分析

（一）经营活动收入

经营活动收入主要是指营业收入。

营业收入是指企业在从事销售商品、提供劳务和让渡资产使用权等日常经营业务过程中所形成的经济利益的总流入。营业收入是利润表的第一个项目，是企业经营成果的具体体现，也是财务报表分析的起点和重点。

按照收入产生的不同途径，一般将企业的营业收入划分为销售商品、提供劳务和让渡资产使用权。销售商品所产生的收入是一般工商企业最常见的收入方式，如贵州茅台酒股份有限公司销售茅台酒实现的收入等。提供劳务收入是指企业通过提供劳务实现的收入，如咨询公司提供咨询服务、软件开发企业为客户开发软件、安装公司提供安装服务等实现的收入。让渡资产使用权收入主要包括：①利息收入，主要是指金融企业对外贷款所形成的利息收入，以及同业之间发生往来形成的利息收入等，如工商银行的贷款业务。②使用费收入，主要是指企业转让无形资产（如商标权、专利权、专营权、软件、版权）等资产的使用权所形成的使用费收入。

按照日常活动对企业的重要性，将营业收入划分为主营业务收入和其他业务收入。主营业务收入是指企业经常性的、主要业务所产生的收入。例如，制造业的销售产品、半成品和提供工业性劳务作业的收入；商品流通企业的销售商品收入；旅游服务业的门票收入、客户收入、餐饮收入等。主营业务收入在企业收入中所占的比重较大，它对企业的经济效益有着举足轻重的影响。其他业务收入是指除上述各项主营业务收入之外的各项收入，包括材料销售、外购商品销售、废旧物资销售、下脚料销售等其他业务收入。其他业务收入在企业收入中所占的比重较小。主营业务收入是利润的主要来源，其他业务收入是利润的次要来源。

营业收入是利润表分析的重点项目，应特别关注企业营业收入的确认标准、营业收入的结构分析以及营业收入是否能够持续。

① 营业收入的确认标准。企业只有在满足营业收入的确认标准时才能确认相关的收入。具体而言，对于商品销售业务，向消费者转移商品所有权凭证后，商品所有权上的主要风险和报酬随之转移，与销售该商品有关的成本能够可靠地计量时，确认商品的销售收入。对于提供服务业务，在劳务总收入和总成本能够可靠地计量、与交易相关的经济利益能够流入企业、劳务的完成程度能够可靠地确定时，确认劳务收入的实现。

大部分企业的财务造假，都是把不符合确认标准的营业收入确认为当期营业收入。这主要存在以下情况。

一是虚构营业收入。企业没有发生该业务，虚构业务及营业收入，从而虚增营业收入和利润。

二是提前确认营业收入。企业尚未达到收入的确认标准，提前违规确认营业收入，虚增当期的收入和利润。

三是延迟确认营业收入。企业已经达到收入的确认标准，但出于某种目的，有意将当期已发生的部分业务延后到下一期，从而达到延迟确认营业收入，隐藏当期利润的目的。

② 营业收入的结构分析。常见的营业收入结构分析的内容包括分行业营业收入结构分析、分产品营业收入结构分析、分地区营业收入结构分析及客户结构分析。

如果企业的营业收入来自多个行业，那么就需要对其进行分行业营业收入结构分析，以便于了解每个行业的营业收入状况。

许多企业会生产其所在行业的多种产品，其主要产品的构成可能连续多年基本保持不变，也可能随着企业的经营发生改变。分产品对企业的营业收入进行分析，有助于了解企业的产品结构变化，把握企业的发展趋势。

对于营业收入集中于某一较小地区的企业，需要警惕地域风险及营业收入天花板效应。如果该地区经济、社会发生较大变动，则会对该企业的营业收入产生重大影响，同时由于局限于某一地区，营业收入的潜在规模往往有限。对于正在进行跨区域发展的企业，需要结合该企业的管理能力以及其他地区的竞争状况，判断其进入其他地区的难易程度。如果企业可以将其在某地区的成功模式复制到其他地区，那将成为企业未来发展的重要推动力。

分析客户结构有利于了解企业产品的销售情况。分析客户结构时，需要注意客户是否和企业之间存在关联关系，关联方贡献的营业收入需特别注意其真实性的问题。企业的营业收入如果过于集中于某一家或某几家客户，则会使企业面临较大的风险。

③ 营业收入的趋势分析。对企业连续若干年营业收入进行比较分析，据以判断稳定性。

④ 营业收入增长的路径分析。营业收入增长一般有潜在市场增长、市场份额扩大、价格提升、收购兼并等途径。

⑤ 营业收入的数额应该与现金流量表中"销售商品、提供劳务收到的现金"项目的数额相匹配。如果前者的数额大大高于后者的数额，则说明企业所生产的产品或提供的劳务销路不畅、回款能力较差；反之，则表明企业所生产的产品或提供的劳务适销对路、市场占有率较高、销售回款能力较强。

⑥ 营业收入的增长与净利润的增长一般保持比较接近的水平。如果营业收入的增长大于净利润的增长，说明企业处于扩张阶段。如果营业收入的增长小于净利润的增长，说明企业通过提高售价、降低成本、控制费用等手段来增厚净利润。

（二）其他活动收入

其他活动收入主要是指其他收益和资产处置收益。

1. 其他收益

"其他收益"是 2017 年财政部修订《企业会计准则第 16 号——政府补助》新增的一个损益类会计科目，应当在利润表中的"营业利润"项目之上单独列报"其他收益"项目。

其他收益专门用于核算与企业日常活动相关，但不宜确认收入或冲减成本费用的政府补助。与企业日常活动无关的政府补助，应当计入营业外收入。

2. 资产处置收益

"资产处置收益"是 2017 年财政部《关于修订印发一般企业财务报表格式的通知》中新增的一个损益类会计科目，应当在利润表中的"营业利润"项目之上单独列报"资产处置收益"项目。

资产处置损益是直接计入当期损益的利得或损失，反映企业出售划分为持有待售的非流动资产（金融工具、长期股权投资和投资性房地产除外）或处置组时确认的处置利得或损失，以及处置未划分为持有待售的固定资产、在建工程、生产性生物资产及无形资产而产生的处置利得或损失。债务重组中因处置非流动资产而产生的利得或损失和非货币性资产交换产生的利得或损失也包括在本项目内。

如果属于企业经营战略或业务调整、对外投资获利、以债务重组安排或改善现金流等提高经营管理效率的正常经营管理活动范围内的业务或事项，进而形成的损益应属于正常营业活动的处置资产而非报废的经营业务管理活动，理应作为企业管理当局落实履行受托经管责任的内容确认列报为营业利润；而属于非经常的、偶发的等不可抗力、不可控等引发的债务重组利得或损失、公益性捐赠支出、非经常利得或损失、盘亏损失、非流动资产毁损报废利得或损失等营业外利得或损失，确认列报为利润总额中营业外利得或损失。

对于债务重组利得或损失，如何区分它是属于营业活动还是非常活动呢？就债务重组本身而言，它应属于非经常的偶发的业务或事项。但是，如果使用非流动资产履行债务重组义务，说明这部分非流动资产之所以为对方单位所接受是因为该部分非流动资产还未到达报废状态，这种债务重组中处置的非流动资产业务应属于正常经营活动，是企业管理当局正常履行受托责任的范围，这种情况下产生的债务重组利得或损失应作为营业利润的列报内容。所以，资产处置损益属于营业利润确认列报内容，而非流动资产报废利得或损失就属于营业利润以外的营业外收支确认列报的内容。这里的关键问题是要正确理解和把握"处置"和"报废"的性质界限，即对于尚可使用、具有尚可获利价值的非流动资产的处置应确认列报为营业利润，反之，因自然灾害发生毁损、已丧失使用功能等原因而报废清理产生的利得或损失应确认列报为利润总额中的营业外收支。

对于处置金融工具、长期股权投资和投资性房地产等属于投资活动进而产生的投资收益，理应作为营业利润中投资收益的列报内容，这部分资产的处置获利是正常经营活动的一种方式，自然不能作为"资产处置收益"确认列报内容，更不能作为非常损益确认列报内容。

（三）投资活动收入

投资活动收入包括投资收益和公允价值变动收益。

1. 投资收益

投资收益反映企业以各种方式对外投资所取得的收益，包括分得的投资利润、债务投资的利息收入以及认购股票应得的股利等。

随着企业运用资金权力的日益增大，资本市场的逐步完善，投资活动中获取收益或承担亏损已经成为企业利润总额的重要组成部分，它是企业正常的生产经营取得利润之外，获取收益的第二条渠道。

投资收益分析时应关注：①投资收益是否有对应的现金流入；②分析该项目应该与资产负债表中的交易性金融资产、债券投资、长期股权投资、交易性金融负债等项目结合起来；③结合现金流量表中"收回投资收到的现金"和"取得投资收益收到的现金"进行分析。

2. 公允价值变动收益

公允价值变动收益反映企业应当计入当期损益的资产或负债公允价值变动收益。公允价值变动收益会对企业盈利的持续性产生影响。由于公允价值变动收益属于未实现的资产持有损益,并不会为企业带来相应的现金流入或流出,因此尽管交易性金融资产等项目采用公允价值计量模式后会大大提高会计信息的相关性,但同时它也将导致企业当期业绩更大程度地受到市价波动的影响,盈利的持续性通常会由此受到一定程度的影响。公允价值变动收益的影响大小可以用公允价值变动收益的绝对值占比来加以反映。

现行会计准则引入"公允价值变动收益",部分交易或者事项采用公允价值模式计量,强化了为投资者和社会公众提供决策有用会计信息的理念。

分析公允价值变动收益时应关注:企业对金融资产的初始确认或分类是否正确,以及对有关金融资产公允价值变动收益的处理是否正确。分析该项目应该与资产负债表中的交易性金融资产、交易性金融负债、投资性房地产等项目结合起来。

投资收益与公允价值变动收益的关系如下:投资收益与公允价值变动收益都是与企业证券投资有关的项目。但是,两个项目又存在显著差异。投资收益是实实在在的落袋为安的收益,是真正的企业经济利益的流入(亏损则为流出)。公允价值变动收益只是账面上的盈利或亏损,一切还有可能发生变化,下一期完全有可能发生相反方向的变动,收益还没有真正流入企业。投资收益是公允价值变动收益的归宿,是公允价值变动收益的目的地。公允价值变动收益只不过是起了一个过渡性质的作用,随时都存在被解散的风险。因为资产一旦出售,其收益就实现,那么公允价值变动收益就将被清零。

(四)营业外收入

营业外收入是指企业发生的除营业利润以外的收益。营业外收入并不是由企业经营资金耗费所产生的,不需要企业付出代价,实际上是一种纯收入,不可能也不需要与有关费用进行配比。

营业外收入主要包括与企业日常活动无关的政府补助、盘盈利得、捐赠利得等。

① 与企业日常活动无关的政府补助,指与企业日常活动无关的、从政府无偿取得货币性资产或非货币性资产形成的利得。

② 盘盈利得,指企业对于现金等资产清查盘点中盘盈的资产,报经批准后计入营业外收入的金额。

③ 捐赠利得,指企业接受捐赠产生的利得。企业接受的捐赠和债务豁免,按照会计准则规定符合确认条件的,通常应当确认为当期收益。

分析营业外收入时注意,营业外收入是一项利得,此项收入不具有经常性;作为利得,营业外收入与营业外支出不存在配比关系。

政府补助既可以在其他收益项目中反映,也可以在营业外收入项目中反映。其主要区别在于,其他收益主要用于核算与企业日常活动有关的政府补助,而营业外收入用于核算与企业日常活动无关的政府补助。

收到政府补助,正确地辨别其应计入其他收益还是营业外收入的关键是,正确地区分政府补助的用途是属于企业的日常经营活动还是非日常经营活动。政府补助主要是对企业成本费用或损失的补偿,或是对企业某些行为的奖励。因此,通常情况下,日常活动有两项判断标准:一是政府补助所补偿的成本费用如果属于营业利润中的项目,则该项政府补助与日常活动相关,如成本费用的补贴、超税负返还、研发费用补助等均属于与企业日常经营活动相关。二是政府补助与日常销售等经营行为是否密切相关。例如,享受增值税即征即退的税收优惠,该税收优惠与企业销售商品的日常活动密切相关,则属于与日常活动相关的政府补助。

与日常活动无关的政府补助,通常由企业常规经营之外的原因所产生,具备偶发性的特征。例如,政府因企业受不可抗力的影响发生停工、停产损失而给予补助等,这类补助计入营业外收入。

二、费用类项目解读与分析

（一）经营活动费用

经营活动费用包括营业成本、税金及附加、销售费用、管理费用和研发费用等。

1. 营业成本

营业成本是指与营业收入相关,已经确定了归属期和归属对象的成本。在不同类型的企业里,营业成本有不同的表现形式:在制造业或工业企业中,营业成本表现为已销售产品的生产成本;在商品流通企业中,营业成本表现为已销售商品的进货成本。

企业营业成本水平的高低,既有企业不可控的因素（如受市场因素的影响而引起的价格波动）,也有企业可以控制的因素（如在一定市场价格水平条件下,企业可以通过选择优惠供货渠道、批量购货等来控制成本水平）,还有通过成本会计系统的会计核算对企业制造成本的人为处理因素。因此,对企业营业成本降低或提高时的分析,应该结合多方面的影响因素来考虑。

在实务中,营业成本往往在期末汇总一并结转,而不是每次销售产品时立即结转,因此营业成本和存货余额之间存在此消彼长的关系。在企业生产、销售稳定的情况下,营业成本与期末存货余额之间的相对规模应该大体保持不变。如果相对规模发生异动,尤其是毛利率也发生异动,并且没有合理的解释,大概率是企业通过"低转成本"或"高转成本"调节利润。所以,营业成本与期末存货余额之间相对规模的异常波动应引起格外注意。

结合营业收入的变动比例进行分析,正常情况下应同向等比例变动。否则可能存在隐瞒收入或多转成本的问题,分析主体要重点抓住营业成本的形成。具体的现象包括成本计算方法的改变、单位成本的虚高、结转数量不配比等。

2. 税金及附加

税金及附加是指企业经营业务应负担的消费税、城市建设维护税、资源税、土地增值税和教育费附加等。

分析税金及附加时,应该将企业的税金及附加与营业收入相配比,并进行前后期的对比。因为企业在一定时期内取得了营业收入后,必须遵守国家的法律法规,按规定缴纳各种税金及附加。如果二者不能相配比,则企业可能存在偷税、漏税嫌疑,或者企业的营业收入是虚假的。

3. 销售费用

销售费用是指企业在销售商品、提供劳务的过程中发生的各种费用以及为了销售本企业商品而专设销售机构的经营费用,一般包括装卸费、保险费、包装费、展览费和广告费、租赁费、招待费等,以及为销售本企业商品而专设的销售机构（含销售网点、售后服务网点等）的职工工资、福利费等经常性支出。值得注意的是,2020年执行新收入准则,原销售费用中的运输费作为合同履约成本在主营业务成本中列示。

销售费用高或低，一般与企业的销售模式有关，不同行业的企业销售费用有较大的差异，不能以销售费用的高或低来判断好坏。

企业的销售模式不同，对销售费用有很大影响。销售模式常见的有直销模式和经销模式。直销模式就是由公司组建与管理自己的销售队伍，由其进行销售渠道的开拓、客户的开发与维护。该模式企业自行掌握销售渠道与终端客户有利于企业整体战略的部署，以及产品结构的调整与长期规划；但是需要企业投入较多的人力、物力，销售费用较大。经销模式就是产品由生产企业销售给经销商，经销商再将产品销售给终端客户，由经销商负责销售渠道的开拓，终端客户由经销商进行掌控。该模式销售费用由经销商消化，可以合理规避较大销售费用在企业主体内体现。但是产品销售价格相对较低，产品毛利率较低；企业无法掌握终端客户，不利于整体的战略规划与发展。

销售费用分析包括销售费用占营业收入比例分析及销售费用结构分析。其中，销售费用占营业收入比例分析是销售费用分析的基础，若销售费用占营业收入比例波动较大，则需要具体分析其原因。如果销售费用占营业收入比例下降，一方面有可能被怀疑是企业隐瞒了销售费用，从而达到增加企业利润的目的；另一方面则更为严重，有可能被怀疑虚增了销售收入。销售费用结构分析是指销售费用具体由哪些明细项目构成，这些明细项目占销售费用比例的波动情况，是否存在异常波动的项目，每一明细项目波动的具体原因是什么。

4. 管理费用

管理费用是指公司行政管理部门为管理和组织经营活动的各项费用。本项目包括公司经费、工会经费、职工教育经费、排污费、绿化费、税金、土地使用费、无形资产摊销、开办费摊销、业务损失补偿费及其他管理费用。

从项目构成上看，管理费用就像一个"垃圾桶"，所包括的内容多又杂，对于主要项目需要进行趋势分析和结构分析，并找出变化的原因。

衡量公司的管理效率指标是管理费用率（管理费用/营业收入）。从企业费用控制的角度分析，一般认为管理费用率越低对企业越有利，但这并不见得就一定好。因为管理费用中有很大一部分是管理人员薪酬，费用过低可能会降低员工的积极性和能动性；当然管理费用过大可能代表机构冗杂，管理效率过低。通常我们用管理费用率与同行公司对比，与行业平均水平对比。

另外，管理费用率会随着企业规模的扩大而逐渐降低，因为管理部门不会与营业收入同比例增长，特别是研发费用从管理费用中分离出去后。

5. 研发费用

研发费用是指研究与开发某项目所支付的费用。2017年之前研发费用在管理费用中列报，研发费用和管理费用的目标不同，属于不同功能的费用项目，将研发费用作为管理费用的一部分不合时宜。随着企业对研发投入逐年提高，研发费用也越来越重要，2018年开始将研发费用在利润表中单独列示，这样有利于财务报表使用者研判企业发展前景，更多关注企业未来的发展趋势。

衡量研发费用的常用指标是研发费用率，但与其他费用不同的是，研发可以说是一把双刃剑。研发费用率较高的企业大多分布在高科技行业、医药行业，这类企业的高额研发费用有利于维持企业竞争优势，研发成功后公司具有美好未来；但对于很多企业来说，高额研发费用却成了利润长期难以提升最大的阻力。

对研发费用进行定性分析比定量分析更重要，与其纠结数字的高低，不如深入研发项目，评估项目本身的成功率与前景。

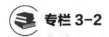

专栏 3-2
研发投入资本化还是费用化？

企业内部研究开发项目分为研究阶段和开发阶段。研究阶段主要是研发的前期基础工作，项目处于前景未卜的阶段，风险比较大。开发阶段则是将研究成果进行商业生产前的应用开发，确定性比较强。我国会计准则对研发投入处理分为两大部分：一是研究阶段发生的费用及无法区分研究阶段的研发投入和开发阶段的研发投入全部费用化；二是企业内部研究开发项目开发阶段的支出，能够证明符合无形资产条件的支出资本化，分期摊销。

1. 为什么要将研发投入资本化

其原因从会计的角度来说有以下两点：一是符合了收入和支出配比的原则。如果研究出来的无形资产能够为企业持续带来经济效益，但是在某一会计期间计入了当期损益，那么后续对该无形资产的使用期间账面就无法反映出这项资产带来的收益所对应的成本。二是能够使资产负债表较为真实地反映公司的资产情况。另外，费用化将导致当期利润的减少，不利于管理层对研发投入的积极性。

2. 研发投入在什么情况下可以资本化

开发阶段的支出必须同时满足下列五个条件，才能予以资本化。

① 完成该无形资产以使其能够使用或出售在技术上具有可行性。
② 具有完成该无形资产并使用或出售的意图。
③ 无形资产产生经济利益的方式，包括能够证明运用该无形资产生产的产品存在市场或无形资产自身存在市场，无形资产将在内部使用的，应当证明其有用性。
④ 有足够的技术、财务资源和其他资源支持，以完成该无形资产的开发，并有能力使用或出售该无形资产。
⑤ 归属于该无形资产开发阶段的支出能够可靠地计量。

3. 研发投入资本化对当期财务报表的影响

研发投入资本化对当期财务报表有三重影响。

第一，增加利润。比如，将 1 000 万元研发投入资本化，当期净利润就会增加 1 000 万元。

第二，减少现金流出。比如，将 1 000 万元研发投入资本化，当期经营活动现金流流出就会减少 1 000 万元。

第三，增加资产，降低负债率。比如，将 1 000 万元研发投入资本化，当期无形资产增加 1 000 万元，在其他条件不变的条件下，公司的资产负债率也会降低。这在软件类等轻资产科技公司中体现得最为明显，因为公司本身资产就很少，日常经营就不需要大额的固定资产，加之负债较高，所以公司的负债率很难看，但随着无形资产增加导致的负债率下降，将会有利于公司进一步融资。

4. 研发投入资本化还是费用化，企业有很大的自主权

资本化处理出发点是好的，但资本化处理的确认在实际操作中过于专业，存在很强的主观性，弹性空间很大。A 公司和 B 公司研发投入情况如表 3-4 所示。

表 3-4　2021 年 A 公司和 B 公司研发投入情况

项目	A 公司	B 公司
研发投入金额/亿元	29.36	82.52
研发投入占营业收入比例	16.03%	10.13%
研发投入资本化的金额/亿元	11.30	0.00
资本化研发投入占研发投入的比例	38.49%	0.00%

资料来源：公司年报

2021年，A公司的研发投入为29.36亿元，占同期营业收入的16.03%。而相比于B公司而言，B公司在2021年的研发投入为82.52亿元，全部费用化，没有进行资本化。由此可见，不同公司往往对研发投入费用化和资本化的处理是不同的。

（二）筹资活动费用

筹资活动费用主要是指财务费用。

财务费用是指公司为筹集资金而发生的各项费用，包括公司生产经营期间发生的利息净支出、汇兑净损失、调剂外汇手续费、金融机构手续费以及筹资发生的其他财务费用等。对于绝大多数公司来说，财务费用主要是利息净支出。

从财务费用总额的多少能大体判断出公司的资金状况和现金流状况。财务费用为负数，一般说明公司资金充足，拿着大量现金理财，而相反财务费用为正数，一般说明公司资金紧张，更有甚者抵押借款，可谓冰火两重天。

财务费用中除利息净支出外，国际业务较多的公司可能有汇兑净损失，这部分费用占财务费用的比例会越来越大。

持有外币交易的企业，由于汇率的浮动所产生的差额会影响财务费用，从而会对当期利润产生很大影响。例如，某公司2017年净利润较2016年暴增40%，这给很多投资人带来惊喜，都以为是业绩改善，但实际上并非如此。公司2016年汇兑损失35亿元，2017年汇兑收益20亿元，汇兑净损益直接导致公司2017年财务费用较2016年减少了51亿元，原来公司净利润的高增长来源于汇兑净损益。

对于一个持有大量外币的公司，汇兑收益对净利润的影响很大，只要人民币贬值躺着就能赚钱，但是汇率波动让人捉摸不定，依靠汇兑对净利润产生影响终将是一场空。

（三）其他活动费用

其他活动费用主要指资产减值损失和信用减值损失。

1. 资产减值损失

资产减值损失是指因资产的账面价值高于其可收回金额而造成的损失。资产减值损失主要核算《企业会计准则第8号——资产减值》中的相关资产的减值准备，包括固定资产、无形资产、生产性生物资产、投资性房地产（成本模式）、长期股权投资和商誉等。需要注意存货类项目（如原材料、库存商品、周转材料等）期末账面价值大于可变现净值时，计提的存货跌价准备，也对应反映在资产减值损失上。

资产可收回金额确定后，如果可收回金额低于其账面价值，企业应当将资产的账面价值减记至可收回金额，减记的金额确认为资产减值损失，计入当期损益，同时计提相应的资产减值准备。资产的账面价值是指资产成本扣减累计折旧（或累计摊销）和累计减值准备后的金额。资产减值损失确认后，减值资产的折旧或者摊销费用应当在未来期间作相应调整，以使该资产在剩余使用寿命内，系统地分摊调整后的资产账面价值（扣除预计净残值）。

资产减值准则所规范的资产，资产减值损失一经确认，在以后会计期间不得转回。但是，遇到资产处置、出售、对外投资、以非货币性资产交换方式换出、在债务重组中抵偿债务等情况，同时符合资产终止确认条件的，企业应当将相关资产减值准备予以转销。

期末存货成本大于可变现净值而计提存货跌价准备对应的资产减值损失，准予在计提范围内予以转回。

资产减值损失应从以下几个方面分析。

① 结合财务报表附注，了解资产减值损失的具体构成情况，即企业当年主要是哪些项目发生了减值。

② 结合资产负债表中有关资产项目，考察有关资产减值的幅度，从而对合理预测企业未来财务状况提供帮助。

③ 将当期各项资产减值情况与企业以往情况、市场情况以及行业水平对比，以评价过去，掌握现在，分析其变动趋势，预测未来。

2. 信用减值损失

信用减值损失是指因应收账款的账面价值高于其可收回金额而造成的损失。2017年之前信用减值损失在资产减值损失中列报，2018年开始将信用减值损失在利润表中单独列示，这样有利于财务报表使用者研判企业发展前景，更多关注企业未来的发展趋势。

信用减值损失主要核算金融资产的减值损失，如应收款项类（应收账款、应收票据、其他应收款、长期应收款、预付账款）、债权投资、其他债权投资等金融资产，适用于《企业会计准则第22号——金融工具确认和计量》中的金融资产减值准备所形成的预期信用减值损失。

信用减值损失核算金融工具的减值，当后期减值因素好转及消失时，可以在计提范围转回已经计提的减值。

（四）营业外支出

营业外支出是指企业发生的除营业利润以外的支出，主要包括公益性捐赠支出、非常损失、盘亏损失、非流动资产毁损报废损失等。

① 公益性捐赠支出，指企业对外进行公益性捐赠发生的支出。

② 非常损失，指企业对于因客观因素（如自然灾害等）而造成的损失，在扣除保险公司赔偿后计入营业外支出的净损失。

③ 盘亏损失，盘亏在固定资产中计入营业外支出，其他计入管理费用。

④ 非流动资产毁损报废损失，指因自然灾害等发生毁损、已丧失使用功能而报废非流动资产所产生的清理损失。企业在不同交易中形成的非流动资产毁损报废利得和损失不得相互抵销，应分别在营业外收入项目和营业外支出项目中进行反映。

分析营业外支出时，注意检查营业外支出明细账，关注营业外支出中的纳税调整项目。

（五）所得税费用

所得税费用反映企业应负担的所得税，包括当期应交所得税费用，以及因"暂时性差异"而产生的递延所得税费用。其计算公式如下。

所得税费用=当期所得税费用+递延所得税费用

其中：当期所得税费用=应纳税所得额×所得税税率

应纳税所得额=利润总额+纳税调整增加-纳税调整减少-弥补以前年度亏损

递延所得税费用=递延所得税负债增加额-递延所得税资产增加额=(递延所得税负债的期末余额-递延所得税负债的期初余额)-(递延所得税资产的期末余额-递延所得税资产的期初余额)

注：递延所得税费用不包括影响所有者权益、商誉等项目的递延所得税。

我国一般企业所得税税率一般为25%，对于国家需要重点扶持的高新技术企业，减按15%的税率征收企业所得税。需要注意的是，这个税率并不是在利润总额的基础上，而是在税法基础上确认的应纳税所得额。因此,所得税费用与利润总额不存在固定的税率关系。

"所得税费用"与资产负债表中的"应交税费"、现金流量表中的"支付的各项税费"的关联与区别如下:这三个科目分别在利润表、资产负债表和现金流量表中体现所得税的变动情况。"应交税费"是负债类科目,是指企业按照国家税法规定,应从生产经营等活动的所得中缴纳的税金。应交税费是在会计期限内应交、尚未交的税费,但在会计期限内,一般情况下企业大多数的税费已经上交,所以从金额上看,应交税费往往要比现金流量表中的"支付的各项税费"小很多。"所得税费用"核算的是企业负担的所得税,是损益类科目,包括当期应交所得税费用,以及因"暂时性差异"而产生的递延所得税费用。"支付的各项税费"是以收付实现制编制的,反映企业按规定支付的各项税费,包括本期发生并支付的税费,以及本期支付以前各期发生的税费和预交的税金。

分析所得税费用时需要注意:

① 关注所得税费用的变动是否异常。一般情况下,与公司经营情况变动幅度大体相同,如果差异较大,需要进一步查看具体的原因。

② 一般情况下,企业所得税费用是正数。如果递延所得税为负数,所得税费用可能出现负数。所得税费用实际在企业财务报表中体现时,遵循权责发生制原则的会计处理与遵循收付实现制原则的税务处理相结合,二者在特定条件下会产生时间性差异。实务中,当会计与税务产生时间性差异时,应当以会计口径计算所得税费用,以税务口径计算应交所得税,二者之差通过"递延所得税资产"或"递延所得税负债"科目体现。如果出现在借方,会计的所得税费用小于应交税费,提前交税,形成未来可抵的所得税;如果递延所得税出现在贷方,会计的所得税费用大于应交税费,可以延后交税,形成未来要支付的所得税。

例如:从 A 公司 2016 年年报中的利润表可以看到,A 公司当年的所得税费用为-1.07 亿元。从"所得税费用=当期所得税费用+递延所得税费用"公式来看,因为当期所得税费用是正数,所以其递延所得税费用就应该是负数,而且绝对值要大于当期所得税费用。

所得税费用的财报注释显示,A 公司当期所得税费用为 1.53 亿元,递延所得税费用为-2.60 亿元。而递延所得税费用可以通过现金流量表补充资料中"递延所得税负债增加"和"递延所得税资产减少"计算得到。

A 公司 2016 年亏损巨大,产生巨额的未弥补亏损,未弥补亏损确认为递延所得税资产 2.56 亿元,因而造成所得税费用为负数,以此增加了公司的净利润。但是,这种情况其实是极为少见的。遇到这样的特殊现象,应该提高警惕!

 专栏 3-3

馅饼并非天天有——非经常性损益

非经常性损益是证监会在 1999 年首次提出的,它是指与公司正常经营业务无直接关系,以及虽与正常经营业务相关,但由于其性质特殊和偶发性,影响报表使用人对公司经营业绩和盈利能力做出正常判断的各项交易和事项产生的损益。

非经常性损益可以分为以下几大类。

① "失而复得"的收入,是指公司认为这笔钱收不回来了,提前确认了损失,但后来钱又回来了,对于公司来说就是一笔意外的收入。比如:因不可抗力因素(如遭受自然灾害)而计提的各项资产减值准备;以前年度已经计提各项减值准备的转回等。

② 政府补助,也就是地方政府为了扶持企业所给予的资金支持。

③ 卖家当,有些公司为了不亏损或使业绩好看,会变卖公司的资产,如处置长期股权

投资、固定资产、在建工程、无形资产、其他长期资产产生的损益。

④ 投资损益，包括短期投资损益、委托投资损益等。

通常，投资一家企业，看中的是企业未来主营业务的成长性，而不是这些非重复性、不可预测的项目。显然，扣除这些水分之后的扣非净利润更能反映公司的真实经营情况。某公司 2018—2020 年归母净利润与归母扣非净利润对比如表 3-5 所示。

表 3-5　2018—2020 年归母净利润与归母扣非净利润对比表　　单位：亿元

项目	2020 年	2019 年	2020 年比 2019 年增减	2018 年
营业收入	845.65	705.95	19.79%	662.98
归属于母公司股东的净利润	33.24	-26.47	225.60%	6.81
归属于母公司股东的扣除非经常性损益的净利润	-32.50	-47.62	31.76%	-31.65

资料来源：公司年报

该公司是一家乘用车、商用车开发、制造和销售的综合性企业，主要从事汽车、汽车发动机系列产品、配套零部件的制造、销售等业务。年报显示，2019 年公司归母净利润为-26.47 亿元，2020 年归母净利润却达到了 33.24 亿元，大幅扭亏为盈。但是值得注意的是，2020 年公司净利润扭亏为盈，虽然和公司产品结构改善、盈利能力提升有关，但主要还是得益于出售子公司、投资等非经常性损益收入大幅增长。实际上，如果剔除非经常性损益，公司主营业务仍处于亏损状态。公司 2020 年非经常性损益项目及金额如表 3-6 所示。

表 3-6　公司 2020 年非经常性损益项目及金额　　单位：亿元

项目	金额
非流动资产处置损益	0.29
计入当期损益的政府补助	7.98
除同公司正常经营业务相关的有效套期业务外，持有交易性金融资产产生的公允价值变动损益	20.35
委托贷款取得的损益	0.14
非同一控制下的企业合并产生的损失	-0.07
处置长期股权投资产生的投资收益	13.98
丧失控制权后剩余股权按公允价值重新计量的利得	22.47
除上述各项之外的其他营业外收入和支出	-0.28
对非金融企业收取的资金延期付款利息	0.18
减：所得税影响额	-0.92
少数股东权益影响额（税后）	0.22
合计	64.34

资料来源：公司年报

公司 2020 年年报数据显示，其非经常性损益收入合计 64.34 亿元，主要包括以下三大项。

第一项，全资子公司引入战略投资者，公司放弃增资优先认购权，增加归属于母公司股东的净利润约 21 亿元。

第二项，公司出售 A 有限公司股权，增加归属于母公司股东的净利润约 13.98 亿元。

第三项，公司持有的股票股价上涨，增加归属于母公司股东的净利润约 17.75 亿元。

以上三项非经常性损益就贡献了高达 52.73 亿元的净利润。若扣除上述三项非经常性损益，亏损金额甚至超过上年同期。在主业如此亏损的情况下，公司依赖投资收益和出售资产实现的短期盈利不具有持续性，并非长久之计。因此，在分析企业的财务报表时，必须把非经常性损益项目剔除。如果一个公司频繁报告非经常性损益项目，那么这种情况应该被认为对企业盈利具有负面影响。

三、利润类项目解读与分析

利润表将利润分为五个层次，即营业利润、利润总额、净利润、综合收益和每股收益。为了便于财务报表分析，可以将利润重新划分为毛利润、经营利润、净利润、综合收益和每股收益。

（一）毛利润

毛利润在利润表中没有单独列示，但是它可以通过以下公式计算。

$$毛利润=营业收入-营业成本$$

从企业利润的实现过程来看，毛利润是经营利润的基础。在财务分析中，一些制造业及一些传统行业很看重毛利润，因为它体现主营业务运作情况。

从企业生存的意义来说，不管通过什么方法，企业长期不盈利是无法生存的。但有些企业单纯从销售产品的角度来说，短期确实是无法盈利的，甚至出现毛利润为负的情况。

例如：2021年5月28日，某股份有限公司在上海证券交易所科创板上市，公司专注于中小尺寸AMOLED半导体显示面板的研发、生产及销售。

在上市前，公司毛利润持续为负值，公司解释主要因为AMOLED半导体显示属于技术密集型、资本密集型行业，从项目建设到达成规划产能、完成良率爬坡、实现规模效益需要较长的时间周期，一般前期固定成本分摊较大，单位成本较高。

（二）经营利润

经营利润是指企业开展经营活动所产生的经营成果，它反映企业经营资产的增值能力以及自身经营活动产生的经营成果的获现能力。

经营利润在利润表中没有单独列示，但是它可以通过以下公式计算。

$$经营利润=毛利润-税金及附加-销售费用-管理费用-研发费用$$

经营利润来源于企业经营产生的毛利润扣除税金、销售、管理、研发等费用后的部分。毛利润的高低代表了企业产品的竞争力等，而费用高低则代表了企业费用控制的能力。总体来说，经营利润越高，盈利能力越强，盈利质量越高。

分析经营利润时，可以与资产负债表和现金流量表的相关项目结合起来。企业的资产可以分为经营资产和投资资产。经营资产是产生经营利润的主要来源，由此，就可以把企业的经营资产和经营利润对应起来看它们之间的关系。经营利润对应着经营净现金流入量，经营现金流有很多用途，如分红、补偿折旧和无形资产摊销、利息支付等。如果企业有利润而没有现金，意味着企业的利润只是数字，没有转换成实实在在的可支配的资产，因此经营现金净流入量是检验经营利润质量的试金石。

（三）净利润

净利润主要是经营利润与非经营利润扣除所得税影响后形成的。经营利润是狭义收入与费用配比后得到的结果,由企业日常经营活动产生,对企业经营业绩有持续性影响;而非经营利润是利得、损失的净额,主要来源于企业的非日常活动或事项,对企业经营业绩有偶然性影响,如投资收益、营业外收入、公允价值变动收益、资产减值准备等。净利润计算公式如下。

$$净利润=经营利润-财务费用+投资净收益+其他收益+资产处置收益+\\营业外收支净额-资产减值损失-所得税费用$$

其中:投资净收益=投资收益+公允价值变动收益

营业外收支净额=营业外收入-营业外支出

合并利润表中,在"净利润"项目下,按经营持续性分类中,列示"持续经营净利润"和"终止经营净利润";按所有权归属分类中,列示"归属于母公司股东的净利润"和"少数股东损益"。

1. 持续经营净利润和终止经营净利润

持续经营净利润和终止经营净利润是2017年财政部《关于修订印发一般企业财务报表格式的通知》中新增的项目。增加列报"持续经营净利润"和"终止经营净利润"项目,主要是解释"资产处置收益"项目列报内容中持有待售的非流动资产或处置组时确认的处置利得或损失的属性,终止经营的持有待售非流动资产是指该组成部分代表一项独立的主要业务或一个独立的主要经营地区、该组成部分是专为转售而取得的子公司,由此形成的"终止经营净利润"不再对企业非持有待售资产的经营产生直接的影响,区分"持续经营净利润"和"终止经营净利润"项目有助于判断持有待售非流动资产对企业整体资产获利能力的影响。

2. 归属于母公司股东的净利润和少数股东损益

与净利润下面的"归属于母公司股东的净利润"和"少数股东损益"两个项目相对应,资产负债表的所有者权益后面分为"归属于母公司所有者权益"和"少数股东权益"。

企业的净利润包括归属于母公司股东的净利润和少数股东损益。净利润代表的是企业经营的总结果,归属于母公司股东的净利润(简称归母净利润)代表的是企业经营结果中归属于母公司股东享有的那部分利润,少数股东损益就是属于少数股东享有的利润。购买一家上市公司的股票,享有的就是归母净利润,所以要关注归母净利润的增长率。

例如:某企业2020年母公司净利润为1 000万元,其控股80%的子公司净利润为200万元,则合并净利润为1 200万元,少数股东损益为200×20%=40万元,归母净利润为1 200-40=1 160万元。

2021年该企业母公司净利润为2 200万元,子公司为-1 000万元,则合并净利润仍然是1 200万元,少数股东损益为-1 000×20%=-200万元,归母净利润为1 200-(-200)=1 400万元。

可以发现净利润都是1 200万元没有变,但归母净利润却增长了20.69%,其方法就是通过内部交易让母公司尽量多盈利,让子公司尽量多亏损,但是让子公司亏损,少数股东当然不会同意,如果少数股东和上市公司股东是同一控制人自然就可以了。

分析财务报表时,一定要看净利润、归母净利润是不是同步增长,如果不同步,就要进一步分析原因。

(四)综合收益

综合收益是指企业在某一期间除与所有者以其所有者身份进行的交易之外的其他交易或事项所引起的所有者权益变动,综合收益将利润表变成了基于全面收益概念的报表。

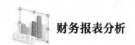 财务报表分析

综合收益总额项目反映净利润和其他综合收益扣除所得税影响后的净额相加后的合计金额，综合收益总额的计算公式如下。

综合收益总额=净利润+其他综合收益

从计算公式可以看出，综合收益总额由净利润和其他综合收益两部分构成。理解综合收益总额关键在于其他综合收益。

其他综合收益在我国相关文件中有明确论述。2009年6月，财政部发布了《企业会计准则解释第3号》（财会〔2009〕8号），要求我国上市公司从2009年1月1日开始在利润表中增加列报"其他综合收益"，从而使利润表中所反映的内容更加全面，但该解释对其他综合收益的具体列报范围及具体分类没有明确规定。2009年12月，为配合《企业会计准则解释第3号》的实施，财政部发布了《关于执行会计准则的上市公司和非上市企业做好2009年年报工作的通知》（财会〔2009〕16号），该通知对所有者权益变动表的内容做出修改，将表中"直接计入所有者权益的利得和损失"改为"其他综合收益"，反映企业其他综合收益的增减变动情况。2014年1月，财政部对《企业会计准则第30号——财务报表列报》（财会〔2014〕7号）进行修订，明确要求在利润表中增设"其他综合收益"和"综合收益总额"，从而使利润表反映的内容更加完整。

根据《企业会计准则第30号——财务报表列报》的规定，其他综合收益是指企业根据其他会计准则规定未在当期损益中确认的各项利得和损失，即直接计入所有者权益的各项利得、损失。其特征表现为：一是形成其他综合收益的各项利得和损失与企业的日常经营活动无关；二是其他综合收益属于潜在的、尚未实现的损益或利益；三是其他综合收益是由企业与非所有者之间的交易产生；四是其他综合收益未在当期损益中确认。

计入其他综合收益的利得和损失，按照是否可以重分类进损益将其分为两类，即重分类进损益和不能重分类进损益，在利润表中进行明细列报，并同时列报在资产负债表所有者权益中。待这些利得和损失真正实现时，重分类进损益的部分从其他综合收益转入当期损益，不能重分类进损益的部分则转入留存收益。例如，其他债权投资和其他权益投资的公允价值变动均计入其他综合收益，其他债权投资在处置时其利得和损失才真正实现，且属于可重分类进损益的项目，所以从"其他综合收益"账户转入当期损益"投资收益"账户；对于其他权益工具投资，在处置时其属于不可重分类进损益的项目，所以从"其他综合收益"转入留存收益"利润分配"账户。

① 重分类进损益。其具体包括：权益法下核算的长期股权投资可转损益的其他综合收益；其他债券投资公允价值变动；其他债券投资信用减值准备；金融资产重分类计入其他综合收益的金额；存货或固定资产转换为投资性房地产公允价值大于账面价值的部分；现金流量套期储备；外币财务报表折算差额。

② 不能重分类进损益。其具体包括：重新设定受益计划净资产或净负债的变动额；权益法下核算的长期股权投资不能重分类进损益的其他综合收益；其他权益工具投资公允价值变动；企业自身信用风险公允价值变动。

分析其他综合收益时注意：①"其他综合收益"属于所有者权益类科目，并不会影响利润总额以及净利润，但会影响综合收益总额。其他综合收益是未实现的利得或损失。②引入其他综合收益项目后，利润表的理论依据不应再表示为"利润=收入-费用"而应该是"综合收益=收入-费用+利得-损失"。③产生其他综合收益的业务几乎都与公允价值计量有关，在我国市场经济发展不够充分的情况下，将相关资产的公允价值变动计入其他综合收益体现了会计的谨慎性原则。

专栏 3-4
直接计入当期损益的利得和损失与直接计入所有者权益的利得和损失

一、利得和损失的概念

2006年2月15日，在财政部发布的《企业会计准则——基本准则》中，采用了国际通行的会计要素，即划分为资产、负债、所有者权益、收入、费用和利润，并且在定义利润和所有者权益两个基本要素时，引入了利得和损失两个子要素。将利得与损失正式引入我国基本会计准则。

企业的日常活动涉及收入和费用两个会计要素。利得、损失是由企业非日常活动所形成的。因此，区分日常活动和非日常活动是掌握利得与收入、损失和费用区别的关键。

日常活动是指企业为完成其经营目标所从事的经常性活动以及与之相关的活动。日常活动具有以下基本特征：一是主动性，即企业为实现其经营目标而去主动地进行一系列的采购、生产、销售等经营活动。二是经常性。企业的日常活动是为实现其经营目标而从事的活动，经营目标的实现不是一朝一夕完成的，企业每天所从事的就是这些经营活动。即使有一些活动不经常发生，但属于企业为完成其经营目标所从事的与经常性活动相关的活动，也属于日常活动，如对外出售不需要的材料、对外投资等。三是可预见性，指日常经济活动的过程和结果，在一定程度上为企业所掌握和控制。四是盈利性。企业的日常经济活动是以盈利为目的的经营活动，因为企业就是以盈利为目的的经济组织，日常经济活动是为实现其经营目标所进行的活动，所以是盈利性经济活动。

利得是指由企业非日常活动所形成的，会导致所有者权益增加的，与所有者投入资本无关的经济利益的流入。损失是指由企业非日常活动所形成的，会导致所有者权益减少的，与所有者投入资本无关的经济利益的流出。

二、利得和损失的分类

利得和损失按照反映在利润表和资产负债表中的不同分为直接计入当期损益的利得和损失、直接计入所有者权益的利得和损失。

直接计入当期损益的利得和损失是指应当计入当期损益，最终会引起所有者权益发生增减变动的，与所有者投入资本或者向所有者权益分配利润无关的利得或损失。

直接计入当期损益的利得和损失包括：①资产减值损失；②公允价值变动损益；③投资收益；④营业外收入和营业外支出。

直接计入所有者权益的利得和损失是指不应计入当期损益，会导致所有者权益发生增减变动的，与所有者投入资本或向所有者分配利润无关的利得或损失。

2009年6月11日，财政部发布《企业会计准则解释第3号》，首次在利润表中引入其他综合收益项目，其他综合收益项目成为2014年财政部修订《企业会计准则第30号——财务报表列报》的重点内容。新修订的《企业会计准则第30号——财务报表列报》将其他综合收益定义为：企业根据其他会计准则规定未在当期损益中确认的各项利得和损失。由此可以看出，直接计入所有者权益的利得或损失即其他综合收益，两者从概念内涵、外延以及经济实质上是完全相同的，两者的定义等同。

按照会计准则的规定，记入"其他综合收益"科目的内容包括：①可供出售金融资产持有期间公允价值变动产生的收益；②持有至到期投资重分类为可供出售金融资产，重分类日公允价值与账面价值差额；③自用房地产或作为存货的房地产转换为以公允价值模式计量的投资性房地产，转换日公允价值与原账面价值的差额；④采用权益法核算的长期股权投资，被投资单位除净利润以外的所有者权益变动，在持股比例不变的情况下，企业按照持股比例计算应享有的份额；⑤现金流量套期工具产生的利得或损失中属于有效套期的部分；⑥外币财务报表折算差额。

以上两部分内容的划分与企业所得税计税依据的规定有关。当利得和损失不符合纳税条件、不计入应纳税所得额，或者说暂时不计入应纳税所得额时，则直接计入所有者权益，属于直接计入所有者权益的利得和损失。当利得和损失符合纳税条件、应计入应纳税所得额时，则属于直接计入当期损益的利得和损失。

三、利得和损失对财务分析的影响

虽然利得和损失的列报较为分散，其来源又各有不同，这在一定程度上给财务分析带来了困难，但是利得和损失可以提供有价值的信息。我们应在以下方面进行关注。

① 要借助利得和损失的列示来分析利润的稳定性，正确区分日常经营所得和非日常经营所得，因为只有日常经营所得才是企业的核心竞争力，只有核心竞争力强，企业才能可持续发展。

② 要关注采用公允价值计量的情况，尤其关注企业是否存在利得和损失，以及利用资产减值损失、公允价值变动损益等操纵利润等问题。

③ 不可忽视收益的风险问题，在利润表中计算营业利润时，是将公允价值变动损益与其他损益项目并列列报的，这样就不能区分已确认并实现的收益和已确认未实现的收益。公允价值变动损益是虽然已确认但并未实现的收益，要等相应资产处置时才得以真正实现，才由账面收益变成实际收益，若在处置前就将其与投资收益等已确认并实现的收益一起列报于营业利润中，这样企业的净利润中就包含了这部分未实现的收益，影响了财务信息的可理解性，不利于信息使用者做出经济决策。

④ 明确资本是否真的增值。在核算时有一部分利得和损失是直接计入其他综合收益，增加所有者权益，直接反映在资产负债表和所有者权益变动表中，只有在处置相应资产时，才转入当期损益，形成利润，增加所有者权益，这和留存收益对所有者权益的影响是有区别的。

总之，进行财务报表分析时应特别关注利得和损失对企业利润、所有者权益和可持续发展的影响，要全面、系统、动态地看待报表信息，尽量消除人为影响，去伪存真，透过表象看本质，放眼企业长期发展，避免短视行为，为经济决策做出理性分析。

（五）每股收益

每股收益是指普通股股东每持有一股所能享有的企业利润或需承担的企业亏损。它通常被用来反映企业的经营成果，衡量上市公司普通股的获利水平及投资风险。它是投资者、债权人等信息使用者据以评价企业盈利能力、预测企业成长潜力，进而做出相关经济决策的一项重要财务指标。

每股收益是联结资产负债表和利润表两张财务报表的"桥梁"，反映企业的获利能力，影响股票价格涨跌，具有引导投资、影响市场评价、简化财务指标体系的作用，也是计算市盈率、股利支付率等财务指标的基础。

每股收益是衡量企业业绩的重要指标，企业会计准则规定企业应当在利润表中单独列示基本每股收益和稀释每股收益（计算及分析详见本书第七章）。

第三节 利润表趋势分析和结构分析

在了解利润表主要项目后，财务报表使用者可以从多个角度分析收入、成本费用的增减变动情况，了解企业的盈利状况和经营成果。利润表分析的常用方法是趋势分析和结构分析。

一、利润表趋势分析

利润表趋势分析是指将利润表内不同时期的项目进行对比，确定其增减变动的方向、金额和幅度，据以判断企业经营成果变动趋势的分析方法。通过利润表趋势分析可以了解企业收入、费用和利润的变动情况，并分析其变动的原因，据以判断企业发展趋势。

利润表趋势分析的内容主要包括各项利润变动情况分析和主要项目的变动原因分析。

（一）各项利润变动情况分析

在进行利润表趋势分析时，应该自下往上，首先看最下面的净利润，然后追本溯源，往上分析。从利润形成的角度看，通常进行以下分析。

1. 净利润分析

净利润是指企业所有者最终取得的财务成果或可供企业所有者分配或使用的财务成果。净利润是企业可以进行支配，向股东分红的利润基础。

理论上，营业收入和净利润的增长率应该匹配，如果两者增速保持一致，可以说明当年公司业绩很优秀。但是有很多公司净利润增速低于营业收入增速，这种情况需要深入了解背后的原因，是产品价格下降导致的毛利率下滑，还是期间费用过高，又或者是资产减值损失等原因，这都需要去更详细地分析。

从利润的构成来看，净利润是一个大杂烩，但是它在一定程度上反映了企业的综合盈利能力。净利润的增加可能是由于经营利润的增加，也可能是由于投资收益或营业外收入的增加。如果是由于经营利润的增加，说明企业利润质量较好；如果是由于投资收益的增加，应关注其利润可持续性和稳定性；如果主要是由于营业外收入的增加，其利润的可持续性较差。

分析净利润时，关注净利润是否可以持续获利，是否在逐年增长。对于一个稳定增长的公司，净利润增长率应该为10%～20%；如果净利润增长率在30%及以上，说明该公司在快速成长；如果净利润增长率为0～10%，说明公司增长速度比较慢，但依然是持续获利的好公司。当净利润增长率过高时，就要考虑该数值是否合理，公司在未来是否可以维持这么高的增长率。如果净利润增长率为负值，应该分析下降的原因。

如果是合并利润表，少数股东权益较多的话，除了看净利润，还应看归母净利润。归母净利润主要看规模和增长率，一般来说，归母净利润规模大的公司实力较强，盈利能力也强。

2. 经营利润分析

经营利润是指企业营业收入与营业成本及税金之间的差额，再减去销售费用、管理费用与研发费用。它反映了企业自身生产经营业务的财务成果，与资产减值损失、投资收益和营业外收支等都无关。

经营利润的增加可能是由于营业收入的增加或者营业成本和期间费用的减少，或者是两者共同作用的结果。如果营业收入增加水平低于成本费用增加水平，说明企业的成本控制水平较差，从而导致经营利润降低，应对导致经营利润变动的原因作具体分析。

3. 毛利润分析

毛利润是指企业一定时期内的各项业务或产品的营业收入扣除营业成本的差额。

毛利润是企业营业收入初始盈利能力的表现，毛利润在一定程度上可以反映企业产品的竞争力。如果产品具有竞争优势，其毛利润就处在较高的水平，企业对其产品或服务就有较强的定价能力，让售价远高于其产品的成本。如果产品缺乏竞争优势，其毛利润就处于较低的水平，企业就只能根据产品的成本来定价，赚取微薄的利润。因此，通过分析毛利润的增加额和增长率可以反映公司竞争力的强弱。

（二）主要项目的变动原因分析

了解利润变化的原因，需要对企业经营成果产生较大影响的项目和变化幅度较大的项目进行具体分析。主要项目包括营业收入分析、营业成本分析、销售费用分析、管理费用分析、财务费用分析和投资收益分析等。

1. 营业收入分析

营业收入为企业主要经营收入。一般来说，通过营业收入的金额，大概可以判断公司的实力，营业收入金额大的公司实力相对较强；营业收入增长率可以反映公司的成长能力，营业收入增长率大于10%，说明公司处于成长较快阶段，前景较好；营业收入增长率低于10%，说明公司成长缓慢；营业收入增长率小于0，说明公司正处于衰落之中。

在大多数情况下，只有公司营业收入持续增长，才是提升公司利润的最根本办法。所以，那些在营业收入上徘徊不前的公司，即使通过其他办法让利润保持增长，都不是正常现象。有的时候，公司利润虽然短期内表现不佳，但只要营业收入可以快速增长，能够有效扩大市场份额，利润不佳只是暂时的，营业收入的增长才是体现公司市场竞争力和市场份额不断提高的标志。

了解营业收入的增长，必须了解营业收入的构成，因为绝大多数公司同时经营着若干种产品和服务，应关注公司哪些产品和服务对营业收入的贡献更大，哪些领域存在增长潜力。

2. 营业成本分析

营业成本是指企业所销售商品或者所提供劳务的成本。制造企业营业成本包括生产用的原材料、直接人工成本、水电费、固定资产折旧等。因此，当发现企业的营业成本增长过快时，不能单纯地认为是原材料价格上涨造成的，也应考虑到可能是车间的制造费用增加（如水电费、设备维修费、运输费、包装费等上涨），或者是生产车间的工人工资上涨造成的。

分析营业成本时，应该计算出各项成本占总成本的比重，并对比重变化和增减变化进行监测，这样才能找到是哪些成本的增加导致了营业成本的增加。

3. 销售费用分析

销售费用是指企业在销售产品或提供劳务过程中发生的各项费用，包括由企业负担的包装、展览广告及为销售产品而专设的销售机构费用。销售费用通常会随营业收入的变动而变动，可由此检测销售成效。

销售费用分析包括总体分析和单项目分析。总体分析是对整体销售费用的变动趋势进行分析。单项目分析是将销售费用中占比较高、波动异常等重点项目单独拉出来进行专门分析，如市场推广费、业务招待费、差旅费等。

4. 管理费用分析

管理费用是指企业行政管理部门为组织和管理生产经营活动而发生的各种费用，包括由企业统一负担的公司经费、工会经费、社保费、董事会会费、聘请中介机构费、咨询费、诉讼费、业务招待费、办公费、折旧费、土地绿化费、行政人员工资及福利费等，管理费用是企业保持经营运转的基础保障。

管理费用分析包括总体分析和单项目分析。总体分析是对整体管理费用的变动趋势进行分析。单项目分析是将管理费用中占比较高、波动异常等重点项目单独拉出来进行专门分析，如人工费、折旧费、差旅费等。

5. 财务费用分析

财务费用是指企业为筹集生产经营所需资金等而发生的费用，包括利息支出、汇兑损失以及相关的手续费等。财务费用虽然是为取得营业收入而发生，但与营业收入的实现没有明显因果关系，不宜计入生产经营成本。

财务费用分析是指对企业财务费用项目金额的变动进行研究分析的过程。其包括对财务费用中的利息费用项目、利息收入项目、财务手续费项目以及其他与财务费用相关的项目进行分析。财务费用分析应重点分析利息费用项目和利息收入项目。如果利息费用小于利息收入，说明公司存款利息收入完全覆盖了借钱的利息费用，资金比较充裕。

6. 投资收益分析

投资收益是指企业对外投资获得的收入，如企业对外投资的股利、债券利息收入以及与其他单位联营利润等。企业的投资包括交易性金融资产、债权投资、长期股权投资等。企业保持适度规模的对外投资，表明企业具备较高的理财水平。投资收益是企业间接获得的一种收益，企业对收益的真实性不容易控制，而且从事投资风险偏高。对于从事实业经营的企业来讲，投资业务不应占过高的比重。

分析投资收益时，需要判断企业投资的项目是否风险过高，短期金融投资是否委托给专业的投资公司来运作，长期投资项目是否有发展前景。

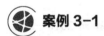

案例 3-1

Y 公司合并利润表趋势分析

根据附录 2 Y 公司合并利润表数据，计算利润表各个项目的变动额和变动率，得到 Y 公司合并利润表项目趋势分析表，如表 3-7 所示。

表 3-7 Y 公司合并利润表项目趋势分析表

项目	变动额/万元				变动率/%			
	2018 年	2019 年	2020 年	2021 年	2018 年	2019 年	2020 年	2021 年
一、营业收入	1 149 510.00	1 066 980.00	666 256.70	1 370 956.00	16.89	13.41	7.38	14.15
减：营业成本	674 349.00	728 567.80	1 106 123.00	896 375.80	15.92	14.84	19.62	13.29
二、毛利润	475 161.30	338 412.00	−439 867.00	474 580.30	18.49	11.11	−13.00	16.12
减：税金及附加	1 938.219	4 603.536	−3 048.53	11 707.77	3.79	8.67	−5.28	21.42
销售费用	425 082.10	129 697.40	−418 610.00	243 125.70	27.39	6.56	−19.87	14.40
管理费用	−12 814.80	130 519.20	−40 202.90	34 417.45	−4.12	43.80	−9.38	8.86
研发费用	21 770.78	6 829.764	−807.091	11 391.72	104.08	16.00	−1.63	23.39

续表

项目	变动额/万元				变动率/%			
	2018年	2019年	2020年	2021年	2018年	2019年	2020年	2021年
三、经营利润	39 184.98	66 762.07	22 801.61	173 938.20	6.18	9.91	3.08	22.79
减：财务费用	−17 375.70	6 827.329	18 008.79	−21 724.9	−153.11	113.28	2 250.50	−115.50
其中：利息费用	13 160.26	14 082.34	22 189.14	31 519.64		107.01	81.45	63.76
利息收入	19 909.57	15 034.29	20 236.43	19 999.58		75.51	57.91	36.24
资产减值损失	2 503.24	16 578.65	9 787.014	8 801.459	49.45	219.13	40.54	25.94
信用减值损失	0.00	6 055.31	−7 241.52	12 036.68			−119.59	1 014.72
加：其他收益	−4 145.11	−15 877.10	8 853.475	13 300.03	−5.26	−21.27	15.06	19.67
投资收益	12 623.39	28 395.25	5 486.436	−13 834.50	93.73	108.83	10.07	−23.07
公允价值变动收益	23.098 05	7 793.209	9 292.58	−5 049.79	33 739.69	118.89		−29.51
资产处置收益	−5 066.99	1 336.691	1 911.646	−2 033.06	−416.07	34.73	76.09	−338.37
加：营业外收入	−5 077.89	−498.138	1 868.439	972.715 6	−59.32	−14.31	62.62	20.05
减：营业外支出	2 047.991	−3 196.61	34 085.48	−28 069.80	16.06	−21.60	293.72	−61.43
所得税费用	5 447.797	11 774.27	−19 246.8	32 941.78	5.09	10.46	−15.48	31.35
四、净利润	44 918.11	49 873.00	14 821.25	163 308.70	7.48	7.73	2.13	23.00
其中：归属于母公司股东的净利润	43 886.47	49 401.38	14 441.34	162 673.80	7.31	7.67	2.08	22.98
归属于母公司股东的扣除非经常性损益后的净利润	54 980.12	39 010.85	35 695.39	131 867.20	10.32	6.64	5.69	19.90

根据表3-7相关数据，从各项利润变动情况分析和主要项目的变动原因分析两个方面，对Y公司合并利润表进行趋势分析。

（一）各项利润变动情况分析

1. 净利润分析

Y公司2018—2021年净利润增长率分别为7.48%、7.73%、2.13%、23.00%，而2018—2021年营业收入增长率分别为16.89%、13.41%、7.38%、14.15%，二者相比，前三年净利润增长率大概是营业收入增长率的一半，2021年净利润增长率是营业收入增长率的近2倍。收入增长比较稳定，净利润增长波动比较大。前三年净利润增长率低于营业收入增长率的原因是营业成本和期间费用的增速高于营业收入的增速。2021年净利润增长率高于营业收入增长率的原因是营业成本和期间费用增速放缓。

净利润的增速与经营利润的增速大体相当，说明净利润的增加主要依靠经营利润的增加，企业利润质量较好。2020年净利润增速大幅下降，一方面是因为经营利润增速下降，另一方面是以下因素较大幅度变动共同作用引起的：发行超短期融资券，导致利息费用增加；权益工具持有期间公允价值增加，导致公允价值变动收益增加；应收款项的预期信用损失减少，导致信用减值损失减少；对国外公司计提商誉减值以及子公司计提存货跌价准备增加，导致资产减值损失增加；处置机器设备产生的亏损减少，导致资产处置收益增加；收到经销商违约赔偿款增加，导致营业外收入增加；对外捐赠增加，导致营业外支出增加。

净利润增长率连续三年在10%以下，说明公司净利润增长速度比较慢，但依然是持续获利的好公司。

2. 经营利润分析

Y 公司 2018—2021 年经营利润增长率分别为 6.18%、9.91%、3.08%、22.79%。经营利润的增速与毛利润的增速相差较大，说明税金及附加、销售费用、管理费用、研发费用每年有较大变化。2018 年销售费用和研发费用增速较大，远高于营业收入的增速。2019 年业务规模扩大、收购子公司、员工薪资调整以及股权激励费用增加导致职工薪酬增加，导致管理费用大幅上涨。2020 年新冠肺炎疫情防控形势严峻，公司业务发展放缓，严控各项费用支出，税金及附加、销售费用、管理费用、研发费用均出现负增长。2021 年营业收入增长 14.15%，恢复较快速度增长，导致税金及附加、研发费用有较大增长。

3. 毛利润分析

Y 公司 2018—2021 年毛利润增长率分别为 18.49%、11.11%、-13.00%、16.12%。毛利润的增速与营业收入的增速大体相当，2020 年毛利润大幅下降，主要原因是重要会计政策变更，公司将履行销售合同相关的运输费用、与生产产品相关的日常维修费用计入营业成本。毛利润总体来看，变化比较平稳。

(二) 主要项目的变动原因分析

Y 公司营业收入从 2017 年的 680.58 亿元，增长到 2021 年的 1 105.95 亿元，2018—2021 年增长率分别为 16.89%、13.41%、7.38%、14.15%，复合增长率为 12.91%，营业收入稳步增长，发展前景较好。2020 年营业收入增长率小于 10%，主要原因是 2020 年受疫情影响。

Y 公司营业成本从 2017 年的 423.63 亿元，增长到 2021 年的 764.16 亿元，2018—2021 年增长率分别为 15.92%、14.84%、19.62%、13.29%，复合增长率为 15.89%，营业成本随着营业收入增长而不断增长，但是由于原材料价格不断上涨，营业成本的平均增速高于营业收入的平均增速。2020 年营业成本大幅增长主要原因是重要会计政策变更，公司将履行销售合同相关的运输费用、与生产产品相关的日常维修费用计入营业成本。

Y 公司销售费用从 2017 年的 155.22 亿元，增长到 2021 年的 193.15 亿元，2018—2021 年增长率分别为 27.39%、6.56%、-19.87%、14.40%，复合增长率为 5.62%，销售费用的增速低于营业收入的增速，说明销售推广发挥了较大作用。2018 年销售费用增长较快，而其中广告营销费用较快增长是主要原因。2020 年销售费用大幅下降主要原因是重要会计政策变更。Y 公司历来十分重视品牌营销，主要采用线上、线下多场景广告营销的策略，加强消费者与品牌之间的互动，加深消费者体验感，提高消费者对品牌的认知度。

Y 公司管理费用从 2017 年的 31.08 亿元，增长到 2021 年的 42.27 亿元，2018—2021 年增长率分别为 -4.12%、43.80%、-9.38%、8.86%，复合增长率为 7.99%，说明 Y 公司管理费用没有随营业收入增加而增加，规模效应逐渐显现。

Y 公司财务费用 2018—2021 年出现较大波动，其中两年财务费用为负值。仔细分析利息费用和利息收入，每年都有较大幅度的增长，属于"存贷双高"型。应结合资产负债表中的短期借款、长期借款、应付债券等项目，以及现金流量表中的相关项目进一步分析。

Y 公司投资收益从 2017 年的 1.35 亿元，增长到 2021 年的 4.61 亿元，2018—2021 年增长率分别为 93.73%、108.83%、10.07%、-23.07%，复合增长率为 36.05%，投资收益总体增长速度较快，但 2021 年投资收益 4.61 亿元与净利润 87.32 亿元相比显得较为单薄，对利润的贡献并不大。2018—2019 年投资收益增长幅度较大的原因是：2018 年收到×公司的现金分红；2019 年处置××公司部分股权及按权益法核算的长期股权投资产生的投资收益增加。

总之，通过对 Y 公司利润表的趋势分析，可以看出该公司注重企业自身经营业务，成本控制较好，对外投资也取得了一定的投资回报。需要注意的是，该公司的销售费用一直较高。

二、利润表结构分析

利润表结构分析是通过计算利润表中各项目在营业收入中所占的比重,分析说明各项财务成果及成本费用的结构及其增减变动的合理程度。这种分析方法既可以用于同一个企业不同时期的比较计算各项目的比重变动,分析企业取得的业绩和存在的问题,也可以用于同一行业不同企业间进行比较,寻找差距,发现问题。

对利润表结构分析从以下四个方面进行。

① 通过对净利润、经营利润和毛利润占营业收入比重的相关分析,明确每百元收入的净利润的形成中各环节的贡献或影响程度。

② 通过对营业成本占营业收入的比重的分析,揭示企业成本管控水平。

③ 通过对期间费用占营业收入的比重的分析,揭示企业期间费用管理水平。

④ 通过对其他项目占营业收入的比重的分析,了解它们是否对企业经营业绩有影响。

案例 3-2

Y 公司合并利润表结构分析

根据附录 2 Y 公司的利润表数据,计算整理利润表项目结构百分比,如表 3-8 所示。

表 3-8　Y 公司合并利润表项目结构分析表　　　单位:%

项目		2017 年	2018 年	2019 年	2020 年	2021 年
一、营业收入		100.00	100.00	100.00	100.00	100.00
减:营业成本		62.24	61.73	62.50	69.62	69.10
二、毛利润		37.76	38.27	37.50	30.38	30.90
减:税金及附加		0.75	0.66	0.64	0.56	0.61
销售费用		22.81	24.85	23.35	17.43	17.46
管理费用		4.57	3.75	4.75	4.01	3.82
研发费用		0.31	0.54	0.55	0.50	0.54
三、经营利润		9.32	8.47	8.21	7.88	8.47
减:财务费用		0.17	-0.08	0.01	0.19	-0.03
其中:利息费用		0.00	0.17	0.30	0.51	0.73
利息收入		0.00	0.25	0.39	0.57	0.68
资产减值损失		0.07	0.10	0.27	0.35	0.39
信用减值损失		0.00	0.00	0.07	-0.01	0.10
加:其他收益		1.16	0.94	0.65	0.70	0.73
投资收益		0.20	0.33	0.60	0.62	0.42
公允价值变动收益		0.00	0.00	0.09	0.18	0.11
资产处置收益		0.02	-0.05	-0.03	-0.01	-0.02
加:营业外收入		0.13	0.04	0.03	0.05	0.05
减:营业外支出		0.20	0.19	0.12	0.48	0.16
所得税费用		1.57	1.41	1.38	1.08	1.24
四、净利润		8.82	8.11	7.70	7.33	7.90
其中	归属于母公司股东的净利润	8.82	8.09	7.69	7.31	7.87
归属于母公司股东的扣除非经常性损益后的净利润		7.83	7.39	6.95	6.84	7.18

根据表 3-8 相关数据，对 Y 公司合并利润表进行结构分析。

Y 公司 2017—2021 年净利润占营业收入的比重在 7%~9%这个范围波动。归属于母公司股东的净利润占营业收入的比重在 7%~9%这个范围波动，说明 Y 公司少数股东权益占比较少。归属于母公司股东的扣除非经常性损益后的净利润占营业收入的比重在 6%~8%这个范围波动，经营利润占营业收入的比重在 7%~10%这个范围波动，说明 Y 公司利润主要来自经营利润，公司利润有较强的持续性和稳定性，利润质量较高。

Y 公司 2017—2021 年毛利率分别为 37.76%、38.27%、37.50%、30.38%、30.90%，公司近 5 年毛利率维持在 30%~40%，基本上保持稳定，没有太大的波动。由此可见，公司的持续盈利能力得到一定保障。2020 年、2021 年毛利率下降主要原因是重要会计政策变更，公司将履行销售合同相关的运输费用、与生产产品相关的日常维修费用计入营业成本，并对 2020 年度财务报表相关项目进行同步追溯。2021 年公司毛利率比 2020 年是增加的，不存在经营风险。

毛利率的高低受公司产品销售价格、品种及营业成本的影响。Y 公司 2017—2021 年营业成本占营业收入的比重在 60%~70%这个范围波动，营业成本是影响利润的最重要因素。Y 公司营业成本包括直接材料、直接人工、制造费用和装卸运输费，直接材料占比近 80%，直接材料也就是原奶、包装材料等。因此，原奶价格走势对营业成本影响很大，从而影响公司业绩。Y 公司三项费用（销售费用、管理费用、研发费用）结构分析如表 3-9 所示。

表 3-9 Y 公司三项费用结构分析表　　　　　　　　　　　　　　单位：%

	2017 年	2018 年	2019 年	2020 年	2021 年
销售费用	22.81	24.85	23.35	17.43	17.46
管理费用	4.57	3.75	4.75	4.01	3.82
研发费用	0.31	0.54	0.55	0.50	0.54
三项费用合计	27.69	29.14	28.65	21.94	21.82

从表 3-9 可以看出，2018 年三项费用率最高，达到 29.14%，2020 年由于会计政策调整，出现大幅下降，2021 年由于营业收入的增长，三项费用率略有下降，三项费用率总体保持平稳。三项费用中销售费用率一直居高不下，Y 公司 2017—2021 年销售费用率分别为 22.81%、24.85%、23.35%、17.43%、17.46%。销售费用率大于 15%，说明产品竞争激烈，销售仍是公司面临的主要问题。

Y 公司 2017—2021 年其他收益占比在 0.6%~1.2%之间。其他收益主要来自政府补助。

Y 公司 2017—2021 年所得税费用占比在 1%~1.6%之间。所得税费用占比较低的原因是 Y 公司及位于西部大开发政策适用地区的部分子公司所得税税率适用 15%的优惠税率。

Y 公司 2017—2021 年利润表其他项目占比均低于 1%，对该公司的经营成果影响较小。例如，资产减值损失和信用减值损失占比合计小于 0.5%，变化非常小。

总之，通过 Y 公司利润表的结构分析可以看出，该公司成本费用、利润占营业收入的比重变化较小，说明该公司经营稳定。

通过对 Y 公司利润表的分析可以看出趋势分析和结构分析得出来的结论基本一致，因此在分析时往往将两种方法结合起来，以避免重复。

第四节　利润质量分析

一、利润质量的概念

随着市场经济的发展，财务造假丑闻频发，利润质量分析成为投资者关注的焦点。唯有透过利润额的表面来剖析利润的本质，才能真正为决策提供参考。传统分析方法重在分析比率、研究数据之间的关系；而利润质量分析法则对传统方法的立足点即数据真实性进行分析，深入探索利润表背后的企业活动。

利润质量又称收益质量、盈余质量，是指利润在保证真实的前提下的收现性和持续性的程度。

二、利润质量的特征

利润质量特征体现为真实性、收现性和持续性。其具体内容可表述如下。

1. 真实性

利润的真实性是利润质量的基础和前提，只有确保了利润的真实性，对利润的收现性和持续性的评价才有价值和意义。评价企业利润真实与否的标准是企业会计准则。企业经济业务的会计处理和财务报告的编制都应该在企业会计准则的指导和约束下进行。

根据会计等式"利润=收入-费用"，利润的形成是收入与费用配比的结果，因此从利润的形成角度考察利润的真实性就要从收入和费用入手，分析企业的收入是否为企业的真实收入，以及收入的确认时点是否准确，分析费用是否真实发生以及是否属于本期。

利润操纵是影响利润真实性的一个重要因素，对利润操纵的分析主要从以下几个方面进行：①关注企业会计政策和会计估计的选择。主要关注企业对虚拟资产（如待处理财产损失、长期待摊费用等）的处理；企业对利息资本化的处理；收入与费用的确认时点；企业在上市改组、对外投资、租赁抵押时的资产评估处理；企业的会计政策的变更；企业的会计估计，如对坏账的估计、对固定资产预计使用年限和残值率的估计、对长期待摊费用摊销年限的估计、对无形资产受益期限的估计以及对资产减值准备的估计等。②关注企业的关联交易。关联交易是近年来上市公司进行利润操纵的主要手段，通过关联购销和资产的置换，达到调整上市公司利润的目的。③关注地方政府的扶持。地方政府往往通过给上市公司地方财政补贴、降低上市公司的税负和利息等方式大力扶持上市公司，从而保证本地方的经济发展。

2. 收现性

利润的收现性是利润质量的核心。现代财务理论认为，企业的价值是未来现金流量的现值。实践也证明实实在在的现金比账面富贵要重要的多。因此，利润的现金保障程度是衡量利润质量的核心标准。

从利润的形成角度来看，利润来源于收入与费用的配比，利润的收现性决定于收入的收现性和费用的付现性。利润是在权责发生制原则下计算出来的，是观念上的收益而非真实的现金收益，即有些收入并没有真正的现金流入，有些费用也并没有现金支出。因此，考察利润收现性要考察以下几个方面：①收入中的现金流入和费用中的现金支出比例。②现金收入与现金支出增长幅度比较。如果企业现金收入的增长幅度小于现金支出的增长，则表明利润中现金流量的比重相对降低。

3. 持续性

利润持续性表明了企业利润水平变动的基本势态，最终表现是盈利水平或利润总额的稳定性。企业利润持续性主要表现在以下几个方面。

① 选择稳健性会计政策而尽量不采用偏激超前的会计手段。比如，不采用不恰当地提前确认或制造收入和收益，不恰当地运用完工百分比法确认销售收入等。

② 企业利润基本上是由经常性发生的与企业基本业务相关的交易所带来的而不是一次性的，如不是利用资产重组、股权投资转让、资产评估等行为实现的，即不依赖于企业核心业务以外的经济来源。

③ 具有稳定的、可预测的能够反映未来收益水平的收益趋势，也即企业当期之前几个连续会计期间报告收益的质量具有稳定性，并与当期的收益具有高相关性。

三、利润质量分析的内容

利润质量分析主要包括以下内容：一是从利润来源结构的角度分析；二是从净利润含金量的角度分析；三是从利润持续角度分析；四是从利润结构与资产结构的匹配性角度分析。

1. 从利润来源结构的角度分析

企业利润主要由下列三方面构成：①经营活动产生的利润，即经营利润；②对外投资产生的利润，即投资收益；③营业外活动产生的利润，也就是营业外收支净额。经营利润、投资收益和营业外收支净额与利润总额的占比情况与公司当前业务活动是相匹配的。经营型企业主要从事商品销售以及劳务的提供，因此经营利润是该类企业利润的核心部分，能够给企业带来稳定并持续的利润；对外投资给企业带来的收益具有不确定性，其占利润总额的比例不应很大；营业外收入是不经常发生的，具有偶然性，因此在利润总额中的占比应很小。如果发现企业非经营利润占据企业利润的主要来源，需要考虑是否有利用股权投资等方法调节利润的现象。利润来源结构对企业的影响如表 3-10 所示。

表 3-10 利润来源结构对企业的影响

经营利润	投资收益	营业外收支净额	合计	状况
+	+	+	+	稳定好
+	+	-	-	暂时较差
+	-	-	+	投资项目差
+	-	-	-	不稳定差
-	+	+	+	依赖投资项目
-	-	+	+	不稳定危险
-	-	-	-	非常差

注：+表示正向，-表示负向。

2. 从净利润含金量的角度分析

由于利润并不一定能转化成现金流，高利润并不代表着高现金流，因此评价利润质量的高低应以利润转化成现金流量的能力为基准。现金流对于企业来说非常重要，一家企业不能仅在利润表中显示盈利，有充足的现金流才是企业能够持续经营的关键条件。

净利润含金量是指企业确认的会计利润中有多少可以转化为现金流入企业。一般而言，没有现金净流量做支撑的利润，其质量是不可靠的。

评判企业利润质量的标准，就是观察其当期的净利润与经营性现金流的数额是否匹配。如果净利润很高，经营活动产生的现金流量却很低，则利润的真实性就值得怀疑。在与经营性现金流不匹配的高额利润背后，企业可能存在与关联方进行虚假交易，通过应收账款来虚增利润的行为。若其应收账款的回收难以实现，隐藏着企业在未来可能会出现资金紧缩的问题。

由于不同企业处于不同的行业环境，现金的回收速度不一致，无法规定一个确切的比例数值范围。但从总体上说，在行业外部环境没有大波动的情况下，只要企业的经营状况良好，其现金的回收速度是稳定的，那么其经营性现金流和净利润的比例也会保持在一个稳定的水平。

3. 从利润持续角度分析

净利润并不只是形成于企业的日常经营活动，其中包含许多与企业经营无关的利得，因此投资者要分析企业的净利润的真正来源。评判企业利润质量的标准，就是非经常性损益在净利润中的占比。非经常性损益不仅披露与经营活动无关的业务，还同时披露与经营相关但是偶发的事件。因此，剔除它后更有助于投资者分析企业净利润中与经营相关的部分。

属于非经常性损益的利得在净利润中占比不宜过高，若进行扣除后，企业的净利润由盈转亏，则说明企业的利润质量较差。因为其中非经常性损益形成的利得不具有可持续性，一旦企业失去其背后非经常性利得的支柱，企业也就丧失了盈利的能力。

4. 从利润结构与资产结构的匹配性角度分析

利润是资产利用效果的最终体现，体现着资产在价值转移、处置以及持有过程中的增值质量。因此，通过对利润结构与资产结构的对应分析，可以看出企业经营性资产与投资性资产的相对增值质量，从而可以预测企业可持续发展的潜力。

通过经营利润与经营资产之比分析经营资产增值质量。经营利润与经营资产之比反映了经营性资产的盈利能力，当经营利润与经营资产之比较高时，表示企业经营性资产获利能力强，对经营性资产的管理质量较高，主营产品或服务具有较强的竞争力。而当经营利润与经营资产之比较低或下降时，意味着企业经营性资产可能周转缓慢、利用率不高、存在非经营性占用的情况，也可能表示企业产品的竞争力不高。

通过投资收益与投资资产之比分析投资资产增值质量。投资收益与投资资产之比反映投资性资产的盈利能力。当投资收益与投资资产之比较高时，一方面可能意味着企业对投资性资产的管理水平较高，而另一方面则可能意味着企业在投资收益确认上存在高估，虚假的利润泡沫较多。这时企业的盈利持续性应引起重视。

四、利润质量恶化的主要表现形式

高质量的企业利润，应当表现为资产运转状况良好、企业所依赖的业务具有较好的市场发展前景、企业对利润具有较好的支付能力、利润所带来的净资产的增加能够为企业的未来发展奠定良好的资产基础。反之，低质量的企业利润表现为资产运转不灵、企业所依赖的业务具有企业的主观操纵性或没有较好的市场发展前景、企业对利润具有较差的支付能力、利润所带来的净资产的增加不能为企业的未来发展奠定良好的资产基础。利润质量恶化，必然会反映到企业的各个方面，可以从以下几个方面来判断企业的利润质量可能正在恶化。

1. 企业扩张过快

企业发展到一定程度以后，必然在业务规模、业务种类等方面寻求扩张。在企业的创业发展过程中，企业有自己熟悉的业务领域。正是出于对自己业务领域的熟悉，企业才有了发展的基础。但是，在走向多样化经营的过程中必然出现的一个问题就是，企业开拓其他领域，不论是从技术、管理还是从市场等多方面的规律来看，都面临逐步适应、探索的过程。如果企业在一定时期内扩张过快，涉及的领域过多，那么，企业在这个时期所获得的利润状况可能正在恶化。

2. 企业的业绩过度依赖非主营业务

一般来说，企业的利润由经营利润、投资收益以及营业外收支净额构成。在正常情况下，上述三类应当在利润总额中各占一定的比例，而这种比例的形成也反映企业各类活动的实际情况。但是，在企业主要利润增长点潜力挖尽的情况下，企业为了维持一定的利润水平，就有可能通过非主营业务实现的利润来弥补主营业务的不足。例如，通过对企业固定资产的出售以获得清理收益来增加利润，或大量从事主营业务以外的其他业务以求近期盈利等。这类活动虽然在短期内能使企业维持表面繁荣，但是从长期来看，则会使企业的发展战略受到冲击。

3. 企业反常压缩酌量性成本

酌量性成本是指企业管理层可以通过自己的决策而改变其规模的成本，如研究和开发费、广告费支出等。如果企业随着企业收入规模的增加，反而降低酌量性成本，应该属于反常压缩。这种压缩有可能是企业为了当期的利润规模而降低或推迟了本应发生的支出。

4. 企业变更会计政策和会计估计

按照我国《企业会计准则第 28 号——会计政策、会计估计变更和差错更正》的规定，会计政策是指企业在会计核算时所遵循的具体原则以及企业所采纳的具体会计处理方法。会计估计则指企业对其结果不确定的交易或事项以最近可利用的信息为基础所作的判断。

按照会计的一致性原则的要求，企业采用的会计政策和会计估计前后各期应保持一致，不得随意变更。如果企业赖以进行估计的基础发生了变化，或者由于取得新的信息、积累更多的经验以及后来的发展变化，企业也可以对会计估计进行修订。但是，企业有可能在不符合上述要求的条件下变更会计政策和会计估计。此时的目的就有可能是改善企业的报表利润。因此，在企业面临不良的经营状况、而企业会计政策和会计估计的变更恰恰又有利于企业报表利润的改善，这种状态下的会计政策和会计估计的变更应当被认为是企业利润状况恶化的一种信号。

5. 应收账款规模的不正常增加、应收账款平均收账期的不正常变长

应收账款是因企业赊销而引起的债权。在企业赊销政策一定的条件下，企业的应收账款规模应该与企业的营业收入保持一定的对应关系，企业的应收账款平均收账期应保持稳定。但是，必须注意企业应收账款规模还与企业在赊销过程中采用的信用政策有关。放宽信用政策，将会刺激销售，增加应收账款的规模，延长应收账款平均收账期。

6. 企业存货周转过于缓慢

存货周转过于缓慢，反映企业在产品质量、价格、存货控制或营销策略等方面存在一些问题。在一定的营业收入的条件下，存货周转越慢，企业占用在存货上的资金也就越多。过

多的存货占用，除占用资金、引起企业过去和未来的利息支出增加以外，还会使企业发生过多的存货损失以及存货保管成本。

7. 企业无形资产规模的不正常增加

从对无形资产会计处理的惯例来看，企业自创无形资产所发生的研究和开发支出，一般应计入当期的利润表，冲减利润。在资产负债表上作为无形资产列示的无形资产主要是从外部取得的无形资产。如果企业出现了无形资产的不正常增加，则有可能是企业为了减少研究和开发支出对利润的冲击而进行的一种处理，如开发支出应该费用化地处理的，不恰当地进行了资本化处理。

8. 计提的各种准备金过低

从企业目前的会计实践来看，企业应当为短期债权、部分金融资产、存货以及长期股权投资、固定资产、无形资产和商誉等计提减值准备。但是，企业计提减值准备，取决于企业对有关资产减值程度的主观认识以及企业会计政策和会计估计的选择。在企业期望利润高估的会计期间，企业往往选择计提较低的准备。这就等于把应当由现在或以前负担的费用或损失人为地推移到企业未来的会计期间，从而导致企业的后劲不足。

9. 企业利润表中的销售费用、管理费用等项目出现不正常的降低

企业利润表中的销售费用、管理费用等基本上可以分成固定部分和变动部分。其中，固定部分包括折旧费、人工费等不随企业业务变化而变化的费用；变动部分则是那些随企业业务变化而变化的费用。这样，企业各个会计期间的总费用将随企业业务的变化而变化。不太可能发生随着企业业务的增长而降低费用的情况。但是，在实务中，经常会发现在一些企业的利润表中收入项目增加、费用项目降低的情形。在这种情况下，报表分析者完全可以怀疑那是企业在报表中"调"出利润的痕迹。

10. 企业有足够的可供分配的利润，但不进行现金股利分配

目前，我国部分上市公司不分配股利，即使分配股利，股利的支付水平较低且每年的变化较大，股利政策缺乏稳定性。一般来说，企业股利政策的选择，表明了企业的管理层对企业现有业绩和利润质量状况及未来前景所进行的一种综合解释信号。企业支付现金股利的增加，意味着企业当前以及未来盈利的增长，同时，它也在一定程度上表明了管理层对企业财务状况前景的乐观；企业支付现金股利的减少，意味着企业未来的盈利可能减少，也在一定程度上表明了管理层对企业财务状况前景的不乐观。显然，如果企业出现有足够可供分配的利润但不进行现金股利分配的情况，无论企业如何解释，都表明企业没有现金的支付能力，或者企业的管理层对未来前景缺乏信心。

11. 注册会计师（或会计师事务所）变更、审计报告出现异常

在所有权与经营权相分离的情况下，企业的经营者应当定期向股东报送财务报告。企业的股东也将聘请注册会计师对企业的财务报告进行审计，并出具审计报告。

对于注册会计师而言，企业是注册会计师的客户。注册会计师一般不会愿意失去客户，除了在审计过程中注册会计师的意见与企业管理者的意见出现重大分歧、难以继续合作下去。因此，对于变更注册会计师（或会计师事务所）的企业，应当考虑企业的管理层在报表编制上是否合法、公允、一贯。

另外，还应注意注册会计师出具的审计报告的类型。如果注册会计师出具的是无保留意见的审计报告，则表明企业会计信息的质量较高、会计信息的可信度较高。如果出具的是保

留意见、否定意见、无法表示意见中的任何一种，均表示企业与注册会计师在报表编制上出现重大分歧，或者注册会计师难以找到相关的审计证据。在这种情况下，报表分析者很难对企业的利润质量做出较高的评价。

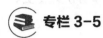 专栏3-5

理想的利润表

学习很长时间的利润表，许多人还是看不懂利润表，其原因是没有理解利润表的结构。其实看懂利润表非常简单，就是给你一个理想的利润表的结构，拿着这个理想的利润表结构去对照，就很容易看懂利润表。

一个理想的利润表，是什么样子呢？如果收入是100的话，对于制造业而言，成本占比通常是75%，企业的成本就是生产过程中所需要的原材料、人工费、水电气费、折旧等。扣除75%的成本，剩下的25%就是毛利率。在充分竞争的行业里，毛利率25%是一个理想状态。如果企业的毛利率为40%，说明比通常水平高；如果企业的毛利率为20%，说明比通常水平还要低。所以，25%的毛利率是一个标准线。

毛利率25%再往下走，需要扣除管理费用、销售费用和研发费用。它们应该占多少呢？通常情况下占到13%。也就是说在扣掉管理费用、销售费用和研发费用以后还剩下12%的经营利润率。如果12%的经营利润率扣掉所得税，大概是8%的净利润率。如果企业净利润占收入比重8%以上，企业就比平均水平好，低于8%则比平均水平要差。这个平均值是一个通用数。你当然可以把行业水平加进来，企业可以跟通用水平比较，也可以跟行业水平比较。

综上所述，理想的利润表中，成本占比75%，毛利率为25%，经营利润率为12%，净利润率为8%。

本章小结

利润表又称损益表，它是反映企业在一定会计期间（如月度、季度或年度）的经营成果的财务报表。利润表是财务报表中的主要报表。利润表由企业收入、费用和利润三大会计要素构成，它动态反映了企业资金运动，属于动态财务报表。利润表可分为单步式利润表和多步式利润表，我国企业一般采用多步式利润表。

企业的收入按照功能分为经营活动收入、投资活动收入、其他活动收入、营业外收入等；企业的费用按照功能分为经营活动费用、筹资活动费用、其他活动费用、营业外支出和所得税费用等；企业的利润分为五个层次：毛利润、经营利润、净利润、综合收益和每股收益。

利润表分析的常用方法是趋势分析和结构分析。利润表趋势分析是指将利润表内不同时期的项目进行对比，确定其增减变动的方向、金额和幅度，据以判断企业经营成果变动趋势的分析方法。通过利润表趋势分析可以了解企业收入、费用和利润的变动情况，并分析其变动的原因，据以判断企业发展趋势。利润表结构分析是通过计算利润表中各项目在营业收入中所占的比重，分析说明各项财务成果及成本费用的结构及其增减变动的合理程度。

利润质量是指利润在保证真实的前提下的收现性和持续性的程度。利润质量特征体现为真实性、收现性和持续性。利润质量分析主要包括从利润来源结构的角度分析；从净利润含金量的角度分析；从利润持续角度分析；从利润结构与资产结构的匹配性角度分析。

利润质量恶化的主要表现形式为企业扩张过快；企业的业绩过度依赖非主营业务；企业

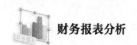

反常压缩酌量性成本；企业变更会计政策和会计估计；应收账款规模的不正常增加、应收账款平均收账期的不正常变长；企业存货周转过于缓慢；企业无形资产规模的不正常增加；计提的各种准备金过低；企业利润表中的销售费用、管理费用等项目出现不正常的降低；企业有足够的可供分配的利润，但不进行现金股利分配；注册会计师（或会计师事务所）变更、审计报告出现异常。

复习思考题

1. 利润表能够提供哪些信息？
2. 什么是经营利润？如何计算经营利润？
3. 营业收入的确认标准是什么？
4. 归属于母公司股东的净利润和少数股东损益有何不同？
5. 利润表结构分析为什么以营业收入为基数？
6. 利润质量恶化的主要表现形式有哪些？

拓展训练

下载选定上市公司近 10 年的合并利润表，比较每年合并利润表的项目是否一致，如果有差异，应该以最近的合并利润表项目进行调整。

将近 10 年合并利润表项目及相关数据过录到 Excel 表，计算各个项目的变动额及变动率和结构百分比。根据选定上市公司的实际情况，对重要项目进行趋势分析和结构分析。

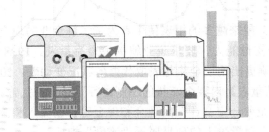

第四章
现金流量表解读与分析

【学习目标】
1. 掌握现金流量表各项目的含义
2. 掌握现金流量表趋势分析
3. 掌握现金流量表结构分析
4. 熟悉现金流量质量分析
5. 了解现金流量表的性质和结构

第一节 现金流量表的性质和结构

一、现金流量表的性质

资产负债表是反映企业在某一特定日期的财务状况的财务报表。它可以反映企业在某一特定日期所拥有的资产、负债及所有者权益情况,是一张静态的财务报表。将不同时期的资产负债表进行比较,可以看出某一时期内各项目的变动结果,但无法反映这种变动的原因。

利润表是反映企业在一定时期内经营成果的财务报表。它虽然是一张动态财务报表,但仅能反映企业本期营业活动所取得的成果,提供有关企业本期营业收入的实现情况、成本的控制和费用的节省情况、利润的实现情况等信息。由于利润表是按权责发生制原则确认和计量收入和费用的,它无法说明企业经营活动引起的现金流入和现金流出的信息,也不能说明筹资活动和投资活动提供多少资金、运用了多少资金等方面的信息。由此可见,虽然资产负债表和利润表具有重要的作用,但它们所提供的信息有一定的局限性,不能满足财务报表使用者的需要。为了弥补资产负债表和利润表的不足,需要企业编制现金流量表。

我国 1992 年颁布的《企业会计准则》规定企业应编制财务状况变动表或现金流量表,但由于制度中只规定了财务状况变动表的具体格式和编制方法,没有规定现金流量表的格式和编制方法,因此大多数企业只编制财务状况变动表,而不编制现金流量表。但随着社会主

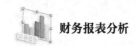

义市场经济体制的建立，越来越多的报表使用者为了了解企业的现金来源和现金运用情况，评价企业的偿债能力和支付能力，要求企业编制现金流量表。1998年颁布的《企业会计准则——现金流量表》明确提出用现金流量表取代财务状况变动表。2006年颁布的《企业会计准则第31号——现金流量表》对现金流量的编制进行了补充和完善。

现金流量表是反映企业一定会计期间现金和现金等价物流入和流出的财务报表。现金流量表属于动态报表，现金流量表上的项目属于"流量"指标。

现金流量表中的现金是广义上的现金，一般包括现金及现金等价物。现金是指企业库存现金以及可以随时用于支付的存款；现金等价物是指企业持有的期限短、流动性强、易于转换为已知金额现金、价值变动风险很小的投资。其中，期限短一般是指从购买日起3个月内到期。例如，企业于2021年12月1日购入2019年1月1日发行的期限为3年的国债，购买时还有1个月到期，这项短期投资应视为现金等价物。

编制现金流量表的主要目的是为财务报表使用者提供企业一定会计期间内现金和现金等价物流入和流出的信息，以便于财务报表使用者了解和评价企业获取现金和现金等价物的能力，并据以预测企业未来现金流量。

现金流量表的作用具体有以下三个方面。

（1）现金流量表有助于了解企业现金流动的信息

市场经济条件下，企业现金流量在很大程度上决定着企业的生存和发展。即使企业有盈利能力，若现金周转不畅，资金调度不灵，也将严重影响企业的发展，甚至影响企业的生存。通过现金流量表，可以了解企业经过一段时间的经营后，是否有足够的现金支付股利或偿还到期的债务。

（2）现金流量表有助于预测企业未来现金流量

评价过去是为了预测未来。通过现金流量表所反映的企业过去一定期间的现金流量，可以了解企业现金的来源和用途是否合理，了解经营活动产生的现金流量有多少，企业在多大程度上依赖外部资金，就可以据此预测企业未来现金流量，从而为企业编制现金流量计划、组织现金调度、合理节约地使用现金创造条件，为投资者和债权人评价企业的未来现金流量、做出投资和信贷决策提供必要信息。

（3）现金流量表有助于分析企业收益质量及影响现金净流量的因素

利润表中列示的净利润指标，反映了一个企业的经营成果，这是体现企业经营业绩的最重要的指标。但是，利润表是按照权责发生制原则编制的，它不能反映企业经营活动产生了多少现金，并且没有反映投资活动和筹资活动对企业财务状况的影响。通过编制现金流量表，可以掌握企业经营活动、投资活动和筹资活动的现金流量，将经营活动产生的现金流量与净利润相比较，就可以从现金流量的角度了解净利润的质量，并进一步判断是哪些因素影响现金流入和流出，从而为分析和判断企业的财务前景提供信息。

二、现金流量表的结构

现金流量表以现金及现金等价物为基础编制，划分为经营活动、投资活动和筹资活动，按照收付实现制原则编制，将权责发生制下的盈利信息调整为收付实现制下的现金流量信息。

现金流量表包括主表和补充资料。现金流量表主表报表格式如表4-1所示，现金流量表的补充资料格式如表4-2所示。

表 4-1　一般企业现金流量表主表

编制单位：　　　　　　　　　　　____年___月　　　　　　　　　　单位：元

项目	本期金额	上期金额
一、经营活动产生的现金流量		
销售商品、提供劳务收到的现金		
收到的税费返还		
收到的其他与经营活动有关的现金		
经营活动现金流入小计		
购买商品、接受劳务支付的现金		
支付给职工以及为职工支付的现金		
支付的各项税费		
支付的其他与经营活动有关的现金		
经营活动现金流出小计		
经营活动产生的现金流量净额		
二、投资活动产生的现金流量		
收回投资收到的现金		
取得投资收益收到的现金		
处置固定资产、无形资产和其他长期资产收回的现金净额		
处置子公司及其他营业单位收到的现金净额		
收到的其他与投资活动有关的现金		
投资活动现金流入小计		
购建固定资产、无形资产和其他长期资产支付的现金		
投资支付的现金		
取得子公司及其他营业单位支付的现金净额		
支付的其他与投资活动有关的现金		
投资活动现金流出小计		
投资活动产生的现金流量净额		
三、筹资活动产生的现金流量		
吸收投资收到的现金		
取得借款收到的现金		
收到的其他与筹资活动有关的现金		
筹资活动现金流入小计		
偿还债务支付的现金		
分配股利、利润或偿付利息支付的现金		
支付的其他与筹资活动有关的现金		
筹资活动现金流出小计		
筹资活动产生的现金流量净额		
四、汇率变动对现金及现金等价物的影响		
五、现金及现金等价物净增加额		
加：期初现金及现金等价物余额		
六、期末现金及现金等价物余额		

表 4-2 现金流量表补充资料

补充资料	本期金额	上期金额
1. 将净利润调节为经营活动现金流量		
净利润		
加：资产减值损失		
信用减值损失		
使用权资产折旧		
固定资产折旧		
无形资产摊销		
长期待摊费用摊销		
其他非流动资产摊销		
资产处置损失（收益以"-"号填列）		
固定资产及无形资产报废损失（收益以"-"号填列）		
公允价值变动损失（收益以"-"号填列）		
财务费用（收益以"-"号填列）		
投资损失（收益以"-"号填列）		
递延所得税资产减少（增加以"-"号填列）		
递延所得税负债增加（减少以"-"号填列）		
存货的减少（增加以"-"号填列）		
经营性应收项目的减少（增加以"-"号填列）		
经营性应付项目的增加（减少以"-"号填列）		
其他		
经营活动产生的现金流量净额		
2. 不涉及现金收支的重大投资和筹资活动		
债务转为资本		
一年内到期的可转换公司债券		
当期新增的使用权资产		
3. 现金及现金等价物净变动情况		
现金的期末余额		
减：现金的期初余额		
加：现金等价物的期末余额		
减：现金等价物的期初余额		
现金及现金等价物净增加额		

主表是现金流量表的主体，它由以下六个部分组成：经营活动产生的现金流量；投资活动产生的现金流量；筹资活动产生的现金流量；汇率变动对现金及现金等价物的影响；现金及现金等价物净增加额；期末现金及现金等价物余额。

补充资料包括三项内容：将净利润调节为经营活动现金流量；不涉及现金收支的重大投资和筹资活动；现金及现金等价物净变动情况。

现金流量表各项目之间存在以下勾稽关系。

① 在主表中，各项现金流入小计-各项现金流出小计=各项现金流量净额。

② 在主表中，经营活动产生的现金流量净额+投资活动产生的现金流量净额+筹资活动产生的现金流量净额+汇率变动对现金及现金等价物的影响额=现金及现金等价物净增加额。

③ 在补充资料中，净利润+调节项目金额=经营活动产生的现金流量净额。

④ 在补充资料中，现金的期末余额-现金的期初余额+现金等价物的期末余额-现金等价物的期初余额=现金及现金等价物净增加额。

⑤ 主表中的"经营活动产生的现金流量净额"=补充资料中的"经营活动产生的现金流量净额"。

⑥ 主表中的"现金及现金等价物净增加额"=补充资料中的"现金及现金等价物净增加额"。

根据《企业会计准则第31号——现金流量表》的要求，企业应采用直接法编制现金流量表，同时运用间接法编制现金流量表补充资料。现金流量表的补充资料，需要在财务报表附注中予以体现。为什么编了主表，还要编补充资料呢？

现金流量表的主表的编制方法是直接法。直接法是指通过现金收入和现金支出的主要类别列示经营活动的现金流量。采用直接法编制经营活动的现金流量时，一般以利润表中的营业收入为起算点，调整与经营活动有关项目的增减变动，然后计算出经营活动的现金流量。采用直接法编报的现金流量表，便于分析企业经营活动产生的现金流量的来源和用途，预测企业现金流量的未来前景。

但是，采用直接法编制经营活动现金流量，对经营活动现金流量与净利润之间的关系不能直观地体现。财务报表使用者在看到这张报表时，对于经营活动现金流量与净利润之间的差异，无法有一个直观的概念。比如：为什么一个企业净利润很高，但没有钱花？通过直接法，我们只能看到经营活动现金流量的组成，却不能理解报表上有利润而实务中却没钱花。而间接法作为对经营活动现金流量的验证，能够直观地反映其中的联系，有助于报表使用者对净利润和经营活动现金流量进行分析。因此，企业会计准则中规定，企业在采用直接法编制现金流量表后，还要在财务报表附注中披露间接法的相关数据，以提高财务报表的使用质量。

三、现金流量表的内容

（一）经营活动产生的现金流量

经营活动是指企业投资活动和筹资活动以外的所有交易和事项。各类企业由于行业特点不同，对经营活动的认定存在一定差异。对于工商企业而言，经营活动主要包括销售商品、提供劳务、购买商品、接受劳务、支付职工薪酬、支付税费等。对于商业银行而言，经营活动主要包括吸收存款、发放贷款、同业存放、同业拆借等。对于保险公司而言，经营活动主要包括原保险业务和再保险业务等。对于证券公司而言，经营活动主要包括自营证券、代理承销证券、代理兑付证券、代理买卖证券等。

（二）投资活动产生的现金流量

投资活动是指企业长期资产的购建和不包括在现金等价物范围内的投资及其处置活动。长期资产是指固定资产、无形资产、在建工程、其他资产等持有期限在一年或一个营业周期以上的资产。投资活动既包括实物资产投资，也包括金融资产投资。之所以将"包括在现金等价物范围内的投资"排除在外，是因为已经将包括在现金等价物范围内的投资视同现金。

不同企业由于行业特点不同,对投资活动的认定也存在差异。例如,交易性金融资产所产生的现金流量,对于工商企业而言,属于投资活动现金流量,而对于证券公司而言,属于经营活动现金流量。

(三) 筹资活动产生的现金流量

筹资活动是指导致企业资本及债务规模和构成发生变化的活动。资本既包括实收资本也包括资本溢价;债务是指对外举债,包括向银行借款、发行债券以及偿还债务等。通常情况下,应付账款、应付票据等商业应付款属于经营活动,不属于筹资活动。

此外,对于企业日常活动之外的、不经常发生的特殊项目,如自然灾害损失、保险赔偿、捐赠等,应当归并到相关类别中,并单独反映。比如,自然灾害损失和保险赔款,如果能够确切指出属于流动资产损失,应当列入经营活动产生的现金流量;属于固定资产损失,应当列入投资活动产生的现金流量。如果不能确切指出,则可以列入经营活动产生的现金流量。捐赠收入和支出,可以列入经营活动。如果特殊项目的现金流量金额不大,则可以列入现金流量类别下的"其他"项目,不单列项目。

(四) 汇率变动对现金及现金等价物的影响

外币现金流以及境外子公司的现金流量,应当采用现金流量发生日的即期汇率或按照系统合理方法确定的、与现金流量发生日即期汇率近似的汇率折算。汇率变动对现金的影响额应当作为调节项目,在现金流量表中单独列报。

企业外币现金流量及境外子公司的现金流量折算成记账本位币时,所采用的是现金流量发生日的汇率或按照系统合理方法确定的、与现金流量发生日即期汇率近似的汇率,而现金流量表中的"现金及现金等价物净增加额"项目中现金净增加额是按资产负债表日的即期汇率计算的。这两者的差额即为汇率变动对现金的影响。

对于当期发生的外币业务,可不必逐笔计算汇率变动对现金的影响,可通过现金流量表补充资料中"现金及现金等价物净增加额"数额与现金流量表中"经营活动产生的现金流量净额""投资活动产生的现金流量净额""筹资活动产生的现金流量净额"三项之和比较,其差额即为"汇率变动对现金及现金等价物的影响额"。

(五) 补充资料

现金流量表补充资料的主要项目包括:将净利润调节为经营活动现金流量;不涉及现金收支的重大投资和筹资活动;现金及现金等价物净变动情况。

1. 将净利润调节为经营活动现金流量

间接法计算的起点是利润表的净利润,为了计算经营活动产生的现金流量,首先,需要将投资和筹资活动所产生的损益从净利润中剔除。不论其是否收付现金,均需调整,以得到权责发生制基础上经营活动所产生的净利润。其次,将权责发生制基础上的经营活动所产生的净利润,调整加计减少利润的非付现费用,减计增加利润的非收现收益,得到收付实现制下的经营活动产生的净利润。再次,调整不影响净利润但产生经营活动的现金流量的业务,最终得到经营活动产生的现金流量。

一般将调整的项目分为三大类。

① 影响了净利润,但不属于经营活动的项目,如资产处置损益、固定资产报废损益、

公允价值变动损益、投资损益、财务费用等。

② 影响了净利润，但没有影响经营活动现金流量的非付现费用项目，如资产减值损失、固定资产折旧、无形资产摊销、长期待摊费用等。

③ 影响了经营活动现金流，但没有影响净利润的项目，如经营性应收、经营性应付等项目的变动。

将净利润调节为经营活动现金流量项目的分类如表 4-3 所示。

表 4-3　将净利润调节为经营活动现金流量项目的分类

是否影响净利润	是否属于经营活动	涉及的调整项目
影响净利润	不属于经营活动	资产处置损益、固定资产报废损益、公允价值变动损益、投资损益、财务费用
影响净利润	属于经营活动	资产减值损失、信用减值损失、使用权资产折旧、固定资产折旧、无形资产摊销、长期待摊费用摊销
不影响净利润	属于经营活动	递延所得税资产、递延所得税负债、存货、经营性应收项目、经营性应付项目

2. 不涉及现金收支的重大投资和筹资活动

将净利润调节为经营活动现金流量净额后，不涉及现金收支的重大投资和筹资活动也需要列示在补充信息中。这些投资和筹资活动虽然不影响当期现金流量，但是对以后各期现金流量有重大影响，因此要求在现金流量表补充资料中予以披露。

3. 现金及现金等价物净变动情况

现金及现金等价物是指企业库存现金、可随时用于支付的银行存款、可随时用于支付的其他货币资金以及可随时用于支付的现金等价物。

现金和现金等价物的净变动情况数字来源于比较资产负债表中可以随时用于支付的货币资金项目的期末数减去期初数，以及三个月到期的债券的期末数减去期初数。

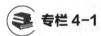
专栏 4-1

现金及现金等价物余额等于货币资金吗？

现金流量表中的"现金"不能等同于会计中的"货币资金"，因为"现金"中还包含了可以随时用于支付的银行存款和其他货币资金。如果企业的货币资金中均为可随时用于支付或可随时变现的款项，则资产负债表中的"货币资金"等同于"现金及现金等价物"。如果包含了不可随时变现的款项，则"货币资金"中应剔除这部分内容，才能等同于"现金及现金等价物"。

常见的不能随时用于支付，使用受限的货币资金包括：

① 银行承兑汇票保证金。因其不能随时用于支付，不符合现金流量表准则的定义，应在现金及现金等价物中予以扣除。

② 定期存款。定期存款是否作为现金等价物，在很大程度上取决于管理者的持有意图。用于满足短期内对外支付对现金的需求的定期存款才可能作为"现金等价物"，而具有明确的持有至到期的意图的定期存款不能作为"现金等价物"。

以下定期存款不应作为现金及现金等价物：已经被质押或担保的定期存款；企业已按定期存款利率计提存款利息的定期存款。除上述两种情况之外的其他定期存款，企业均可以"随时支取"定期存款，因此可以作为现金及现金等价物。

下面以某公司为例，2021年年报披露了"货币资金"和"现金及现金等价物"的相关信息。在资产负债表附注中货币资金的构成信息如表4-4所示，在现金流量表附注中现金及现金等价物的构成信息如表4-5所示。

表4-4　货币资金的构成表　　　　　　　　　　　　　　　单位：万元

项目	期末余额
库存资金	102
银行存款	3 724 884
其他货币资金	3 620 700
存放中央银行款项	140 603
存放同业款项	3 879 111
应计利息	328 529
合计	11 693 929

注：① 其他货币资金期末余额主要为银行承兑汇票保证金、保函保证金、信用证保证金存款等，其中受限制资金为3 592 484万元。
② 公司存放中央银行款项中法定存款准备金为140 398万元，其使用受到限制。
③ 除上述情况之外，货币资金期末余额中无其他因抵押、质押或冻结等对使用有限制、有潜在回收风险的款项。
资料来源：公司年报

表4-5　现金及现金等价物的构成表　　　　　　　　　　　单位：万元

项目	期末余额
一、货币资金	11 693 929
其中：库存现金	102
可随时用于支付的银行存款	703 667
可随时用于支付的其他货币资金	28 216
可随时用于支付的存放中央银行款项	205
可随时用于支付的存放同业款项	2 262 984
不属于现金及现金等价物范畴的定期存款及应计利息	4 965 873
使用受到限制的存款	3 732 882
二、现金等价物	0
三、年末货币资金及现金等价物余额	11 693 929
减：不属于现金及现金等价物范畴的定期存款及应计利息	4 965 873
减：使用受到限制的存款	3 732 882
其中：法定存款准备金	140 398
票据、信用证等保证金	3 592 484
四、期末现金及现金等价物余额	2 995 174

资料来源：公司年报

从表4-5可以看出，期末现金及现金等价物余额为2 995 174万元，而货币资金为11 693 929万元，两者并不相等。造成差异的原因是在货币资金中，有部分资金的使用受到限制，如不属于现金及现金等价物范畴的定期存款及应计利息、使用受到限制的存款等。

第二节　现金流量表项目解读与分析

一、经营活动现金流量项目解读与分析

经营活动现金流量反映企业通过拥有的资产创造现金流量的能力，是企业的"造血"能力，也是与利润表联系最紧密的现金流。

（一）销售商品、提供劳务收到的现金

销售商品、提供劳务收到的现金反映企业销售商品、提供劳务实际收到的现金（含销售收入款项和增值税销项税额）。销售商品、提供劳务收到的现金包括本期销售的商品、提供劳务收到的现金，以及前期销售和前期提供劳务本期收到的现金、本期预收的账款和本期收回前期核销的坏账，减去本期退回本期销售的商品和前期销售本期退回的商品支付的现金。

销售商品、提供劳务收到的现金与营业收入比较，可以大致说明企业销售回收现金的情况及企业销售的质量。收现数所占比重大，说明营业收入实现后所增加的资产转换现金速度快、质量高。

判断公司有无虚构预收账款交易，粉饰主营业务现金流量的可能。若公司大额预收账款缺少相关的销售或建造合同，则表明公司主营业务现金流入缺乏真实性。

需要注意的是，2017新收入准则实施后，有一部分过去用应收账款核算的内容改为用合同资产核算，一部分过去用预收款项核算的项目改为用合同负债核算。

（二）收到的税费返还

收到的税费返还反映企业收到返还的各种税费。主要因为税收优惠政策等原因，企业收到税务部门返还的各项税费，包括增值税、消费税等。

该项目通常金额不大，遇到特殊情况，需要根据实际情况具体分析。

（三）收到的其他与经营活动有关的现金

收到的其他与经营活动有关的现金反映企业除上述各项目外，收到的其他与经营活动有关的现金流入，包括收到的内部往来款、罚款、银行存款利息、保证金及备用金、与经营活动相关政府补助等，在年报附注中会有明细披露。

判断公司有无借助下列事项粉饰其他经营活动现金流量的情况：①关联方归还欠款。2001年以来，由于证券监管部门加大了对大股东占用上市公司资金的清查力度，以大股东为代表的关联方纷纷在年末突击还款，不少上市公司"收到的其他与经营活动有关的现金"项目金额由此"迅速上升"，"其他应收款"项目金额也相应"大幅回落"。但实际上，在年报披露过后，一些上市公司"支付的其他与经营活动有关的现金"和"其他应收款"项目金额便出现了大幅上升与反弹的现象（这里面固然存在关联方年末虚假还款的问题，但也不排除上市公司借机粉饰现金流量的可能）。②占用关联方资金。上市公司经常采取占用关联方往来款项的方式来虚增当期的经营现金流量。③现金流量项目类别归属。某些上市公司将一些非经营性现金流量项目（如票据贴现和临时资金拆借）归入"收到的其他与经营活动有关的现金"项目中，从而虚夸了当期经营现金流量，掩盖了公司经营的真实面貌。

（四）购买商品、接受劳务支付的现金

购买商品、接受劳务支付的现金反映企业购买材料、商品、接受劳务实际支付的现金，包括本期购入材料、商品、接受劳务支付的现金（含增值税进项税额），以及本期偿付前期购入商品、接受劳务的应付款项和本期预付款项。本期发生的购货退回收到的现金应从本项目内减去。

对于上游供应商议价能力强的企业可以利用商业信用期暂不付款，当期购买商品、接受劳务支付的现金支出减少；议价能力弱的企业就享受不到这种时间差优势。

（五）支付给职工以及为职工支付的现金

支付给职工以及为职工支付的现金反映企业实际支付给职工以及为职工支付的现金，包括本期实际支付给职工的工资、奖金、各种津贴、补贴、福利费等，还包括为职工支付的五险一金，代扣代缴个人所得税等。

需要注意的是，企业支付给离退休人员的各项费用，包括支付的统筹退休金以及未参加统筹的退休人员的费用，在"支付的其他与经营活动有关的现金"项目中反映；企业支付给在建工程人员的工资，在"购建固定资产、无形资产和其他长期资产所支付的现金"项目中反映。

（六）支付的各项税费

支付的各项税费反映企业按规定支付的各种税费，包括本期发生并支付的税费，以及本期支付以前各期发生的税费和预交的税金等。

支付的各项税费包括增值税（销项税扣除进项税以后的金额）、消费税、企业所得税、关税、土地增值税、房产税、车船使用税、印花税、城市维护建设税、教育费附加、矿产资源补偿费，但不包括计入固定资产价值、实际支付的耕地占用税等，也不包括本期退回的增值税、所得税。本期退回的增值税、所得税在"收到的税费返还"项目中反映。

（七）支付的其他与经营活动有关的现金

支付的其他与经营活动有关的现金反映企业支付的其他与经营活动有关的现金。其他经营活动多指支付利润表中的期间费用，如支付管理费用、研发费用、销售费用、保证金及备用金等。

该项目主要与利润表中的"销售费用""管理费用"项目相对应。例如，×公司2018年支付的其他与经营活动有关的现金为240.50亿元，其中租赁费69.53亿元，广告费及市场推广费59.36亿元，运输费用27.12亿元。当年的销售费用、管理费用附注披露，租赁费58.29亿元，广告费及市场推广费63.13亿元，运输费用27.12亿元。

需要关注"收到的其他与经营活动有关的现金"和"支付的其他与经营活动有关的现金"项目，如果两个项目金额大、占比高，应结合报表附注查阅是否存在向关联方提供资金的情况。

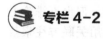

如何计算职工人均薪酬

职工薪酬是指企业为获得职工提供的服务或解除劳动关系而给予的各种形式的报酬或补偿。职工人均薪酬和企业当前发展状况以及发展前景息息相关。测算出一家企业的人均薪

酬，并与同一行业的企业进行对比。如果该企业人均薪酬明显低于其他企业，职工的离职率就会比较高。计算人均薪酬主要涉及"应付职工薪酬"和"支付给职工以及为职工支付的现金"两个项目。

"应付职工薪酬"是资产负债表项目，依据权责发生制编制，是企业根据有关规定应付给职工的各种薪酬。由于权责发生制下要求本月工资在本月计提、下月发放，因此应付职工薪酬"期末余额"反映企业应付未付的金额。

应付职工薪酬"本期增加"反映了当年企业计提的用工成本，也就是本期贷方发生额。应付职工薪酬"本期减少"基本上为当年支付的职工薪酬。按照职工类别，不同类别的用工成本记入到了不同的费用科目或者成本科目中。但在实际记账过程中，很多职工费用可能没有经过"应付职工薪酬"这个科目，从而"应付职工薪酬"这个科目的"本期增加"和"本期减少"可能会出现同步漏记。对于应付职工薪酬"本期增加"而言，体现在其发生额可能会小于各类用工成本的合计数额。

针对负债类科目有恒等式"期初余额+贷方发生额=期末余额+借方发生额"，移项即可得"贷方发生额=期末余额-期初余额+借方发生额"，具体代入即得"应付职工薪酬'本期增加'=应付职工薪酬期末余额-应付职工薪酬期初余额+应付职工薪酬'本期减少'"。

"支付给职工以及为职工支付的现金"是现金流量表项目，依据收付实现制编制。该项目反映企业实际支付给职工以及为职工支付的现金，包括本期实际支付给职工的工资、奖金、各种津贴和补贴等，以及为职工支付的其他费用。企业在记录"支付给职工以及为职工支付的现金"时需要通过"应付职工薪酬"科目。但该数据不包括计入在建工程、开发支出的人工费用和支付给离退休人员的职工薪酬，当然遗漏的这部分数据金额较小，也不会单独披露。

"应付职工薪酬"和"支付给职工以及为职工支付的现金"是有内在联系的。理论上应付职工薪酬"本期减少"应该等于合并现金流量表中的"支付给职工以及为职工支付的现金"加上由在建工程、无形资产负担的职工薪酬，再加上支付给离退休人员的职工薪酬。但由于会计处理等原因，该数字可能会出现遗漏。所以，经常看到应付职工薪酬当期减少数小于"支付给职工以及为职工支付的现金"，但正常情况下偏差不大。

测算人均薪酬主要看两个数据——薪酬总额和员工人数。

计算人均薪酬的方法主要有四种。

① 人均薪酬 = $\dfrac{\text{应付职工薪酬本期增加}}{\text{员工总人数}}$

② 人均薪酬 = $\dfrac{\text{应付职工薪酬本期减少}}{\text{员工总人数}}$

③ 人均薪酬 = $\dfrac{\text{支付给职工以及为职工支付的现金本期发生额}}{\text{员工总人数}}$

④ 人均薪酬 = $\dfrac{\text{支付给职工以及为职工支付的现金本期发生额} + \text{应付职工薪酬期末余额} - \text{应付职工薪酬期初余额}}{\text{员工总人数}}$

以上四种计算方法各有利弊，下面以某公司为例分别用上述四种方法计算人均薪酬，具体如表4-6、表4-7所示。

从表4-6和表4-7的计算结果看，无论是2019年还是2020年，用方法1和方法4计算出来的人均薪酬均相同，方法2和方法3计算结果相同，但方法1、方法4和方法2、方法

3这两类的计算结果不同。其不同的原因是"支付给职工以及为职工支付的现金"和应付职工薪酬"本期减少"只反映了企业实际支付给员工的薪酬，没有考虑已经计提但还未支付的工资，计提职工薪酬不一定本期就会支付，但确实是本期发生的人员费用。所以反映在结果上就是方法2和方法3计算方法下人均薪酬会小于方法1和方法4计算方法下人均薪酬。

表4-6　四种计算方法下公司2019年员工人均薪酬　　　　　　　　单位：万元

应付职工薪酬	期初余额	本期增加	本期减少	期末余额
	54 838.90	451 512.64	430 513.86	75 837.68
支付给职工以及为职工支付的现金		430 513.86		
员工总人数		21 744		
方法1		20.76		
方法2		19.80		
方法3		19.80		
方法4		20.76		

表4-7　四种计算方法下公司2020年员工人均薪酬　　　　　　　　单位：万元

应付职工薪酬	期初余额	本期增加	本期减少	期末余额
	75 837.68	540 265.88	502 147.81	113 955.75
支付给职工以及为职工支付的现金		502 147.81		
员工总人数		26 411		
方法1		20.46		
方法2		19.01		
方法3		19.01		
方法4		20.46		

先来看方法2和方法3，就公司而言，2019年和2020年均未发生由在建工程、无形资产负担的职工薪酬以及支付给离退休人员的职工薪酬，故2019年该企业应付职工薪酬"本期减少"和"支付给职工以及为职工支付的现金"均为430 513.86万元，2020年均为502 147.81万元。这也是公司的人均薪酬用方法2和方法3计算出来的结果相同的原因。

再来看方法1和方法4。根据上述公式"应付职工薪酬'本期增加'=应付职工薪酬期末余额-应付职工薪酬期初余额+应付职工薪酬'本期减少'"，可以得出"应付职工薪酬'本期增加'=应付职工薪酬期末余额-应付职工薪酬期初余额+支付给职工以及为职工支付的现金+由在建工程、无形资产负担的职工薪酬+支付给离退休人员的职工薪酬"，所以这两种方法计算出的结果应该是不同的。但在公司企业应付职工薪酬"本期减少"和"支付给职工以及为职工支付的现金"相等的情况下，直接可以得到"应付职工薪酬'本期增加'=应付职工薪酬期末余额-应付职工薪酬期初余额+支付给职工以及为职工支付的现金"，这也就是使用这两种方法计算出来的公司人均薪酬的结果相同的原因。

四种方法比较下来，第一种计算方法更合理。因为应付职工薪酬"本期增加"额涵盖了已经发放的和已经计提但暂未发放的，虽然计提了不一定本期就会支付，但这是职工薪酬的一部分，所以这种方法更加全面。

二、投资活动现金流量项目解读与分析

企业投资活动分为两大类,即对内投资和对外投资。对内投资主要是指购建固定资产、无形资产和其他长期资产支付的现金;对外投资主要是指对外股权或债券投资。

(一)购建固定资产、无形资产和其他长期资产支付的现金

购建固定资产、无形资产和其他长期资产支付的现金反映企业购买、建造固定资产,取得无形资产和其他长期资产支付的现金,包含购建过程中的增值税进项税额,固定资产建设过程中(在建工程)以现金支付的职工薪酬;不包括为购建固定资产而发生的借款利息资本化的部分,以及租入固定资产支付的租赁费,借款利息和租入固定资产支付的租赁费在筹资活动产生的现金流量中单独反映。

在建工程代表未来产能,固定资产代表现有产能。通过在建工程转换为固定资产,固定资产转化成产能,产能形成收入,收入创造利润并产生现金流,构成经营活动闭环。通过分析该项目可知当期投入金额,并结合资产负债表中"在建工程""固定资产"明细项目变动推测未来及现有产能规模,测算营业收入增长。

(二)投资支付的现金

投资支付的现金反映企业进行权益性投资和债权性投资支付的现金,包括股票投资、债券投资、长期股权投资等金融工具投资所支付的现金。

结合资产负债表中"长期股权投资"等项目分析企业发展战略,与"收回投资收到的现金"进行比较,可知企业目前属于结构性调整、扩张式发展或收缩式发展。若两者规模(综合考虑绝对值与相对值)均较大,可推测其处于结构性调整阶段。投资支付的金额较大,说明企业处于扩张式发展阶段;收回投资的金额较大,说明企业处于收缩式发展阶段。

(三)取得子公司及其他营业单位支付的现金净额

取得子公司及其他营业单位支付的现金净额是指企业购买子公司及其他营业单位购买出价中以现金支付的部分,减去子公司及其他营业单位持有的现金及现金等价物后的净额。该项目反映购买子公司和其他营业单位支付的现金。

(四)支付其他与投资活动有关的现金

支付其他与投资活动有关的现金反映企业除上述各项以外,支付的其他与投资活动有关的现金流出。

(五)收回投资收到的现金

收回投资收到的现金反映企业出售、转让或到期收回除现金等价物以外的投资而收到的现金。其包括出售交易性金融资产、衍生金融资产、债权投资、其他债权投资、其他权益工具投资、其他非流动金融资产、长期股权投资、投资性房地产等。收到的现金不包括利息及非现金资产。

主要比较投资变现价值与初始投资成本,结合报表附注所披露的明细项目,分析收回投资过程中所体现的盈亏性。

(六)取得投资收益收到的现金

取得投资收益收到的现金反映企业因股权性投资和债权性投资而取得的现金股利、利息,以及从子公司、联营企业和合营企业分回利润收到的现金。其不包括股票股利。

分得股利、利润及取得债券利息收入所得到的现金与利润表中"投资收益"项目进行对比,可大致反映企业投资收益的质量。

(七)处置固定资产、无形资产和其他长期资产收回的现金净额

处置固定资产、无形资产和其他长期资产收回的现金净额是指企业处置固定资产、无形资产和其他长期资产所收到的现金,减去为处置这些资产而支付的有关费用后的净额。该项目反映企业出售、报废固定资产、无形资产和其他长期资产取得的现金。由于自然灾害所造成的固定资产等长期资产损失而收到的保险赔偿收入,也在本项目反映。

(八)处置子公司及其他营业单位收到的现金净额

处置子公司及其他营业单位收到的现金净额是指企业处置子公司及其他营业单位所取得的现金,减去子公司或其他营业单位持有的现金及现金等价物以及相关处置费用后的净额。该项目反映企业处置子公司及其他营业单位所取得的现金。如果本项目为负数,则在"支付其他与投资活动有关的现金"项目中反映。

(九)收到的其他与投资活动有关的现金

收到的其他与投资活动有关的现金反映企业除上述各项以外,收到的其他与投资活动有关的现金流入。

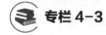

专栏 4-3

自由现金流的魅力

自由现金流概念最早由詹森在 20 世纪 80 年代提出,反映企业生产在满足了投资需要之后剩余的现金流。自由现金流量最基本的定义是经营活动现金流量减去维持公司现有生产能力所需的资本支出额后,企业能够产生的额外现金流量。最简明的计算方法是,现金流量表中的"经营活动产生的现金流量净额"减去"购建固定资产、无形资产和其他长期资产支付的现金"。自由现金流是企业可自由支配的现金流,有了自由现金流,企业才能把钱用于还本付息、为股东派发股利。

自由现金流概念非常重要,它是了解一个企业真实经营状况的有效指标。自由现金流为正的企业,说明具有良好的财务弹性,其持续经营能力强,能够源源不断地为股东带来现金产出;自由现金流为负的企业,则意味着企业财务弹性较差,需要外部融资。

在实务中,可以将自由现金流与归属于母公司股东的净利润对比。自由现金流与归属于母公司股东的净利润的比率越高,企业的价值越高。品牌消费品的自由现金流比率都较高。以 A 公司和 B 公司为例,其 2015—2019 年自由现金流比率计算分别如表 4-8、表 4-9 所示。

从表 4-8 和表 4-9 可以看出,A 公司和 B 公司两家公司 2015—2019 年每年获取的归属于母公司股东的净利润差异不大,但是 B 公司的资本性支出远大于 A 公司的资本性支出,从而使 A 公司可以自由支配的现金流较高。B 公司的合理市盈率 12.4 倍,而 A 公司的市盈率可以给到 22.2 倍。可见,同样的利润下,理论估值相差近一倍,这就是自由现金流丰富的企业的魅力所在。

表 4-8 A 公司 2015—2019 年自由现金流比率计算表　　　单位：亿元

项目	2015 年	2016 年	2017 年	2018 年	2019 年
经营活动产生的现金流量净额	21.95	40.74	47.21	59.96	65.68
购建固定资产、无形资产和其他长期资产支付的现金	7.44	7.88	2.62	2.24	5.83
自由现金流	14.51	32.86	44.59	57.72	59.85
归属于母公司股东的净利润	25.10	28.43	35.31	43.65	53.53
自由现金流比率	57.81%	115.58%	126.28%	132.24%	111.81%

表 4-9 B 公司 2015—2019 年自由现金流比率计算表　　　单位：亿元

项目	2015 年	2016 年	2017 年	2018 年	2019 年
经营活动产生的现金流量净额	32.07	25.75	41.14	44.68	48.85
购建固定资产、无形资产和其他长期资产支付的现金	9.11	25.84	22.91	35.70	23.02
自由现金流	22.96	−0.09	18.23	8.98	25.83
归属于母公司股东的净利润	25.31	28.06	36.83	42.31	50.30
自由现金流比率	90.72%	−0.32%	49.50%	21.22%	51.35%

三、筹资活动现金流量项目解读与分析

筹资活动现金流反映企业的"输血"能力，与资产负债表中的负债、所有者权益项目息息相关。

（一）吸收投资收到的现金

吸收投资收到的现金反映企业收到的投资者投入的现金，包括以发行股票、债券等方式筹集的资金实际收到的净额（发行收入减去支付的佣金等发行费用的净额）。以发行股票、债券等方式筹集资金而由企业直接支付的审计、咨询等费用，在"支付的其他与筹资活动有关的现金"项目反映，不从本项目内减去。

分析本项目可结合资产负债表中的"股本"、"资本公积"、"应付债券"等项目的增加额进行分析。

（二）借款收到的现金

借款收到的现金反映企业举借各种短期、长期借款所收到的现金。

分析本项目可结合资产负债表中的"短期借款"、"长期借款"等项目的增加额进行分析。

（三）收到的其他与筹资活动有关的现金

收到的其他与筹资活动有关的现金反映企业收到的其他与筹资活动有关的现金流入，如接受现金捐赠等。

（四）偿还债务支付的现金

偿还债务支付的现金反映企业以现金偿还债务的本金，包括偿还金融机构的借款本金、偿还债券本金等。企业偿还的借款利息、债券利息，在"分配股利、利润或偿付利息支付的

现金"项目中反映，不包括在本项目内。

分析本项目可结合资产负债表中的"短期借款"、"长期借款"、"应付债券"等项目的减少额进行分析。

筹资活动现金流量主要结合企业资本结构分析，以及当期有息负债增减变动分析。分析"借款收到的现金"与"偿还债务支付的现金"两者规模变动，可知公司是否存在借新债还旧债的情形。

（五）分配股利、利润或偿付利息支付的现金

分配股利、利润或偿付利息支付的现金反映企业实际支付给投资人的利润以及支付的借款利息、债券利息等。

分析本项目可结合利润表的"财务费用"和所有者权益变动表的"利润分配"项目分析，还需要考虑利息资本化的影响。

（六）支付的其他与筹资活动有关的现金

支付的其他与筹资活动有关的现金反映企业支付的其他与筹资活动有关的现金流出，如以发行股票、债券等方式筹集资金而由公司直接支付的审计、咨询等费用，租赁各期支付的现金，以分期付款方式购建固定资产、无形资产等各期支付的现金，支付的筹资保证金等。

专栏 4-4

企业现金流的"造血"、"输血"与"失血"

判断一家企业的现金流是否健康，最简单的方法就是看企业的"造血"能力强不强，企业是不是处于"失血"状态，是不是主要依靠"输血"获取现金流。

现金流量表反映的是企业现金流向的重要报表，而企业的现金流入、现金流出与现金结余状况恰好体现了企业健康程度的重要因素。

假如企业当期的"现金及现金等价物净增加额"为负值，则表明企业的现金流出量大于现金流入量，企业的现金流处于"失血"状态；假如为正值，则表明企业的现金流入量大于现金流出量，企业现金流的"造血"功能较强，企业的当期现金有富余，这是现金流状况健康的表现。

1. 从经营活动现金流看"造血"能力

经营活动创造的现金流是企业最重要的"造血"能力。一家企业的经营活动如果创造的现金流较弱，常年处于入不敷出状态，那么企业现金流风险会比较高，企业经营的根基不牢靠。

"销售商品、提供劳务收到的现金"来源于营业收入，而"购买商品、接受劳务支付的现金"对应的是采购支出（营业成本）。经营活动的现金流入与流出是企业经营活动的活力表现，二者的结余即经营活动产生的现金流量净额是企业经营创造净现金的能力。假如其是正值，表明经营活动"造血"能力强，经营活动是健康的；假如其是负值，表明经营活动现金净流出，处于"失血"状况，经营活动是不健康的。当然，我们必须要多看几年的报表，要具体分析现金流不足的原因究竟是短期的还是长期的，是一次性的还是趋势性的，这样才能得出相对准确的结论。

2. 投资活动现金流的"输血"与"造血"

投资活动通常是"输血"，但同时具备"造血"能力。

投资活动现金流体现的是公司剩余的资金所投资的去向，如企业通过兼并重组收购外部企业的股份，购买固定资产扩大生产规模，购买专利技术增强技术能力，等等。

投资活动也具有一定的"造血"功能，那就是企业的投资获得投资收益，投资收益就会给企业带来现金的流入，就是为企业增加"血液"。但是，一旦投资出现亏损，企业的投资现金就会出现净流出，企业就会"失血"。

仅靠投资获取现金流存在很大的不确定性，所以投资活动不是企业重要的"造血"途径。假如一家企业的现金流主要依赖投资活动创造，这样的现金流是不可靠的、不可持续的，也是不健康的。

3. 筹资活动现金流的"输血"能力

筹资活动现金流是企业对外融资产生的现金流入与流出，筹资活动更多地体现的是企业"输血"能力。

当企业经营资金不足时，就需要进行筹资活动，如通过出售股权，增资扩股进行股权融资，或者通过银行贷款、发行债券进行债务融资。

假如企业的筹资活动创造的现金净流量为正值，表明企业本期从外部进行资金"输血"，补充资金不足的缺口。企业筹资活动带来的现金流越多，也就是企业"输血"越多，表明企业的融资能力强、信用能力强，企业的"输血"能力强。

但是，通过筹资活动补充现金流是有限度的，仅靠筹资活动补充经营所需的资金是不可持续的，也是危险的。假如债务融资金额过多，就会导致企业的负债率过高，债务负担过重，偿债能力削弱，最后必然降低企业的信用能力，后续再融资的难度会加大。假如股权融资过多，就会不断稀释企业的股份，也会削弱企业的控制权。所以，通过融资活动为企业的现金流"输血"，只能是应急行为，不能过分依赖。

总而言之，假如一家企业的经营活动创造的现金流为负值，表明企业的"造血"能力较差。企业经营活动的"造血"能力对企业的生存和发展会带来重大影响，如果企业主营业务都无法创造足够的现金流，那是非常危险的一件事。假如企业的投资活动为负值，表明企业投资方面的"输血"较多，也要关注投资是否获得足够的投资收益，如果投资收益较高，表明企业的投资具有较强的"造血"能力。假如企业的现金流依赖筹资活动现金流，那么表明企业的资金链可能存在风险。当然，筹资活动也从另一个方面反映企业的信用能力，融资规模越大说明企业的信用能力越强，"输血"能力越强。

四、汇率变动对现金及现金等价物的影响项目解读与分析

《企业会计准则第31号——现金流量表》第七条规定，外币现金流量以及境外子公司的现金流量，应当采用现金流量发生日的即期汇率或按照系统合理的方法确定的、与现金流量发生日即期汇率近似的汇率折算。

企业持有的外币资产，在报告期末按照即期汇率调整为记账本位币，折算后的人民币金额会因为折算而引起增减变化，这种变化不属于经营、投资、筹资活动中的任何一种，所以汇率变动对现金的影响额应当作为调节项目，在现金流量表中单独列报。

现金流量表中"现金及现金等价物净增加额"项目中的外币现金净增加额是按资产负债表日的即期汇率折算，发生日与资产负债表日即期汇率的差异，在"汇率变动对现金及现金等价物的影响"项目中反映。一般根据"财务费用——汇兑损益"项目分析填列。

五、将净利润调节为经营活动现金流量项目解读与分析

1. 资产减值损失和信用减值损失

资产减值损失和信用减值损失在利润表中属于减除项,由于没有现金流入流出,在调节过程中予以加回。

2. 固定资产折旧和使用权资产折旧

该项属于没有现金流出的费用,在利润表中属于减除项,由于没有实际现金流出,在调节过程中予以加回。

3. 无形资产及长期待摊费用摊销

该项同样属于没有现金流出的费用,在计算净利润时扣除了,由于没有产生实际现金流出,在调节过程中予以加回。

4. 资产处置损失

资产处置损失属于投资活动产生的,不属于经营活动,但影响了净利润,损失需要加回,收益需要减除。

5. 固定资产报废损失

固定资产报废损失属于投资活动产生的,不属于经营活动,但影响了净利润,损失需要加回,收益需要减除。

6. 公允价值变动损失

其通常与投资活动有关,亦没有产生实际现金流,但影响了净利润,损失需要加回,收益需要减除。

7. 财务费用

财务费用的性质较为复杂,可能分别归属于经营活动、投资活动或筹资活动产生的现金流量。各种借款利息等属于筹资活动的现金流量项目,应收票据贴现利息、办理银行转账结算的手续费等属于经营活动产生的现金流量项目。对于属于筹资活动或投资活动的财务费用应予以加回;反之,对于属于筹资活动或投资活动的财务收益应予以减去;对于属于经营活动产生的现金流量项目应根据利息费用或利息收入等具体情况分析计算调整。本项目可根据"财务费用"和"其他应收款——应收利息"、"其他应付款——应付利息"等项目的具体内容分析计算填列。

8. 投资损失

企业发生的投资损失与投资活动有关,与经营活动无关,但影响了净利润,损失需要加回,收益需要减除。

9. 递延所得税资产

递延所得税资产变动没有发生现金流动,当递延所得税资产减少时,应当予以加回;当递延所得税资产增加时,应当予以扣除。

10. 递延所得税负债

递延所得税负债变动也没有发生现金流动,当递延所得税负债增加时,应当加回;减少

时应当扣除。

11. 存货

期末存货比期初存货少，说明本期耗用的存货有一部分是期初的存货，这部分存货并没有发生现金流出，但计算净利润时已经扣除，因此调节时，应当加回；反之，期末存货比期初存货多，应予以减去。

12. 经营性应收项目

经营性应收项目包括应收票据、应收账款、预付账款、长期应收款、其他应收款中与经营有关的部分，营业收入的增值税销项税额等。

经营性应收项目期末余额小于期初余额，说明本期收回的现金大于当期确认的营业收入，所以在调节时应当加回；反之，经营性应收项目期末余额大于期初余额时，应予以减去。

13. 经营性应付项目

经营性应付项目包括应付票据、应付账款、预收账款、应付职工薪酬、应交税费、应付利息、长期应付款、其他应付款中与经营活动有关的部分，应付增值税进项税额等。

经营性应付项目期末余额大于期初余额，说明本期购入的存货中有一部分没有支付现金，但是在计算净利润时通过营业成本予以减除了，所以在调节时需要加回；反之，经营性应付项目期末余额小于期初余额时，应予以减去。

采用间接法编制现金流量表，将净利润调节为经营活动现金流净额的过程，非常清晰地列示产生差异的原因。

第三节 现金流量表的趋势分析和结构分析

现金流量表是反映企业在一定时期现金流入和现金流出动态状况的报表。现金流量表分析一般采用趋势分析法和结构分析法。

一、现金流量表趋势分析

现金流量表趋势分析是指将现金流量表内不同时期的项目进行对比，确定其增减变动的方向、金额和幅度，据以判断企业现金流量变动趋势的分析方法。通过现金流量表趋势分析可以了解经营活动产生的现金流量、投资活动产生的现金流量和筹资活动产生的现金流量的变动情况，并分析其变动的原因，据以判断企业的发展前景。

现金流量表趋势分析的内容主要包括经营活动产生的现金流量分析、投资活动产生的现金流量分析、筹资活动产生的现金流量分析和现金及现金等价物净增加额分析。

1. 经营活动产生的现金流量分析

企业的现金流根据产生情况的不同可分为经营活动现金流、筹资活动现金流、投资活动现金流等三部分，而经营活动是企业经济活动的主要活动，是企业获取现金流的基本方式。经营活动产生的现金流量分析是将本期经营活动现金净流量与上期进行比较，增长率越高，说明企业成长性越好。企业经营现金流入主要由企业的销售业务来提供，通过将销售商品、提供劳务收到的现金增长率与营业收入增长率进行比较，可以评价企业销售业务的质量。对其他经营活动现金流变动额或变动率较大项目进行分析，找出变动的原因。

2. 投资活动产生的现金流量分析

当企业扩大规模或开发新的利润增长点时，需要大量的现金投入，如果投资活动产生的现金流入量补偿不了流出量，则投资活动现金净流量为负数；如果企业投资有效，将会在未来产生现金净流入创造收益。因此，分析投资活动现金流量，应结合企业目前的投资项目进行，不能简单地以现金净流入还是净流出论优劣。

企业投资常见有三种情况：一是为经营建设或扩大再生产进行投资；二是为对外扩张和其他战略目的进行投资；三是为了利用暂时闲置资金获得较高收益进行投资。通过投资活动可以大致了解企业的战略发展方向。分析投资活动产生的现金流量时需要特别关注购建固定资产、无形资产和其他长期资产支付的现金，投资支付的现金以及取得投资收益收到的现金等项目的变化。

3. 筹资活动产生的现金流量分析

筹资的目的是满足经营和投资的需要，筹资现金流波动非常大，因此筹资活动产生的现金流量分析需要根据经营和投资的不同情况，判断筹资的合理性。企业筹资资金来源于权益资本和债务资本，一般来说，筹资活动产生的现金净流量越大，企业面临的偿债压力越大，但如果现金流入量主要来自企业吸收的权益性资本，则不存在偿债压力。分析筹资活动产生的现金流量时需要特别关注吸收投资收到的现金、取得借款收到的现金和偿还债务支付的现金等项目的变化。

4. 现金及现金等价物净增加额分析

如果企业的现金及现金等价物净增加额主要是经营活动产生的，反映企业经营情况良好、收现能力强、坏账风险小。如果企业的现金及现金等价物净增加额主要是投资活动产生的，也就是由处置固定资产、无形资产和其他长期资产及收回投资引起的，反映企业生产经营能力衰退，通过处置非流动资产以缓解资金矛盾，但也可能是企业为了走出不良境地而调整资产结构，还应结合资产负债表、利润表作深入分析。如果主要是筹资活动引起的，意味着企业将支付更多的利息或股利，以后期间要偿还大量的债务，它未来的现金及现金等价物净增加额必须更大，才能满足偿付的需要，否则，企业将承受较大的财务风险。

案例 4-1

Y 公司合并现金流量表趋势分析

根据附录 3 Y 公司合并现金流量表数据，计算现金流量表各个项目的变动额和变动率，得到 Y 公司合并现金流量表项目趋势分析表，如表 4-10 所示。

表 4-10　Y 公司合并现金流量表项目趋势分析表

项目	变动额/万元				变动率/%			
	2018 年	2019 年	2020 年	2021 年	2018 年	2019 年	2020 年	2021 年
一、经营活动产生的现金流量								
销售商品、提供劳务收到的现金	1 357 076.00	1 219 194.00	456 226.90	1 594 437.00	17.93	13.66	4.50	15.04
收到的税费返还	−93.491 9	−112.314	0.00	0.00	−45.43			
收到其他与经营活动有关的现金	38 521.47	−51 179.80	38 361.49	21 312.40	21.24	−23.28	22.74	10.29

续表

项目	变动额/万元				变动率/%			
	2018年	2019年	2020年	2021年	2018年	2019年	2020年	2021年
经营活动现金流入小计	1 395 504.00	1 167 902.00	494 588.40	1 615 749.40	18.00	12.77	4.79	14.95
购买商品、接受劳务支付的现金	1 231 101.00	943 405.30	385 768.90	764 496.70	21.25	13.43	4.84	9.15
支付给职工以及为职工支付的现金	123 890.80	190 088.50	23 126.31	170 402.60	20.75	26.37	2.54	18.24
支付的各项税费	3 900.831	−25 702.90	−37 177.90	103 585.60	0.84	−5.51	−8.43	25.64
支付其他与经营活动有关的现金	−125 236.00	77 040.47	−16 744.70	9 676.204	−63.42	106.65	−11.22	7.30
经营活动现金流出小计	1 233 657.00	1 184 831.00	354 972.50	1 048 161.00	17.50	14.30	3.75	10.67
经营活动产生的现金流量净额	161 847.50	−16 929.20	139 615.90	567 588.10	23.10	−1.96	16.51	57.61
二、投资活动产生的现金流量								
收回投资收到的现金	143 405.40	−60 165.90	−23 228.90	−48 079.70	9 874.90	−41.53	−27.43	−78.23
取得投资收益收到的现金	6 291.827	9 314.355	61 488.25	−63 594.10	118.41	80.26	293.92	−77.17
处置固定资产、无形资产和其他长期资产收回的现金净额	−2 563.35	−1 292.88	−1 227.5	1 681.212	−35.21	−27.41	−35.85	76.54
处置子公司及其他营业单位收到的现金净额	0.00	200.00	19.14	−219.14			9.57	−100.00
收到其他与投资活动有关的现金	−13 856.90	−51.621 9	0.00	2 333.35	−99.63	−100.00		
投资活动现金流入小计	133 276.90	−51 996.00	37 051.04	−107 878.00	476.76	−32.25	33.92	−73.74
购建固定资产、无形资产和其他长期资产支付的现金	173 924.10	415 225.80	−272 066.00	16 053.69	51.90	81.57	−29.44	2.46
投资支付的现金	158 000.00	−147 215.00	380 817.60	−298 173.00	3 511.11	−90.59	2 491.39	−75.28
取得子公司及其他营业单位支付的现金净额	0.00	161 698.30	−161 698.00	51 809.49			−100.00	
支付其他与投资活动有关的现金	27 070.06	−19 170.00	−5 626.87	−2 179.76		−70.82	−71.23	−95.89
投资活动现金流出小计	358 994.20	410 539.50	−58 573.80	−232 489.00	105.70	58.76	−5.28	−22.13
投资活动产生的现金流量净额	−225 717	−462 536	95 624.80	124 610.80	−72.42	−86.07	9.56	13.78
三、筹资活动产生的现金流量								
吸收投资收到的现金	−19 968.60	25 689.38	−2 739.23	1 200 765.00	−91.73	1 427.19	−9.96	4 851.55

续表

项目	变动额/万元				变动率/%			
	2018年	2019年	2020年	2021年	2018年	2019年	2020年	2021年
取得借款收到的现金	−347 700.00	1 158 673.00	5 798 758.00	5 238 090.00	−41.10	232.53	349.96	70.26
收到其他与筹资活动有关的现金	0.00	235 301.20	−235 301	63 593.87				
筹资活动现金流入小计	−367 669.00	1 419 663.00	5 560 718.00	6 502 448.00	−42.37	283.88	289.66	86.93
偿还债务支付的现金	1 057 000.00	−138 303.00	5 949 866.00	5 252 189.00	1 409.33	−12.22	598.76	75.64
分配股利、利润或偿付利息支付的现金	54 717.39	1 306.857	90 406.59	38 306.78	14.23	0.30	20.52	7.21
支付其他与筹资活动有关的现金	793.158 6	583 407.90	−576 546	12 775.91	26.93	15 606.63	−98.19	120.53
筹资活动现金流出小计	1 112 511.00	446 411.60	5 463 727.00	5 303 271.00	240.55	28.34	270.29	70.85
筹资活动产生的现金流量净额	−1 480 179.00	973 251.60	96 990.72	1 199 177.00	−365.22	90.54	95.42	25 754.41
四、汇率变动对现金及现金等价物的影响	70 486.55	−24 503.60	−45 724.50	36 632.20	177.23	−79.78	−736.16	92.71
五、现金及现金等价物净增加额	−1 473 562.00	469 283.30	286 506.90	1 928 008.00	−195.31	65.26	114.68	5 255.53
加：期初现金及现金等价物余额	754 457.50	−719 105	−249 822.00	36 685.30	57.11	−34.65	−18.42	3.31
六、期末现金及现金等价物余额	−719 105.00	−249 822.00	36 685.30	1 964 693.00	−34.65	−18.42	3.31	171.84

根据附录3、表4-10相关数据，从经营活动产生的现金流量分析、投资活动产生的现金流量分析、筹资活动产生的现金流量分析和现金及现金等价物净增加额分析等四个方面，对Y公司合并现金流量表进行趋势分析。

1. 经营活动产生的现金流量分析

Y公司2018—2021年经营活动产生的现金流量净额增长率分别为23.10%、−1.96%、16.51%、57.61%，波幅不太稳定，但经营活动产生的现金流量净额总体为正值且复合增长率为22.01%，说明"造血"能力还是比较强的。2019年因为支付给职工以及为职工支付的现金增加使得增长率略有下滑，2021年由于销售收入增长、预收经销商贷款增加使得现金流入增加，同时应付账款增加使得购买商品、接受劳务支付的现金相对减少，二者共同影响经营活动产生的现金流量净额大幅增加。

Y公司2018—2021年销售商品、提供劳务收到的现金增长率分别为17.93%、13.66%、4.50%、15.04%，复合增长率为12.57%，而营业收入增长率分别为16.89%、13.41%、7.38%、14.15%，复合增长率为12.91% 二者增长率基本相当，说明公司营业收入基本变现。

2. 投资活动产生的现金流量分析

Y公司2018—2021年投资活动产生的现金流量净额总体为负值且复合增长率为25.76%，说明Y公司处于快速扩张期。2018年新建项目以及项目改造支付的现金增加，导致购建固定资产、无形资产和其他长期资产支付的现金增长 51.90%；购买理财产品，导致投资支付的现金增长 3 511.11%。2019 年新建项目以及项目改造支付的现金增加，导致购建固定资产、无形资产和其他长期资产支付的现金增长 81.57%。2020 年收到联营企业、其他权益工具投资的现金分红增加，导致取得投资收益收到的现金增长 293.92%。2021 年购买理财产品，导致投资支付的现金减少 75.28%。

3. 筹资活动产生的现金流量分析

Y 公司 2018—2020 年筹资活动产生的现金流量净额总体为负值，2021 年筹资活动产生的现金流量净额总体为正值，四年复合增长率为 31.03%，说明 Y 公司经营活动产生的现金流量不能满足投资活动及分红的需求，需要外部筹资。筹资主要依靠吸收投资和借款。2019 年股权激励对象持有的股票期权行权，发行新股收到现金增加，导致吸收投资收到的现金增长 1427.19%；发行债券以及短期借款增加，导致取得借款收到的现金增长 232.53%。2020 年发行债券以及借款增加，导致取得借款收到的现金增长 349.96%。2021 年非公开发行股票收到现金增加，导致吸收投资收到的现金增长 4851.55%；发行债券以及借款增加，导致取得借款收到的现金增长 70.26%。

4. 现金及现金等价物净增加额分析

根据附录 3 的相关数据，整理得到 Y 公司现金及现金等价物净增加额分析表，如表 4-11 所示。

表 4-11 现金及现金等价物净增加额分析表   单位：亿元

项目	2018 年	2019 年	2020 年	2021 年
经营活动产生的现金流量净额	86.25	84.55	98.52	155.28
投资活动产生的现金流量净额	-53.74	-99.99	-90.43	-77.97
筹资活动产生的现金流量净额	-107.49	-10.16	-0.47	119.45
现金及现金等价物净增加额	-71.91	-24.98	3.67	196.47

从表 4-11 可以看出，2018 年现金及现金等价物净增加额减少，主要是筹资活动产生的现金流量净额减少，进一步分析发现是归还到期的银行短期借款增加所致。2019 年现金及现金等价物净增加额减少，主要是投资活动产生的现金流量净额减少。2020 年现金及现金等价物净增加额由负转正，主要是经营活动产生的现金流量净额增加。2021 年现金及现金等价物净增加额大幅增加，主要是经营活动产生的现金流量净额大幅增加和筹资活动产生的现金流量净额大幅增加共同作用的。

总之，Y 公司现金流情况总体较好，"造血"能力强，公司增长潜力较大并且风险相对较小。通过资本运作实施扩张，巩固产业优势，提高整体效率，改善资产负债结构，支撑公司长远发展。

二、现金流量表结构分析

现金流量表结构分析是分别以现金流入合计和现金流出合计为基数，计算现金流量表的各项目占现金流入合计和现金流出合计的比重，找出重要项目进行重点分析，了解现金流量的形成、变化过程及变动原因。

现金流量表结构分析主要包括现金流入结构分析、现金流出结构分析和现金流入流出比例分析。

1. 现金流入结构分析

通过分析经营活动现金流入、投资活动现金流入和筹资活动现金流入占现金总流入的比重，了解现金的主要来源。一般来说，经营活动现金流入应该占大部分的比例，特别是销售商品、提供劳务收到的现金应该高于其他各项活动的现金流入。当然，有些激进型的企业也许会有很多投资，会把一些闲置资金投资出去，投资有力又筹资的企业也会出现大量现金流入，这时投资和筹资活动所取得的现金流入比重就会大于经营活动所取得的现金流入比重。

2. 现金流出结构分析

通过分析经营活动现金流出、投资活动现金流出和筹资活动现金流出占现金总流出的比重，了解现金用于哪些方面。一般来说，经营活动的现金流出中购买商品、接受劳务支付的现金所占比重会大一些，经营活动的现金流出应该具有稳定性，投资和筹资活动现金流出具有随意性和偶然性。

3. 现金流入流出比分析

现金流入流出比是指现金流量表各单项现金流入量与现金流出量之比，具体可以分为经营活动现金流入流出比、投资活动现金流入流出比和筹资活动现金流入流出比。

一般来说，一个健康成长的公司，经营活动现金流量净额是正数，即经营活动现金流入流出比应大于 1，比值越大，说明公司获利能力越强。投资活动现金流量净额是负数，即投资活动现金流入流出比应小于 1，比值越小，说明公司投资越多，成长性越好。筹资活动要视经营活动和投资活动所需要的现金而定，若在企业经营活动和投资活动需要现金支付时，筹资活动应及时、足额地筹集资金以满足需求，此时筹资活动现金流量净额应是正数，即筹资活动现金流入流出比应大于 1。若企业经营活动在满足投资活动的同时，还产生大量资金闲置，筹资活动应及时归还债务本息或回馈股东，此时筹资活动现金流量净额是负数，即筹资活动现金流入流出比应小于 1。

案例 4-2

Y 公司合并现金流量表结构分析

根据附录 3 Y 公司的现金流量表数据，计算整理 2017—2021 年现金流量表项目结构百分比，如表 4-12 所示。

表 4-12 Y 公司合并现金流量表项目结构分析表　　　单位：%

项目	2017 年	2018 年	2019 年	2020 年	2021 年
销售商品、提供劳务收到的现金	87.54	91.01	82.20	57.51	46.12
收到其他与经营活动有关的现金	2.10	2.25	1.36	1.12	0.86
经营活动现金流入小计	89.64	93.26	83.56	58.63	46.98
收回投资收到的现金	0.02	1.47	0.69	0.33	0.05
取得投资收益收到的现金	0.06	0.12	0.17	0.45	0.08
处置固定资产、无形资产和其他长期资产收回的现金净额	0.08	0.05	0.03	0.01	0.01
收到其他与投资活动有关的现金	0.16	0.00	0.00	0.00	0.01
投资活动现金流入小计	0.32	1.64	0.89	0.79	0.15
吸收投资收到的现金	0.25	0.02	0.22	0.14	4.63
取得借款收到的现金	9.78	5.08	13.42	40.44	48.00

续表

项目	2017年	2018年	2019年	2020年	2021年
收到其他与筹资活动有关的现金	0.00	0.00	1.91	0.00	0.24
筹资活动现金流入小计	10.04	5.10	15.55	40.58	52.87
现金流入合计	100.00	100.00	100.00	100.00	100.00
购买商品、接受劳务支付的现金	73.77	66.56	63.24	45.50	37.25
支付给职工以及为职工支付的现金	7.60	6.81	7.23	5.09	4.52
支付的各项税费	5.90	4.41	3.50	2.20	2.07
支付其他与经营活动有关的现金	2.51	0.68	1.18	0.72	0.58
经营活动现金流出小计	89.78	78.46	75.15	53.51	44.42
购建固定资产、无形资产和其他长期资产支付的现金	4.26	4.82	7.34	3.55	2.73
投资支付的现金	0.06	1.54	0.12	2.16	0.40
取得子公司及其他营业单位支付的现金净额	0.00	0.00	1.28	0.00	0.21
支付其他与投资活动有关的现金	0.00	0.26	0.06	0.01	0.00
投资活动现金流出小计	4.32	6.62	8.80	5.72	3.34
偿还债务支付的现金	0.96	10.72	7.89	37.82	49.82
分配股利、利润或偿付利息支付的现金	4.90	4.16	3.50	2.89	2.32
支付其他与筹资活动有关的现金	0.04	0.04	4.66	0.06	0.10
筹资活动现金流出小计	5.90	14.92	16.05	40.77	52.24
现金流出合计	100.00	100.00	100.00	100.00	100.00

根据表4-12相关数据，对Y公司合并现金流量表进行结构分析。

1. 现金流入结构分析

通过表4-12可以看出，Y公司经营活动现金流入比重2018年最高，达到93.26%，2021年下降到46.98%，但仍在现金流入中占较大部分。投资活动现金流入比重较低，最高仅为1.64%，说明企业并不依靠投资获取现金流入，Y公司主营特征明显。筹资活动现金流入比重从5.10%上升到52.87%，说明Y公司筹资取得的现金流入已经成为一项重要的现金流入来源。

再从现金流入内部结构来看，经营活动现金流入中的销售商品、提供劳务收到的现金是最重要的来源。投资活动现金流入中取得投资收益收到的现金是最重要的现金流入来源。筹资活动现金流入中取得借款收到的现金占比最大，说明银行借款是Y公司最主要的融资渠道。2021年吸收投资收到的现金占比达到4.63%，这种现象是否持续值得关注。

总之，从现金流入结构来看，Y公司现金流入结构合理，经营活动现金流入量基本是由销售商品、提供劳务引起的，表明该公司注重自身经营。筹资活动现金流入中取得借款收到的现金占比逐年增加，需要注意财务风险。

2. 现金流出结构分析

通过表4-12可以看出，Y公司经营活动现金流出比重2017年最高，达到89.78%，之后逐年下降，2021年下降到44.42%，但仍在现金流出中占较大部分。投资活动现金流出比重2019年最高，达到8.80%，2021年下降到3.34%。筹资活动现金流出比重2017年为5.90%，2021年上升到52.24%，说明Y公司筹资活动的现金流出已经成为一项重要负担。

再从现金流出内部结构来看，经营活动现金流出中的购买商品、接受劳务支付的现金占比较大，这是因为Y公司的成本中直接材料占比较高，支付给职工以及为职工支付的现金占比为5%左右，支付的各项税费占比逐年下降，2021年下降到2.07%，说明税费负担较轻。投资活动现金流出中购建固定资产、无形资产和其他长期资产支付的现金占比较高。筹资活动现金流出中偿还债务支付的现金占比逐年增加，2021年占比达到49.82%，应引起高度关注，分配股利、利润或偿付利息支付的现金占比在2%~5%之间，说明公司十分重视投资者回报。

综上所述，Y公司无论是经营活动现金流入还是经营活动现金流出都占现金总流入和总流出的较大部分，说明公司主营业务特征明显。同时应看到，筹资活动中取得借款收到的现金和偿还债务支付的现金占现金总流入和总流出的比重急剧上升，推升财务风险。

3. 现金流入流出比分析

根据附录3的相关数据，计算整理得到Y公司2017—2021年现金流入流出比分析表，如表4-13所示。

表4-13　Y公司现金流入流出比分析表　　　单位：亿元

项目	2017年	2018年	2019年	2020年	2021年
经营活动现金流入流出比	1.10	1.10	1.09	1.10	1.14
投资活动现金流入流出比	0.08	0.23	0.10	0.14	0.05
筹资活动现金流入流出比	1.88	0.32	0.95	1.00	1.09

通过表4-13可以看出，Y公司经营活动现金流入流出比均大于1，表明经营活动现金流量质量较高。投资活动现金流入流出比最小0.05，最大0.23，说明投资活动现金流出远大于流入，表明企业加大了投资力度，且现金流出主要用于购建固定资产、无形资产和其他长期资产的内部投资。筹资活动流入流出比相对不稳定，围绕1波动较大。2018年筹资活动流入流出比为0.32，说明公司经营活动产生的现金流量充足，不但满足了投资活动的需要还偿还了贷款本息。2021年筹资活动流入流出比为1.09，该公司通过非公开发行股票收到现金增加，使得筹资活动现金流入大于现金流出。

通过现金流入流出比分析可以看出，Y公司经营活动现金流入流出比均大于1，投资活动现金流入流出比均小于1，而筹资活动现金流入流出比围绕1上下波动，说明该公司现金流入和现金流出之间的匹配较好。

第四节　现金流量质量分析

一、现金流量质量的概念

现金流量质量是指企业的现金流量能够按照企业的预期目标进行顺畅运转的质量。通常情况下，当企业现金流质量较高时，企业各类经济活动所产生的现金流周转正常，现金的流转既满足企业短期内的经营需求，又与企业的战略发展目标相适应。由于经营活动产生的现金流、投资活动产生的现金流以及筹资活动产生的现金流在企业经营运行过程中作用不同、流转规律不同，因此其质量研究的侧重点也有所不同。

二、现金流量质量分析方法

现金流量质量分析从四个方面入手：经营活动产生的现金流量质量分析、投资活动产生的现金流量质量分析、筹资活动产生的现金流量质量分析和现金流量整体状态质量分析。

（一）经营活动产生的现金流量质量分析

经营活动产生的现金流量是指企业在正常生产经营过程中仅依靠自身所产生的现金流入量和现金流出量。在企业正常发展的阶段，企业的经营活动现金流量往往是其现金的主要来源，通常受到宏观经济环境、行业特征、信用政策和竞争实力等因素的影响，其反映的是企业无外部融资时的补偿能力。对经营活动产生的现金流量质量进行分析往往从充足性、合理性和稳定性三个方面来展开。

1. 经营活动产生现金流量的充足性

经营活动产生现金流量的充足性是指企业经营活动产生的现金流量是否能够满足企业正常运转和生产扩张的需要，是否能够为企业提供足够的补偿。经营活动产生的现金流量会出现以下五种情况。

① 经营活动产生的现金流量小于零。这意味着企业通过正常的经营活动所带来的现金流入量不足以支付经营活动引起的货币支出。那么，企业正常经营活动所需的现金支付，则需要通过以下途径去解决：消耗企业现存的货币积累；挤占本来可以用于投资活动的现金，使投资活动推迟；在用于投资活动的现金不能被挤占的情况下，进行额外融资以支持经营活动的现金需要；在融资渠道匮乏的情况下，用拖延债务支付或加大经营活动引起的负债规模来解决。无论通过哪一种途径来解决经营活动产生的现金流量的不足，都不会对企业产生有利的影响。

从企业的成长过程来分析，在企业开始从事经营活动的初期，其生产阶段的各个环节都处于"磨合"状态，生产设备、人力等资源的利用率相对较低，材料物资的消耗量相对较高，进而导致企业成本消耗较高。与此同时，为了积极开拓市场，企业有可能投入较大的资金，采用各种手段将自己的产品推向市场，从而有可能使得企业在这一时期的经营活动现金流量表现为"入不敷出"。因此，如果是这些原因导致企业经营活动产生的现金流量小于零，那么，这是企业在发展过程中不可避免的正常状态。但是，如果企业在正常生产经营期间仍然呈现这种状态，则应当认为企业经营活动产生现金流量的质量极为低下。

② 经营活动产生的现金流量等于零。这意味着企业通过正常的经营活动所带来的现金流入量，恰好能够支付经营活动引起的货币支出。在企业经营活动产生的现金流量等于零时，企业经营活动现金流量处于"收支平衡"状态。企业正常经营活动无需额外补充流动资金，但经营活动也不可能为企业的投资活动贡献现金。在企业经营成本消耗中，有相当一部分属于按照权责发生制原则的要求而确认的摊销成本（如固定资产折旧、无形资产摊销等）和应计成本（如预提费用等）是不需要支付现金的，所以当企业经营活动产生的现金流量等于零时，经营活动产生的现金流量是不可能为这部分"非付现成本"资源的消耗提供货币补偿的。显然，从长期来看，经营活动产生的现金流量等于零的状态，根本不可能维持企业经营活动货币的"简单再生产"。因此，如果企业在正常生产经营期间持续出现这种状态，经营活动产生现金流量的质量仍属不高。

③ 经营活动产生的现金流量大于零，但是不足以弥补当期的"非付现成本"。这时的经营活动产生的现金流量，意味着企业通过正常经营活动所带来的现金流入，不但能够支付因经营活动而引起的货币流出，而且有余力补偿一部分当期的"非付现成本"。在此种状态下，企业虽然在现金流量的压力方面比前两种状态要小，但是如果这种状态持续，则企业经营活动产生的现金流量从长期来看，也不可能维持企业经营活动货币的"简单再生产"。因此，如果企业在正常生产经营期间持续出现这种状态，企业经营活动产生现金流量的质量仍然不能

给予较高的评价。

④ 经营活动产生的现金流量大于零,并且能够补偿当期的"非付现成本"。这时的经营活动产生的现金流量,意味着企业通过正常经营活动所带来的现金流入量,不但能够支付因经营活动而引起的货币支出,而且有余力补偿全部当期的"非付现成本"。在此种状态下,企业在经营活动方面的现金流量压力已经基本解脱。如果这种状态持续,企业经营活动产生的现金流量从长期来看,则刚好能够维持企业经营活动的货币"简单再生产"。但是,从总体上看,这种维持企业经营活动的货币"简单再生产"状态,仍然不能为企业扩大投资等活动提供货币支持。因此,如果在企业正常经营期间持续这种状态,企业经营活动产生现金流量的质量只能给予谨慎的肯定评价。

⑤ 经营活动产生的现金流量大于零,并且在补偿当期的"非付现成本"后仍有剩余。这时的经营活动产生的现金流量,意味着企业通过正常的经营活动所带来的现金流入量,不但能够支付因经营活动而引起的货币支出、补偿当期全部的"非付现成本",而且有余力为企业的投资等活动提供现金流量的支持。在此种状态下,企业经营活动产生的现金流量已经处于良好的运转状态。如果这种状态长期持续,则企业经营活动产生的现金流量将对企业经营活动的稳定与发展、企业投资规模的扩大与提升,以及减轻企业融资方面的压力等各方面起到重要的促进和保障作用。

通过上面的分析我们不难看出,一个企业的经营活动产生的现金流量,仅仅大于零是不够的。企业经营活动产生的现金流量要想对企业的整体生产经营做出更大的贡献,就必须在上述第五种状态下长期持续而有效地运行。

2. 经营活动产生现金流量的合理性

经营活动产生现金流量的合理性是指企业的经营现金流入是否顺畅,经营现金流出是否恰当,经营现金流入流出的数量是否匹配安全。经营现金流入是否顺畅主要涉及"销售商品、提供劳务收到的现金"项目,其构成了主要的现金流入,通过此项目的增减变化与营业收入和应收账款、应收票据等项目期初余额、期末余额的变动作比较分析来研究企业经营活动产生的现金流入的顺畅性。经营现金流出是否恰当主要涉及"购买商品、接受劳务支付的现金"项目,通过此项目的增减变化与营业成本、应付账款、应付票据、预收账款和存货等项目期初余额、期末余额的变动作比较分析并结合行业结算特点、企业采购政策等来研究企业经营活动产生的现金流出的恰当性。经营现金流入流出的数量是否匹配主要考虑防止企业出现现金空闲或者现金紧张的情况,主要对企业信用政策,收入和支出的时间、规模进行分析。

3. 经营活动产生现金流量的稳定性

经营活动产生现金流量的稳定性是指在各会计期间企业现金流量规模是否存在剧烈波动,内部各项目的构成是否符合行业水平,是否出现异常的收付行为。持续稳定的现金流是企业健康运转和规避风险的重要保障,如果企业的现金流量存在较大的波动,其经营活动就会存在很大的不确定性,同时存在较大的获利风险,这样的经营活动产生现金流量的质量往往偏低。

(二) 投资活动产生的现金流量质量分析

由于企业在投资活动中投资的现金流出与流入中间有一段期间的间隔,因此企业投资活动的收益具有滞后性的特征。主要从三个方面来分析投资活动产生的现金流量质量:投资活动产生现金流量的充足性、投资活动与企业发展战略的契合性、投资活动产生的现金流量的盈利性。

1. 投资活动产生现金流量的充足性

投资活动产生现金流量的充足性是指企业投资收回的现金流量是否能够满足企业扩张的需要。投资活动产生的现金流量会出现以下两种情况。

① 投资活动产生的现金流量小于零。这意味着企业在购建固定资产、无形资产和其他长期资产，权益性投资以及债权性投资等方面所支付的现金之和大于企业因收回投资，分得股利或利润，取得债券利息收入，处置固定资产、无形资产和其他长期资产而收到的现金净额之和。企业上述投资活动所需资金的"缺口"，可以通过以下几种方式解决：消耗企业现存的货币积累；挤占本来可以用于经营活动的现金，削减经营活动的现金消耗；利用经营活动积累的现金进行补充；在不能挤占本来可以用于经营活动的现金的条件下，进行额外贷款融资，以支持经营活动的现金需要；在没有贷款融资渠道的条件下，只能采用拖延债务支付或加大投资活动引起的负债规模来解决。

② 投资活动产生的现金流量大于或等于零。这意味着企业在投资活动方面的现金流入量大于或等于流出量。这种情况的发生，或者是由于企业在本会计期间的投资回收活动的规模大于投资支出的规模，或者是由于企业在经营活动与筹资活动方面急需资金而不得不处理手中的长期资产以求变现等。因此，必须对企业投资活动产生现金流量的原因进行具体分析。如果是企业衰退或缺少投资机会，导致投资活动产生的现金流量大于或等于零的状态，则这种状态说明投资活动产生的现金流量的质量很差。如果是由于企业在本会计期间投资回收规模较大、数额较多，而企业将这部分资金用于经营活动，则投资活动产生的现金流量大于或等于零的状态并不能说明企业投资活动产生的现金流量的质量差。

2. 投资活动与企业发展战略的契合性

企业的投资活动可以分为对内投资和对外投资。

关于对内投资，为了了解企业对内投资的战略部署，我们可以把"购建固定资产、无形资产和其他长期资产支付的现金"项目的金额和"处置固定资产、无形资产和其他长期资产收回的现金"项目相比较。通过两者相比，如果企业购建支付项目发生的金额远大于处置收回项目产生的金额，那么表明目前企业正处在对内部投资战略的扩张阶段；反之，表明目前企业正处在对内部投资战略的收缩阶段。

关于外部投资，为了了解企业对外投资是否控股投资的战略意图，我们可以把"取得子公司及其他营业单位支付的现金净额"项目的金额与"处置子公司及其他营业单位收到的现金净额"项目的金额相比较。如果企业处于对外部投资结构的调整阶段，一般情况下企业支付投资和回收投资所产生的现金流量的规模都比较大；如果企业处于外部整体呈扩张的阶段，一般情况下企业的支付投资大于回收投资；如果企业处于外部整体呈收缩的阶段，一般情况下企业的支付投资小于回收投资。需要注意的是，企业对内外部的投资也存在相互转化的现象，但最后的结果都会体现在企业的未来盈利能力和未来的现金流量上。

3. 投资活动产生的现金流量的盈利性

投资活动产生的现金流入量主要包括两方面：收回投资成本和投资收益。

① 收回投资成本，通过比较变现价值与初始投资成本，同时结合报表附注中处置各类投资取得的投资收益状况和营业外收入、营业外支出等项目的金额变化综合进行分析研究。

② 投资收益，应重点关注现金流量表中"取得投资收益收到的现金"项目金额与报表附注中"成本法、权益法核算的长期股权投资收益"项目金额，通过对比研究投资收益的获现能力。

(三) 筹资活动产生的现金流量质量分析

企业的筹资活动主要是满足经营活动和投资活动的需要，通常从充足性、适应性、多样性以及融资行为的恰当性进行分析，在尽量降低融资成本的前提下获得较多的筹资。

① 筹资活动产生现金流量的充足性，是指企业吸收权益性投资、发行债券以及借款等方面取得的现金流入量是否能够满足偿还债务、支付筹资费用、分配股利或利润等的需要。筹资活动产生的现金流量会出现以下两种情况。

其一，筹资活动产生的现金流量大于零。这意味着企业在吸收权益性投资、发行债券以及借款等方面所收到的现金之和大于企业在偿还债务、支付筹资费用、分配股利或利润、偿付利息、融资租赁以及减少注册资本等方面所支付的现金之和。在企业处于发展的起步阶段、投资需要大量资金、企业经营活动的现金流量小于零的条件下，企业对现金流量的需求，主要通过筹资活动来解决。因此，分析企业筹资活动产生的现金流量大于零是否正常，关键要看企业的筹资活动是否已经纳入企业的发展规划，是企业管理层以扩大投资和经营活动为目标的主动行为还是企业因投资活动和经营活动的现金流出失控不得已而为之的被动行为。如果是主动行为，则企业筹资活动产生的现金流量大于零是正常的；反之，如果是被动行为，则企业筹资活动产生的现金流量大于零不正常，可视为企业筹资活动产生的现金流量质量不好。

其二，筹资活动产生的现金流量小于零。这意味着企业在吸收权益性投资、发行债券以及借款等方面所收到的现金之和小于企业在偿还债务、支付筹资费用、分配股利或利润、偿付利息、融资租赁以及减少注册资本等方面所支付的现金之和。这种情况的出现，或者是由于企业在本会计期间集中发生偿还债务、支付筹资费用、分配股利或利润、偿付利息、融资租赁等业务，或者是因为企业经营活动与投资活动在现金流量方面运转较好，有能力完成上述各项支付。但是，企业筹资活动产生的现金流量小于零，也可能是企业在投资和扩张方面没有更多的作为的一种表现。

② 适应性主要是指筹资活动产生的现金流量要与经营活动及投资活动所需要的现金流量相适应。如果企业的经营活动和投资活动的现金流之和小于零并且企业没有多余的现金时，那么企业需要进行筹资活动来筹集资金；如果企业的经营活动和投资活动的现金流之和大于零同时企业有现金闲置的情况时，那么企业可以通过归还借款等来优化企业的资本结构，从而降低企业的资本成本与财务风险。

③ 多样性主要是指企业在进行筹资活动时融资渠道与方式的多样，企业依据自己的实际情况，通过选择对企业合理的融资方式、融资规模以及还款方式，为企业降低筹资的成本的同时把财务风险控制在合适的范围内。

④ 恰当性主要是指企业融资活动中是否存在超出自身实际资金需求的过度融资行为、是否存在企业资金被其他企业无效占用情况等异常状况，并研究其背后真正动机，如企业其他应收款项目出现大额异常的增长状况。

(四) 现金流量整体状态质量分析

不论是用直接法还是用间接法编制现金流量表，均会确定当期内期末与期初的现金流量净变化量，即现金流量净增加额。对于任何一个企业而言，其现金流量净增加额不外乎有三种情况：一是现金流量净增加额大于零，表现为期末现金大于期初现金；二是现金流量净增加额小于零，即期末现金小于期初现金；三是现金流量净增加额等于零，即企业期末与期初现金状况相同。同样，在各类活动的现金流量变化方面，也存在上述三种对应关系，现金流量在经营活动、投资活动和筹资活动之间分布状态不同意味着不同的财务状况,也意味着不同的收益质量。

① 企业处于创立阶段。当企业新产品处于投放期,在加大研发费用和努力开拓市场的时候,企业需要投入大量的资金形成生产能力,没有大量的销售收入,所以其资金来源只有依靠举债等筹资活动。在这个阶段,经营活动现金流量净额为负数,投资活动现金流量净额为负数,筹资活动现金流量净额为正数。

② 企业处于发展阶段。当企业处于快速发展阶段,产品得到市场和消费者的认同,销售额和销售量大幅度上升,在经营活动中能带来大量的现金,但是为了企业快速、健康地发展,仅仅依靠经营活动现金流量净额是无法满足投资需求的,必须寻找合适的外部资金作为补充。这个时候企业经营活动现金流量净额为正数,投资活动现金流量净额为负数,筹资活动现金流量净额为正数。

③ 企业处于成熟阶段。当产品处于成熟期,产品的市场份额比较稳定,这时就进入了投资回收期,但前期外部融资需要偿还,以保持企业良好的诚信记录。这时企业经营活动现金流量净额为正数,投资活动现金流量净额为正数,而筹资活动现金流量净额为负数。

④ 企业处于衰退阶段。当产品处于衰退期,市场份额逐渐萎缩,但同时要对前期筹资的债务大规模地偿还。这时,经营活动现金流量净额为负数,投资活动现金流量净额为正数,筹资活动现金流量净额为负数。

经营活动、投资活动和筹资活动产生的现金流量之间的关系,因企业的行业特点、企业的生命周期等而异。企业的现金流量状态呈现八种类型,如表4-14所示。

表4-14 现金流量的类型

类型	经营活动现金流量净额	投资活动现金流量净额	筹资活动现金流量净额
1	+	+	+
2	+	+	−
3	+	−	+
4	+	−	−
5	−	+	+
6	−	+	−
7	−	−	+
8	−	−	−

注:+表示现金流入大于现金流出;−表示现金流入小于现金流出。

由表4-14大致可以推测不同现金流量类型的含义。

类型1:经营活动现金流量净额为正值,投资活动现金流量净额为正值,筹资活动现金流量净额为正值。这类企业主营业务在现金流量方面不仅能够自给自足,而且有富余。这说明企业的产品有比较好的市场反应,有一定的竞争力。同时,企业还有一定的投资项目。如果投资活动现金流量主要来自投资收益特别是实业投资收益,则说明企业有一定的多元化经营战略,而且效果不错。筹资活动现金流量净额为正值,说明企业还在继续筹资。针对这种情形,需要重点关注筹资的目的。

如果公司处于发展期,需要进一步发展壮大,而经营活动、投资活动产生的现金净流量不足以支撑公司扩张,因而向外筹资,这是正常的。如果企业没有扩张计划,其筹资的目的就值得怀疑了。

类型2:经营活动现金流量净额为正值,投资活动现金流量净额为正值,筹资活动现金流量净额为负值。这类企业经营赚钱，投资活动有回报，企业用这两项活动的现金净流量偿还以前的借款，这是企业健康成熟的表现。值得考虑的是，该企业是否还有发展潜力，是否有新的投资机会。

类型 3：经营活动现金流量净额为正值，投资活动现金流量净额为负值，筹资活动现金流量净额为正值。这类企业代表经营赚钱，但是经营赚的钱不能够覆盖投资，必须依靠对外筹资。这说明企业集中各方面资金进行投资活动，但要考虑企业投资决策是否稳健，投资项目是否有前景。

类型 4：经营活动现金流量净额为正值，投资活动现金流量净额为负值，筹资活动现金流量净额为负值。这类企业经营比较好，用经营赚来的钱偿还以前的借款，同时企业还在不断做投资，这是非常理想的状态。高盈利、高发展的企业（如高科技企业）才具有这样的数据特征。

类型 5：经营活动现金流量净额为负值，投资活动现金流量净额为正值，筹资活动现金流量净额为正值。这类企业经营活动欠佳，为了弥补营运资金短缺，企业不仅在收缩投资，还在不断筹资。一般而言，这类企业债务风险极高。如果该企业处于创业期，借款用于经营，尚可理解。如果企业处于衰退期，只能说明企业要靠收回投资和举债维持生计。应注意分析投资活动现金流量是来自投资收益还是投资收回。如果投资活动现金流量来自投资收回，形势非常严峻。

类型 6：经营活动现金流量净额为负值，投资活动现金流量净额为正值，筹资活动现金流量净额为负值。这类企业经营活动已经发出危险信号，企业一边收缩业务，一边偿还债务。如果投资活动现金流量主要来自投资收回（如卖地、卖设备），那么企业可能处于破产的边缘。

类型 7：经营活动现金流量净额为负值，投资活动现金流量净额为负值，筹资活动现金流量净额为正值。这类企业主营业务不赚钱，企业在不断地筹资，同时扩张意愿强劲。企业依靠借债维持日常经营和生产规模扩大，财务状况很不稳定。如果企业处于创立期一旦渡过难关，还可能有发展空间。如果企业处于发展期或成熟期，要提防它的债务风险。

类型 8：经营活动现金流量净额为负值，投资活动现金流量净额为负值，筹资活动现金流量净额为负值。这类企业经营不好，但企业有较多的资金存量，用存量资金同时做投资和偿还债务。如果这类企业投资不能产生回报，极易陷入财务危机。这种情况通常发生在高速扩展时期，由于市场变化而导致经营状况恶化，加上扩张时投入大量资金，使企业陷入进退两难的境地。

 案例 4-3

A 公司现金流量整体状态分析

A 公司成立于 2000 年，公司 2012 年上市。公司产品及业务涉及光伏全产业链。随着近年太阳能发电技术的进步带来行业不断地发展，以及公司单晶战略及垂直产业链拓展的成功，公司经营业绩近年实现了快速增长，同时现金流量也稳步增长。A 公司经营活动、投资活动和筹资活动现金流量净额情况如表 4-15 所示。

从表 4-15 中可以看出，2017—2021 年经营活动现金流量净额均为正值，而且金额总体处于上升趋势，说明 A 公司收到的销货款每年增幅较大，盈利能力较强。2017—2021 年投资活动现金流量净额均为负值，而且金额总体处于上升趋势，说明 A 公司新建产能投资增加及新增对联营企业的投资，由于行业快速发展，公司投资扩展意愿较强。2017—2020 年筹资活动现金流量净额均为正值，但金额波动较大，说明有筹资需求。2021 年筹资活动现金流量净额为负值，主要原因是新增债务筹资规模下降、偿还公司债务。

表 4-15 A 公司经营活动、投资活动和筹资活动现金流量净额情况　　　单位：亿元

年份	2017 年	2018 年	2019 年	2020 年	2021 年	合计
经营活动现金流量净额	13.28	11.73	81.58	110.15	123.23	339.97
投资活动现金流量净额	−37.74	−31.69	−27.53	−51.71	−71.41	−220.08
筹资活动现金流量净额	46.72	2.68	45.60	28.10	−20.88	102.22
类型	类型 3	类型 3	类型 3	类型 3	类型 4	

资料来源：公司年报

2017—2020 年 A 公司现金流量属于类型 3，说明公司经营业务赚钱，但是经营所赚来的钱有时不能够覆盖投资，必须依靠对外筹资。2021 年 A 公司现金流量属于类型 4，说明公司经营活动现金流量比较充裕，可以偿还以前的债务，同时还可以不断做投资，这是非常理想的状态。

总体上讲，2017—2021 年经营活动现金流量净额的合计数大于投资和筹资活动现金流量净额合计数，经营活动现金流量可以满足公司日常活动、投资和偿还债务的需要。

三、现金流量操纵分析

我国企业的资产负债表和利润表是以权责发生制为基础编制的，表中的数据会受到应计项目、递延项目和待摊项目等的影响。而现金流量表是以收付实现制为基础编制的，不会受到上述项目的影响。也就是说，相对于利润表中的会计利润来说，现金流量表中的数据是"硬"数据，不易被操纵，同时现金流量信息又是企业信息使用者做出决策的重要依据之一，所以监管部门不断加强对企业现金流量的管理，越来越多的企业及企业的利益相关者也开始关注现金流量数据以及相关指标。随着公众对现金流量信息的重视，当企业的现金流量数据不能达到相关要求时，企业管理者为了"美化"现金流量数据，就产生了操纵现金流量的动机。现金流量操纵常用方法如下。

1. 通过虚构交易操纵企业现金流量

通过虚构交易来调整企业的现金流量，这是最直接的造假行为。例如，某企业一方面通过虚构一笔销售交易，实现营业收入，增加经营活动产生的现金流入，另一方面又虚构一笔投资活动，增加投资活动产生的现金流出，从而抵销虚增的经营活动产生的现金流入，以此造成企业经营规模扩大、创造现金能力较强的假象。

2. 利用理财策略等手段影响现金流入与流出的发生时间

为了使经营活动现金流量数据更美观，从理财角度来说，企业会在第四季度加速经营现金的流入，如提前收回尚未到期的应收账款，同时减少经营现金的流出，如放弃信用政策延长采购期限或推迟支付应付账款等。通过这些手段虽然能实现报告期经营活动现金流量的一次性提高，但企业也会付出较大的代价，使得企业信誉降低。

3. 通过关联方交易来调整企业的现金流量

通过关联方交易来调整企业现金流量的方式主要有以下几种：①通过关联购销从关联企业低价采购原材料，再把产品高价卖给其他关联企业，从而使销售收入大幅提高，销售成本大大减少，现金流量得到充分改善；②母公司将优质资产以超低价卖给上市公司，上市公司再把这些资产按正常价格或高价卖出，从而获得由高额价差带来的投资收益及现金流入；③上

市公司将不良资产或债务高价剥离给母公司或母公司控制的子公司,以达到获取投资收益,增加现金流入或降低上市公司财务费用,相应地减少利息支出的目的。

4. 在经营、投资和筹资三大活动产生的现金流量间进行有选择的转换

我国企业的现金收支业务被划分为三种,分别是经营活动、投资活动和筹资活动,同时企业的现金流量表也采用"三分法"格式来编制。然而就是这种格式给企业管理层操纵现金流量表留下了一定判断和选择的空间。当企业的经营活动产生的现金流量表现不佳时,为了美化经营活动产生的现金流量,企业会将本属于投资、筹资活动所产生的现金流入归入经营活动所产生的现金流入中,将本属于经营活动产生的现金流出归入投资、筹资活动产生的现金流出中。例如,某公司利用闲置的资金购买有价证券,待需要资金时,出售这笔有价证券,由此产生的收益本该归入投资活动产生的现金流入,而列入经营活动产生的现金流入,虚增经营活动产生的现金流量。

5. 通过现金流量表中非经常性项目调节现金流量

因为非经常性的现金流量是偶然发生的,持续性较差。企业对非经常性经营现金流量的操纵主要是操纵现金流量表上的"收到的其他与经营活动有关的现金""支付的其他与经营活动有关的现金"项目。在实务中,这两个项目正如"其他应收款"和"其他应付款"成了某些上市公司资产负债表上会计处理的"垃圾桶"一样,成为了现金流量表上藏污纳垢的"隐身地",给公司管理当局以可乘之机,将大量的与经营活动无关的现金流入和流出纳入其中。

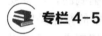

专栏 4-5

如何通过现金流量表发现优秀公司

其一,经营活动产生的现金流量净额大于净利润,而且净利润必须为正数。

经营活动产生的现金流量净额是企业的日常经营活动产生的现金成果。经营活动产生的现金流量净额越大,说明公司造血的能力越强,公司持续发展的内部动力越强。用经营活动产生的现金流量净额与净利润进行对比,分析其盈利质量。如果经营活动产生的现金流量净额与净利润的比率大于 100%,说明净利润中基本是现金,净利润的质量比较高。如果经营活动产生的现金流量净额与净利润的比率小于 80%,则说明净利润中有部分不是现金,净利润的质量比较低。

其二,销售商品、提供劳务收到的现金大于营业收入。

销售商品、提供劳务收到的现金可以理解为营业收入中的现金收入。用销售商品、提供劳务收到的现金与利润表中的营业收入进行对比,可以检验营业收入的含金量。

由于"销售商品、提供劳务收到的现金"中的金额是含税的,"营业收入"中的金额是不含税的,在没有应收账款的情况下,"销售商品、提供劳务收到的现金"与"营业收入"的比率应该在 110%左右。当然这个比率越高越好,如果这个比率大于 120%,说明公司不但没有应收账款,还有大量预收款项,基本是先收钱后发货。如果一家公司"销售商品、提供劳务收到的现金"与"营业收入"的比率小于 80%,说明营业收入中的应收账款较多,后期应收账款暴雷的可能性比较大。

其三,投资活动产生的现金流量净额小于零,且主要是投入新项目,而非用于维持原有生产能力。

从投资活动的目的分析,企业的投资活动,主要有三个目的:一是为企业生产经营活动奠定基础,如购建固定资产、无形资产和其他长期资产等;二是为企业对外扩张和其他发展

性目的进行权益性投资和债权性投资;三是利用企业暂时不用的闲置货币资金进行短期投资,以求获得较高的投资收益。在上述三个目的中,前两种投资一般都应与企业的长期规划和短期计划相一致。第三种则在很多情况下,是企业的一种短期理财安排。因此,面对投资活动的现金流量净额小于零的企业,首先应当考虑的是在企业的投资活动符合企业的长期规划和短期计划的条件下,这种现象表明了企业经营活动发展和企业扩张的内在需要,也反映了企业在扩张方面的努力与尝试。

其四,现金及现金等价物净增加额大于零。

现金及现金等价物的净增加额是指在现金流量表的经营活动、投资活动、筹资活动三大活动中的广义现金的增加额。现金及现金等价物净增加额大于零,说明企业现金流变多了;现金及现金等价物净增加额小于零,说明企业现金流减少了,需要加回现金分红,如果加回现金分红依然小于零,则公司不值得投资。

其五,期末现金及现金等价物余额大于有息负债。

有息负债指企业负债当中需要支付利息的债务。一般情况下,"短期借款""长期借款""应付债券""一年内到期的非流动性负债"等都是有息负债。

现金及现金等价物余额反映公司可使用的资金。如果期末现金及现金等价物余额大于有息负债,说明公司短期财务稳健,有充裕的资金归还到期债务的本息。

值得注意的是,这些指标不能只看一年,需要观察连续五年的指标。全部满足这些指标的无疑是非常优秀的公司,但如果某一项不满足的时候,需要进一步延伸思考,直到找到问题的可信解释。

本章小结

现金流量表是反映企业一定会计期间现金及现金等价物流入和流出的报表。现金流量表属于动态报表。现金流量表包括主表和补充资料。主表主要内容为经营活动产生的现金流量;投资活动产生的现金流量;筹资活动产生的现金流量;汇率变动对现金的影响;现金及现金等价物净增加额和期末现金及现金等价物余额。补充资料主要内容为将净利润调节为经营活动现金流量;不涉及现金收支的重大投资和筹资活动;现金及现金等价物净变动情况。

经营活动是指企业投资活动和筹资活动以外的所有交易和事项。经营活动产生的现金流量反映企业通过拥有的资产创造现金流量的能力,是企业的"造血"能力。经营活动产生的现金流量包括销售商品、提供劳务收到的现金;收到的税费返还;收到的其他与经营活动有关的现金;购买商品、接受劳务支付的现金;支付给职工以及为职工支付的现金;支付的各项税费和支付的其他与经营活动有关的现金。

投资活动是指企业长期资产的购建和不包括在现金等价物范围内的投资及其处置活动。企业投资活动分为对内投资和对外投资。对内投资主要是指购建固定资产、无形资产和其他长期资产支付的现金;对外投资主要是指对外股权或债券投资。投资活动产生的现金流量包括收回投资所收到的现金;取得投资收益收到的现金;处置固定资产、无形资产和其他长期资产收回的现金净额;处置子公司及其他营业单位收到的现金净额;收到的其他与投资活动有关的现金;购建固定资产、无形资产和其他长期资产支付的现金;投资支付的现金;取得子公司及其他营业单位支付的现金净额;支付的其他与投资活动有关的现金。

筹资活动是指导致企业资本及债务规模和构成发生变化的活动。筹资活动产生的现金流量反映企业的"输血"能力。筹资活动产生的现金流量包括吸收投资收到的现金;取得借款收到的现金；收到的其他与筹资活动有关的现金；偿还债务支付的现金；分配股利、利润或偿付利息支付的现金；支付的其他与筹资活动有关的现金。

现金流量表分析一般采用趋势分析法和结构分析法。现金流量表趋势分析是指将现金流量表内不同时期的项目进行对比，确定其增减变动的方向、金额和幅度，据以判断企业现金流量变动趋势的分析方法。现金流量表结构分析是分别以现金收入合计和现金流出合计为基数，计算现金流量表的各项目占现金收入合计和现金流出合计的比重，找出重要项目进行重点分析，了解现金流量的形成、变化过程及变动原因。

现金流量质量是指企业的现金流量能够按照企业的预期目标进行顺畅运转的质量。现金流量质量分析包括经营活动产生的现金流量质量分析、投资活动产生的现金流量质量分析、筹资活动产生的现金流量质量分析和现金流量整体状态质量分析。现金流量操纵常用方法为通过虚构交易操纵企业现金流量；利用理财策略等手段影响现金流入与流出的发生时间；通过关联方交易来调整企业的现金流量；在经营、投资和筹资三大活动产生的现金流量间进行有选择的转换；通过现金流量表中非经常性项目调节现金流量。

复习思考题

1. 什么是现金流量表？现金流量表的作用是什么？
2. 什么是现金及现金等价物？在确定现金及现金等价物时应考虑哪些问题？
3. 现金流量表中将现金流量分为哪几种？
4. 现金流量表的信息是否比资产负债表、利润表的信息更为重要？为什么？
5. 采用直接法和间接法编制现金流量表有何意义？
6. 经营活动现金流量与净利润之间存在什么关系？
7. 如何对现金流量进行趋势分析和结构分析？
8. 如何对现金流量进行质量分析？

第五章
所有者权益变动表解读与分析

【学习目标】
1. 掌握所有者权益变动表各项目的含义
2. 掌握所有者权益变动表趋势分析
3. 掌握所有者权益变动表结构分析
4. 了解所有者权益变动表的性质及其结构

第一节 所有者权益变动表概述

一、所有者权益变动表的性质

随着资本市场的发展,企业的所有者越来越重视自己的利益,他们迫切需要详细地了解自己的权益状况,为了便于会计信息使用者分析企业所有者权益的增减变化情况,为决策提供有用的信息,要求企业编制所有者权益变动表。

与其他三张财务报表相比,所有者权益变动表出现得最晚。2000年财政部印发了《企业会计制度》,在《企业会计制度》所规范的企业对外提供的会计报表中包括所有者权益增减变动表,从该表的格式与内容看,它主要是从实收资本、资本公积、法定和任意盈余公积、法定公益金、未分配利润五个方面,详细反映它们当期增减变动的具体情况,所有者权益增减变动表被看成资产负债表的附表,它是资产负债表下所有者权益的详细列报。直到2006年财政部颁布《企业会计准则第30号——财务报表列报》才首次将所有者权益变动表单独列为主表。上市公司于2007年正式对外披露所有者权益变动表,所有者权益变动表成为与资产负债表、利润表和现金流量表并列披露的第四张财务报表。

所有者权益变动表(在股份公司中称为股东权益变动表)是指反映构成所有者权益各组成部分当期的增减变动情况的报表。所有者权益变动表应当全面反映一定时期所有者权益变动的情况,不仅包括所有者权益总量的增减变动,还包括所有者权益增减变动的重要结构性信息,让报表使用者准确理解所有者权益增减变动的根源。

所有者权益变动表体现的是一种全面收益观念,它是架于资产负债表和利润表之间的桥梁,一方面展示了资产负债表中所有者权益变动的原因和具体内容,另一方面又是对利润表的补充,反映利润的分配情况,同时还把绕过利润表而直接在资产负债表中列示的项目和内容充分披露出来。

二、所有者权益变动表的结构

所有者权益变动表包括表首、正表两部分。其中,表首说明报表名称、编制单位、编制日期、报表编号、货币名称、计量单位等。

正表是所有者权益变动表的主体。所有者权益变动表不同于资产负债表的账户式格式,也不同于利润表的多步式格式,所有者权益变动表正表采用了矩阵式的格式列示。从纵向上看,列示导致所有者权益变动的交易或事项,即所有者权益变动的来源,对一定时期所有者权益变动情况进行全面反映;从横向上看,按照所有者权益各组成部分(包括实收资本、其他权益工具、资本公积、库存股、其他综合收益、盈余公积和未分配利润)列示交易或事项对所有者权益各部分的影响。

此外,所有者权益变动表将所有者权益各组成部分按"本年金额"和"上年金额"两栏列示,使得报表的比较期数得以扩展。所有者权益变动表结构如表 5-1 所示。

表 5-1 所有者权益变动表

企业 04 表

编制单位:　　　　　　　　　　　　　　年度　　　　　　　　　单位:元

项目	本年金额								
	实收资本(或股本)	其他权益工具			资本公积	减:库存股	其他综合收益	盈余公积	未分配利润	所有者权益合计
		优先股	永续债	其他						
一、上年年末余额										
加:会计政策变更										
前期差错更正										
其他										
二、本年年初余额										
三、本年增减变动金额(减少以"-"号填列)										
(一)综合收益总额										
(二)所有者投入和减少资本										
1. 所有者投入的普通股										
2. 其他权益工具持有者投入资本										
3. 股份支付计入所有者权益的金额										
4. 其他										
(三)利润分配										
1. 提取盈余公积										
2. 对所有者(或股东)的分配										
3. 其他										
(四)所有者权益内部结转										
1. 资本公积转增资本(或股本)										

续表

项目	本年金额									
	实收资本（或股本）	其他权益工具			资本公积	减：库存股	其他综合收益	盈余公积	未分配利润	所有者权益合计
		优先股	永续债	其他						
2. 盈余公积转增资本（或股本）										
3. 盈余公积弥补亏损										
4. 其他										
四、本年年末余额										

项目	上年金额									
	实收资本（或股本）	其他权益工具			资本公积	减：库存股	其他综合收益	盈余公积	未分配利润	所有者权益合计
		优先股	永续债	其他						
一、上年年末余额										
加：会计政策变更										
前期差错更正										
其他										
二、本年年初余额										
三、本年增减变动金额（减少以"-"号填列）										
（一）综合收益总额										
（二）所有者投入和减少资本										
1. 所有者投入的普通股										
2. 其他权益工具持有者投入资本										
3. 股份支付计入所有者权益的金额										
4. 其他										
（三）利润分配										
1. 提取盈余公积										
2. 对所有者（或股东）的分配										
3. 其他										
（四）所有者权益内部结转										
1. 资本公积转增资本（或股本）										
2. 盈余公积转增资本（或股本）										
3. 盈余公积弥补亏损										
4. 其他										
四、本年年末余额										

三、所有者权益变动表的勾稽关系

从所有者权益变动表的纵向上看，可以得出本年年初余额、本年增减变动金额和本年年末余额的勾稽关系，即：

本年年末余额=本年年初余额+本年增减变动金额

其中：本年年初余额=上年年末余额+会计政策变更+前期差错更正

$$本年增减变动金额=综合收益总额+所有者投入和减少资本+\\利润分配+所有者权益内部结转$$

从所有者权益变动表的横向上看,所有者权益内部各项目的勾稽关系即:

$$所有者权益合计=实收资本+其他权益工具+资本公积-库存股+\\其他综合收益+盈余公积+未分配利润$$

四、所有者权益变动表的作用

1. 充分体现企业的综合收益水平

综合收益就是指企业在规定期限内与除所有者以外的任何方面实施交易活动或者发生某些事项而造成净资产变动。综合收益由净利润、其他综合收益等共同构成,既符合收益改革趋势,同时又彰显所有者综合收益观念。因此,对侧重以公允价值、企业资产以及负债等为核心的所有者权益变动表进行深入分析和研究,可从综合收益层面为投资者提供较为完整的企业财务信息。

2. 有利于对企业保值增值情况做出分析

过去利润表在企业财务报表体系中一直居于重要位置,利润也成为各方面考核管理层业绩、衡量企业盈利能力的重要指标。但是,利润反映的只是企业某一期间的经营成果,容易使企业追逐短期利益且容易操作利润,不利于实现财务报告反映管理层受托责任履行情况的目标。而所有者权益变动表体现的是"资产负债观",企业只有在资产减去负债后的余额即所有者权益(净资产)增加的情况下,才表明企业价值增加了,所有者权益财富增长了。对所有者权益变动表进行分析,可使财务分析主体利用所有者权益变动表提供的全面收益信息与投入资本比较,对管理层受托责任的履行情况即投入资本的保值增值情况作更全面的考核判断,使企业着眼于长期战略,避免眼前利益和收益超前分配。

3. 有利于揭示所有者权益增减变动的原因

所有者权益变动表不仅包括所有者权益总量的增减变动,还包括所有者权益增减变动的重要结构性信息,让报表使用者准确理解所有者权益增减变动的根源。分析主体根据所有者权益变动表的资料以及其他财务资料,分析企业所有者权益总额以及各具体项目增减变动情况和变动趋势,以揭示增减变动的原因、存在的问题及差距,实现各自的利益价值最大化。

4. 有利于分析企业利润分配情况

由于企业对净利润的分配直接影响所有者权益总额和各项目发生变动,也被列入所有者权益变动表,因此通过所有者权益变动表,报表使用者还可以了解企业净利润的分配情况。可以说,所有者权益变动表既是对资产负债表的补充,又替代了利润分配表,对利润表进行补充说明。

5. 有利于了解企业会计政策变更以及前期差错的更正情况

2007 年以前,会计政策变更和前期差错更正对所有者权益本年年初余额的影响,主要在财务报表附注中体现,很容易被投资者忽略。随着 2006 年颁布的《企业会计准则第 30 号——财务报表列报》除要求企业在附注中披露与会计政策变更、前期差错更正有关的信息外,还要求在所有者权益变动表中披露会计政策变更和前期差错更正对所有者权益的影响,企业会计政策变更以及前期差错的更正情况得到了更为清晰的体现。

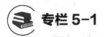 专栏 5-1

四张财务报表之间的关系

我国财务报表包括资产负债表、利润表、现金流量表和所有者权益变动表，这四张财务报表之间并不是孤立存在的，而是可以在某一时点或某一期间内联系在一起的。它们之间的关系如图 5-1 所示。

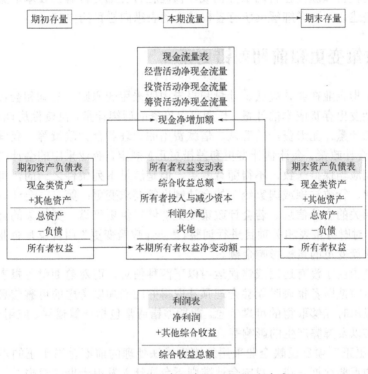

图 5-1 四张财务报表项目之间的关系

由图 5-1 可以看出，资产负债表反映某一时点的价值存量，利润表、现金流量表和所有者权益变动表反映的是两个时点之间的流量，即存量的变化。

利润表中的净利润会通过"利润分配——未分配利润"科目结转至资产负债表。在不计提盈余公积、不分配股利的情况下，本年利润表中的"本年净利润"是资产负债表中未分配利润的期末余额和期初余额的差额。

现金流量表中的企业经营活动、投资活动和筹资活动产生的净现金流量是现金流量表中本期现金净增加额，联系着资产负债表中现金类资产的期初和期末余额，现金流量表反映资产负债表中现金类资产的变化过程。

所有者权益变动表中的综合收益总额、所有者投入与减少资本、利润分配等是所有者权益变动表中本期所有者权益净变动额，联系着资产负债表中所有者权益的期初和期末余额。所有者权益变动表反映资产负债表中所有者权益部分的变动情况。

利润表中的综合收益总额是全面收益，综合收益总额转入所有者权益变动表，是本期所有者权益净变动额的重要组成部分。利润表反映了所有者权益变化的一部分。

所有者权益变动表与现金流量表之间并不存在直接的关系，但是存在间接关系，这种间接关系主要通过资产负债表相关项目连接。比如，企业股东用货币资金注资，现金流量表中"吸收投资收到的现金"增加，则所有者权益变动表中的实收资本增加。

财务报表分析

第二节 所有者权益变动表项目解读与分析

所有者权益变动表编制的目的是详细说明净资产各组成部分变动的来龙去脉。所有者权益变动表由横向栏目和纵向栏目两部分构成，横向栏目各部分内容已在本书第二章中详细介绍，这里不再赘述。下面详细解读所有者权益变动表纵向栏目的内容。

一、会计政策变更和前期差错更正

会计政策是指企业在会计确认、计量和报告中所采用的原则、基础和会计处理方法。会计政策通常包括发出存货成本的计量，长期股权投资的后续计量，投资性房地产的后续计量，固定资产的初始计量，无形资产的确认，借款费用的处理和合并政策等。我国《企业会计准则第28号——会计政策、会计估计变更和差错更正》规定，企业采用的会计政策在每一会计期间和前后各期应当保持一致，不得随意变更。但是满足下列条件之一的，可以变更会计政策：第一，法律、行政法规或国家统一的会计制度等要求变更；第二，会计政策变更能够提供更可靠、更相关的会计信息。若会计政策变更能够提供更可靠、更相关的会计信息，应采用追溯调整法，对财务报表相关项目进行调整。"会计政策变更"项目反映企业采用追溯调整法处理的会计政策变更的累积影响金额。

前期差错是指由于没有运用或错误运用以下两种信息，而对前期财务报表造成省略或误报：第一，编报前期财务报表时能够合理预计取得并应当加以考虑的可靠信息；第二，前期财务报表批准报出时能够取得的可靠信息。前期差错通常包括计算错误、应用会计政策错误、疏忽或曲解事实以及舞弊产生的影响等。

"前期差错更正"项目反映企业采用追溯重述法处理的前期差错更正的累积影响金额。对于本期发现的重要前期差错，我国会计准则不允许计入发现当期的净损益，而应采用追溯重述法进行更正。

如果会计政策变更和前期差错更正的信息只在报表附注中体现，则很容易被报表使用者忽略。现在除了在附注中披露，还在所有者权益变动表中直接列示会计政策变更和前期差错更正对所有者权益的影响，能够更加清晰地体现会计政策变更和前期差错更正对所有者权益的影响。

二、综合收益总额

综合收益总额是企业净利润和其他综合收益扣除所得税影响后的净额相加后的合计金额，并对应列在"未分配利润"和"其他综合收益"栏。我国财政部2014年修订了《企业会计准则第30号——财务报表列报》，将综合收益列入利润表及所有者权益变动表，并在附注中详细披露。因此，所有者权益变动表中的"综合收益总额"与利润表中的"综合收益总额"是一致的。

净利润作为企业经营成果的最终体现，也是企业所有者权益增加的内部源泉。由于净利润中既包括已确认且已实现的收入（利得）和费用（损失），也包括部分已确认但未实现的利得和损失，因此需要具体分析企业盈利质量，不可笼统地做出判断。

其他综合收益是直接计入所有者权益的利得和损失，即不应计入当期损益、会导致所有者权益变动的、与所有者投入资本或向所有者分配利润无关的利得或损失。其他综合收益列示的是另一部分已确认但未实现的持有利得和损失。由于其他综合收益易受公允价值计量的影响，而公允价值不可避免主观估计因素，这有可能使分析结论的准确性受到影响。因此，需借助财务报表附注等补充资料判断企业计入"利得"数据的合理性，或排除因公允价值计量问题而带来的不确定性。

三、所有者投入和减少资本

所有者投入和减少资本是指企业当年所有者追加投入的资本和减少的资本。

（一）所有者投入资本

所有者投入资本是指企业接受投资者投入形成的实收资本（或股本）和资本溢价（或股本溢价），并对应列在"实收资本"和"资本公积"栏。

所有者投入资本通常通过如下形式：投资者追加投资（包括发行股票、配股或以现金及其他非货币性资产投资）；企业因债务重组等原因将债务转为资本；企业以股份支付的方式换取职工提供的劳务等。

股份支付是"以股份为基础的支付"的简称，是指企业为获得职工和其他方提供服务而授予权益工具或者承担以权益工具为基础确定的负债的交易。按照股份支付的方式和工具类型，主要可划分为以权益结算的股份支付和以现金结算的股份支付两大类。对于权益结算的股份支付，在可行权日之后不再对已确认的成本费用和所有者权益总额进行调整。企业应在行权日根据行权情况，确认股本和股本溢价，同时结转等待期内确认的资本公积（其他资本公积）。股份支付计入所有者权益的金额，反映企业处于等待期中的权益结算的股份支付当年计入资本公积的金额。

企业所有者投入资本与企业自身盈利都会引起所有者权益增加，但二者对企业的发展前景具有显著差异。若企业所有者权益的增加主要由所有者投入资本引起，具有很多的不确定性，并不能说明所有者投入的资本得到了保值增值。

（二）所有者减少资本

所有者减少资本的情况并不常见，企业实收资本减少主要有两种原因：一是企业经营不善，发生重大亏损；二是企业股东因为其他原因决定减少股本。企业减少注册资本，必须按照法定程序报经批准。所有者减少资本通常包括：股份公司采用回购本企业股票方式减资；中外合作经营企业根据合同约定，在合作期间归还投资者的投资时，也会引起资本的减少。

所有者减少资本，一方面会减少企业的自有资金，增加企业的财务风险，还可能使企业的举债能力受到不利影响，另一方面会缩小企业的资产规模。所有者投入资本一般表明对企业前景看好，企业有较好的投资发展机会。如果所有者减少资本要引起特别注意，是由于合同到期还是其他特别情况，从而做出合理的判断。

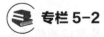 专栏 5-2

股票回购与库存股

2020 年 4 月 12 日，××公司董事会发布公告称，拟使用自有资金以集中竞价交易方式回购公司发行的 A 股股份，资金总额不低于 30 亿元（含）且不超过 60 亿元（含）；回购股票价格不超过 70 元/股。预计可回购股份占总股本比例为 0.71%~1.42%，回购股份将全部用于员工持股计划或者股权激励。

一、股票回购

股票回购起源于 20 世纪 70 年代的美国，是指上市公司利用现金等方式，从股票市场上购回本公司发行在外的一定数额的股票的行为。

上市公司回购股票的主要目的有以下四种：①将股票回购作为反收购措施。股票回购可以加强对公司的控制，防止企业被恶意收购。回购将提高本公司的股价，减少在外流通的股份，给收购方造成更大的收购难度；股票回购后，公司在外流通的股份少了，可以防止浮动股票落入进攻企业手中。②股票回购改善资本结构。股票回购是改善公司资本结构的一个较好途径。利用企业闲置的资金回购一部分股份，降低了公司的实收资本，资金得到了充分利用，每股收益也提高了；股票回购可以提升债务资本比例，提高公司的财务灵活性。由于抵税效应的存在，股票回购还可以帮助公司合理避税。③股票回购稳定公司股价。股价过低，会导致股东对公司失去信心，不利于公司股票在股票市场上的流转，也不利于公司推广产品或者开辟市场。公司在股价较低时回购股票，有利于提升股东信心，树立公司良好形象。④股票回购有利于激励管理层。股票回购有效地利用了公司多余的现金流量，不仅降低了代理成本，还可以用回购的股票实施股权激励，使股东利益与管理者利益紧密地联系起来，降低了管理者出于对自身利益的考虑而损害股东利益的风险。

对于此次股票回购的目的，公司公告认为，基于对公司未来发展前景的信心和对公司价值的高度认可，并结合公司经营情况、主营业务发展前景、公司财务状况以及未来的盈利能力等因素，拟使用自有资金以集中竞价交易方式回购部分社会公众股股份，用于实施公司股权激励或员工持股计划，以此进一步完善公司治理结构，构建管理团队持股的长期激励与约束机制，确保公司长期经营目标的实现，推动全体股东的利益一致与收益共享，提升公司整体价值。

回购通常被看作是利好，但是也有可能好事变坏事。美国长达 10 年牛市，其中一个很重要的因素便是股票回购。美国上市公司回购股票之后，一般是注销这些流通股。对于长期投资人来说，公司不断地回购股票，注销流通股，就会直接导致现有股东的股份占比上升。公司管理层经常有看涨期权的激励机制。只有股价不断地上涨，管理层的虚值看涨期权才有可能变成实值，因此管理层有更大的动力去推行回购策略。但是，企业把大量的现金用于回购，推高股价，不利于长期资本项目的投资等用途。这样过度回购，就不利于企业的长期发展。

巴菲特认为应该同时满足两种情况才进行回购：一是公司有充足的资金来满足其业务的运营和流动性需求；二是按照保守的计算，公司股票的售价大大低于公司的内在价值。他认为公司的现金流最重要的用途应该是投资企业的中长期资本项目，回购不应该是现金的主要用途。

当前我国的资本市场不断成熟，回购行为也在逐渐地常态化，我们应该注意前车之鉴，避免过度回购，让回购在适度的范围之内促进市场的良性发展。

二、库存股

库存股是公司回购的已经发行在外的股份。公司在股票回购完成后可以将所回购的股票注销，但在绝大多数情况下，公司将回购的股票作为"库存股"保留，不再属于发行在外的股票，且不参与每股收益的计算和分配。库存股日后可移作他用，如发行可转换债券、雇员福利计划等，或在需要资金时将其出售。

公司公告称，对于本次回购的股份，公司如未能在股份回购完成之后 36 个月内实施股权激励或员工持股计划，未使用部分将履行相关程序予以注销。

库存股仍然是公司发行在外的股份，只是没有再流通，因此资产负债表中被列作股本的减项。库存股作为已经发行未流通的股份，不能参加股利分配，没有表决权。我国《公司法》规定，公司可回购自己已经发行的股票，但仅限于减少注册资本、与持有本公司股份的其他公司合并、将股份奖励给本公司职工，以及股东因对股东大会做出的公司合并、分立决议持异议而要求公司收购其股份等四种情况。由于公司法限制了回购股份的目的，公司很难按照财务和市场目的回购自己的股票。具体分析时，应该注意以下几个方面：①库存股不是公司的一项资产，而是所有者权益的减项。②库存股的变动不影响损益，只影响权益，即再次发行库存股时，其所产生的收入与取得的账面价值的差额不会引起公司损益的变化，而是引起公司所有者权益的增加或减少。③库存股的权利受限。由于库存股没有具体股东，因此库存股的权利会受到一定的限制，如不具有股利分派权、表决权、分派剩余财产权等。

四、利润分配

利润分配是企业将实现的税后利润在投资者之间进行的分配。企业实现的税后利润应按公司法、公司章程及股东大会决议等进行分配。当年实现的净利润加上以前年度未分配利润就是可供分配的利润。对于可供分配的利润，应按规定程序进行以下分配：一是弥补亏损；二是提取法定公积金；三是提取任意公积金；四是向股东分配股利。

利润分配项目反映企业当年对所有者（或股东）分配的利润（或股利）金额和按照规定提取的盈余公积金额。

（一）提取盈余公积

"提取盈余公积"项目反映按照规定提取的盈余公积金额，在所有者权益变动表中，会使得"盈余公积"增加，"未分配利润"相应减少。

提取盈余公积包括提取法定盈余公积和任意盈余公积。按照我国《公司法》等的规定，公司应按照税后利润的 10% 提取法定盈余公积。法定盈余公积累计额已达注册资本的 50% 时可以不再提取。公司当年取得盈利的，必须依法提取法定盈余公积。没有利润的，不提取法定盈余公积。

公司从税后利润中提取法定盈余公积后，为了公司发展需要，经股东大会决议，还可以从税后利润中提取任意盈余公积。法定盈余公积和任意盈余公积的区别在于其各自计提的依据不同。前者以国家的法律或行政法规为依据提取；后者则由公司自行决定提取。

法定盈余公积和任意盈余公积都是公司在税后利润中提取的盈余积累，是公司用于防范和抵御风险，提高经营能力的重要来源。盈余公积可用于弥补亏损、扩大企业生产经营或转增资本。

（二）对所有者（或股东）的分配

"对所有者（或股东）的分配"项目反映对所有者（或股东）分配的利润（或股利）金额，若企业分配现金利润或股利，在所有者权益变动表中，会使得"未分配利润"相应减少；若企业分配股票股利，在所有者权益变动表中，"实收资本（或股本）"增加，"未分配利润"相应减少。

在我国，股利通常有两种方式：一种是现金股利（派现），即以现金支付股利；另一种是股票股利（也称送股），即以股票支付股利。

1. 现金股利

现金股利是公司最常见、最易被投资者接受的股利支付方式。这种形式能够满足大多数投资者希望得到稳定投资回报的要求。公司支付现金股利，不仅要符合法定要求，即具备足够的可分配资产，还取决于公司的投资需要、现金流量和股东意愿等因素。一般来说，当公司的生产经营运作已经达到成熟阶段，可以较多地考虑发放现金股利，以回报投资者。

2. 股票股利

股票股利是公司以股票形式向投资者发放股利的方式，即按比例向股东派发公司的股票。股票股利是一种特殊的股利形式，它不直接增加股东的财富，不会导致企业资产的流出或负债的增加，不影响公司的资产、负债及所有者权益总额的变化，所影响的只是所有者权益内部有关项目及其结构的变化，即将未分配利润转为股本。股票股利的发放增加了公司在外的股票数量，增加了每位股东持有公司股份的绝对额，但是不影响每位股东占公司股东权益的比重。因此，股票股利实际上是留存收益的凝固化、资本化，不是真正意义上的股利。因而，它不受企业是否有足够的现金的限制，只要公司能够盈利，它就可以发放股票股利。一般来说，当公司的进一步发展空间还很大或现金不足时，可以较多地考虑股票股利。但应该注意，发放股票股利，每股账面价值和每股收益可能会被稀释。

通过利润分配项目可以判断企业的盈利情况和发展战略。一方面，盈利较多一般分配的较多；另一方面，企业若是正处于扩张期，则可能减少利润分配的金额，而是将其利用在扩大规模上。

五、所有者权益内部结转

为了全面反映所有者权益各组成部分的增减变动情况，所有者权益内部结转也是所有者权益变动表的重要组成部分。所有者权益内部结转是指不影响所有者权益总额，所有者权益各组成部分之间当年的增减变动情况。其包括资本公积转增资本、盈余公积转增资本、盈余公积弥补亏损等。

（一）资本公积转增资本

资本公积是企业的一种储备形式资本。根据我国《公司法》等的规定，资本公积的主要用途是转增资本。资本公积转增资本是指企业为扩充资本的需要，经股东大会或类似机构决议，将资本公积的一部分转为实收资本。

"资本公积转增资本"项目反映的是资本公积转增资本的金额，在所有者权益变动表中，会使得"实收资本（或股本）"增加，"资本公积"相应减少。本项目是所有者权益内部的增减变动，不影响所有者权益总额，但会改变资本结构。

有些资本公积不能用于转增资本，如接受非现金资产捐赠，因此在分析时应该注意资本公积形成的原因。

（二）盈余公积转增资本

盈余公积的提取实际上是企业当期实现的净利润向投资者分配利润的一种限制。提取盈余公积本身就属于利润分配的一部分，提取盈余公积相对应的资金，一经提取形成盈余公积后，在一般情况下不得用于向投资者分配利润或股利。

"盈余公积转增资本"项目反映的是盈余公积转增资本的金额，在所有者权益变动表中，会使得"实收资本（或股本）"增加，"盈余公积"相应减少。本项目是所有者权益内部的增减变动，不影响所有者权益总额。

企业将盈余公积转增资本时，必须经过股东大会的批准。在实际转增时，需要按照持股比例结转，盈余公积转增资本后留存的盈余公积的数额不得少于转增前注册资本的25%。

盈余公积转增资本的实质就是把净利润分配给股东，并没有现金流出。分析时需要注意盈余公积转增资本的数额和留存的比例。

（三）盈余公积弥补亏损

弥补以前年度经营亏损有三种途径：年度税前利润（现行规定为5年内）、用税后利润弥补亏损和盈余公积弥补亏损。

"盈余公积弥补亏损"项目反映企业以盈余公积弥补亏损的金额，在所有者权益变动表中，会使得"未分配利润"增加，"盈余公积"相应减少。本项目是所有者权益内部的增减变动，不影响所有者权益总额。

企业以盈余公积弥补亏损时，应当由公司董事会提议，并经股东大会批准。企业以盈余公积弥补亏损时，实际上是减少盈余公积留存的数额，以此抵补未弥补亏损的数额，并不引起企业所有者权益总额的变动，但可以使企业尽快摆脱过去亏损所形成的经营负担。

对于企业来说，往往只是在发生亏损的5年以后才会考虑用盈余公积弥补剩余的亏损。因为5年内的亏损可以使用税前利润弥补，并且这一行为得到税法的承认，可以给企业带来税务上的优惠，而5年后亏损需要用税后利润弥补，不仅不会给企业带来税务筹划方面的优势，还会影响损益情况。

在分析盈余公积弥补亏损时，需要注意企业是否存在提前以盈余公积弥补亏损的行为，如果存在，则需要分析其原因。

第三节 所有者权益变动表的趋势分析和结构分析

对所有者权益变动表的分析可以从趋势分析和结构分析两方面入手。

一、所有者权益变动表趋势分析

所有者权益变动表趋势分析是将所有者权益变动表各个项目的本年数与上年数进行对比分析，从静态角度揭示公司当期所有者权益变动表各个项目绝对数变动情况，从而反映所有者权益变动表各个项目增减变动的具体原因和存在问题的一种分析方法。一般用变动额和变动率两个指标来反映所有者权益变动表各个项目的本年数与上年数的变动情况。

二、所有者权益变动表结构分析

所有者权益变动表结构分析是将所有者权益变动表各个项目的本期发生额与所有者权益变动表本年年末余额进行比较，计算各个项目金额占本年年末余额的比重，通过分析各个项目的比重及其变动情况，从而揭示所有者权益变动的原因，以便进行相关决策。

案例 5-1

S 公司所有者权益变动表趋势分析和结构分析

S 公司创办于 1990 年,是中国商业企业的领先者,经营商品涵盖传统家电、消费电子、百货、日用品、图书、虚拟产品等综合品类。

下面以 S 公司 2014—2018 年度所有者权益变动表为例,进行所有者权益变动表分析。S 公司 2014—2018 年度所有者权益变动表见附录 4。

一、S 公司所有者权益变动表趋势分析

S 公司所有者权益变动表趋势分析如表 5-2 所示。

表 5-2 S 公司所有者权益变动表趋势分析表

项目	变动额/万元				变动率/%			
	2015 年	2016 年	2017 年	2018 年	2015 年	2016 年	2017 年	2018 年
一、上年年末余额	85 163	238 826	3 799 691	1 370 568	2.97	8.09	119.02	19.60
加:会计政策变更								
二、本年年初余额	85 163	238 826	3 799 691	1 370 568	2.97	8.09	119.02	19.60
三、本年度增减变动额	153 663	3 560 865	-2 429 123	-912 254	180.43	1490.99	-63.93	-66.56
(一)综合收益总额								
净利润	-6 631	-26 450	355 631	859 301	-8.05	-34.91	721.02	212.20
其他综合收益	17 841	232 765	695 672	-2 115 001	589.79	1115.52	274.29	-222.80
综合收益总额合计	11 210	206 315	1 051 303	-1 255 700	13.12	213.49	347.02	-92.72
(二)股东投入和减少资本								
股东投入资本		2 909 282	-2 909 282	0			-100.00	
少数股东增加资本	148 802	482 396	-548 728	446 796	12849.91	321.68	-86.78	534.27
少数股东减少资本	-6 390	7 530	-504	773	448.74	-96.37	177.46	-98.10
非同一控制下企业合并转入	12 765	-12 765	-1 055	5 530		-100.00		-524.17
处置子公司	24 555	-24 555	-40	40		-100.00		-100.00
股票回购				-100 000				
股份支付计入股东权益的金额				18 400				
其他			255	-510				-200.00
(三)利润分配								
提取盈余公积								
对股东的分配	-37 279	-7 338	-21 072	-27 583		19.68	47.23	41.99
其他								
(四)所有者权益内部结转								
四、本年年末余额	238 826	3 799 691	1 370 568	458 314	8.09	119.02	19.60	5.48

通过所有者权益变动表趋势分析表,并结合公司年报相关信息,可以看出 S 公司所有者权益变动情况及其变动原因。

S 公司 2015—2018 年期末所有者权益分别增长了 238 826 万元、3 799 691 万元、1 370 568 万元、458 314 万元,增长率分别为 8.09%、119.02%、19.60%、5.48%,其中 2016 年所有者

权益增长尤为明显。本年所有者权益增减变动金额波动的原因有：2015—2016 年净利润虽然负增长，但其他综合收益大幅度上涨，公司净利润 2015 年和 2016 年连续两年负增长，2017 年和 2018 年出现戏剧性大幅上涨。公司其他综合收益 2015 年、2016 年和 2017 年均出现大幅上涨，2018 年出现断崖式下跌。公司综合收益对冲了净利润和其他综合收益的波动，2015 年、2016 年和 2017 年总体上涨，而 2018 年仍然大幅下跌。

从 2015 年开始公司每年分配现金股利，分配金额逐年增加，说明公司开始重视现金股利分配。

提取盈余公积、所有者权益内部结转使所有者权益的变动均为零，因为这些业务只是所有者权益内部的转换，并不会使所有者权益总额发生变化。

有些项目由于数据不连续，如股票回购、股份支付计入股东权益的金额等，趋势分析无意义。

总体来讲，期末所有者权益的增长由于综合收益的不稳定而出现波动，2016 年所有者权益大幅增加是由大量增发所致。这种不是依靠经营业务取得的所有者权益增长，受外围因素影响较大，不具有可持续性。

二、S 公司所有者权益变动表结构分析

S 公司所有者权益变动表结构分析如表 5-3 所示。

表 5-3　S 公司所有者权益变动表结构分析表　　　单位：%

项目	2014 年	2015 年	2016 年	2017 年	2018 年
一、上年年末余额	97.12	92.52	45.66	83.61	94.80
会计政策变更	0.00	0.00	0.00	0.00	0.00
二、本年年初余额	97.12	92.52	45.66	83.61	94.80
三、本年度增减变动额	2.88	7.48	54.34	16.39	5.20
（一）综合收益总额					
净利润	2.79	2.37	0.71	4.84	14.33
其他综合收益	0.10	0.65	3.62	11.35	−13.21
综合收益总额合计	2.89	3.02	4.33	16.19	1.12
（二）股东投入和减少资本	−0.01	5.63	50.65	0.98	5.14
股东投入资本	0.00	0.00	41.61	0.00	0.00
少数股东增加资本	0.04	4.70	9.04	1.00	6.01
少数股东减少资本	−0.05	−0.24	0.00	−0.01	0.00
非同一控制下企业合并转入	0.00	0.40	0.00	−0.01	0.05
处置子公司	0.00	0.77	0.00	0.00	0.00
股票回购	0.00	0.00	0.00	0.00	−1.13
股份支付计入股东权益的金额	0.00	0.00	0.00	0.00	0.21
其他	0.00	0.00	0.00	0.00	0.00
（三）利润分配	0.00	−1.17	−0.64	−0.79	−1.06
提取盈余公积	0.00	0.00	0.00	0.00	0.00
对股东的分配	0.00	−1.17	−0.64	−0.78	−1.06
其他	0.00	0.00	0.00	0.00	0.00
四、本年年末余额	100.00	100.00	100.00	100.00	100.00

通过所有者权益变动表的结构分析，可以看出S公司所有者权益变动的结构及其变化情况。

2014年所有者权益本年年末余额中，本年年初余额占比达到97.12%，在本年所有者权益增减变动中，净利润占比2.79%，其他综合收益占比仅为0.10%。由此可见，该公司2014年所有者权益的提高主要来源于企业经营活动所创造的利润。

2015年所有者权益本年年末余额中，本年年初余额占比达到92.52%，在本年所有者权益增减变动中，少数股东增加资本占比4.70%，净利润占比为2.37%，处置子公司占比为0.77%。由此可见，该公司2015年所有者权益的提高主要来源于少数股东增加资本，企业经营活动所创造的利润占比较少。使所有者权益减少的项目主要是向所有者的分配，占比为-1.17%，说明该公司选择的股利分配方式为现金股利。

2016年所有者权益本年年末余额中，本年年初余额占比仅为45.66%，在本年所有者权益增减变动中，股东投入资本占比41.61%，这是因为2016年公司向B公司非公开发行股份，募集资金292亿元。由此可见，S公司2016年所有者权益的提高主要来源于增发股票，引进战略投资者，为公司将来发展布局。使所有者权益减少的项目主要是向所有者的分配，占比为-0.64%，说明该公司选择的股利分配方式为现金股利。

2017年所有者权益本年年末余额中，本年年初余额占比为83.61%，在本年所有者权益增减变动中，其他综合收益占比为11.35%，这是2017年公司可供出售金融资产公允价值变动损益所致。净利润占比为4.84%，少数股东增加资本占比仅为1.00%。由此可见，该公司2017年所有者权益的提高主要来源于可供出售金融资产公允价值变动损益，企业经营活动所创造的利润占比较少。使所有者权益减少的项目主要是向所有者的分配，占比为-0.79%，说明该公司选择的股利分配方式为现金股利。

2018年所有者权益本年年末余额中，本年年初余额占比为94.80%，在本年所有者权益增减变动中，净利润占比为14.33%，少数股东增加资本占比为6.01%。由此可见，该公司2018年所有者权益的提高主要来源于企业经营活动所创造的利润。使所有者权益减少的项目主要是其他综合收益，占比为-13.21%，这是2018年公司可供出售金融资产公允价值变动损益所致。股票回购占比为-1.13%，向所有者的分配占比为-1.06%，说明金融资产波动对所有者权益影响较大。该公司通过回购股票，积极开展员工股权激励计划，同时重视对投资者的现金回报。

将2014—2018年的数据对比来看，所有者权益本年年初余额除2016年和2017年以外，占比均在90%以上。净利润占比前三年较低，且逐年下降，2016年最低，占比仅为0.71%，后两年净利润占比大幅度上升。其他综合收益占比前四年逐年上升，2017年最高，占比高达11.35%，而在2018年其他综合收益占比大幅下降，占比为-13.21%。其原因在于2017年金融资产价格上涨，2018年金融资产价格大幅下跌。从2015年开始，公司每年股利分配采用现金股利，重视投资者现金回报。

综上所述，通过S公司所有者权益变动表的趋势分析和结构分析，可以看出该公司所有者权益的增加起伏较大，所有者权益的增加受到增配和可供出售金融资产价格波动影响较大，公司净利润并不稳定。

第四节 所有者权益变动表质量分析

资产负债表中所有者权益项目的分析侧重于各个构成项目的静态比例关系，而所有者权益变动表的分析应侧重于所有者权益各构成项目的具体变动情况。为此，所有者权益变动表所包含的财务状况质量信息应从以下方面分析。

1. 区分"输血性"变化和"盈利性"变化

这里的"输血性"变化是指企业因为投资者入资而增加的所有者权益,而"盈利性"变化则是指企业依靠自身的盈利而增加的所有者权益。显然,这两个方面均会引起所有者权益总额的变化,但对于报表使用者来说却有着不同的信息含义。"输血性"变化会导致企业资产增加,但因此增加的资产其盈利前景是不确定的;如果是"盈利性"变化的盈利质量较高,则意味着企业可持续发展的盈利前景看好。

2. 关注所有者权益内部项目互相结转的财务效应

所有者权益内部项目互相结转,虽然不改变所有者权益的总规模,但这种变化会对企业的财务形象产生直接影响,或增加企业的股本数量(转增股本),或弥补了企业的累计亏损(盈余公积弥补亏损)。这种变化虽然对资产结构和质量没有直接影响,但可能会对企业未来的股权价值变化以及利润分配前景产生直接影响。

3. 关注股权结构的变化与其方向性含义

股权结构变化既可能是原股东之间股权结构的调整,也有可能是增加了新的投资者。这种变化对企业的长期发展具有重要意义。企业股权结构变化可能导致企业的发展战略、人力资源结构与政策等方面发生变化。这样,按照原来报表信息来预测企业的发展前景就有可能失去意义。

4. 关注综合收益的构成以及其他综合收益所做的贡献

综合收益包括净利润和其他综合收益,其中净利润是企业所有者权益增加的稳定来源,其他综合收益是引发所有者权益变动不容忽视的因素之一。其他综合收益主要包括:可供出售金融资产产生的利得(或损失)金额;按照权益法核算的在被投资单位其他综合收益中所享有的份额;现金流量工具产生的利得(或损失)金额;外币财务报表折算差额;等等。这些项目可以帮助投资者了解企业全面收益的状况。

5. 注意会计政策变更和前期差错更正因素的影响

会计政策变更和前期差错更正对企业所有者权益的影响,除数字上的变化以外,对企业的财务状况质量没有实质改变。需要警惕的是年度间频繁出现会计政策变更和前期差错更正事项的情况,这很有可能是企业蓄意调整利润所导致的后果。

专栏 5-3

如何有效阅读财务报表

无论作为投资者还是企业的经营者,要想了解企业的基本情况,最有效的方法就是阅读企业的财务报表。掌握财务报表,除了需要花费一定的功夫学习大量的专业术语,还必须了解阅读财务报表的方法。学习财务报表没有捷径,下面一些原则可以作为参考。

① 读财务报表不能只读一种报表,四张财务报表都要看。因为每张财务报表观察的角度不同,作用也不同。资产负债表是了解企业财务结构最重要的利器,利润表是衡量企业经营绩效最重要的依据,现金流量表是评估企业能否存活及持续发展的核心工具,所有者权益变动表是说明经营管理层是否公平对待股东的最重要的信息。如果仅读一种报表,就像瞎子摸象,会被片面的真相误导。

② 读财务报表不能只读数字而不读财务报表附注。财务报表附注是财务报表的重要组成部分，它在年报中占有 50%以上的篇幅。财务报表附注一般包括财务报表的编制基础、重要会计政策的说明以及财务报表中重要项目的进一步说明等，对于理解财务报表有很大帮助。

③ 读财务报表不能只读财务信息。财务报表是会计人员根据会计处理的结果编制而成。要想理解财务报表背后的经济意义，必须了解企业的经济业务和流程。

④ 读财务报表不能只读一期报表，如一个季度或者一个年度。一期的报表里可能会隐藏许多一次性的结果。企业的经营像流水账一样持续不断，要想了解真相，往回追溯一定长的时间是个比较好的办法。往回看得越远的人，就有可能往前看得越远。

⑤ 读财务报表不能只读一家公司的报表。了解竞争对手很重要，你不需要必须最好，但是需要至少比竞争对手好一点，至少在某些方面。巴菲特在接受记者采访时说："我阅读我所关注的公司年报，同时也阅读它的竞争对手的年报，这些年报是我最主要的阅读材料。"

⑥ 读财务报表不能只读一种行业的报表。分析产业上下游行业，能使你更明白自己的状况。你可以在网上找到相关行业的平均水平，作为比较时的参考。

⑦ 读财务报表不能只读过去不读将来。对于投资者来说，比现实更重要的是将来。只有知道下一步会发生什么，才能知道下一步应该做什么。

本章小结

所有者权益变动表（在股份公司中称为股东权益变动表）是指反映构成所有者权益各组成部分当期的增减变动情况的报表。所有者权益变动表体现的是一种全面收益观念，它全面反映一定时期所有者权益变动的情况，不仅包括所有者权益总量的增减变动，还包括所有者权益增减变动的重要结构性信息，让报表使用者准确理解所有者权益增减变动的根源。

通过所有者权益变动表可以了解企业的综合收益水平，有利于对企业保值增值情况做出分析，有利于揭示所有者权益增减变动的原因，有利于分析企业利润分配情况，有利于了解企业会计政策变更以及前期差错的更正情况。

所有者权益变动表正表采用了矩阵式的格式列示。所有者权益变动表至少披露如下信息：会计政策变更和前期差错更正，综合收益总额，所有者投入和减少资本，利润分配，所有者权益内部结转。

对所有者权益变动表的分析可以从趋势分析和结构分析两方面入手。

所有者权益变动表所包含的财务状况质量信息应从以下方面分析：区分"输血性"变化和"盈利性"变化，关注所有者权益内部项目互相结转的财务效应，关注股权结构的变化与其方向性含义，关注综合收益的构成以及其他综合收益所做的贡献，注意会计政策变更和前期差错更正因素的影响。

复习思考题

1. 所有者权益变动表能够提供哪些信息？

2. 所有者权益变动的来源有哪些？
3. 所有者权益的构成有哪些？各部分有什么区别与联系？
4. 什么是会计政策变更？什么是前期差错变更？两者有何区别？
5. 所有者权益内部结转对企业财务状况有什么影响？
6. 如何进行所有者权益变动表的趋势分析和结构分析？
7. 如何理解所有者权益变动表所包含的财务状况质量信息？

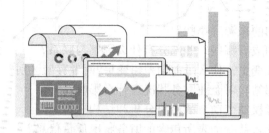

第六章 偿债能力分析

【学习目标】
1. 掌握偿债能力指标的计算方法
2. 熟悉偿债能力指标计算中有关的数据选择
3. 熟悉偿债能力指标分析的影响因素
4. 了解影响偿债能力分析的表外信息

第一节 偿债能力分析的目的和内容

一、偿债能力的概念

偿债能力又称债务风险状况或安全性，是指企业偿还各种到期债务的能力。企业偿还债务能力是企业能否健康生存和发展的关键，它是反映企业财务状况和经营能力的重要标志。

偿债能力是债权人、投资者、企业管理者等十分关心的重要问题。对于债权人来说，偿债能力的强弱意味着本金和利息能否按期收回；对于投资者来说，偿债能力的强弱意味着企业盈利能力的高低和投资机会的多少；对于企业管理者来说，偿债能力的强弱意味着企业承受财务风险的大小。

偿债能力的衡量方法有两种：一是比较需偿还债务与可供偿债资产的存量，资产存量超过债务存量较多，则认为偿债能力强；二是比较偿债所需现金和经营活动产生的现金流量，如果经营活动产生的现金流量超过偿债所需要的现金较多，则认为偿债能力强。

二、偿债能力分析的目的

① 了解企业的财务状况，优化资本结构。企业偿债能力的强弱是反映企业财务状况的重要标志。资本结构不同，企业的偿债能力也不同。同时，不同的资本结构，其资金成本也

有差异，进而会影响企业价值。通过偿债能力的分析，可以揭示企业资本结构中存在的问题，及时加以调整，进而优化资本结构，提高企业价值。

② 揭示企业所承担的财务风险程度。财务风险是由负债筹资引起的权益资本收益的变动性，以及到期不能偿还债务本息而破产的可能性。企业所承担的财务风险与负债筹资直接相关，不同的筹资方式和筹资结构会对企业形成不同的财务风险，进而影响企业的总风险。当企业举债时，就可能会出现债务到期不能按时偿付的可能，这就是财务风险的实质所在。而且，企业的负债比率越高，到期不能按时偿付的可能性越大，企业所承担的财务风险越大。如果企业有足够的现金或随时可以变现的资产，即企业偿债能力强时，其财务风险就相对较小；反之，则财务风险就较高。

③ 预测企业筹资前景。企业生产经营所需资金通常需要从各种渠道，以各种方式取得。当企业偿债能力强时，说明企业财务状况较好，信誉较高，债权人就愿意将资金借给企业。否则，企业就很难从债权人那里筹集到资金。因此，在企业偿债能力较弱时，企业筹资前景不容乐观。如果企业愿以较高的代价筹资，其结果会使企业承担更高的财务风险。

④ 为企业进行各种理财活动提供重要参考。企业的理财活动集中表现在筹资、投资和资金分配三个方面。企业在什么时候取得资金，其数额多少，取决于生产经营活动的需要，也包括偿还债务的需要。如果企业偿债能力较强，则可能表明企业有充裕的现金或其他能随时变现的资产，在这种情况下，企业就可以利用暂时闲置的资金进行其他投资活动，以提高资产的利用效果。反之，如果企业偿债能力不强，特别是有需要偿付的债务时，企业就必须及早地筹措资金，以便在债务到期时能够偿付，使企业信誉得以维护。

三、偿债能力分析的内容

偿债能力根据到期债务的时间长短分为短期偿债能力和长期偿债能力。因此，偿债能力分析包括短期偿债能力分析和长期偿债能力分析。

短期偿债能力分析是指通过对反映短期偿债能力的指标进行分析，了解企业短期偿债能力的高低及其变动情况，说明企业的财务状况和风险程度。其主要分析指标包括营运资本、流动比率、速动比率、现金比率和现金流量比率等。

长期偿债能力分析是指通过对反映长期偿债能力的指标进行分析，了解企业长期偿债能力的高低及其变动情况，说明企业整体财务状况和债务负担以及偿债能力的保障程度。其主要分析指标包括资产负债率、产权比率、权益乘数、资产有息负债率、利息保障倍数和现金流量债务比等。

第二节　短期偿债能力分析

一、短期偿债能力的概念

短期偿债能力是指企业用流动资产偿还流动负债的保障程度。流动负债因其时间短、风险大，对企业有较大的威胁，如果不能及时地偿还，可能使企业面临倒闭的危险。在资产负债表中，流动资产与流动负债形成一种对应关系，一般来说，流动负债以流动资产来偿付，通常情况下用现金来偿还。因此，短期偿债能力的强弱要看流动资产和流动负债的多少和质量状况。

流动资产的质量是指流动性和变现能力。流动性是指流动资产转化为现金所需要的时间。资产转化为现金，需要的时间越短，则资产流动性越强。变现能力是指资产能否很容易地、不受损失地转化为现金。如果流动资产预计出售价格与实际出售价格差额越小，则认为变现能力越强。比如，有价证券容易变现，存货要差一些。

流动负债的质量是指债务偿还的强制程度和紧迫性。一般来说，企业的所有债务都是要偿还的，但是并非所有债务都需要在到期时立即偿还。例如，与企业有长期合作关系的供应商的负债，在企业财务困难时，比较容易推迟或重新进行协商。供应商对本企业有业务上的依赖，他们要权衡保持业务关系与强行索债的得失，其债务质量不高。有些债务则是到期必须要还的，如应交税款，税务部门对拖欠税款的企业可以依法处罚。大部分债务在这两个极端之间。

企业的短期偿债能力，可以通过流动资产与流动负债之间的比较来判断。反映企业短期偿债能力的指标主要有营运资本、流动比率、速动比率、现金比率和现金流量比率等。

二、营运资本

1. 营运资本的内涵与计算

营运资本又称营运资金，是指流动资产减去流动负债后的净额，它反映企业短期偿债能力的强弱。其计算公式为：

$$营运资本=流动资产-流动负债$$

营运资本是偿还流动负债的"缓冲垫"。营运资本数额的多少，反映企业短期偿债能力的强弱，因为营运资本实际上就是企业在短期内可以自由动用的自有资金。

当流动资产大于流动负债时，营运资本为正数，营运资本的数额越大，财务状况越稳定，表示企业可用于偿还流动负债的资金越充足，企业的短期偿债能力越强。当流动资产小于流动负债时，营运资本为负数，则说明企业的流动资产不足以偿还流动负债，企业面临着严峻的财务风险。

2. 营运资本分析

① 企业营运资本要保持合理的规模，但是没有统一的标准用来衡量营运资本多少是合理的。不同行业的营运资本规模有很大差别。一般来说，零售商的营运资本较多，因为他们除流动资产外没有什么可以偿债的资产。而信誉好的餐饮企业营运资本很少，有时甚至是负数，因为其稳定的收入可以偿还同样稳定的流动负债。制造业一般有正的营运资本，但数额差别很大。由于营运资本与经营规模有联系，因此同一行业不同企业之间的营运资本也缺乏可比性。

② 由于营运资本是一个绝对数，不便于不同历史时期及不同企业之间的比较，在实务中很少直接将营运资本作为偿债能力指标。在分析企业短期偿债能力时，经常把它作为辅助指标，与其他相对数指标结合起来使用。

例题 6-1 根据附录 1 相关数据，计算 Y 公司 2020 年年末和 2021 年年末的营运资本。

2020 年年末营运资本=2 838 057.92-3 476 818.48=-638 760.56（万元）

2021 年年末营运资本=5 015 495.99-4 329 623.94= 685 872.05（万元）

Y 公司 2020 年流动资产抵补流动负债后出现负值，2021 年的流动资产抵补流动负债后有一定剩余，说明 2020 年公司的短期偿债能力较弱，2021 年公司的短期偿债能力有一定的保障，而且 2021 年年末营运资本与 2020 年相比有大幅增加，表明公司短期偿债能力增强。

三、流动比率

1. 流动比率的内涵与计算

流动比率是指流动资产与流动负债的比率，它表明企业每一元流动负债有多少流动资产作为偿还保障。其计算公式为：

$$流动比率 = \frac{流动资产}{流动负债}$$

一般来说，流动比率越高，说明企业资产的流动性越大，短期偿债能力越强，企业的财务风险越小，债权人权益的安全程度越高。但是，流动比率也不能过高。过高的流动比率可能是企业的货币资金闲置、应收账款过多或存货超储积压所致，意味着企业流动资产占用过多，资产使用效率较低，会影响企业的获利能力，同时也说明企业不善于理财或购销业务的经营管理不善。

2. 流动比率的经验标准

一般认为流动比率平均值为 1.5~2 比较合适。它表明企业财务状况稳定可靠，除满足日常生产经营的流动资金外，还有足够财力偿还到期债务。但到 20 世纪 90 年代之后，由于采用新的经营方式，平均值已降为 1.5 左右。例如，美国平均为 1.4 左右，日本为 1.2 左右，达到或超过 2 的企业已经是个别现象。

例题 6-2 根据附录 1 相关数据，计算 Y 公司 2021 年年末的流动比率。

$$流动比率 = \frac{5\,015\,495.99}{4\,329\,623.94} = 1.16$$

Y 公司 2021 年年末的流动比率大于 1，说明流动资产可以满足偿付流动负债的要求，但由于流动比率数值较低，反映短期偿债能力较弱。

3. 流动比率分析

① 流动比率的影响因素分析。流动资产是对流动负债起保障作用的物质条件，所以影响流动比率的因素主要是流动资产，其中应收账款和存货是最重要的，它们的变现能力直接影响到流动资产的质量。如果应收账款有很多无法回收的坏账，存货都是呆滞物品，或者没有按规定计提跌价准备，那么再大的比率值也没有用。所以，流动资产的质量和构成在评价流动比率时更加重要。

在比较流动比率之前，应计算应收账款周转率和存货周转率。如果应收账款和存货的流动性存在问题，那么流动比率要求则为更高。

② 注意分析对流动比率的"操纵行为"。由于流动比率是时点指标，其容易受公司管理层的操纵。比如在临近期末，管理当局常会敦促回收账款，提前收回为经理人员的暂时性垫款；将存货水平降到正常水平以下，推迟正常购货，并将所有这些活动收回的款项用于偿还流动负债。

例如：某公司拥有流动资产 2 000 万元，流动负债 1 000 万元，公司在年末决定提前偿还 500 万元流动负债。偿债前流动比率为 2，偿债后流动比率提高到 3。

③ 流动比率的趋势分析和同业分析。流动比率的趋势分析是指对企业历史各期流动比率实际值所进行的比较分析。通过趋势分析，可以发现问题，吸取历史的经验与教训，改善企业的偿债能力。流动比率的同业分析是指将企业指标的实际值与同行业的平均标准值进行

比较。行业标准是以一定时期和一定范围的同类企业为样本，采用统计分析方法对相关数据进行测算而得出的平均值。通常，其可由下列途径获取：国务院国有资产监督管理委员会财务监督与考核评价局制定的《企业绩效评价标准值》；根据上市公司的公开信息进行统计分析；直接利用专业机构的数据库，如锐思金融研究数据库等。

例题 6-3　×公司连续五年流动比率如表 6-1 所示，分析流动比率变化的原因。

表 6-1　×公司连续五年流动比率　　　　单位：万元

项目	2017 年	2018 年	2019 年	2020 年	2021 年
流动资产	9 446.34	13 964.98	16 924.25	19 133.58	63 874.4
流动负债	1 195.95	4 484.87	7 852.99	11 299.98	48 126.76
流动比率	7.90	3.11	2.16	1.69	1.33

从表 6-1 可以看出，公司流动比率呈逐年下降趋势，企业短期偿债能力在逐年降低，而且降低速度很快。其原因是各年流动负债提高速度大于流动资产提高速度。

进一步分析发现，造成流动资产和流动负债增加的原因如表 6-2 所示。

表 6-2　公司流动比率变动原因的分析

流动资产增加的原因	说明	流动负债增加的原因	说明
货币资金增加	企业配股准备	短期借款上升	周转需要和配股
应收账款上升	合并报表	预收账款增加	开发软件预收款
存货增加	合并报表		

四、速动比率

1. 速动比率的内涵与计算

速动比率又称酸性测试比率，是指企业的速动资产与流动负债的比率，它能够比流动比率更加敏锐地反映企业的支付能力。其计算公式为：

$$速动比率 = \frac{速动资产}{流动负债}$$

其中：速动资产是流动资产扣除存货后的资产，主要包括货币资金、交易性金融资产、应收票据、应收账款、应收利息、应收股利等流动资产。

流动比率虽然可以用来评价流动资产的总体变现能力或短期偿债能力，但是有时候较高的流动比率可能是存货积压和滞销的结果，而且企业容易通过伪造流动比率来掩饰偿债能力不足的问题，进行财务上的操纵。用速动比率来评价企业的短期偿债能力，消除了变现能力较差的流动资产项目的影响，可以部分地弥补流动比率指标存在的缺陷。因此，速动比率是反映企业资产流动性和短期偿债能力更严密的指标。

速动比率表明企业每一元流动负债有多少速动资产作为偿还保障，速动比率越高，说明企业的短期偿债能力越强。

2. 速动比率的经验标准

一般认为，速动比率在 1 左右比较合适。与流动比率相似，速动比率不能过低也不能过高。其过低说明企业的偿债能力存在问题，过高则说明企业的资产没有得到充分的利用，相应地失去一些有利的投资机会和获利机会。在实际分析中,应该根据企业性质和其他因素来综合分析判断。

例题 6-4 根据附录 1 相关数据,计算 Y 公司 2021 年的速动比率。

$$速动比率 = \frac{5\ 015\ 495.99 - 891\ 719.56}{4\ 329\ 623.94} = 0.95$$

Y 公司 2021 年的速动比率为 0.95,速动比率较为合适。

关于速动资产应该包括哪些流动资产项目,目前尚有争议。有人认为不仅要扣除存货,还应扣除预付款项等,形成更为保守的速动比率,其计算公式为:

$$保守的速动比率 = \frac{货币资金 + 交易性金融资产 + 应收账款净额}{流动负债}$$

其中,应收账款净额是指应收账款和其他应收款减去坏账准备的净额。保守的速动比率用企业的保守速动资产来反映和衡量变现能力的强弱,评价企业短期偿债能力的大小。

例题 6-5 根据附录 1 相关数据,计算 Y 公司 2021 年的保守速动比率。

$$保守的速动比率 = \frac{3\ 174\ 237.09 + 3\ 721.32 + (195\ 897.79 + 12\ 603.32)}{4\ 329\ 623.94} = 0.78$$

3. 速动比率分析

① 速动比率的质量主要取决于企业应收账款的质量,因为在速动资产中,应收账款占了主要的大部分,如果应收账款都是不能收回的坏账,那么速动比率值大也没有意义,只有应收账款周转水平提高,才对企业短期偿债能力有实际意义。

② 速动比率指标计算简单、资料易于取得,是比流动比率更为严谨的短期偿债能力指标。但是速动比率是静态指标,速动资产中仍包含流动性能较差的应收账款以及变现能力较差的预付款项等。

案例 6-1

B 股份的短期偿债能力分析

B 股份作为一家以农业为主的综合性经营企业,上市后,一直保持了业绩优良、高速成长的特性。2003 年,股票终止上市,这只绩优股的神话走向终结。

2000 年 B 股份的流动比率是 0.77,这说明 B 股份短期可转换成现金的流动资产不足以偿还到期流动负债,偿还短期债务能力弱。2000 年 B 股份的速动比率是 0.35,这说明扣除存货后,B 股份的流动资产只能偿还 35%的到期流动负债。2000 年 B 股份的营运资本是-1.3 亿元,这说明 B 股份将不能按时偿还 1.3 亿元的到期流动负债。

2002 年 4 月 30 日,B 股份发布 2001 年年报,公司对 2000 年、1999 年的财务报表进行了追溯调整,纠正了以前年度财务报告中的虚假成分。根据 2001 年年报,经过追溯调整的 2000 年财务数据计算的流动比率已经由 0.77 下降到 0.45,营运资本由-1.3 亿元下降到-5 亿元。在 2000 年,B 股份已经至少不能按时偿还 5 亿元短期债务,债务负担已经到了崩溃的极限。

五、现金比率

1. 现金比率的内涵与计算

现金比率是指企业现金类资产与流动负债的比率,它反映企业的直接偿付能力。其计算公式为：

$$现金比率 = \frac{现金类资产}{流动负债}$$

其中：现金类资产包括库存现金、随时可用于支付的存款和交易性金融资产。

现金比率是对流动比率和速动比率的进一步补充和说明，较之流动比率和速动比率更为严格，它是评价企业短期偿债能力强弱最可信的指标，因为现金类资产是企业可以立即动用的资金。现金比率越高，说明企业可立即用于支付债务的现金类资产较多，企业有较好的支付能力，对偿付债务是有保障的。

2．现金比率的经验标准

现金比率一定程度上反映的是企业在不依靠存货销售及应收款的情况下支付当前债务的能力，表明每1元流动负债有多少现金类资产可以作为偿债保障。由于流动负债是在一年内（或一个营业周期内）陆续到期清偿，所以并不需要企业时时保留相当于流动负债金额的现金类资产，一般认为现金比率20%以上就可以接受。现金比率过高，意味着企业通过负债筹集的流动资金没有得到充分的利用，拥有过多的不能盈利的现金类资产，使企业承担额外的机会成本，从而影响企业盈利能力。

3．现金比率分析

① 现金比率将存货和应收账款排除在外，剔除了存货和应收账款对偿债能力的影响。只考察企业货币资金、交易性金融资产等流动性较强的资产相对于流动负债的占比，因此现金比率对企业短期偿债能力的衡量比较保守。

② 在企业已将应收账款和存货作为抵押品的情况下，或者当怀疑企业的应收账款和存货存在流动性问题时，以现金比率评价企业短期偿债能力是最为适当的选择。

短期偿债能力指标关系如图6-1所示。

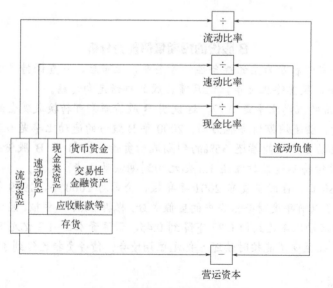

图6-1　短期偿债能力指标关系

从图6-1可以看出，流动比率、速动比率和现金比率像一个漏斗，分子的范围越来越小。速动比率是对流动比率的修正，计算速动资产时要减去存货，因为存货在流动资产里是最不容易变现的,所以把它剔除掉,速动比率比流动比率更加苛刻一些。现金比率是对速动比率的修正,计算现金类资产时,应收账款等流动资产也应该剔除掉,只剩下现金类资产。

六、现金流量比率

1. 现金流量比率的内涵与计算

现金流量比率是指企业经营活动现金流量净额与流动负债的比率,它从动态角度反映经营活动产生的现金流量净额偿付流动负债的能力。其计算公式为:

$$现金流量比率 = \frac{经营活动现金流量净额}{流动负债}$$

其中:流动负债采用期末数而非平均数,因为实际需要偿还的是期末金额而非平均金额。

现金流量比率表明每 1 元流动负债的经营活动现金流量保障程度。该比率越高,偿债能力越强。

用经营活动现金流量净额代替偿债资产存量,与流动负债进行比较以反映偿债能力更具说服力。其原因有两方面:一方面,它克服了可偿债资产未考虑未来变化及变现能力等问题;另一方面,实际用于支付债务的通常是现金,而不是其他可偿债资产。

2. 现金流量比率经验标准

现金流量比率反映经营活动现金流量净额足以抵付流动负债的倍数。经营活动现金流量净额的大小反映出企业某一会计期间生产经营活动产生现金的能力,是偿还企业到期债务的基本资金来源。现金流量比率大于等于 1,表示企业有足够的能力以生产经营活动产生的现金来偿还其短期债务;现金流量比率小于 1,表示企业生产经营活动产生的现金不足以偿还到期债务。

目前还没有一个公认的、合理的现金流量比率可供参考,企业设定的参考值为 0.5。

例题 6-6 根据附录 1 和附录 3 相关数据,计算 Y 公司 2021 年的现金流量比率。

$$现金流量比率 = \frac{1\,552\,751.97}{4\,329\,623.94} = 0.36$$

计算结果表明,Y 公司 2021 年生产经营活动产生现金的能力较弱,企业生产经营活动产生的现金不足以偿还到期债务,公司必须以其他方式取得现金,才能保证债务的及时清偿。

3. 现金流量比率分析

① 流动比率、速动比率和现金比率均是反映短期偿债能力的静态指标,揭示了企业现存资源对偿还到期债务的保障程度。现金流量比率则是从动态角度反映经营活动产生的现金流量足以偿付流动负债的能力。经营活动产生的现金流量是过去一个会计年度的经营结果,而流动负债则是期末需要偿还债务余额,二者的会计期间不同。可以看出,现金流量比率是建立在以过去一年的现金流量来估计未来一年的现金流量的假设之上的。因此,在使用此财务指标工具时,需要考虑影响未来一个会计年度经营活动现金流量的因素。

② 现金流量比率的数值并非越高越好,因为比率数值过高,说明企业不善于利用现有现金资源,没有将现金投入到经营以外获取更高的收益,企业的现金没有发挥最大效益。因此,在对这个指标进行分析时,应充分了解企业具体情况,综合分析。

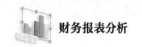

七、影响短期偿债能力的表外因素

1. 可动用的银行贷款指标

企业在长期经营过程中，会与一些银行建立合作关系。为了保持这种合作关系，有的银行会与企业签订额度内的综合授信，即银行已同意在一定额度内，只需企业申请，随时都可以从银行取得一部分短期借款。企业如果有可动用的银行贷款指标，可以随时增加企业的现金，提高企业的支付能力。这一数据不反映在财务报表中，但会在董事会决议中披露。

例如：某公司发布关于获得招商银行授信额度的公告称，为满足生产经营及业务发展的资金需要，与招商银行签署了《授信协议》，并获得招商银行人民币 700 万元的授信额度，授信期限为一年。授信期内，授信额度可循环使用。公司取得招商银行人民币 700 万元的授信额度，现金流会更加宽裕，为公司业务的拓展提供更多资金支持，从而进一步提升公司经营业绩，符合公司和全体股东的利益。公司取得上述授信额度后，将按照有关规定，根据公司资金需求情况适时使用。

2. 准备很快变现的非流动资产

企业可能有一些非经营性长期资产可以随时出售变现，而不出现在"一年内到期的非流动资产"项目中。例如，储备的土地、未开采的采矿权、目前出租的房产等，在企业发生资金周转困难时，将其出售并不影响企业的持续经营，但会增加企业的短期偿债能力。

3. 偿债信誉

如果企业的偿债信誉一贯很好，当企业短期偿债方面暂时出现困难时，企业可以很快地通过发行债券和股票等方法来解决短期资金短缺，提高短期偿债能力。这种提高公司偿债能力的因素，取决于企业自身的信用状况和资本市场的筹资环境。

例如：某房产公司主体信用等级为 AA+，评级展望为稳定。发行 10 亿元超短期融资券，发行期限 270 天，按面值发行，票面利率 2.96%，所募资金将用于偿还金融机构借款。

4. 或有负债

或有负债是指有可能发生的债务。按照我国企业会计准则的规定，其是不作为负债登记入账，也不在财务报表中反映的。或有负债包括售出产品可能发生的质量事故赔偿、诉讼案件和经济纠纷案可能败诉并需赔偿等。这些或有负债一经确认，将会增加企业的偿债负担。

5. 担保责任引起的负债

企业有可能用自有的一些流动资产为其他企业或个人提供担保，如为关联企业向银行借款提供担保，为其他企业进口关税提供担保等。一旦被担保方出现违约，这些担保行为就有可能增加企业负债，从而降低企业的偿债能力。

第三节　长期偿债能力分析

一、长期偿债能力的概念

长期偿债能力是企业偿还长期债务的现金保障程度。企业的长期债务是指偿还期在一年或者超过一年的一个营业周期以上的负债。它包括长期借款、应付债券、长期应付款等。长期偿债能力与企业的资本结构和企业的获利能力有着密切的联系。

1. 资本结构

资本结构是指企业各种资本的构成及其比例关系。西方的资本结构仅指各种长期资本的构成及其比例关系。在我国从广义上理解资本结构的概念更为恰当。其原因有二：一是我国企业的流动负债比例很大，如果单纯从长期资本的角度分析，难以得出正确的结论；二是从广义的角度理解资本结构这一概念，已为我国官方文件所运用，国家进行的"优化资本结构"工作就是如此。

尽管企业筹资的渠道和方式有多种，但企业全部资本归结起来不外乎是权益资本和债务资本两大部分。权益资本和债务资本的作用不同。权益资本是企业创立和发展最基本的因素，是企业拥有的净资产，它不需要偿还，可以在企业经营中永久使用。同时，权益资本也是股东承担民事责任的限度，如果借款不能按时归还，法院可以强制债务人出售财产偿债，因此权益资本就成为借款的基础。权益资本越多，债权人越有保障；权益资本越少，债权人蒙受损失的可能性越大。在资金市场上，能否借入资金以及借入多少资金，在很大程度上取决于企业的权益资本实力。

由于单凭自有资金很难满足企业的需要，实践中很少有企业不利用债务资本进行生产经营活动，负债经营是企业普遍存在的现象。从另一个角度看，债务资本不仅能从数量上补充企业资金的不足，而且由于企业支付给债务资本的债权人收益（如债券的利息），国家允许在所得税前扣除，这就降低了融资资金成本。同时，由于负债的利息是固定的，不管企业是否盈利以及盈利多少，都要按约定的利率支付利息。这样，如果企业经营得好，就有可能获取财务杠杆利益。这些都会使企业维持一定的债务比例。企业的债务资本在全部资本中所占的比重越大，财务杠杆发挥的作用就越明显。一般情况下，负债筹资资金成本较低，弹性较大，是企业灵活调动资金余缺的重要手段。但是，负债是要偿还本金和利息的，无论企业的经营业绩如何，负债都有可能给企业带来财务风险。可见，资本结构对企业长期偿债能力的影响一方面体现在权益资本是承担长期债务的基础，另一方面体现在债务资本的存在可能给企业带来财务风险，进而影响企业的偿债能力。

2. 获利能力

企业能否有充足的现金流入供偿债使用，在很大程度上取决于企业的获利能力。企业对一笔债务总是负有两种责任：一是偿还债务本金的责任；二是支付债务利息的责任。短期债务可以通过流动资产变现来偿付，因为大多数流动资产的取得往往以短期负债为其资金来源。而企业的长期负债大多用于长期资产投资，在企业正常生产经营条件下，长期资产投资形成企业的固定资产能力，一般来讲企业不可能靠出售资产作为偿债的资金来源，而只能依靠企业生产经营所得。另外，企业支付给长期债权人的利息支出，也要从所融通资金创造的收益中予以偿付。可见，企业的长期偿债能力是与企业的获利能力密切相关的。

一个长期亏损的企业，正常生产经营活动都不能进行，保全其权益资本肯定是困难的事情，保持正常的长期偿债能力也就更无保障了。一般来说，企业的获利能力越强，长期偿债能力越强；反之，则长期偿债能力越弱。如果企业长期亏损，则必须通过变卖资产才能清偿债务，最终要影响投资者和债权人的利益。因此，企业的盈利能力是影响长期偿债能力的重要因素。

企业的长期债权人或投资者既要关心企业的短期偿债能力，更要关心企业的长期偿债能力。企业的长期偿债能力弱，不仅意味着财务风险增大，也意味着在利用财务杠杆获取负债利益等方面的政策失败，企业目前的资本结构出现问题。企业的长期偿债能力不仅取决于长期负债在资金总额中所占的比重，还取决于企业经营的效益。反映一个企业的长期偿债能力的指标主要有资产负债率、产权比率、权益乘数、资产有息负债率、利息保障倍数和现金流量债务比等。

二、资产负债率

1. 资产负债率的内涵与计算

资产负债率又称负债比率或举债经营比率，是指企业负债总额与资产总额的比率。它反映在总资产中有多大比例是通过借款来筹集的。其计算公式为：

$$资产负债率 = \frac{负债总额}{资产总额} \times 100\%$$

负债总额不仅包括长期负债，还包括短期负债，反映企业全部资产中负债所占的比重以及企业资产对债权人的保障程度。资产负债率越高，表明企业总资产中借入资金所占的比重越大，债务负担越重，企业偿还债务的能力越差，财务风险越大；反之，说明企业债权资金的安全程度越高，偿还债务的能力越强。不同的分析者，对资产负债率有不同的理解。

从债权人的角度看，他们最关心的是贷给企业的款项是否安全，能否按期收回本金和利息。如果资产负债率较高，股东提供的资本与企业资本总额相比只占较小的比例，则企业的风险将主要由债权人承担。所以，债权人希望企业的资产负债率越低越好，这表示企业的自有资金越多，企业负债有保证，贷款不会有太大风险。

从股东的角度看，因为企业通过举债而筹措的资金与股东们所提供的资金在经营中发挥同样的作用，所以股东所关心的是企业当期总资产报酬率是否超过借入款项的利率，即借入资本的成本。当企业的总资产报酬率高于利息率时，股东希望加大负债的比重，以利用举债经营取得更多的投资报酬；反之，企业更希望减少负债的比重，因为多余的利息支付需要股东所得的利润份额来弥补。因此，资产负债率也被称为财务杠杆比率。

从企业经营者的立场出发，资产负债率是赖以举债经营的支撑点，用以衡量举债经营是否有利的重要比率。资产负债率越高，意味着举债规模越大，债权人承担的风险越大，若资产负债率高到一定程度，就没有人愿意提供贷款了，表明企业的举债能力已经用尽。如果企业不举债，或负债比率很小，表明企业经营者比较保守，对前途信心不足，利用负债进行经营活动的能力很差。因此，企业经营者应确定一个合理的负债水平，这样企业既能获得负债的财务杠杆利益，又能避免过高的财务风险。

2. 资产负债率经验标准

目前尚不能准确给出一个企业最优的资产负债率。对于企业来说，一般认为，资产负债率的适宜水平是40%～60%，资产负债率超过70%应该引起注意。例如，《上海证券交易所股票上市规则》（2020年修订）规定：上市公司担保对象的资产负债率如果超过70%，则董事会关于为担保对象提供担保的有关决议在董事会通过以后，还要提交股东大会审议。

例题 6-7 根据附录1相关数据，计算Y公司2021年的资产负债率。

$$资产负债率 = \frac{5\,317\,132.15}{10\,196\,233.98} \times 100\% = 52.15\%$$

这一指标值表明，2021年Y公司的资产有52.15%来源于举债。或者说，Y公司每52.15

元的债务就有 100 元的资产作为偿还债务的保障。

3. 资产负债率分析

① 财务费用与净利润的比值可以用来分析公司的偿债压力。如果财务费用与净利润的比值大于 1，说明该公司的财务费用吃掉了大量利润，公司一定程度上为银行打工，偿债压力大，而且其偿债能力大幅减弱。对于这些企业，要着重关注其近年来的融资成本走势以及融资渠道。

② 运用资产负债率指标时，应该动态对比，而不应该只是静态分析。如果短期内资产负债率迅速上升或者迅速下降，都应该引起高度重视，迅速上升说明借款人对资金需求量较大，迅速下降说明借款人具备一定还款能力，但是应该考虑迅速下降之后借款人生产经营是否会受到影响。

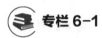

各行业资产负债率排行

根据《申万行业分类》（2021 版），上市公司分成 31 个一级行业，将一级行业内所有公司资产负债率排序，取其中位数，作为行业平均值，得出 2021 年各行业资产负债率排行表，如表 6-3 所示。

表 6-3 2021 年各行业资产负债率排行表

序号	行业名称	行业资产负债率/%	序号	行业名称	行业资产负债率/%
1	银行	92.01	17	汽车	42.94
2	非银金融	76.61	18	综合	42.5
3	房地产	71.64	19	通信	41.54
4	建筑装饰	62.30	20	电子	41.16
5	商贸零售	60.5	21	机械设备	41.12
6	公用事业	57.01	22	轻工制造	38.4
7	煤炭	55.74	23	社会服务	36.51
8	环保	54.88	24	基础化工	36.34
9	石油石化	49.74	25	传媒	36.1
10	钢铁	49.32	26	纺织服饰	35.09
11	电子设备	48.65	27	计算机	34.22
12	家用电器	47.01	28	国防军工	32.93
13	交通运输	46.8	29	食品饮料	31.65
14	建筑材料	46.34	30	医药生物	30.44
15	农林牧渔	44.73	31	美容护理	29.5
16	有色金属	44.61			

从表 6-3 可以看出，各行业的资产负债率存在明显差异。资产负债率最高的三个行业是银行（92.01%）、非银金融（76.61%）和房地产（71.64%），且均高于 70%；最低的三个行业是美容护理（29.5%）、医药生物（30.44%）和食品饮料（31.65%）。大多数行业的资产负债率在 40%~60% 之间。

银行是比较特殊的行业，根据《巴塞尔协议》规定商业银行的风险资本核心充足率为 8%，也就是说，银行的资产负债率在 92% 以下是一个正常的水平。目前我国个别商业银行资产负债率高达 94%以上。银行的资金来源主要是各种储蓄，也就是说，银行的钱多数都是别人的钱，只是放在银行里而已，银行没有所有权，只是具备有限使用权。其收益一部分以利息形式返还存款人，一部分以存贷差形式成为银行收益。因为银行绝大部分钱都不是自己的，而是银行的负债，储蓄额是非常大的，所以负债率高。银行业的资产负债率越高，说明吸储能力越强，也就能更多地发放贷款，利润就越高。当然过高的负债有时候就成为风险，所以银行负债一定要保持在合适的范围内，一般要保持 5%以上资本充足率。

非银金融是指经营金融产品的特殊行业，主要包括证券业和保险业。非银金融是顺周期行业，属于人才和资金高度密集性行业，具有垄断性、高风险性、效益依赖性和高负债经营的特点。

房地产行业资产负债率达 70%以上，杠杆率处于历史高位。一般来说，造成企业高负债率的原因主要在于其经营模式，房地产行业是负债经营的典型，从土地、建设、销售等几乎每一个环节都是借用金融机构（如银行）、信托以及购房者的资金来完成的。

具有消费属性的行业，其资产负债率最低。比如，美容护理、医药生物、食品饮料三个行业资产负债率在 30%左右。

美容护理是《申万行业分类》（2021 版）新增的一级行业，它包括个护用品、化妆品和医疗美容。在居民人均可支配收入不断提高和消费升级趋势下，美容护理成为有广阔前景的行业。从投资角度看，美容护理行业素有高增长率、较低渗透率和持续增长的市场需求。美容护理面向高消费群体，公司现金充足，所以美容护理行业资产负债率最低。

食品饮料和医药生物行业的资产负债率较低，是因为食品饮料和医药板块属于防御性行业，抗周期比较强，现金流较好。

三、产权比率

1. 产权比率的内涵与计算

产权比率又称净资产负债率或负债权益比率，是指负债总额与所有者权益总额的比率，它衡量所有者投入对负债资金的保障程度，确定债权人在企业破产时的被保护程度，也可以揭示企业的财务风险。其计算公式为：

$$产权比率 = \frac{负债总额}{所有者权益总额}$$

产权比率反映企业财务结构的稳定性。产权比率越低，表明企业的长期偿债能力越强，债权人权益的保障程度越高，承担风险越小，但企业不能充分地发挥负债的财务杠杆效应。所以，企业在评价产权比率适度与否时，应从提高获利能力与增强偿债能力两个方面综合进行，即在保障债务偿还安全的前提下，尽可能提高产权比率。

2. 产权比率经验标准

一般认为，产权比率为 1∶1 即 100%以下时，表明企业是有偿债能力的，但还应该结合企业的具体情况加以分析。当企业的总资产报酬率大于负债成本率时，负债经营有利于提高资金收益率，获得额外的利润，这时产权比率可以适当高一些。

3. 产权比率与资产负债率的关系

产权比率与资产负债率都是反映企业长期偿债能力的指标，从计算公式中可以得出它们之间可以相互转化。

$$产权比率 = \frac{负债总额}{所有者权益总额} = \frac{负债总额}{资产总额-负债总额} = \frac{资产负债率}{1-资产负债率}$$

产权比率与资产负债率的关系为：产权比率与资产负债率对评价企业偿债能力的作用基本相同，二者的经济利益有相同之处，具有互为补充说明的作用。

产权比率与资产负债率的区别为：资产负债率侧重于揭示总资产中有多少是靠负债取得的，分析说明企业债务偿付安全性的物质保障程度。产权比率侧重于揭示债务资本与权益资本的相互关系，说明财务结构的稳健程度以及所有者权益对偿债风险的承受能力。

产权比率实际上是资产负债率的另一种表现形式，其分析与资产负债率相似。但产权比率可以更形象地表明债权人投入资金的保障程度，或者表明企业清算时债权人利益的保障程度。如果认为资产负债率为 40%～60%比较合适，则意味着产权比率应当维持在 0.7～1.5。

例题 6-8 根据附录 1 相关数据，计算 Y 公司 2021 年的产权比率。

$$产权比率 = \frac{5\,317\,132.15}{4\,879\,101.83} = 1.09$$

通过计算可以看出，Y 公司的产权比率在 0.7～1.5 之间，说明企业债权人的利益得到合理的保障。

4. 产权比率指标运用存在的缺陷

由于所有者权益是企业的一种净资产，也就是说产权比率最终以资产为物质保障而使所有者权益对偿债风险具有承受能力，而资产中有些项目，如无形资产、递延资产、长期待摊费用等，其价值存在极大的不确定性，因此在企业陷入财务危机或面临清算等特殊情况下，强调对债权人有形财产的保障，需要对产权比率进行必要的调整和补充。

四、权益乘数

1. 权益乘数的内涵与计算

权益乘数又称股本乘数，是指企业资产总额与所有者权益总额的比率，说明企业总资产是所有者投入资本的多少倍。其计算公式为：

$$权益乘数 = \frac{资产总额}{所有者权益总额}$$

权益乘数表明了企业财务杠杆的大小。权益乘数越大，说明所有者投入的资本在总资产中所占的比重越小，企业负债越多，企业的财务杠杆越大，财务风险越大，偿还长期债务的能力就越差。但是，若公司营运状况刚好处于向上趋势中，较高的权益乘数反而可以创造更高的公司利润，通过提高公司的净资产收益率，对公司的股票价值产生正面激励效果。反之，权益乘数越小，表明所有者投入企业的资本占全部资产的比重越大，企业的负债程度越低，债权人权益受保护的程度越高。

2. 资产负债率、产权比率和权益乘数的关系

资产负债率、产权比率和权益乘数三个指标表示的都是资产、负债以及所有者权益之间的关系，如图 6-2 所示。资产负债率=负债总额/资产总额，产权比率=负债总额/所有者权益

总额，权益乘数=资产总额/所有者权益总额。三者之间的关系为：权益乘数=1÷(1−资产负债率)=1+产权比率。比如，已知资产负债率为50%，则权益乘数为2，产权比率为1。因此，资产负债率、产权比率和权益乘数三个指标可以相互转换。同时，三者同方向变动，其中一个指标达到上限，另外两个指标也会达到上限。

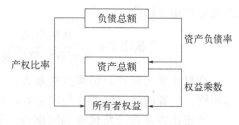

图6-2 资产负债率、产权比率和权益乘数指标关系图

例题6-9 根据附录1相关数据，计算Y公司2021年的权益乘数。

$$权益乘数 = \frac{10\,196\,233.98}{4\,879\,101.83} = 2.09$$

通过计算可以看出，Y公司2021年的权益乘数为2.09，Y公司的资产是股东投入资本的2.09倍。

五、资产有息负债率

1. 资产有息负债率的内涵与计算

资产有息负债率是指企业有息负债总额与资产总额的比率，资产有息负债率反映一家企业的总资产中，有多少比例的资产是向银行等金融机构以支付利息等方式借入的债务。其计算公式为：

$$资产有息负债率 = \frac{有息负债总额}{资产总额} \times 100\%$$

其中：有息负债总额包括短期借款、交易性金融负债、短期债券（在"其他流动负债"项目里）、一年内到期的非流动负债、长期借款、应付债券等。

一般来说，资产有息负债率不超过50%比较合适。企业负债当中需要支付利息的债务占比越低，说明企业举债成本越低，相对来说利润也就会提高。

2. 资产有息负债率分析

① 资产有息负债率是对资产负债率的一种修正。对于某些行业比较适合，如房地产行业，在资金来源中经营性负债要比筹资负债的比例更高。而房地产公司的经营性负债又是以预收款为主，应付账款和预收款项虽然属于负债，但是不用付利息。所以，如果以资产负债率来衡量房地产公司的财务风险似乎并不能准确揭示房地产公司的风险。在资产有息负债率公式的分子中，不包含预收款项和应付账款这种经营性负债，只包含筹资负债，可以更好地衡量房地产公司真正的偿债风险。

② 资产负债率与资产有息负债率两者背离程度越大，企业的财务风险越小，其财务结构越健康稳健。在分析企业长期偿债能力时，除了看资产负债率，还要看资产有息负债率。不是所有的负债都会成为企业的负担。例如，预收账款和短期借款都属于负债项目，但是预收账款不对应任何的支付义务，不产生利息，短期借款是要定期偿还的，是要支付利息的。真正衡量企业财务负担的指标应该是资产有息负债率。

例如：××公司2019年年报显示，资产总额339.90亿元，负债总额215.09亿元，由此可以计算资产负债率为63.28%，与同类家电企业相比偏高。但仔细分析发现，企业的短期借款 1.0 亿元，一年内到期的非流动负债 0.40 亿元，没有长期借款和应付债券，有息负债仅为 1.40 亿元，资产有息负债率仅为 0.41%。公司负债主要来自对供应商的赊账，这并不是说公司向银行借不到钱，而是公司可以动用供应商的资金，就足以开展正常的企业经营，而其账面货币资金 61.20 亿元，经营活动产生的现金流量净额为 20.05 亿元，说明公司资金充裕。

③ 在资产负债率高企的情况下，资产负债率、资产有息负债率两者背离程度越低，也就是说，在高资产负债率的同时伴随着高资产有息负债率，这样的企业的财务结构充满着危机，潜伏着巨大的财务风险。

例如：某公司 2019 年 3 月 31 日的资产负债率与资产有息负债率分别为 176% 和 114%，意味着公司资不抵债，无以为继。2019 年 4 月 25 日后，该公司就暂停上市了。2020 年 9 月，公司股票被深圳证券交易所摘牌，正式告别 A 股。

六、利息保障倍数

1. 利息保障倍数的内涵与计算

利息保障倍数又称已获利息倍数，是指息税前利润与利息支出的比率。它反映企业通过收益偿还长期债务的能力。其计算公式为：

$$利息保障倍数 = \frac{息税前利润}{利息支出} = \frac{利润总额 + 利息支出}{利息支出}$$

$$= \frac{净利润 + 所得税费用 + 利息支出}{利息支出}$$

其中：息税前利润（Earning Before Interest and Tax，EBIT）是没有减掉利息和企业所得税的利润。

利息支出是指本期的全部应付利息，不仅包括计入利润表财务费用中的利息费用，还应包括计入资产负债表固定资产等成本的资本化利息。

企业的收益是偿还债务的主要来源，正常情况下，企业是不会通过变卖资产来偿还债务的，而是通过合理经营，以期获取超出借贷成本的收益来偿还债务。利息保障倍数越高，表示企业不能偿付其利息的可能性就越小。当该比率过高时，虽然企业没有利息支付风险，但反过来却说明企业的资本结构比较保守，企业没有适度用举债的形式来增强其盈利能力，没有获得杠杆收益。

2. 利息保障倍数经验标准

利息保障倍数等于 1，说明企业一定时期赚取的利润正好用于各期利息费用的支付，支付利息后企业将一无所获；利息保障倍数小于 1，表明企业无力赚取大于借款成本的收益，企业无足够的付息能力。通常认为利息保障倍数应该大于 3。

从统计上看，不同国家的利息保障倍数在 3~6 之间，说明指标与经济环境有关；不同行业的利息保障倍数也有区别，美国的食品加工业接近 10，而工程类企业只有 4。

例题 6-10 根据附录 2 相关数据，计算 Y 公司 2021 年的利息保障倍数。

$$利息保障倍数 = \frac{873\,202.56 + 138\,032.84 + 80\,951.37}{80\,951.37} = 13.49$$

通过计算可以看出，Y 公司 2021 年的利息保障倍数过高，说明企业的资本结构比较保守。

3. 利息保障倍数分析

① 利润应是指正常经营活动产生的利润，不应该包括非正常的损益项目，如营业外收支等。利息支出应包括财务费用中的利息和资本化利息两部分。所谓资本化利息，就是计入固定资产成本的利息，资本化的结果是增加了固定资产的账面价值，而不是作为费用处理，虽然资本化利息不在利润表中反映，但也是企业的一项负债，需要偿还，因此利息支出包括全部利息。短期负债可以从财务费用账户中取得，对于长期负债的利息支出，要通过分析有关账户（如通过"在建工程"分析在建项目完工前借款利息资本化情况）来确定，这个难度较高。

② 利息保障倍数是从利润表方面考察企业长期偿债能力的一项指标。它表明企业的经营收益是所需支付债务利息的多少倍。只要利息保障倍数足够大，就表明企业不能偿付到期利息的风险比较小。如何合理确定企业的利息保障倍数，这需要将该企业的这一指标与其他企业，特别是本行业平均水平进行比较，来分析决定本企业的指标水平。

③ 为了考察企业偿付利息能力的稳定性，一般应计算 5 年或 5 年以上的利息保障倍数。保守起见，应选择 5 年中最低的利息保障倍数值作为基本的利息偿付能力指标，尤其是对于盈利水平呈周期性波动的企业。

专栏 6-2

利息支出的计算

利息支出包括费用化的利息支出和资本化的利息支出。

方法一：直接查找相关数据。

费用化的利息支出就是指计入财务费用的利息支出。2018 年之前利润表没有单独披露这一项目，但是可以在财务报表附注中的财务费用的二级明细分类中查找。从 2018 年开始在利润表中单独反映利息费用（即费用化的利息支出）。

根据《企业会计准则第 17 号——借款费用》的规定，借款费用应予资本化的资产范围是需要经过相当长时间的购建或者生产活动才能达到预定可使用或者可销售状态的固定资产、投资性房地产和存货等资产。实务中，应予资本化借款费用（即资本化的利息支出）可以通过资产负债表附注中的在建工程查找。

以 A 公司为例，2018 年年报披露的信息显示，合并利润表中财务费用（即费用化的利息支出）为 137 687 万元，从合并资产负债表附注中的在建工程明细分类查到本年借款费用资本化合计金额 2 220 万元，从而得出公司 2018 年利息支出=137 687+2 220=139 907 万元。

方法二：根据合并现金流量表和合并股东权益变动表相关数据推算。

通过现金流量表中的筹资活动现金流出中的"分配股利、利润或偿付利息支付的资金"，扣除"子公司支付给少数股东的股利、利润"，再扣除合并股东权益变动表中母公司"对股东的分配"。这样计算得出的结果与上述方法进行比较，由于利润表采用权责发生制，与现金流量表口径有差异，因此计算结果是大约数据。

仍然以 A 公司为例，2018 年年报披露的信息显示，合并现金流量表中的筹资活动现金流出中的"分配股利、利润或偿付利息支付的资金"为 201 729 万元，"子公司支付给少数股东的股利、利润"为 171 万元，合并股东权益变动表中母公司"对股东的分配"为 93 100 万元，从而得出公司 2018 年利息支出=201 729-171-93 100=108 458 万元。

由此可以看出，两种方法计算的利息支出存在差异。实务中，首选第一种方法，在资本化的利息支出没有披露的情况下，可以采用第二种方法替代。

七、现金流量债务比

1. 现金流量债务比的内涵与计算

现金流量债务比是指经营活动现金流量净额与负债总额的比率。它从现金流量角度来反映经营活动现金净流量对其全部债务偿还的满足程度。其计算公式为:

$$现金流量债务比 = \frac{经营活动现金流量净额}{负债总额}$$

其中:负债总额采用期末数而非平均数,因为实际需要偿还的是期末金额而非平均金额。

一般而言,现金流量债务比值越大,说明公司偿债能力越强,相应的财务风险越小;该比值越小,表明偿债能力越弱,相应的财务风险越大。

2. 现金流量债务比经验标准

现金流量债务比旨在衡量企业承担债务的能力,是评估企业中长期偿债能力的重要指标,同时它也是预测企业破产的可靠指标。企业设置的标准值为 0.25。

例题 6-11 根据附录 1 和附录 3 相关数据,计算 Y 公司 2021 年的现金流量债务比。

$$现金流量债务比 = \frac{1\,552\,751.97}{5\,317\,132.15} = 0.29$$

Y 公司 2021 年的现金流量债务比为 0.29,说明企业偿还债务的保障程度属于正常范围。

3. 现金流量债务比分析

① 如果经营活动现金流量净额为负数,说明企业经营活动产生的现金流入不能覆盖经营活动产生的现金流出,企业需要通过借新债还旧债等方式筹措资金。此时,计算现金流量债务比没有意义,即现金流量债务比只适合经营活动现金流量净额为正数的企业。

② 现金流量债务比也不是越大越好。指标过大,表明企业流动资金利用不充分,获利能力不强。

③ 现金流量债务比要与企业过去比较以及与同业比较才能确定偿债能力的高或低。现金流量债务比越高,企业承担债务的能力越强,其同时也体现企业的最大付息能力。

八、影响长期偿债能力的表外因素

上述长期偿债能力比率都是根据财务报表数据计算而得。还有一些表外因素影响企业长期偿债能力,必须引起足够重视。

1. 债务担保

担保项目的时间长短不一,有的涉及企业的长期负债,有的涉及企业的流动负债。在分析企业长期偿债能力时,应根据有关资料判断担保责任带来的潜在长期负债问题。

2. 或有项目

或有项目的特点是现存条件的最终结果不确定,对它的处理方法要取决于未来的发展。或有项目一旦发生,便会影响企业的财务状况,因此企业不得不对它们予以足够的重视,如未决诉讼一旦判决败诉,便会影响企业的偿债能力,因此在评价企业长期偿债能力时要考虑其潜在影响。

3. 承诺事项

承诺事项是指企业由具有法律效力的合同或协议的要求而引起义务的事项。例如，企业在与职工签订的劳动合同中承诺，企业职工聘用期间及解聘或退休时，可以享受一定的待遇等。这些往往构成企业的一种负担，但又没有出现在财务报表上。在未来的特定期间内，只要达到特定条件，即发生资产减少或负债增加。

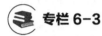

专栏 6-3

上市公司年报披露偿债能力相关信息

根据《公开发行证券的公司信息披露内容与格式准则第 2 号——年度报告的内容与格式》（2021 年修订）的规定，公开发行企业债券、公司债券以及银行间债券市场非金融企业债务融资工具的公司披露年度报告时，应当以专门章节披露债券相关情况。公司存续面向普通投资者交易的债券的，应当采用数据列表方式，披露截至报告期期末公司近两年的主要会计数据和财务指标。这些主要会计数据和财务指标大多数与偿债能力有关。

以 Y 公司为例，2021 年年末存在面向普通投资者交易的债券，公司在 2021 年年报中专门披露债券相关情况，其中主要会计数据和财务指标如表 6-4 所示。

表 6-4 Y 公司主要会计数据和财务指标

项目	2021 年年末	2020 年年末	2021 年年末比 2020 年年末增减/%
扣除非经常性损益后净利润	125 462 万元	295 392 万元	−57.53%
流动比率	0.97	1.05	−7.62%
速动比率	0.65	0.68	−4.41%
资产负债率	64.76%	67.94%	−3.18%
EBITDA 全部债务比	48.06%	36.80%	11.26%
利息保障倍数	3.36	3.17	5.99%
现金利息保障倍数	35.24	14.80	138.11%
EBITDA 利息保障倍数	10.72	7.09	51.20%
贷款偿还率	100.00%	100.00%	0.00%
利息偿付率	100.00%	104.60%	−4.60%

资料来源：公司年报

上述指标均依据合并报表口径计算，各指标的具体计算公式如下。

① 流动比率=流动资产/流动负债。

② 速动比率=(流动资产−存货)/流动负债。

③ 资产负债率=负债总额/资产总额。

④ EBITDA 全部债务比=EBITDA/全部债务。

其中：EBITDA=利润总额+计入财务费用的利息支出（不含租赁负债的利息支出净额+其他）+折旧+摊销，2020 年折旧中增加了"使用权资产折旧"；

全部债务=长期借款+应付债券+短期借款+交易性金融负债+应付票据+应付短期债券+一年内到期的长期借款和应付债券+衍生金融负债

⑤ 利息保障倍数=息税前利润/（计入财务费用的利息支出+资本化的利息支出）。

⑥ 现金利息保障倍数=(经营活动产生的现金流量净额+现金利息支出+所得税付现)/现金利息支出。

⑦ EBITDA 利息保障倍数=EBITDA/[计入财务费用的利息支出(不含租赁负债的利息支出净额+其他)+资本化的利息支出]。
⑧ 贷款偿还率=实际贷款偿还额/应偿还贷款额。
⑨ 利息偿付率=实际支付利息/应付利息。

本章小结

偿债能力是指企业偿还各种到期债务的能力。偿债能力是债权人、投资者、企业管理者等十分关心的重要问题。对于债权人来说,偿债能力的强弱意味着本金和利息能否按期收回;对于投资者来说,偿债能力的强弱意味着企业盈利能力的高低和投资机会的多少;对于企业管理者来说,偿债能力的强弱意味着企业承受财务风险的大小。偿债能力的衡量方法有两种:比较需偿还债务与可供偿债资产的存量;比较偿债所需现金和经营活动产生的现金流量。偿债能力分析的目的是了解企业的财务状况,优化资本结构;揭示企业所承担的财务风险程度;预测企业筹资前景;为企业进行各种理财活动提供重要参考。偿债能力分析根据到期债务的时间长短分为短期偿债能力分析和长期偿债能力分析。

短期偿债能力是指企业用流动资产偿还流动负债的保障程度。短期偿债能力的强弱要看流动资产和流动负债的多少和质量状况。流动资产的质量是指流动性和变现能力,流动负债的质量是指债务偿还的强制程度和紧迫性。短期偿债能力分析是指通过对反映短期偿债能力的指标进行分析,了解企业短期偿债能力的高低及其变动情况,说明企业的财务状况和风险程度。主要分析指标包括营运资本、流动比率、速动比率、现金比率和现金流量比率等。影响短期偿债能力的表外因素包括可动用的银行贷款指标,准备很快变现的非流动资产,偿债信誉,或有负债和担保责任引起的负债。

长期偿债能力是企业偿还长期债务的现金保障程度。企业的长期债务是指偿还期在一年或者超过一年的一个营业周期以上的负债,包括长期借款、应付债券、长期应付款等。长期偿债能力与企业的资本结构和企业的获利能力有着密切的联系。长期偿债能力分析是指通过对反映长期偿债能力的指标进行分析,了解企业长期偿债能力的高低及其变动情况,说明企业整体财务状况和债务负担及偿债能力的保障程度。主要分析指标包括资产负债率、产权比率、权益乘数、资产有息负债率、利息保障倍数和现金流量债务比等。影响长期偿债能力的表外因素包括债务担保、或有项目和承诺事项。

复习思考题

1. 偿债能力分析的目的是什么?
2. 偿债能力分析指标有哪些?
3. 为什么计算速动比率时要把存货从流动资产中剔除?
4. 简述流动比率、速动比率和现金比率的关系。
5. 为什么债权人认为资产负债率越低越好,而投资人认为应保持较高的资产负债率?
6. 影响短期偿债能力的表外因素有哪些?

第七章
盈利能力分析

【学习目标】
1. 掌握商品经营盈利能力分析指标
2. 掌握资产经营盈利能力分析指标
3. 掌握资本经营盈利能力分析指标
4. 掌握上市公司盈利能力分析指标
5. 熟悉盈利能力的概念
6. 熟悉盈利能力指标的分类

第一节 盈利能力分析的目的和内容

一、盈利能力的概念

盈利能力又称获利能力，是指企业利用各种经济资源，在一定时期内获取利润的能力。无论是投资者、债权人还是企业经营者都非常关心企业的利润，利润是投资者取得投资收益的源泉，是债权人收取本息的基本保障，也是企业经营者经营业绩的主要衡量指标。因此，企业盈利能力分析对企业利益相关者都十分重要。

衡量企业的盈利能力可以从绝对数和相对数两方面展开。绝对数不考虑公司投入的资产，以利润的多少反映盈利能力的大小。相对数考虑产出与投入的关系，以利润率的多少来衡量盈利能力的大小。

用绝对数衡量盈利能力，没有考虑到投入及企业规模的影响，在一定程度上缺乏可比性。为了弥补绝对数的缺陷，用相对数来衡量盈利能力的大小，可以反映经营者利用资产的效率，也便于企业之间进行对比。一般认为，盈利能力是一个相对概念，用利润率衡量较为合适。

盈利能力分析是指通过一定的分析方法，判断企业获取利润的能力。企业经营的目的是盈利，因此盈利能力分析是企业财务分析体系的核心内容。

二、盈利能力分析的目的

盈利能力分析的目的是分析企业盈利多少、盈利水平高低、获取利润的渠道与方式的合理性以及盈利能力的稳定性和持久性，具体包括以下内容。

① 通过盈利能力分析，了解企业一定时期的经营业绩。利润是企业一定时期经营业绩的集中表现和核心内容，它是评价企业实际经营业绩的主要指标。企业能否获取利润，能够获取多少利润，利润变动情况及变动原因等是企业利益相关者关心的主要问题。因此，盈利能力分析是正确评价企业一定时期的经营业绩的基本手段和方式。

② 通过盈利能力分析，了解企业经营效果，优化资源配置。利润率反映企业运用资源创造收益的能力，利润率越高，盈利能力越强。通过利润率指标，可以分析企业资源的利用效果，进一步分析资源分布是否合理，运用是否得当，是否有闲置资源等，从而提出优化资源配置的措施。

③ 通过盈利能力分析，发现经营管理中存在的问题。盈利能力是企业各环节经营活动的具体表现，企业经营的好坏都会通过盈利能力表现出来。通过对照同行业先进企业或国际先进企业进行分析，更容易发现经营管理中的重大问题，进而采取措施解决问题，提高企业收益水平。

三、影响盈利能力的因素分析

通常情况下，企业的经营能力、市场占有率、利润结构、资本结构、资本效率、税收政策和技术创新等都会影响企业的盈利能力。

1. 经营能力

企业的经营能力并不是一项单一的能力，它是企业生产、经营、组织、管理、决策、应对风险等各种能力的总和，是一个系统性的概念，应该用一个综合性的指标体系来进行衡量。经营能力能够衡量一个企业是否具备良好的竞争力和生产力，它影响着企业的盈利能力。企业的经营能力越强，企业在一定时期内获取的利润就越多，周转能力越强。企业的生存和发展在很大程度上依赖于企业的盈利能力，因此必须高度重视。

2. 市场占有率

企业的盈利能力高于还是低于行业的平均水平，取决于它的竞争地位。竞争地位的优劣又取决于企业是否具有竞争优势。竞争优势主要来自成本领先和产品（包括服务）差异，成本低、质量好的产品必然有广阔的市场，因此市场占有率可以间接地反映盈利能力。市场占有率是指长期、稳定的市场占有率，一味地靠削价扩大销售，虽然可能在短期内扩大市场占有率，但不可能持久。所以，只有具备持久性竞争优势的企业，才能长期维持优于平均水平的盈利能力。

3. 利润结构

企业的利润来源是多种多样的，除经营利润外，还有来自投资的收益、补贴的收入以及营业外收支。通常，一个企业主营业务的盈利能力决定了这个企业在行业中的地位，若这种能力能够长时间保持，就能对其他潜在进入者产生进入障碍。投资收益及营业外收入等这类其他收入来源，所构成的企业的核心竞争能力并不具有持久性。因此，要使用更具有说服力的数据来对企业的盈利能力进行系统分析。

4. 资本结构

资本结构是影响企业盈利能力的重要因素之一，企业负债经营程度的高低对企业的盈利能力有直接的影响。当企业的资产报酬率高于企业借款利息率时，企业负债经营可以提高企业的获利能力，否则企业负债经营会降低企业的获利能力。有些企业只注重增加资本投入、扩大企业投资规模，而忽视了资本结构是否合理，有可能会妨碍企业利润的增长。在对企业的盈利能力进行分析的过程中，如果只注重对企业的借入资本或自有资本进行独立分析，而没有综合考虑二者之间结构是否合理，则不能正确分析企业的盈利能力。

5. 资本效率

资本对于每个企业来说都是必不可少的，资本运转效率的高低不仅关系着企业营运能力的好坏，也影响到企业盈利能力的高低。通常情况下，资本的运转效率越高，企业的营运能力就越好，而企业的盈利能力也越强，所以企业盈利能力与资本效率是相辅相成的。若忽视了企业资本效率对企业盈利能力的影响，也就忽视了从提高企业资产管理效率角度提升企业盈利能力的重要性。这将不利于企业通过加强内部管理，提高资产管理效率进而推动盈利能力的提升。

6. 税收政策

税收政策的制定与实施有利于调节社会资源的有效配置，为企业提供公平的纳税环境，能有效调整产业结构。税收政策对于企业的发展有很重要的影响，符合国家税收政策的企业能够享受税收优惠，增强企业的盈利能力；不符合国家税收政策的企业，则被要求缴纳高额的税收，从而不利于企业盈利能力的提高。因此，国家的税收政策与企业的盈利能力之间存在一定的关系，分析企业的盈利能力，离不开对其面临的税收政策环境的评价。

7. 技术创新

在经济与技术飞速发展的今天，只有注重技术创新，并将技术创新转化为核心竞争能力的企业，才能在激烈的市场竞争中，有效提高企业的生产效率，不断扩大已有的市场份额，开拓新的市场领域，进而增强企业盈利能力。

四、盈利能力分析的内容

企业盈利能力分析可从企业盈利能力一般分析和上市公司特殊分析两方面来研究。

（一）企业盈利能力一般分析

企业盈利能力一般分析分别从商品经营、资产经营和资本经营展开。

1. 商品经营盈利能力分析

商品经营盈利能力分析研究利润与收入或成本的比例关系。因此，反映商品经营能力的指标分为两类：一是各种利润额与收入之间的比率，统称为收入利润率；二是各种利润额与成本之间的比率，统称为成本利润率。

2. 资产经营盈利能力分析

资产经营盈利能力是指企业运营资产而产生利润的能力，反映资产经营盈利能力的主要指标包括总资产报酬率、总资产净利率、长期资本收益率和投入资本收益率。

3. 资本经营盈利能力分析

资本经营盈利能力是指企业的所有者通过投入资本经营取得利润的能力，反映资本经营盈利能力的主要指标包括净资产收益率和资本收益率。资本经营盈利能力分析重点是对净资产收益率指标进行分析与评价，进一步探讨对净资产收益率产生影响的因素。

（二）上市公司盈利能力分析

上市公司盈利能力分析主要是以公司的财务报表为基础，构建一套能够将各项目联系起来的指标体系，通常包括每股收益、每股净资产、每股股利、股利支付率、股息率、市盈率和市净率等。

第二节　商品经营盈利能力分析

一、毛利率

1. 毛利率的内涵与计算

毛利率又称销售毛利率，是毛利与营业收入的比率。它反映了企业营业活动流转额的初始获利能力，体现了企业的获利空间。其计算公式为：

$$毛利率 = \frac{毛利}{营业收入净额} \times 100\%$$

其中：毛利=营业收入净额−营业成本

营业收入净额=营业收入−销售折扣和折让

① 对于单一产品而言，毛利率的计算公式为：

$$产品毛利额 = 销售收入 − 销售成本$$

$$产品毛利率 = (销售收入 − 销售成本)/销售收入$$

② 对于多品种产品而言，毛利率计算公式为：

$$综合毛利额 = \sum(某产品销售收入 \times 该产品毛利率)$$

$$综合毛利率 = \sum(某产品销售收入比重 \times 某产品毛利率)$$

毛利率当然越高越好，最好是长期增长。毛利率高，说明公司产品在市场的竞争力就强，代表消费者愿意付出比同类产品更高的价格来购买公司的产品，或者代表企业生产产品的成本很低。具体来讲，毛利率高有两大好处：一是在正常情况下，同样的销售收入所赚的钱更多；二是在市场不景气的时候，毛利率高的公司有能力降价促销，即使降价之后公司还是有利润可赚。

毛利率是公司核心业务盈利能力的直接体现。毛利来源于公司的主营业务，它是公司最基本、最稳定的利润来源，只有主营业务获得足够的毛利才能覆盖公司的各种运行费用、税金、利息等，以维持公司的持续经营。因此，毛利率是判断公司盈利能力的基本指标。

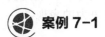
案例 7-1

A 公司毛利率的计算

2021 年，A 公司年报披露主营业务分产品情况如表 7-1 所示。

表 7-1　A 公司 2021 年主营业务分产品情况　　　　　　单位：万元

分产品	营业收入	营业成本	营业收入比重/%
太阳能组件及电池	5 845 449.32	4 848 265.34	72.23
硅片及硅棒	1 702 768.18	1 233 665.64	21.04
电站建设及服务	194 227.52	160 876.87	2.40
受托加工	176 318.68	149 987.27	2.18
电力	56 218.94	21 276.87	0.69
其他	118 242.47	44 894.03	1.46
合计	8 093 225.11	6 458 966.02	100.00

计算单项产品毛利率和综合毛利率如下。

$$\text{太阳能组件及电池毛利率} = \frac{5\,845\,449.32 - 4\,848\,265.34}{5\,845\,449.32} \times 100\% = 17.06\%$$

$$\text{硅片及硅棒毛利率} = \frac{1\,702\,768.18 - 1\,233\,665.64}{1\,702\,768.18} \times 100\% = 27.55\%$$

$$\text{电站建设及服务毛利率} = \frac{194\,227.52 - 160\,876.87}{194\,227.52} \times 100\% = 17.17\%$$

$$\text{受托加工毛利率} = \frac{176\,318.68 - 149\,987.27}{176\,318.68} \times 100\% = 14.93\%$$

$$\text{电力毛利率} = \frac{56\,218.94 - 21\,276.87}{56\,218.94} \times 100\% = 62.15\%$$

$$\text{其他毛利率} = \frac{118\,242.47 - 44\,894.03}{118\,242.47} \times 100\% = 62.03\%$$

综合毛利率=72.23%×17.06%+21.04%×27.55%+2.40%×17.17%+2.18%×14.93%+0.69%×62.15%+1.46%×62.03%=20.19%

从上述计算可以看出，A 公司 2021 年主营业务分产品毛利率差异很大。电力毛利率最高，为 62.15%；受托加工毛利率最低，为 14.93%。由于电站建设及服务、受托加工、电力等产品占比较低，它们对综合毛利率影响较小。而太阳能组件及电池、硅片及硅棒占比较高，特别是太阳能组件及电池占比高达 72.23%，对综合毛利率影响最大。

2．毛利率的经验标准

毛利率作为一个非常重要的财务指标，有助于分析公司的竞争力。一般而言，毛利率长期低于 15% 的行业属于过度竞争的行业，毛利率长期为 15%～25% 的行业属于高度竞争的行业，毛利率长期在 25% 以上的行业属于竞争格局比较好的行业。毛利率长期在 40% 以上的公司，具有某种持续竞争优势。

毛利率波动性比较大的行业受外部因素（如宏观经济形势、上下游供应链等）影响比较大。一般情况下，毛利率持续稳定的长期高于 25% 的公司，则是具有核心竞争力的表现。

3．毛利率的影响因素分析

毛利率主要分析两个方面：一是毛利率的高低；二是毛利率的稳定性。毛利率的高低和稳定性与多个因素相关，包括公司所处行业、公司竞争策略、公司管理效率、特殊的会计处理等。

① 公司所处行业对毛利率会产生影响。不同行业之间毛利率的高低和稳定性存在差异，其根源在于不同行业竞争格局的不同：如果行业门槛比较低，竞争者众多，产品和服务同质化，价格竞争激烈，那么毛利率就比较低，稳定性也比较差；如果行业门槛比较高，竞争者较少，不出现恶性竞争，那么毛利率就比较高，稳定性也比较好。

② 公司竞争策略对公司毛利率的高低和稳定性产生影响。公司竞争策略包括低成本策略和差异化策略。公司所处行业也会对竞争策略产生影响，有些成熟的重资产行业比较适合低成本策略，而轻资产行业更适合差异化策略。一般来说，低成本策略公司的毛利率比较低且稳定性比较差；差异化策略成功的公司由于产品和服务的独特性，保证了其毛利率比较高且稳定性比较好。

③ 公司经营模式对公司毛利率的高低产生影响。直营模式下可以实现统一管理与资源共享，进而塑造一个良好的品牌形象，并且没有加盟商的利润分成，能获得更高的毛利率。

④ 公司管理效率对毛利率的高低产生影响。在同一个行业，由于管理效率不同，不同公司之间的毛利率也会有高有低。管理效率好的公司的毛利率会高于管理效率低下的公司。比如，采购管理好的公司的原材料成本会低于采购管理混乱的公司，生产制造管理好的公司的制造费用会低于生产制造管理混乱的公司，销售管理好的公司的销售价格会高于销售管理混乱的公司等。

⑤ 特殊会计处理对毛利率的高低产生影响。例如，甲公司从 2007 年开始，每年都支出大笔的资本开支，相应地，公司的固定资产从 2006 年年底的 4.3 亿元增至 2013 年年底的 25 亿元，增长了近 5 倍，而同期销售收入只增加了不到两倍（160%）。为了避免过高的固定资产带来的折旧费用，公司悄无声息地在 2008 年把设备的折旧期从 10 年延长至 20 年。以甲公司在 2013 年年底的 25 亿元固定资产（其中绝大部分是机器设备）来做粗略推算，若全部按 10 年计提折旧，每年折旧费用则为 2.5 亿元；若全部按 20 年计提折旧，每年折旧费用则为 1.25 亿元。由此可见，采用不同的折旧年限对企业当期的毛利率是有重大影响的。

4. 公司毛利率异常主要表现

公司毛利率如果出现下列现象，应该引起关注。
① 毛利率大幅高于或者大幅低于同行业公司的水平，或者变动趋势与行业不一致。
② 无视经济周期的影响，增长异常平稳。
③ 收入大幅下滑而毛利率却保持稳定。
④ 毛利率的异常波动。

二、经营利润率

1. 经营利润率的内涵与计算

经营利润率是经营利润与营业收入的比率，反映企业经营活动流转额的获利能力。其计算公式为：

$$经营利润率 = \frac{经营利润}{营业收入} \times 100\%$$

其中：经营利润是指正常经营业务所带来的、未扣除利息及所得税前的利润。经营利润=营业收入-营业成本-税金及附加-销售费用-管理费用-研发费用。

经营利润不同于利润表中的营业利润。在利润表中，营业利润的计算公式含有财务费用、公允价值变动损益、资产减值准备、投资收益等与企业的经营活动无关的项目,而经营利润的计算公式不包含财务费用、公允价值变动损益、资产减值准备、投资收益等项目。

2. 经营利润率分析

① 相对于毛利率而言,经营利润率更好地说明了企业基本经营业务的获利情况,从而能更全面地完整地体现销售获利能力。显然,经营利润率越高,则企业获利能力越强,反之,则获利能力越差。

② 利用经营利润率可以分析企业经营过程的获利水平,避免为企业财务杠杆程度、投资收益和非经常项目所影响。

三、销售净利率

1. 销售净利率的内涵与计算

销售净利率又称净利率,是净利润与营业收入的比率。它反映每1元销售收入带来的净利润的多少,表示营业活动流转额的最终获利能力。其计算公式为:

$$销售净利率 = \frac{净利润}{营业收入} \times 100\%$$

一般来说,销售净利率高,说明该企业扣除各种成本费用后的赚钱能力,也就是这家企业是否真的赚钱。

2. 销售净利率分析

① 销售净利率的趋势分析和同业分析。当对一家公司的销售净利率趋势进行分析时,若连续几年出现了下滑的迹象,那么就要分析这家公司销售净利率下滑的原因是什么,是不是公司经营出现了问题等。当对一家公司的销售净利率同业分析时,发现公司的销售净利率保持了非常高的水平,已经高于同行很多,那么就要分析公司销售净利率高的原因,是不是有造假的可能性。

② 销售净利率不仅仅是衡量企业盈利能力,也是衡量企业管理能力的指标。公司创造利润有两种途径:一是增加收入;二是节约开支,降低费用。只有管得好,才能逐步降低费用,从而为公司省出更多的利润。因此,相同行业、相同产品的公司,如果毛利率相差不大,那么销售净利率高的企业的管理能力更强。

③ 销售净利率在某些情况下,会出现突然下降,特别是当公司营业外收入或者其他业务收入增加时。面临这种情况时,要具体分析造成销售净利率大幅变动的原因是什么,对公司有什么影响。

例题 7-1 根据附录 2,得到 Y 公司有关收入、成本、利润的相关财务指标,如表 7-2 所示。

表 7-2 Y 公司收入、成本、利润的相关财务指标　　　　单位:万元

年份	2021 年
营业收入	11 059 520.32
营业成本	7 641 670.55
经营利润	937 201.76
净利润	873 202.56

依据表 7-2 的财务指标及毛利率、经营利润率和销售净利率的计算公式，计算得出 Y 公司 2021 年的相关财务比率如下。

Y 公司 2021 年的毛利率为：

$$毛利率 = \frac{11\,059\,520.32 - 7\,641\,670.55}{11\,059\,520.32} \times 100\% = 30.90\%$$

Y 公司 2021 年的经营利润率为：

$$经营利润率 = \frac{937\,201.76}{11\,059\,520.32} \times 100\% = 8.47\%$$

Y 公司 2021 年的销售净利率为：

$$销售净利率 = \frac{873\,202.56}{11\,059\,520.32} \times 100\% = 7.90\%$$

毛利率、经营利润率和销售净利率三个反映流转额获利能力的指标各有侧重，如图 7-1 所示。毛利率反映的是流转额的初始获利能力，经营利润率反映企业经营活动流转额的获利能力，销售净利率则反映流转额的最终获利能力。

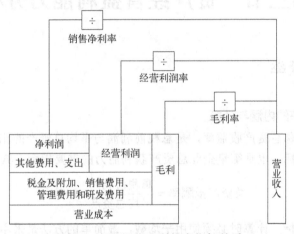

图 7-1　商品经营盈利能力指标关系

四、成本费用利润率

1. 成本费用利润率的内涵与计算

成本费用利润率是企业一定期间的利润总额与成本费用总额的比率，反映企业投入成本获得利润的能力。其计算公式为：

$$成本费用利润率 = \frac{利润总额}{成本费用总额} \times 100\%$$

其中：利润总额=营业利润+营业外收入-营业外支出

成本费用总额=营业成本+税金及附加+销售费用+管理费用+研发费用+财务费用

对于投资者来说，成本费用利润率越大越好。因为成本费用利润率越大，则说明同样的成本费用能取得更多的利润，或者取得同样的利润只要花费更少的成本费用支出，表明企业的获利能力越强；反之，则表明企业的获利能力越弱。

2. 成本费用利润率分析

① 企业希望通过增加销售规模来提升净利润时，通过分析企业的成本费用利润率，就能知道企业的经营效率是否因为规模的增大而变低了，如果销售规模增加了，但是成本费用利润率却降低了，那就说明企业的经营效率下降，需要加强成本费用的管理。

② 对于发展成熟的企业来说，经营已经步入正轨，各项成本费用经过长时间的运营，应该能够控制在一个稳定的水平，成本费用利润率也相对稳定。如果一家企业成本费用利润率经常发生波动，而且波动较大，说明可能是企业对于成本费用的管理失控了，需要特别关注。

③ 成本费用利润率也可能是负值，企业在经营非常不好的情况下会出现这种连成本都收不回来的情况，同时也要考虑到企业当期是否发生了重大的经济事项。在实际应用该指标时，也要注意结合其他指标来一起使用，可以弥补单个指标的不足。

第三节　资产经营盈利能力分析

一、总资产报酬率

1. 总资产报酬率的内涵与计算

总资产报酬率又称总资产收益率，是息税前利润与平均总资产的比率。它是反映企业资产综合利用效果的指标，也是衡量企业总资产获利能力的重要指标。其计算公式为：

$$总资产报酬率 = \frac{息税前利润}{平均总资产} \times 100\%$$

总资产是时点指标，计算时必须使用平均数，最简单的方法是采用算术平均数，其计算公式为：

$$平均总资产 = (期初总资产 + 期末总资产) \div 2$$

总资产代表了企业的总投入，相应的利润应该是息税前利润，息税前利润反映外部债权人、政府和企业所有者对企业收益的分配。

总资产报酬率越高，说明企业资产的运用效率好，也意味着资产盈利能力越强。如果企业的总资产报酬率在几年中持续下跌，要深入分析，查明原因。

2. 总资产报酬率经验标准

总资产报酬率的高低直接反映了公司的竞争实力和发展能力，也是决定公司是否应举债经营的重要依据。总资产报酬率一般应该大于 5%或大于一年期银行贷款利率。当总资产报酬率大于债务利率时，利用负债筹资能带来正的财务杠杆效应，公司会获取更大的收益；当总资产报酬率小于债务利率且大于零时，说明公司至少可以通过减少负债来获得更大的收益。

3. 总资产报酬率的构成分析

① 息税前利润额。息税前利润主要包括：经营利润、投资收益和营业外收支净额。通过对盈利的业务结构分析，可以揭示不同业务的盈利水平，判明它们各自对企业总盈利水平的影响方向和影响程度。同时要注意各自盈利部分的盈利稳定性，它表明了企业盈利水平变动的基本态势，是判断盈利质量的重要依据。因此，对于息税前利润额，一方面，从总量上要求尽可能多地获取各种利益，提高总资产报酬率，另一方面，要从质量角度上分析，尽可能使息税前利润来源于经营利润，形成长期稳定的总资产报酬率。

② 资产占用额。从某一特定时点看，资产占用实际上是资金运动的停滞。资产占用额可分为资产占用数额和资产占用结构，资产占用结构影响更为广泛。结构可分为三部分：一是直接形成企业收益的资产，如存货、应收账款；二是对企业一定时期收益不产生收益的资产，如货币资产；三是抵扣企业一定时期收益的资产，如固定资产。如果总资产中形成企业收益的资产比重越大，其余两类比重越小，越有利于企业资产收益最大化。

4. 总资产报酬率因素分析

总资产报酬率的计算公式为：

$$总资产报酬率 = \frac{息税前利润}{平均总资产} \times 100\% = \frac{息税前利润}{销售收入} \times \frac{销售收入}{平均总资产} \times 100\%$$

$$= 销售息税前利润率 \times 总资产周转率 \times 100\%$$

可见，影响总资产报酬率的因素有两个：一是销售息税前利润率，该指标反映企业商品的盈利能力，指标越高，商品盈利能力越强；二是总资产周转率，该指标反映企业营运能力指标，是企业资产经营效果的直接体现。

由于息税前利润中包含偶然性、波动性较大的营业外收支净额和投资收益，该指标年际之间的变化较大，但债权人可以只看当期的，企业管理者和所有者应该结合企业的利润结构来看，判断企业长期、正常的投资报酬。

> **例题 7-2** 根据附录 1 和附录 2 相关数据，计算 Y 公司 2020 年和 2021 年的总资产报酬率，同时分析确定销售息税前利润率和总资产周转率对总资产报酬率的影响。Y 公司资产经营盈利能力分析如表 7-3 所示。

表 7-3 Y 公司资产经营盈利能力分析表　　　　　单位：万元

	2020 年	2021 年	变动
营业收入	9 688 564.2	1 1059 520.32	
利润总额	814 984.93	1 011 235.40	
利息支出	49 431.73	80 951.37	
息税前利润	864 416.66	1 092 186.77	
平均总资产	6 580 776.57	8 655 830.21	
总资产周转率/(次/年)	1.47	1.28	-0.19
销售息税前利润率/%	8.92	9.88	0.96
总资产报酬率/%	13.14	12.62	-0.52

影响总资产报酬率的因素分析如下。

① 总资产周转率变动的影响 = -0.19 × 9.88% = -1.88%
② 销售息税前利润率的影响 = 1.47 × 0.96% = 1.41%

分析结果表示，Y公司2021年的总资产报酬率比上年降低了0.52%，是总资产周转率下降和销售息税前利润率上升的共同结果，其中总资产周转率降低使得总资产报酬率降低了1.88%，销售息税前利润率上升使得总资产报酬率上升了1.41%。

投资者可以将总资产报酬率和市场利率进行比较。当总资产报酬率大于市场利率，则表明企业可以充分利用财务杠杆，进行负债经营，获取更大收益。

二、总资产净利率

1. 总资产净利率的内涵与计算

总资产净利率是净利润与平均总资产的比率。它反映在一定时期内企业总资产的获利能力，它全面地反映了企业的投入产出情况，是评价企业资产运营效率的重要指标。其计算公式为：

$$总资产净利率 = \frac{净利润}{平均总资产} \times 100\%$$

其中：平均总资产=(期初总资产+期末总资产)÷2

总资产净利率越高，说明企业运用全部资产的获利能力越强；总资产净利率越低，说明企业利用总资产的能力越弱。总资产净利率与总资产的高低成反比，与净利润的高低成正比。总资产净利率是影响净资产收益率的重要指标，是杜邦分析法的重要组成部分。

将总资产净利率与总资产报酬率进行比较，可以反映财务杠杆及所得税对企业最终的资产获利水平的影响。

2. 总资产净利率分析

① 对总资产净利率指标进行趋势分析时，企业历年的总资产净利率走势上涨，表明企业的资产运用效率越高，说明企业在资源整合和资源利用方面取得了不错的效果，投资者应重点关注这类企业。总资产净利率下滑，说明企业的资产利用效率下降，投资者投资这类企业须谨慎。

② 对总资产净利率指标进行同业分析时，若总资产净利率高于行业平均水平，说明企业处于行业优势地位；若企业总资产净利率低于行业平均水平，就要结合其他指标分析企业是不是有投资价值。

三、长期资本利润率

1. 长期资本利润率的内涵与计算

长期资本利润率是收益总额与平均长期资本的比率，反映企业长期资本的盈利能力。其计算公式为：

$$长期资本利润率 = \frac{收益总额}{平均长期资本} \times 100\%$$

其中：收益总额=利润总额+长期负债利息费用

平均长期资本=[(年初非流动负债+年初所有者权益)+(年末非流动负债+年末所有者权益)]÷2

总资产报酬率是从资产负债表左栏进行的"投入"与"产出"的直接比较，长期资本利润率则是从资产负债表右栏进行的"投入"与"产出"的比较。长期资本利润率越高,说明公司运用长期资本的获利能力越强;长期资本利润率越低,说明公司利用长期资本的能力越弱。

2. 长期资本利润率分析

将长期资本收益率与总资产报酬率进行比较,总资产报酬率衡量的是所有资金提供者的收益,通常比较低;而长期资本收益率衡量长期资金提供者的收益,由于短期资金的收益相对较低,因此长期资本收益率通常高于总资产报酬率。

四、投入资本收益率

1. 投入资本收益率的内涵与计算

投入资本收益率又称投入资本回报率,是息前税后经营利润与投入资本的比率。投入资本收益率去除了财务杠杆的影响,反映企业真实的盈利能力水平,用于衡量投入资本的使用效果。其计算公式为:

$$投入资本收益率 = \frac{息前税后经营利润}{投入资本} \times 100\%$$

其中:息前税后经营利润=经营利润×(1-所得税税率)

投入资本=股东权益+有息负债

有息负债包括短期借款、短期债券(在其他流动负债项目里)、交易性金融负债、一年内到期的非流动负债、长期借款、应付债券等。

投入资本收益率通常用来直观地评估企业的价值创造能力。如果企业的投入资本收益率高于资本成本,那么通常认为它为企业创造了价值。投入资本收益率越高,表明企业资本利用效果越好,说明企业在增加收入和节约资金使用等方面取得了良好的效果。企业管理层出于战略管理的目的,通常非常密切地关注这一指标。投资者在作盈利性分析和预测的时候,也要关注这一指标。

例题 7-3 2021 年 A 公司的股东权益为 100 亿元,有息负债为 20 亿元。利润表项目如表 7-4 所示。假设财务费用全部为利息费用,所得税税率为 25%。计算 2021 年 A 公司的投入资本收益率。

表 7-4 2021 年 A 公司利润表 单位:亿元

项目	金额	项目	金额
营业收入	100	财务费用	2
营业成本	50	营业外净收入	5
税金及附加	3	利润总额	28
销售费用	5	所得税	7
管理费用	12	净利润	21
研发费用	5		

经营利润=营业收入-营业成本-税金及附加-销售费用-管理费用-研发费用

=100-50-3-5-12-5=25(亿元)

息前税后经营利润=25×(1-25%)=18.75（亿元）

投入资本收益率=18.75/(100+20)=15.63%

2. 投入资本收益率分析

① 用投入资本收益率和企业资金机会成本做比较评估获利能力。投入资本收益率通常会跟企业的加权平均资本成本做比较，去评估企业投入的资本是否创造超额报酬。原因是加权平均资本成本代表企业向银行或股东借来的钱，由加权平均资本成本算出来的金额可当成是利息费用或机会成本。简单来说，如果投入资本收益率大于加权平均资本成本，就代表企业投入资本后所获得的报酬大于公司因借钱去投入所产生的成本。

② 投入资本收益率是比总资产报酬率更严谨的指标。总资产报酬率是从资产的角度衡量回报，并不关注资本结构，不同行业的总资产报酬率具有不可比性。投入资本收益率是从资本的角度看问题，综合考虑股权与债权，衡量企业投入所有资本后赚钱的能力，反映企业的主营业务上的盈利能力。简单来说，企业的资产可以分为投资资产和经营资产，对应投资收益和经营利润。所谓投入资本收益率，就是剔除非经常性损益，只计量经营资产的盈利能力。所以，投入资本收益率是用来评估企业价值创造能力，在一定程度上决定着它的未来价值，也是对企业进行评估的一个最主要指标。

第四节　资本经营盈利能力分析

一、净资产收益率

1. 净资产收益率的内涵与计算

净资产收益率又称股东权益报酬率、权益报酬率，是净利润与平均净资产的比率。它反映企业为全体股东资本赚取利润的能力，是衡量投资者投资回报最重要的指标之一。其计算公式为：

$$净资产收益率 = \frac{净利润}{平均净资产} \times 100\%$$

其中：平均净资产=(期初净资产+期末净资产)÷2

净资产收益率以资本为基础，代表了企业所有者的投入总额，相应的利润应该是去除了利润总额里面的利息和所得税，它们分别是给债权人和政府的，所以为税后净利润。

一般认为，净资产收益率越高，企业自有资本获取收益的能力越强，运营效益越好，对企业投资人、债权人利益的保障程度越高。

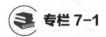

专栏 7-1

上市公司加权平均净资产收益率的计算

净资产收益率一般分为加权、平均、摊薄三类计算方式，其中上市公司年报中公布的加权平均净资产收益率比较严谨，计算公式也最复杂。

证监会 2010 年 1 月 11 日发布的《公开发行证券的公司信息披露编报规则第 9 号——净资产收益率和每股收益的计算及披露》对加权平均净资产收益率的计算做出了具体规定。加

权平均净资产收益率的计算公式为:

$$加权平均净资产收益率 = P_0/(E_0 + NP \div 2 + E_i \times M_i \div M_0 - E_j \times M_j \div M_0 + E_k \times M_k \div M_0)$$

$$扣除非经常性损益后加权平均净资产收益率 = P_1/(E_0 + NP \div 2 + E_i \times M_i \div M_0 - E_j \times M_j \div M_0 + E_k \times M_k \div M_0)$$

其中：P_0、P_1 分别对应归属于公司普通股股东的净利润、扣除非经常性损益后归属于公司普通股股东的净利润；

NP 为归属于公司普通股股东的净利润；

E_0 为归属于公司普通股股东的期初净资产；

E_i 为报告期发行新股或债转股等新增的、归属于公司普通股股东的净资产；

E_j 为报告期回购或现金分红等减少的、归属于公司普通股股东的净资产；

M_0 为报告期月份数；

M_i 为新增净资产次月至报告期期末的累计月数；

M_j 为减少净资产次月至报告期期末的累计月数；

E_k 为因其他交易或事项引起的、归属于公司普通股股东的净资产增减变动；

M_k 为发生其他净资产增减变动次月至报告期期末的累计月数。

报告期发生同一控制下企业合并的，计算加权平均净资产收益率时，被合并方的净资产从报告期期初起进行加权；计算扣除非经常性损益后的加权平均净资产收益率时，被合并方的净资产从合并日的次月起进行加权。计算比较期间的加权平均净资产收益率时，被合并方的净利润、净资产均从比较期间期初起进行加权；计算比较期间扣除非经常性损益后的加权平均净资产收益率时，被合并方的净资产不予加权计算（权重为零）。

B 公司有关加权平均净资产收益率的计算过程，如表 7-5 所示。

表 7-5 加权平均净资产收益率计算表　　　　单位：元

项目	2021 年度	2020 年度	2019 年度
归属于公司普通股股东的净利润（P_0）	100 818 376.67	135 175 136.51	87 458 234.03
非经常性损益	3 223 457.82	3 991 096.33	4 381 279.04
扣除非经常性损益后归属于公司普通股股东的净利润（P_1）	97 594 918.85	131 184 040.18	83 076 954.99
归属于公司普通股股东的当期净利润（NP）	100 818 376.67	135 175 136.51	87 458 234.03
归属于公司普通股股东的期初净资产（E_0）	1 403 086 504.66	836 375 007.39	748 916 773.36
发行新股或债转股等新增的归属于公司普通股股东的净资产（E_i）		431 536 360.76	
回购或现金分红等减少的归属于公司普通股股东的净资产（E_j）	32 639 840.00		
报告期月份数（M_0）	12.00	12.00	12.00
新增净资产次月至报告期期末的累计月数（M_i）		3.00	
减少净资产次月至报告期期末的累计月数（M_j）	2.00		
因其他交易或事项引起的、归属于公司普通股股东的净资产增减变动（E_k，减少以负数填列）	925 794.50		
发生其他净资产增减变动次月至报告期期末的累计月数（M_k）	6.00		
加权平均净资产收益率	6.96%	13.36%	11.03%
扣除非经常性损益后加权平均净资产收益率	6.74%	12.96%	10.48%

2. 净资产收益率的经验标准

上市公司的净资产收益率为多少合适？一般来说，上不封顶，越高越好。下线就是不能低于银行存款利率，如果常年低于银行存款利率，上市公司就没有存在的意义。正因为这个原因，证监会对上市公司的净资产收益率特别关注，在《上市公司证券发行管理办法》中明确规定，上市公司在公开发行可转换公司债、公开增发新股时，最近三年的加权净资产收益率平均不低于6%。

针对我国上市公司而言，净资产收益率处于 10%～15%，为一般公司；净资产收益率处于 15%～20%，为优秀公司；净资产收益率处于 20%～30%，为杰出公司。如果净资产收益率在 40%以上，常常没有意义。造成净资产收益率异常高的原因是：公司可能最近从母公司分拆出来，可能回购了很多股票或大规模分红，或者进行了产品大幅提价。

3. 净资产收益率的影响因素分析

根据净资产收益率的计算公式，可以推导出以下公式。

$$净资产收益率 = \left[总资产报酬率 + (总资产报酬率 - 负债利率) \times \frac{平均总负债}{平均净资产}\right] \times (1 - 所得税税率)$$

由上述公式可以看出，净资产收益率的影响因素主要有总资产报酬率、资本结构、负债利率和所得税税率。

① 总资产报酬率。总资产报酬率越高，净资产收益率也越大，而且净资产收益率变动的敏感程度要比总资产报酬率高，因为当企业的总资产报酬率高于负债利率时，超额利差的收益部分归投资者所有，会使企业的净资产收益率有较大程度的提高。所以，总资产报酬率对净资产收益率的影响最重要，因为它是净资产收益率的基础。

② 资本结构。资本结构即负债与权益资本的构成比例。它也反映了企业的财务风险程度，一定的负债比例可以为企业的所有者创造财务杠杆利益，但是前提是要求总资产报酬率大于负债比例，这样增加负债的比例，可以起到正面的作用。所以，资本结构也是影响净资产收益率的一个因素。

③ 负债利率。在企业所有者获得收益之前必须偿还企业的债务利息，所以企业债务利率对净资产收益率有负面的影响。当总资产报酬率一定时，负债利率低于总资产报酬率时，财务杠杆对净资产收益率具有正面影响；反之，则有负面影响。

④ 所得税税率。和负债利率一样，企业所有者在获取利益之前，要先向政府交税，所以所得税税率也是影响净资产收益率的因素之一。

例题 7-4 根据附录 1 和附录 2 相关数据，计算 Y 公司 2020 年和 2021 年的净资产收益率。资本经营盈利能力分析如表 7-6 所示。

表 7-6 资本经营盈利能力分析表　　　　　　　　　　　　单位：万元

项目	2020 年	2021 年	变动
平均总资产	6 580 776.57	8 655 830.21	—
平均净资产	2 840 339.13	3 966 183.11	—
平均总负债	3 740 437.44	4 689 647.10	—
利息支出	49 431.73	80 951.37	—
负债利率/%	1.32	1.73	0.40
净利润	709 893.87	873 202.56	—

续表

项目	2020 年	2021 年	变动
所得税税率/%	12.89	13.65	0.76
总资产报酬率/%	13.14	12.62	−0.52
净资产收益率/%	24.99	22.02	−2.98

从表 7-6 可以看出，Y 公司 2021 年的净资产收益率比 2020 年降低 2.98%，一方面是由于 2021 年总资产报酬率降低了 0.52%，另一方面是由于 2021 年的负债利率提升 0.40%，所得税税率提高 0.76%。总之，总资产报酬率、负债利率和所得税税率等因素共同作用，对净资产收益率产生负面的影响。

4. 净资产收益率分析注意事项

① 分析净资产收益率要注意连续性，多观察几年数据的变化，不要被景气高峰期的数据误导。一般来说，能连续多年净资产收益率在 13% 以上的，说明行业容易产生差异化壁垒且公司也存在较为稳固的竞争优势。

② 净资产收益率经常会随着规模的扩大不断降低。观察上市公司连续几年的净资产收益率表现，会发现一个现象：公司刚上市时，往往都有不错的净资产收益率表现，但之后这个指标会明显下滑。这是因为随着公司规模不断扩大，净资产不断增加时，必须开拓新的产品、新的市场，并辅之以新的管理模式，才能保证净利润和净资产同步增长，但这对于公司来说是一个很大的挑战。它在考验一个公司领导者对行业发展的预测，对新的利润增长点的判断，以及他的管理能力是否可以不断提升。因此，上市公司随着规模的扩大，仍能保持较高的净资产收益率，是值得投资者关注的。

③ 高财务杠杆推升的高净资产收益率是高风险的。通常认为公司的净资产收益率越高越好，但过高的净资产收益率也蕴含着风险。比如，个别公司虽然净资产收益率很高，但负债率却超过了 80%，这个时候就得小心。这样的公司虽然盈利能力强，运营效率也很高，但这是建立在高负债基础上的，一旦市场有什么波动，或者银行抽紧银根，不仅净资产收益率会大幅下降，公司自身也可能会出现亏损。

> **专栏 7-2**
> **A 股公司 2021 年净资产收益率总体分布**

为了深入研究净资产收益率，以锐思金融研究数据库 2021 年 4 393 家上市公司为样本计算，并进行简要分析。净资产收益率的分母以平均净资产为准。

从全部 A 股上市公司看，2021 年净资产收益率的中位数为 8.28%，最集中的区域是 0～15%，其公司数合计占上市公司总数的比例为 62.35%。净资产收益率超过 15% 的，仅占公司总数的 22.88%；能够达到 30% 以上的，不足公司总数的 4%，可谓凤毛麟角。A 股公司 2021 年净资产收益率总体分布如图 7-2 所示。

从图 7-2 可以看出，净资产收益率介于 0～3% 之间的公司很多，约占 11.13%。但刚刚亏损的公司却很少，仅占 1.64%。这种断崖式分布，没有在中位数两边基本对称，不符合正态分布，公司有利润操纵嫌疑。当公司的净资产收益率处于 0 的附近时，公司会通过调整某些会计处理方法，甚至改变某些经营行为，尽力使净利润为正，结果就出现了许多微利公司。如果人为调整做不到净利润为正，公司通常不愿意微亏，也要进行一些调整，使得亏损额变大。图 7-2 显示，亏损在 12%以上的公司占比达到 8.72%。

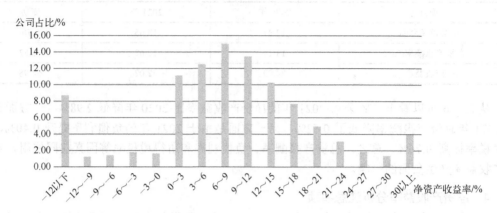

图 7-2　A 股公司 2021 年净资产收益率总体分布图

从图 7-2 还可以看到另一个现象，净资产收益率位于 6%～9%的公司，明显多于 3%～6%和 9%～12%的公司，这与证监会的融资条件有关。证监会规定：上市公司在公开发行可转换公司债、公开增发新股时，最近三年的加权净资产收益率平均不低于 6%。

二、资本收益率

1. 资本收益率的内涵与计算

资本收益率又称资本利润率，是净利润与平均资本的比率。它反映企业运用投入资本金的获得能力，也是中央企业综合绩效评价的一项指标。其计算公式为：

$$资本收益率 = \frac{净利润}{平均资本} \times 100\%$$

其中：平均资本=[(年初实收资本+年初资本公积)+(年末实收资本+年末资本公积)]÷2

上述资本公积仅指资本（或股本）溢价。

对于投资者来说，资本收益率是一个重要指标。所有者投资于企业最终目的是获取利润，资本收益率的高低直接关系到投资者的权益，是投资者最关心的问题。当企业以资本金为基础，吸收一部分负债资金进行生产经营活动时，资本收益率就会因财务杠杆原理的应用而得到提高，所提高的利润部分虽然不是资本金直接带来的，但也可视为资本金有效利用的结果。

资本收益率越高，说明企业投入资本金的经济效益越好，投资者的风险越少。因此，资本收益率是考核、检查资本保值增值的主要指标，是投资者和潜在投资者进行投资决策的重要依据。

2. 资本收益率分析

分析资本收益率时，应首先确定基准资本收益率，即企业在一定条件和一定规模下至少应当实现的净利润的数额。若实际资本收益率低于基准资本收益率，表明企业的获利能力严重不足，投资者就会转移投资。此外，应该与过去历年数据对比，进行趋势分析，找出差距，分析原因。

第五节 上市公司盈利能力分析

上市公司是指公开发行股票并在证券交易所上市交易的股份有限公司。与一般企业相比，上市公司有其独特性，如上市公司将其权益资本以股份代替、对股票持有者发放股利，上市公司的股票可以在二级市场交易因而其股票有市场价格等。因此，对上市公司盈利能力进行分析时，除一般企业盈利能力的指标分析外，还应进行一些特殊指标的分析，上市公司盈利能力特殊指标包括每股收益、每股净资产、每股股利、股利支付率、股息率、市盈率和市净率等。

一、每股收益

每股收益又称每股盈利、每股税后利润、每股盈余，是指税后利润与总股本的比率，能够反映普通股股东每持有一股所能享有的公司净利润或需承担的公司净亏损。

每股收益通常用于在不同公司之间、同一公司的不同时期比较，分别用以评估公司的相对盈利能力、了解公司盈利能力的变化趋势。每股收益是投资者等信息使用者据以评价公司盈利能力、预测公司成长潜力，进而做出相关经济决策的重要的财务指标之一。

每股收益分为基本每股收益和稀释每股收益。基本每股收益与稀释每股收益的不同之处在于稀释每股收益需考虑公司发行可转换债券、股份期权、认股权证等稀释性潜在普通股的影响。

（一）基本每股收益

基本每股收益是指在某个会计年度内平均每股普通股获得的收益。它是综合反映公司获利能力的重要指标，可以用来判断和评价管理层的经营业绩。其计算公式为：

$$基本每股收益 = \frac{净利润 - 优先股股利}{发行在外的普通股的加权平均数}$$

由于优先股股东对股利享有优先权，因此计算基本每股收益时，分子应该是净利润减去优先股股利。实务中，分子取"合并利润表"中列示的"归属于上市公司股东的净利润"；分母采用加权平均数，发行在外的普通股股数是一个时点指标，在一定期间的不同时点上，发行在外的普通股股数可能是变化的，应该取其加权平均值，以正确反映本期内发行在外的股份数额。发行在外的普通股加权平均数的计算公式如下：

$$发行在外的普通股的加权平均数 = 期初发行在外的普通股股数 + 当期新发行的普通股股数 \times \frac{已发行时间}{报告期时间} - 当期回购普通股股数 \times \frac{已回购时间}{报告期时间}$$

发行在外的普通股股数需要考虑当期影响股本变化的事项，主要有发放股票股利或公积金转增股本、发行新股、股份回购。

1. 发放股票股利、公积金转增股本

发放股票股利、公积金转增股本属于会增加公司发行在外普通股或潜在普通股的数量，但不影响所有者权益总额，也不改变公司的盈利能力的事项。公司应当在新增股份登记完成

后，按变更后的股数重新计算各列报期间的每股收益，且该事项引起的股本变化不需要按照实际时间加权计算，而是视同自期初已发行，时间权数按 1 计算。

2. 新发股票

新发行普通股股数，应当根据发行合同的具体条款，从应收对价之日（一般为股票发行日）起计算确定。通常包括的情况有：为收取现金而发行的普通股股数，从应收现金之日起计算；因债务转为资本而发行的普通股股数，从停止计提债务利息之日或结算日起计算；非同一控制下的企业合并，作为对价发行的普通股股数，从购买日起计算；为收购非现金资产而发行的普通股股数，从确认收购之日起计算。

3. 回购股份

若公司报告期内存在股份回购事项，在计算普通股的加权平均数时，应扣除回购的普通股股数与相应时间权数的乘积。由于回购事项可能存在分月进行，计算时，为简化起见可以按月加权，分月分别计算加权影响。

股份回购时，股本项目不变，库存股项目增加，库存股入账金额一般为回购金额（回购单价×股数），回购单价大部分情况下大于股票面值，故该金额会大于回购的股份数。公司在计算时，应减去的股数是库存股的股本部分，而不是库存股的总金额。回购股份注销减资时，股本减少，库存股亦减少，此时每股收益不受影响。

例题 7-5 Y 公司 2021 年 1 月 1 日股本 200 000 万股，2021 年归属于上市公司股东的净利润 50 000 万元。2021 年 5 月 15 日，股东大会审议通过权益分配方案，同意以资本公积每 10 股转增 10 股；2021 年 6 月 10 日，增发新股 3 000 万股；2021 年发生 3 次回购，分别是 2 月回购 500 万股，3 月回购 900 万股，8 月回购 1 000 万股，假定无其他影响事项。

Y 公司发行在外的普通股的加权平均数=200 000+200 000+3 000×6÷12−500×10÷12−900×9÷12−1 000×4÷12=400 075（万股）

Y 公司的基本每股收益=50 000/400 075=0.12（元/股）

（二）稀释每股收益

稀释每股收益是以基本每股收益为基础，假设公司所有发行在外的稀释性潜在普通股均已转换为普通股，从而分别调整归属于普通股股东的当期净利润以及发行在外普通股的加权平均数计算而得的每股收益。我国公司发行的潜在普通股主要有可转换债券、认股权证、股份期权等。

对于可转换债券，计算稀释每股收益时，由于假定可转换债券转换为普通股，与之相关的利息等费用将不再发生，分子应加上可转换债券当期已确认为费用的利息等的税后影响额；分母应加上为假定可转换债券已转换为已发行普通股而增加的普通股股数的加权平均数（无需考虑转股日）。实务中，应注意可转换债券在负债和权益成分之间的分拆，同时票面利率一般不等于实际利率。另外，还需先比较增量股每股收益（增加的净利润/增加的普通股加权平均股数）与基本每股收益，如果增量股每股收益小于基本每股收益，具有稀释性，否则具有反稀释性，此时，在计算稀释每股收益时，不应予以考虑。

对于盈利企业认股权证和股份期权等的行权价格低于当期普通股平均市场价格时，应当考虑其稀释性。增加的普通股股数=拟行权时转换的普通股股数−行权价格×拟行权时转换的普通股股数/当期普通股平均市场价格。

例题 7-6 某公司 2021 年净利润为 600 万元，发行在外的普通股加权平均数为 1 000 万股，潜在的普通股包括：发行认股权证 200 万份，行权价格为 3 元，普通股平均市场价格为 5 元；发行利率为 4%的可转换债券，面值为 1 000 万元，每 100 元债券可以转换为 1 元面值的普通股 90 股，公司的所得税税率为 25%。

在本例中若不考虑稀释性潜在普通股，公司 2021 年每股收益：

基本每股收益=600÷1 000=0.6（元/股）

考虑认股权证这一稀释性潜在普通股时，公司 2021 年每股收益：

普通股股数的增加=200−200×3÷5=80（万股）

稀释每股收益=600÷(1 000+80)=0.56（元/股）

考虑可转换债券这一稀释性潜在普通股时，公司 2021 年每股收益：

增加的净利润=1 000×4%×(1−25%)=30（万元）

普通股股数的增加=1 000÷100×90=900（万股）

稀释每股收益=(600+30)÷(1 000+900)=0.33（元/股）

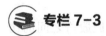 专栏 7-3

时间加权因素

在计算发行在外普通股的加权平均数时，需要视情况确定是否考虑时间加权因素。是否考虑时间权数，要看股数增加是否付出了对价，进而影响股东权益总额。如果付出了对价，增加了股东权益总额，就要考虑时间权数；要是没付出对价，不影响股东权益总额，不需要考虑时间权数。比如，发放股票股利、资本公积转增股本只是增加了普通股的数量，但并不影响股东权益金额，这既不影响企业所拥有或控制的经济资源，也不改变企业的盈利能力，即只意味着同样的损益现在要由扩大了的股份规模来享有，所以无需考虑时间权数。表 7-7 归纳了不同股本变动情形下是否需要考虑时间权数。

表 7-7 不同股本变动情形下的时间权数

报告期内股本变动的情形		是否需要考虑时间加权因素
股本增加	新发股票	是
	可转债转成股票	
	权证期权行权	
	发放股票股利	否
	资本公积转增股本	
股本减少	回购股份	是

计算稀释每股收益时间权数时需注意：
① 以前期间发行的稀释性潜在普通股，应当假设在当期期初转换；
② 当期发行的稀释性潜在普通股，应当假设在发行日转换。

（三）每股收益分析

① 每股收益不反映股票所含有的风险。例如，某公司原来经营日用品的产销，最近转

向房地产投资，公司的经营风险增大了许多，但每股收益可能不变或提高，并没有反映风险增加的不利变化。

② 每股收益是股利分配的基础。但是，每股收益增加，不一定意味着分红增加，公司分红除了看每股收益，还要看公司股利分配政策。

③ 在研究公司每股收益变化时，还必须同时参照其净利润总值与总股本的变化情况。由于不少公司都有股本扩张的经历，因此还必须注意不同时期的每股收益的可比性。公司的净利润绝对值可能实际上是增长了，但由于有较大比例的送配股，分摊到每股的收益就变得较小，可能表现出减少的迹象。但如果因此便认为公司的业绩是衰退的话就太片面，就反映不出企业的真实盈利状况。

④ 从每股收益来看，有些公司确有较大增长，但是这部分盈利可能并不是公司经营规模扩大造成的。比如，公司收购了一家公司，将该公司的利润纳入本期的报表中，就很容易地使得每股收益得到增长。

二、每股净资产

1. 每股净资产的内涵与计算

每股净资产又称每股账面价值，是指公司股东权益与发行在外的普通股股份之间的比率。其计算公式为：

$$每股净资产 = \frac{股东权益}{普通股股数}$$

每股净资产反映发行在外的每一普通股股份所能分配的公司账面净资产的价值。公司每股净资产是衡量上市公司经济实力，判断公司内在价值的重要指标。一般来说，公司的每股净资产越高，公司经济实力就越强，投资价值越大。而当公司因经营不善而导致破产时，每股净资产则代表着投资者理论上能得到赔偿的多少。

每股净资产的增长有两种情形：一是公司经营取得巨大成功，导致每股净资产大幅上升；二是公司增发新股，也可以大幅提高每股净资产，这种靠"圈钱"提高每股净资产的行为，虽然不如公司经营成功来得可靠，但它毕竟增大了公司的有效净资产。同样，每股净资产的下降也有两种情形：一是公司经营亏损导致的每股净资产大幅下降；二是公司高比例送股会导致每股净资产大幅被稀释或摊薄。相比较之下，前者为非正常，后者为正常。

2. 每股净资产经验标准

一般来讲，每股净资产高于2元，可视为正常水平或一般水平。每股净资产低于2元，则要区别不同情形，不同对待：一是特大型国企改制上市后每股净资产不足2元（但高于1元），这是正常的，如工行、中行、建行等特大型国有企业；二是由于经营不善、业绩下滑而导致每股净资产不足2元的，这是非正常现象。

3. 每股净资产分析

① 由于新股上市时，每股法定面值为1元，因此公司上市后每股净资产应该是高于1元的。否则，如果出现每股净资产低于1元的情况，则表明该公司的净资产已跌破法定面值，情势则是大为不妙的，这些公司一定都是存在较严重的经营问题的。

② 当每股净资产为负值时，则称之为"资不抵债"。也就是说，即便将公司所有资产全部卖掉，也不足以偿还公司所欠债务。按照交易所规定，上市公司最近一年年末净资产为负

数的,对其股票实施退市风险警示;最近两年年末净资产均为负数的,其股票应终止上市。

③ 在衡量公司的价值时,每股收益比每股净资产一般更有意义。从理论上讲,每股净资产反映了公司中属于股东的资产的价值。由于会计的局限性,资产并不能反映公司当前的实际价值,甚至可能相差很大。公司的价值主要是反映在它的盈利能力上面,也就是说,通过拥有这些资产,并经过适当的经营可以赚多少钱。而每股收益便是反映了这一情况,所以投资者更关注每股收益。

三、每股股利

1. 每股股利的内涵与计算

每股股利是股利总额与普通股股数的比率,是反映公司每一普通股获得股利多少的指标。其计算公式为:

$$每股股利 = \frac{股利总额}{普通股股数}$$

其中:股利总额是用于对普通股进行分配的现金股利的总额;普通股股数是企业发行在外的普通股股数。

每股股利的数额不仅取决于上市公司的盈利能力,还取决于公司的股利政策。如果公司为了提升公司的发展潜力而增加公司的公积金,则每股股利必然会减少;否则,将增加当时的每股股利。

2. 每股股利分析

每股股利通常低于每股收益。这是由于公司所获利润并不会全部用于支付股利,其中一部分作为留存利润,用于公司自我积累和发展,其余额才被用来发放股利。但有些年份每股股利也有可能高于每股收益,在有些年份,公司经营状况不佳,最后利润不足以支付股利,或经营亏损,无利润可分。公司为维护股票信誉,按照规定,在已用盈余公积弥补亏损后,经股东会特别决议,可按不超过股票面值 6%的比率用盈余公积分配股利,但分配股利后,公司法定盈余公积不得低于注册资本的 25%。

例如:×公司 2016 年年报显示,公司全年亏损 114 亿元。公司尽管巨亏,但还要现金分红。原因是 2016 年年末公司可供分配的未分配利润为 154.5 亿元。公司每股派发现金红利 0.05 元(含税),共派发现金红利 2.38 亿元。

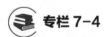
专栏 7-4

股息、红利与股利

购买股票有三种好处:一是作为资产凭证;二是拥有股东身份,有参与重大决策和选择管理者等权利;三是可以得到公司派发的股息和红利。但是股息、红利和股利许多人分不清,容易混淆,下面简要介绍它们的不同点与相同点。

一、股息、红利与股利的不同点

1. 含义不同

股息就是股票的利息,是指公司从提取了公积金、公益金的税后利润中按照股息率派发给股东的回报。红利是公司分派股息之后按持股比例向股东分配的剩余利润。

股利是股息和红利的简称。换言之，股利就是由股息和红利两部分构成的。它指股东依靠其所拥有的公司股份从公司分得利润，也是董事会正式宣布从公司净利中分配给股东，作为每一个股东对公司投资的报酬。在实际工作中，股息和红利有时并不加以仔细区分，而被统称为股利或红利。

2. 受益对象不同

公司股票分为两类：优先股和普通股。股息通常用于优先股，而红利用于普通股。优先股的股息率是公司按照预先确定的固定比例分配给股东的盈余，在一定时期内保持不变。普通股股东获得红利，普通股红利没有事先约定，每个普通股股东在公司营业年度可以获得的红利金额完全取决于公司当年的盈利能力，这是不固定的。

二、股息、红利的相同点

1. 来源相同

公司的税后利润是股息和红利的来源，公司的经营状况直接关系着股息和红利的发放。在一个会计年度结束以后，当上市公司有所盈利时，才能进行分红与派息。盈利愈多，用于分配股息和红利的税后利润就愈多，股息和红利的数额也就愈大，如果没有利润，一般是不分配的。

2. 程序相同

根据《公司法》的规定，公司分红的基本程序是，首先由公司董事会根据公司盈利水平和股息政策，确定股利分派方案，然后提交股东大会审议通过方能生效。股东大会一般在中期报表或年度报表公布后召开，所以一年最多分配2次，时间是在股东大会后一两个月。

3. 交税相同

股息和红利的分配受国家税收政策的影响。公司的股东都必须依法承担纳税义务。财政部、国家税务总局、证监会《关于上市公司股息红利差别化个人所得税政策有关问题的通知》（财税〔2015〕101号）规定：个人从公开发行和转让市场取得的上市公司股票，持股期限超过1年的，股息红利所得暂免征收个人所得税。个人从公开发行和转让市场取得的上市公司股票，持股期限在1个月以内（含1个月）的，其股息红利所得全额计入应纳税所得额；持股期限在1个月以上至1年（含1年）的，暂减按50%计入应纳税所得额；上述所得统一适用20%的税率计征个人所得税。

四、股利支付率

1. 股利支付率的内涵与计算

股利支付率又称股息支付率，是指股利总额与净利润的比率。股利支付率反映公司的股利分配政策和股利支付能力。其计算公式为：

$$股利支付率 = \frac{股利总额}{净利润} \times 100\% = \frac{每股股利}{每股收益} \times 100\%$$

对于普通股投资者来讲，股利支付率比每股收益更直接体现当前利益。股利支付率越高，说明公司更有意愿向股东分红，股利支付能力越强。

2. 股利支付率经验标准

公司在制定股利政策时，应当综合考虑所处行业特点、发展阶段、自身经营模式、盈利水平以及是否有重大资金支出安排等因素，提出差异化的现金分红政策。证监会发布的《上市公司监管指引第 3 号——上市公司现金分红》为我们提供了参考基准。

根据《上市公司监管指引第 3 号——上市公司现金分红》的要求：公司发展阶段属成熟期且无重大资金支出安排的，进行利润分配时，现金分红在本次利润分配中所占比例最低应达到 80%；公司发展阶段属成熟期且有重大资金支出安排的，进行利润分配时，现金分红在本次利润分配中所占比例最低应达到 40%；公司发展阶段属成长期且有重大资金支出安排的，进行利润分配时，现金分红在本次利润分配中所占比例最低应达到 20%；公司发展阶段不易区分但有重大资金支出安排的，可以按照前项规定处理。

现金分红在本次利润分配中所占比例为现金股利除以现金股利与股票股利之和。

3. 股利支付率分析

① 如果股利支付率低，代表企业的利润留存率就高，这样需要去分析利润留存的目的。高分红并不一定代表企业好。如果利润留存率过低，留存资金无法满足下一年度正常运营，再高的分红也只是昙花一现。

② 如果分红高，但股利支付率并不高，证明企业的盈利能力和回馈能力都比较强，不需要再进一步分析。如果分红高，但股利支付率也很高，我们就要进一步分析，留存的利润能否满足下一年正常经营的现金需求。

③ 不同的公司或公司的不同时期对于现金需求是不同的，因此在分析时不要过于看中单一时期，应该关注长期股利支付率，投资者衡量上市公司的分红情况时，可以计算出它最近几年的股利支付率，再将这些股利支付率平均，计算出平均股利支付率。建议投资者至少要计算 5 年平均股利支付率，最好要计算 10 年平均股利支付率，这样就能看清楚这家公司在回报投资者方面，是分红比较稳定一如既往、分红逐年提升还是很少分红。

五、股息率

1. 股息率的内涵与计算

股息率是指股利总额与股票市值的比率，是衡量公司是否具有投资价值的重要标尺之一。其计算公式为：

$$股息率 = \frac{股利总额}{股票市值} \times 100\% = \frac{每股股利}{每股价格} \times 100\%$$

其中：股利总额指的是实际现金分红的股利，不包含转股、送股等实际不需要公司拿出真金白银，也就是对公司的财务状况没有实质性要求的财务手段。

通常情况下，股息率高说明分红率高。股息率越高，说明该公司的盈利能力越强，普通股东分得的利润也就越多。所以，股息率应该是越高越好。

股利支付率和股息率是有区别的，股利支付率是股利占净利润的比例，而股息率是股利占市值的比例，由于投资者购买或持有股票的价格不同，股息率才能真实地反映投资股票的实际获利。

2. 股息率分析

① 从股息率的计算公式可以看出，股息率受分红水平和每股价格两个因素的影响。从概率上来看，公司的分红水平一般都是比较稳定的，但股价的波动会比较大，所以股息率高的原因一般都是股价降到了极低的水平。10 年期国债收益率反映无风险收益率，在股息率大

于10年期国债收益率时，是较为合适的投资时机。

② 在实际投资过程中，投资者通常把股息率当作重要选股指标之一。主要原因是：稳定的高股息率代表公司有实际支付的能力，真金白银说明业绩相对可靠；每年的股息会给持股股东稳定的现金流，用于股价低迷时的日常开销，利于长期持股；分红资金的再投入能产生复利效应；高股息率股票更具有相对抗跌性；高股息率在一定程度上，可以作为"又好又便宜"的粗略替代品。历史数据说明，买入高股息率的股票，长期持有会取得惊人的超额回报。

例题 7-7 某公司2019年年报披露信息如下：归属于母公司股东的净利润为412.06亿元，归属于母公司股东权益合计1 360亿元，普通股股份数12.56亿股，2019年分红预案：10股派现170.25元（含税），2020年5月6日收盘价1 300元。

根据上述资料计算如下。

每股收益=412.06亿元÷12.56亿股=32.81（元/股）

每股净资产=1 360亿元÷12.56亿股=108.28（元/股）

每股股利=170.25元÷10股=17.025（元/股）

股利支付率=17.025÷32.81=51.89%

股息率=17.025÷1 300=1.309%

通过上述计算可以看出，公司的每股收益、每股净资产、每股股利、股利支付率都十分诱人，但股息率并不出众，远低于10年期国债收益率，原因是股价过高。因此，为了分红而持有公司股票，并不是明智的选择。

案例 7-2

从高息股的赚钱视角分析C公司的投资价值

过去10年，C公司的股价可谓是涨势如虹，股价从2011年年末的6.36元，涨到2021年年末22.70元，不考虑分红收益，期间涨幅257%。下面从高息股的赚钱视角分析C公司的投资价值。

2011年年末，公司股票收盘价为6.36元，当年每股收益0.4667元，每股分红0.25462元，股息率为4%，股利支付率为54.56%。

2021年年末，公司股票收盘价为22.70元，当年每股收益1.1553元，每股分红0.8153元，股息率为3.59%，股利支付率为70.57%。

根据以上数据，过去10年，C公司不复权收益率257%来自三个方面。

业绩增长：1.1553/0.4667=2.4755

股利支付率提升：70.57%/54.56%=1.2934

股息率下降：4%/3.59%=1.1142

下面计算三者对总收益率的贡献权重。

业绩增长的贡献因子：(2.4755-1)/257%=0.5741

股利支付率提升的贡献因子：(1.2934-1)/257%=0.1142

股息率下降的贡献因子：(1.1142-1)/257%=0.0444

总贡献率权重=业绩增长的贡献因子+股利支付率提升的贡献因子+股息率下降的贡献因子
=0.5741+0.1142+0.0444=0.7327

业绩增长对总收益率的贡献权重=0.5741/0.7327=78.35%
股利支付率提升对总收益率的贡献权重=0.1142/0.7327=15.59%
股息率下降对总收益率的贡献权重=0.0444/0.7327=6.06%

结论：公司对股价收益率贡献最大的权重是业绩增长因子，10年业绩增长了147.55%，年复合增长率9.49%，对总收益率的贡献权重是78.35%，其次是股利支付率提升因子，对总收益率的贡献权重是15.59%，最后是股息率下降因子，对总收益率的贡献权重是6.06%。

六、市盈率

1. 市盈率的内涵与计算

市盈率又称本益比或市价盈利比率，是股票市值与净利润之间的比率，也可以用每股股价与每股收益的比率来计算。市盈率是经常用来评估股价水平是否合理的重要指标之一。其计算公式为：

$$市盈率 = \frac{股票市值}{净利润} = \frac{每股价格}{每股收益}$$

通俗地讲，市盈率是反映公司回本年数的估值指标。在假定公司利润不变的情况下，以交易价格买入，投资股票依靠利润回报需要多少年的时间回本，同时它也代表了市场对股票的悲观或者乐观程度。比如，一家公司的市盈率是20倍，说明以目前的收益水平不变，需要20年才能将投入的本金收回。由此可见，市盈率越高，收回本金的时间越长，风险也就越大。

2. 市盈率的分类

每股收益作为一项财务指标，一般是在季报、半年报、年报中公布。因此，根据每股收益计算时间的不同，市盈率有不同的分类。

① 静态市盈率是直接用最近一期年报中的每股收益的数据，计算公式为：

$$静态市盈率 = \frac{当前每股价格}{上一个自然年度的每股收益}$$

比如，用2021年年报中的每股收益指标。A公司当前每股股价为75元，2021年每股收益为5元，那么该股的静态市盈率就是75元/5元=15倍。

静态市盈率使用的是最近一期年报的数据，所以这一数据比较适合在距离年报发布时间不久的时候使用。如果处于年末，间隔较久，这个时候的每股收益数据就会比较滞后，导致静态市盈率失真。

② 动态市盈率是根据已发布的季报数据来预测本年度的每股收益来计算，计算公式为：

$$动态市盈率 = \frac{当前每股价格}{通过季报数据折算的年每股收益}$$

比如，根据2021年一季报中的每股收益数据来预测2021年整个年度的每股收益，也就是用一季度的每股收益乘以4。如果是半年报每股收益乘以2，或是三季报每股收益乘以4/3。假设B公司当前价格为100元，今年一季度的每股收益为2元，预测本年度每股收益为2元×4=8元，那么动态市盈率就是100元/8元=12.5倍。

动态市盈率是根据已发布的季报数据来预测未来的利润进行计算,优点是机构可以根据公司的最新动向来预测最新财务指标,实时性比较强,能够展现一家公司的业绩增长或发展的动态变化。但缺点在于既然是预测数据,就可能会出现偏差,导致动态市盈率出现偏差。总体来看,如果信息全面,可以通过动态市盈率来评判上市公司当前价值是否被低估。

③ 滚动市盈率是根据已发布的财报最近四个季度的每股收益来计算,计算公式为:

$$滚动市盈率 = \frac{当前每股价格}{最近四个季度的每股收益}$$

上市公司的定期报告是每个季度公布一次,因此 TTM 是用从现在往前推四期季度报告的每股收益总和。比如,2021 年 5 月 20 日计算滚动市盈率,用的就是 2021 年一季度以及 2020 年的二、三、四季度中的每股收益指标。例如,C 公司当前价格为 100 元,2021 年一季度和 2020 年二、三、四季度的每股收益分别为 2 元、3 元、3 元、2 元,那么滚动市盈率就是 100 元/(2+3+3+2)元=10 倍。

由于滚动市盈率是用最近四个季度的财务数据来统计的,剔除了季节因素,因此这个数据是相对更准确的市盈率数据,也是在投资时被更常使用的指标。一般在财务分析中看到的市盈率,通常说的就是滚动市盈率。

除此之外,这三种市盈率适用的企业类型也有所不同。一般而言,对于处于业绩高速增长的公司,静态市盈率的滞后性效果会更明显,此时滚动市盈率会更准确;而对于一些发展较为平稳、近几年业绩起伏不大的公司,则三种市盈率皆可参考,差异一般不会很大。

3. 正常盈利下市盈率经验标准

按目前国债收益率 3%,风险溢价 5%估算,股票的投资收益率应该是 8%,8%的投资收益率对应的是 12.5 倍市盈率。因此,对于正常盈利的公司,市盈率给予 10 倍左右是合适的。

为什么这里强调的是正常盈利状态的公司,因为亏损的公司计算的市盈率是负数,该指标失效,而微利的公司因为其净利润的分母小,计算出来的市盈率会高达成千上万,指标会非常高,但是公司的估值实际上未必真的高。

对于未来几年净利润能够保持 1%~30%增长区间的公司,市盈率在 10 倍以上 30 倍以下比较合适。市盈率在 30 倍以上的公司需要谨慎,因为仅有少之又少的伟大公司既有超高的盈利能力,又有超快的增长速度,能够长期维持 30 倍以上的市盈率。

市盈率在 60 倍以上为"市盈率魔咒"或"死亡市盈率"。这时候股票价格的上涨最为迅猛,市场情绪最为乐观,但是很难有公司、板块以及整个市场能够持续保持如此高估值。例如,2000 年美国的纳斯达克市场,2000 年和 2007 年的中国 A 股市场,1989 年的日本股票市场等,无一能够从市盈率魔咒中幸免。

我国不同行业的上市公司市盈率差异非常大,用市盈率考虑股价的高估和低估,需要参考行业平均水平。行业平均水平如表 7-8 所示。

表 7-8 2021 年 12 月 31 日各行业市盈率统计表

序号	行业名称	收盘指数	行业市盈率(倍)
1	社会服务	11 041.35	88.68
2	国防军工	1 978.19	72.09
3	综合	2 728.43	61.12
4	电力设备	12 536.87	55.35

续表

序号	行业名称	收盘指数	行业市盈率（倍）
5	美容护理	7 668.61	55.22
6	计算机	5 197.11	53.29
7	农林牧渔	3 720.12	51.31
8	食品饮料	27 044.37	44.24
9	通信	2 178.01	38.33
10	电子	5 493.91	36.14
11	医药生物	11 385.45	35.06
12	商贸零售	3 085.05	32.5
13	传媒	730.14	31.49
14	汽车	6 689.82	31.47
15	有色金属	5 751.42	29.39
16	公用事业	2 628.49	28.56
17	机械设备	1 764.68	26.77
18	轻工制造	2 909.27	23.01
19	环保	2 293.17	22.36
20	纺织服饰	1 844.08	20.24
21	基础化工	5 006.44	20.17
22	家用电器	8 204.5	17.97
23	交通运输	2 448.58	14.92
24	建筑材料	8 166.83	14.75
25	非银金融	1 872.8	14.46
26	石油石化	2 428.91	13.39
27	建筑装饰	2 238.81	9.66
28	钢铁	2 999.35	9.49
29	煤炭	2 408.54	9.47
30	房地产	3 371.59	8.33
31	银行	3 527.37	6.02

4. 市盈率主要影响因素分析

影响市盈率的因素有很多，主要有利率、行业因素、公司成长性和市场情绪等。

① 市盈率与资本市场基准利率的关系。资本市场基准利率是人们投资收益率的重要参照系数。它在一定程度上反映了社会资本流动的平均代价（成本），还体现了社会资金的价值，同时也在某种意义上是社会资本的平均利润率。一般来说，如果其他因素不变，资本市场基准利率与股市平均市盈率存在反向关系。如果资本市场基本利率低，平均市盈率会高一点；如果资本市场基准利率很高，平均市盈率就应该低一些。在高利率的国家中，其股市的平均市盈率是较低的，通常为10～20倍，而低利率的国家，如日本，其平均市盈率相对其他成熟股市要高。

② 行业因素对市盈率的影响。不同的行业自身不同发展特点使其具有不同的盈利前景、行业条件和行业限制。相对于其他传统行业，新能源、互联网、生物医药等新兴朝阳行业的发展前景更为广阔，成长性更好，往往成为投资者重点考虑投资的领域，成为市场的热点所在。行业因素之所以能对市盈率产生主要影响，是因为它能对公司未来的股利增长率、股利

支付率以及预期报酬率有重大的决定作用。目前，我国正处于经济转型时期，产业结构由于经济的发展需要进行调整，这使得行业政策因素对市盈率和股价有较为明显的影响。

③ 公司成长性对市盈率的影响。一个公司未来盈利是否具有持续增长能力取决于公司是否具备成长前景、上升空间。如果公司预期盈利能力不断提高，说明公司具有较好的成长性，虽然目前市盈率较高，也值得投资者进行投资。因为公司的市盈率会随公司盈利能力的提高而不断下降。

例如：某公司目前股价为20元，去年每股收益为0.38元，增长率为35.71%。该公司未来每年保持35.71%的增长速度，5年后每股收益为1.749元。则目前静态市盈率=20元/0.38元=52.63倍，5年后的动态市盈率=20元/1.749元=11.44倍。两者相比，相差之大让人吃惊。由此可见，投资一定要选择有持续成长性的公司。

④ 市场情绪对市盈率的影响。市场情绪短期对投资者做出投资行为有决定性影响。投资者对某一公司的前景有很好的预期，认为购买此公司的股票会在将来给自己带来收益，那么市盈率的水平就会上升；反之，投资者不看好股票市场，对风险的偏好强于对收益的偏好，那么市盈率的水平就会下降。

5. 市盈率的局限性

① 市盈率没有反映公司的经营风险。市盈率反映了公司经营成果（净利润）和市场评价（股票市值）的情况，公司实际经营的风险并不能够通过这个指标反映出来。比如，违约风险、市场环境改变导致的风险和技术革新导致的风险等。所以，在分析市盈率时，还需要结合对公司实际经营情况和所处环境的分析。

② 计算市盈率的净利润是按照会计准则核算得出的，净利润虽然是公司最终的经营成果，但是其核算过程较为复杂，在现有的会计制度下，公司可以通过财务手段来调节净利润，如非经常性损益调整、提前确认收入或者改变成本费用的摊销方式等。

③ 不同行业、不同国家的市盈率缺乏可比性。不同行业之间市盈率没有可比性。比如，医药行业因为拥有更为稳定增长的盈利预期，整个行业的市盈率估值都会比金融和地产这两个行业的高，而高科技类公司的市盈率会更高。不同国家的发展情况不一样，同样不具备可比性。比如，发展中国家的房地产业和基建类公司都是处于需求旺盛、高速发展的时期，市盈率会较高；但是在发达国家，因为基建比较完善，市场发展趋于平缓，房地产业发展也已达到饱和，所以市盈率也就较低。

④ 亏损的公司和周期股不适合用市盈率估值。亏损公司的净利润是负数，计算得出的市盈率也是负数，没有太大意义。亏损的公司一般采用其他方法估值，如市销率。周期股普遍存在的问题是盈利不稳定，如房地产行业的盈利能力随着周期变动，所以周期股一般采用市净率估值。

七、市净率

1. 市净率的内涵与计算

市净率是股票市值与净资产的比率，也可以用每股股价与每股净资产的比率来计算，反映市场对资产价值的评价。其计算公式为：

$$市净率 = \frac{股票市值}{净资产} = \frac{每股价格}{每股净资产}$$

净资产的多少是由公司经营状况决定的，公司的经营业绩越好，其资产增值越快，净资产就越高。一般认为，市净率小于 1，表明企业没有发展前景；反之，市净率大于 1，表明投资者对股票的前景感到乐观。市净率大，说明投资者普遍看好该公司，认为这个公司有希望，有足够的发展潜力，值得去投资，但是其风险也比较高。

2. 市净率分析

① 在通常情况下，股票价格应该大于每股净资产，即市净率大于 1。股票价格低于每股净资产，又称跌破净值，在 A 股市场非常少见。出现这种现象的原因主要有：其一，市场认为该公司前景不足或者一直未盈利或未来不具备盈利的能力；其二，投资者认为财务报表不能完全反映该公司的风险因素等，如利润表上显示赚钱，但是经营活动现金流却是负数；其三，市场行情连续且长周期走坏的情况下，股价跌破每股净资产是常见的事，A 股市场也多次出现类似于银行、钢铁、公路等行业股价跌破每股净资产的情况。如果是前两个原因，说明公司存在严重问题，不值得长期投资；如果是第三个原因，可能存在一定的投资机会。

② 市净率与市盈率不同，市盈率是从股票的获利性角度进行考虑，市净率是从股票的账面价值角度去考虑。但两者也有很多共同的特征，如这两个指标都不能简单地评价是越低越好还是越高越好。它们都代表投资者对某公司未来发展能力的判断，与市盈率相似，市净率也需要在完善健全的资本市场上，才能据以对公司做出合理的判断。

③ 在分析市净率时，需要动态地分析这一指标。比如，受股票市场整体情况的影响，一家公司有可能两年内股票价格变化不大，但是公司去年盈利，盈利就增加企业净资产，相应地增加了每股净资产，这样去年的市净率就低，而公司今年亏损，亏损会减少企业净资产，从而降低每股净资产，这样反而今年的市净率提高了。这就是一种假象，所以要动态地分析市净率中的每股净资产。

上述上市公司盈利能力指标并非孤立存在，它们之间存在相互关系，如图 7-3 所示。

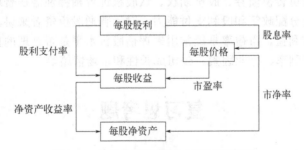

图 7-3　上市公司盈利能力指标关系图

从图 7-3 可以看出，每股股利、每股收益和每股净资产是描述上市公司盈利能力的基本指标，由三个指标计算得出的股利支付率和净资产收益率，说明公司股利支付情况以及净资产的获利情况，是对公司的客观反映。如果考虑每股股价市场因素，得出的股息率、市盈率和市净率指标可说明市场对公司的估价情况，是对投资者情绪的主观反映。

本章小结

盈利能力是指企业利用各种经济资源，在一定时期内获取利润的能力。衡量企业的盈利能力可以从绝对数和相对数两方面展开。绝对数不考虑公司投入的资产，以利润的多少反映盈利能力的大小。相对数考虑产出与投入的关系，以利润率的多少来衡量盈利能力的大小。一般认为，盈利能力是一个相对概念，用利润率衡量较为合适。影响盈利能力的因素包括公司的经营能力、市场占有率、利润结构、资本结构、资本效率、税收政策和技术创新等。

企业盈利能力分析可从企业盈利能力一般分析和上市公司特殊分析两方面来研究，企业盈利能力一般分析分别从商品经营、资产经营和资本经营展开。

商品经营盈利能力分析研究利润与收入或成本的比例关系。因此，反映商品经营能力的指标分为两类：一是各种利润额与收入之间的比率，统称为收入利润率。毛利率反映的是流转额的初始获利能力，经营利润率反映企业经营活动流转额的获利能力，销售净利率则反映流转额的最终获利能力。二是各种利润额与成本之间的比率，统称为成本利润率。成本费用利润率反映企业投入成本获得利润的能力。

资产经营盈利能力是指企业运营资产而产生利润的能力，反映资产经营盈利能力的主要指标包括总资产报酬率、总资产净利率、长期资本收益率和投入资本收益率。总资产报酬率是从资产的角度衡量回报，而投入资本收益率是从资本的角度，综合考虑股权与债权，衡量企业投入所有资本后赚钱的能力，反映公司主营业务上的盈利能力，是比总资产报酬率更严谨的指标。

资本经营盈利能力是指企业的所有者通过投入资本经营取得利润的能力，反映资本经营盈利能力的主要指标包括净资产收益率和资本收益率。净资产收益率的影响因素主要有总资产报酬率、资本结构、负债利率和所得税税率。

上市公司盈利能力分析主要是以公司的财务报表为基础，构建一套能够将各项目联系起来的指标体系，通常包括每股收益、每股净资产、每股股利、股利支付率、股息率、市盈率和市净率等。每股收益是综合反映公司获利能力的重要指标，是股利分配的基础。每股收益分为基本每股收益和稀释每股收益，基本每股收益与稀释每股收益的不同之处在于稀释每股收益需考虑公司发行可转换债券、股份期权、认股权证等稀释性潜在普通股的影响。股利支付率反映公司的股利分配政策和股利支付能力。对于普通股投资者来讲，股利支付率比每股收益更直接体现当前利益。市盈率是经常用来评估股价水平是否合理的重要指标之一，影响市盈率的因素主要有利率、行业因素、公司成长性和市场情绪等。

复习思考题

1. 盈利能力分析的主要目的是什么？
2. 影响盈利能力的因素有哪些？
3. 影响毛利率的因素有哪些？
4. 计算总资产报酬率的分子为什么采用息税前利润？
5. 净资产收益率为什么是投资者最为关心的指标？
6. 上市公司盈利能力分析有哪些特殊指标？
7. 基本每股收益和稀释每股收益有何区别？
8. 市盈率的分类有哪些？

第八章
营运能力分析

【学习目标】

1. 掌握应收账款周转率的计算与应用
2. 掌握存货周转率的计算与应用
3. 掌握总资产周转率的计算与应用
4. 熟悉资产营运能力的概念
5. 了解营运能力指标的分类

第一节 营运能力分析的目的和内容

一、营运能力的概念

营运能力又称资产管理能力,是指企业利用现有资源创造社会财富的能力,反映资产的利用效率。营运能力指标的通用表达式为:

$$资产周转率 = \frac{周转额}{资产}$$

周转额表现为资产实现收入的能力,一般用营业收入反映。分母表现为不同的资产类别,可以是个别资产(如应收账款、存货),也可以是分类资产(如流动资产、固定资产),还可以是总资产。

一般来讲,营运能力强,即企业周转速度快,资产结构配置合理,生产效率高,有利于企业获得较高的营业收入,也可增强偿债能力。因此,营运能力标志着资产的运行状态及其管理效果的好坏,对企业偿债能力和获利能力产生重要的影响。

二、营运能力分析的目的

① 评价企业资产的流动性。企业资产的两大基本特征是收益性和流动性。企业经营的

基本动机就是获取预期的收益。当企业的资产处于静止状态时，根本就谈不上收益。当企业运用这些资产进行经营时，这可能产生收益。企业营运能力越强，资产的流动性越高，企业获得预期收益的可能性越大。流动性是企业运营能力的具体体现，通过对企业营运能力的分析，就可以对企业资产的流动性做出评价。

② 评价企业资产利用的效率。提高企业资产流动性是其利用资产进行经营活动的手段。其目的在于提高企业资产利用的效率。企业资产营运能力的实质就是尽可能少地占用资金，用尽可能短的时间周转，生产出尽可能多的产品，实现尽可能多的销售收入，创造尽可能多的纯收入。通过企业产出额与资金占用额的比较，可以评价企业资产的利用效率，为提高企业经济效益指明方向。

③ 发现企业资产营运中存在的问题，提高企业对现有资产的管理水平和使用效率。通过营运能力指标的计算，并且对指标进行趋势分析和同业比较，可以发现企业资产营运过程中存在的问题，帮助企业制订合适的方案来解决问题，提高企业的资产使用效率。

④ 营运能力分析是偿债能力分析和盈利能力分析的基础与补充。资产结构中流动性及变现能力强的资产所占的比重越大，企业的偿债能力越强。企业资产的周转速度越快，企业实现收益的能力也越强。因此，企业营运能力是企业偿债能力和盈利能力的保障。

三、影响营运能力的因素分析

影响营运能力的因素包括企业所处行业及其经营背景、企业经营周期的长短、企业资产构成及其质量、企业所采用的财务政策等方面。

1. 行业及其经营背景

企业所处行业不同，其资产营运能力存在较大差异。不同的行业有不同的资产占用，如制造业可能需要占用大量的原材料、在产品、产成品、机器、设备、厂房等，其资产占用量越大，资产周转相对越慢。而 IT 行业，尤其是劳动密集型或知识型的 IT 服务业，企业除了人力资源，其他资产很少。按照当前的会计准则，人力资源未作资产确认，因此这类行业的总资产占用非常少，其资产周转速度就相对较快。

另外，企业的经营背景不同，其营运能力也会有差异。例如，采用先进的生产和管理技术的企业生产效率高，营运能力就强；反之，生产技术水平落后的企业生产效率低下，其营运能力就差。

2. 经营周期

企业经营周期长短不同，会导致不同的营运能力。营业周期长短对企业资产周转率具有重要影响，营业周期越短，资产的流动性相对越强，在相同时期内实现的销售次数越多，销售收入的累计额相对较大，资产周转速度相对较快；反之，资产周转速度相对较慢。例如，房地产行业经营周期较长，故其资产周转速度较慢。

3. 资产的构成及其质量

企业营运能力的强弱还与企业资产的构成及其质量有关。企业的资产大致可分为流动资产和非流动资产两类。应注意这两类资产的合理配置，以及每一项资产在企业价值创造过程中是否能发挥其应有的作用。例如，企业积压的存货、未使用的固定资产，它们不仅不能为企业创造价值，而且占用管理成本，阻碍企业营运水平的提高，必须进行有效的清理。

4. 财务政策

企业所采用的财务政策决定着企业资产的账面数额。例如，企业的折旧政策、存货的计价政策、资产的减值政策等，都会因影响资产账面价值而使周转率指标出现差异。因而企业可能会选择对自己有利的财务政策，来得到较好的营运能力指标。因此，在分析时应注意减少或排除企业财务政策的不当干扰。

总之，营运能力受诸多因素的影响。不同行业、不同经营性质和经营背景的企业，其营运能力不能简单类比。即使在同行业、同类型企业之间进行比较，也应注意它们在资产构成、财务政策等方面是否存在差异，如果有差异，则应将其影响剔除后方能得到比较客观的分析结论。

四、营运能力分析的内容

按照资产的流动性，企业营运能力分析的内容主要包括三个方面，即流动资产营运能力分析、固定资产营运能力分析和总资产营运能力分析。营运能力分析的主要指标分类如图 8-1 所示。

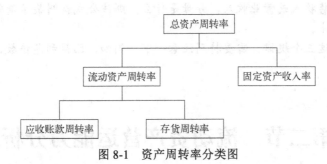

图 8-1　资产周转率分类图

1. 流动资产营运能力分析

流动资产营运能力分析主要是分析企业在经营管理活动中运用流动资产的能力。流动资产营运能力分析指标主要有流动资产周转率、应收账款周转率、存货周转率、现金周转期等。

2. 固定资产营运能力分析

固定资产是企业营运的物质基础，其投资能否收回取决于企业的使用效率。固定资产营运能力分析主要分析固定资产的使用情况和周转速度。固定资产营运能力分析指标主要是固定资产收入率、固定资产净值率。

3. 总资产营运能力分析

总资产营运能力分析主要是总资产周转速度的分析。总资产周转速度可以用来分析企业全部资产的使用效率，是企业全部资产利用效果的综合反映。总资产营运能力分析指标主要是总资产周转率。

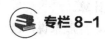 专栏 8-1

财务指标命名的规律

财务分析时涉及许多指标，记起来比较麻烦，但是指标的命名是有一定规律的，掌握这些规律，会达到事半功倍的效果。

规律一：财务指标的名称含有分子和分母的，有以下两种命名法。

1. 先念分子，后念分母或省略分母，就是"……比率"

比如，流动比率=流动资产/流动负债。相似的还有速动比率、现金比率等。

2. 先念分母，后念分子法，就是"……率"

比如，资产负债率=负债/资产。

规律二：如果分子、分母来自同一张报表，则数值同用年初数、年末数或同期数，以保持口径一致；如果分子来源于利润表或现金流量表，分母来源于资产负债表，则分母要用平均数。

原因是利润表或现金流量表的数字都是时期数，而资产负债表的数字都是时点数，时期数/时点数则会由于口径不同，无法相除，因此需要将分母进行换算。经过(期初+期末)/2 的简单算术平均以后，将时点数换算为时期数，分子、分母就都是时期数了，则就可以进行除法运算。

比如，净资产收益率=净利润/平均净资产。其中，平均净资产=(期初净资产+期末净资产)/2。

规律三：周转率指标的命名规律。

分子一般是销售收入或营业收入，分母是什么，则该公式就叫某某周转率，如流动资产周转率和存货周转率。

有些指标没有这三个规律，需要特别注意一下。例如，已获利息倍数、权益乘数、市盈率等。

第二节　流动资产营运能力分析

一、流动资产周转率

1. 流动资产周转率的内涵与计算

流动资产周转率是企业一定时期的营业收入与平均流动资产的比率，是反映企业流动资产运用效率的指标。其计算公式为：

$$流动资产周转率（次数）= \frac{营业收入}{平均流动资产}$$

其中：平均流动资产=(期初流动资产+期末流动资产)÷2

$$流动资产周转天数 = \frac{计算期天数}{流动资产周转率}$$

其中：在计算一年的流动资产周转天数的情况下，计算期天数按 360 天计算。

流动资产周转率和流动资产周转天数都是反映流动资产利用效率的指标。一般来说，流动资产在一定时期内周转次数越多，亦即每周转一次所需要的天数越少，周转速度就越快，会相对节约流动资产，等于相对扩大资金投入，增强公司盈利能力。而延缓周转速度，需要补充流动资产参加周转，形成资金浪费，降低公司的盈利能力。

例题 8-1 根据附录 1 和附录 2 的相关数据,计算 Y 公司 2021 年的流动资产周转率。

$$流动资产周转率(次数)=\frac{11\ 059\ 520.32}{(2\ 838\ 057.92+5\ 015\ 495.99)\div 2}=2.82\ (次/年)$$

$$流动资产周转天数=\frac{360}{2.82}=128\ (天)$$

Y 公司的流动资产周转率为 2.82 次/年,流动资产周转天数为 128 天,流动资产是流动性较强的资产,Y 公司流动资产每周转一次需要 128 天,反映 Y 公司的流动资产的周转速度较慢,应提高流动资产的利用程度。

2. 流动资产周转率的因素分析

从流动资产构成来看,流动资产包括货币资金、交易性金融资产、应收账款和存货等。鉴于货币资金和交易性金融资产及其他流动资产的重要性相对较低,所以主要是从应收账款和存货的角度,对流动资产做进一步分析。

从流动资产产生的收益与成本关系来看,根据流动资产周转率的计算公式可分解出影响流动资产周转率的因素如下。

$$流动资产周转率=\frac{营业收入}{平均流动资产}=\frac{营业成本}{平均流动资产}\times\frac{营业收入}{营业成本}$$

$$=流动资产垫支周转率\times成本收入率$$

可见,影响流动资产周转率的因素,一是流动资产垫支周转率,二是成本收入率。前者反映了流动资产在一定时期内可周转的次数,后者说明了企业的所费与所得之间的关系,当数值大于 1 时,说明企业有经济效益,此时垫支周转次数越快越好,流动资产营运能力越好;反之,则不利于企业经济效益的提高。

二、应收账款周转率

1. 应收账款周转率的内涵与计算

应收账款周转率又称应收账款周转次数,是企业一定时期的赊销收入净额与平均应收账款的比率。它说明应收账款的变现速度和管理效率。其计算公式为:

$$应收账款周转率(次数)=\frac{赊销收入净额}{平均应收账款}$$

$$应收账款周转天数=\frac{计算期天数}{应收账款周转率}$$

上述公式中,赊销收入净额是指利润表上的主营业务中赊销收入净额,即主营业务收入中的赊销部分扣减折扣、折让销售退回后的余额。但对于报表的使用者来说,多数情况下,难以获得主营业务收入赊销与现销收入的详细资料,所以实践中可直接用营业收入净额或销售净额代替。平均应收账款是指资产负债表上的应收账款期初、期末余额的平均数。在计算一年的应收账款周转天数的情况下,计算期天数可以取为 360 天。

应收账款周转率和周转天数都是反映应收账款利用效率的指标。一般情况下,应收账款周转率越高,周转天数越短,表明企业应收账款的变现速度越快,收账效率越高。及时收回应收账款,不仅有助于提高资产的流动性,增强短期偿债能力,而且能降低资金占用,节约

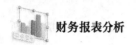

资金成本,减少坏账损失和收账费用。所以,正常情况下,应收账款周转率越高越好,周转天数越短越好。

例题 8-2 根据附录 1 和附录 2 的相关数据,计算 Y 公司 2021 年的应收账款周转率。

$$应收账款周转率(次数)= \frac{11\,059\,520.32}{(161\,634.49+195\,897.79)\div 2}=61.87\ (次/年)$$

$$应收账款周转天数=\frac{360}{61.87}=6\ (天)$$

Y 公司 2021 年的应收账款周转率为 61.87 次/年,应收账款周转天数为 6 天,表明 Y 公司应收账款的回收速度很快,企业坏账损失的可能性较小,资产流动性较强。

2. 应收账款周转率分析

① 应收账款周转率和周转天数受到企业信用政策的影响。当企业放宽对客户的信用政策后,应收账款平均占用会增加,导致应收账款周转率降低,周转天数延长。但同时,宽松的信用政策有助于企业增加客户提高市场占有率,增加收入和利润,所以相对低的应收账款周转率或许对企业是有利的。反之,如果企业采用很严格的信用政策,应收账款平均占用额会降低,但企业却可能减少了收入和利润。这种情况下,即使应收账款周转率升高,周转天数缩短,也不一定对企业有利。因此,对于由严格的信用政策所导致的应收账款周转速度的提高,应根据实际情况具体分析与评价。一般而言,分析应收账款周转率和周转天数时,要同时结合主营业务收入进行分析。

② 生产经营季节性很强的企业,由于销售的旺季与淡季应收账款会有很大的起伏变化,仅根据年初、年末的平均应收账款计算应收账款周转率和周转天数不一定能反映实际情况。为了消除季节性的影响,企业外部的报表使用者可结合半年度报告和季度报告的有关资料按季度计算应收账款的平均余额,企业的经营管理人员可利用每月的资产负债表按月度计算应收账款的平均余额,在此基础上计算的应收账款周转率和周转天数能够更好地反映实际情况。

③ 应收账款周转率需要趋势分析和同业分析。通过将企业的应收账款周转率与历史比较,可以发现应收账款周转率是否有提升,考察企业对于应收账款的管理是否足够重视,管理水平和议价能力是否提高。通过将企业的应收账款周转率与同业比较,可以看出企业的应收账款周转率是否合理。

三、存货周转率

1. 存货周转率的内涵与计算

存货周转率又称存货周转次数,是企业一定时期的营业成本与平均存货的比率。存货周转率可用以测定企业存货的变现速度,衡量企业的销货能力及存货是否储备过量。它是对企业供、产、销各环节管理状况的综合反映。其计算公式为:

$$存货周转率(次数)=\frac{营业成本}{平均存货}$$

其中:平均存货=(期初存货+期末存货)÷2

$$存货周转天数=\frac{计算期天数}{存货周转率}$$

其中：在计算一年的存货周转天数的情况下，计算期天数按 360 天计算。

存货周转率和周转天数都是反映存货利用效率的指标。一般情况下，存货的周转率越高，周转天数越少，表明存货的流动性越强，转换为现金或应收账款的速度越快，存货的利用效率越高。因此，加速存货的周转，有助于增强企业的短期偿债能力，并且减少资金占用，提高资金的使用效率。

存货周转率也是衡量和评价企业购入存货、投入生产、销售收回等环节管理状况的综合性指标。存货包括了原材料、在产品和产成品存货等项目，为了从不同的角度和环节上找出存货管理中的问题，可以分别对原材料、在产品和产成品计算存货周转率。原材料存货周转率等于一定时期耗用原材料的成本除以平均原材料存货；在产品存货周转率等于一定时期所生产的产品制造成本除以平均在产品成本；产成品存货周转率等于一定时期销售产品的制造成本除以平均产成品存货。对各类存货周转率的计算与分析，有助于促进企业管理水平的提高。

例题 8-3 根据附录 1 和附录 2 的相关数据，计算 Y 公司 2021 年的存货周转率。

$$存货周转率（次数）= \frac{7\,641\,670.55}{(754\,502.55 + 891\,719.56) \div 2} = 9.28（次/年）$$

$$存货周转天数 = \frac{360}{9.28} = 39（天）$$

Y 公司 2021 年的存货周转率计算结果表明存货的流动性较强。

2. 存货周转率分析

① 季节性生产的企业，其存货波动起伏较大，可以按季或按月计算平均存货，再计算存货周转率和周转天数指标，以消除季节性因素的影响。

② 存货周转率降低，可能是由多种原因引起的。比如：为降低采购成本或利用商业折扣而大批量采购；因经营不善而导致产品滞销；因收紧信用政策而导致产成品存货的积压；因投机性目的而囤积存货，以待有利时机出售获取高额利润。这些情况都会导致平均存货升高，存货周转率降低。因此，存货周转率降低究竟是由什么原因引起的，还应结合实际情况具体分析。

③ 某些情况下，过高的存货周转率也不一定代表企业的经营出色。例如，过高的存货周转率可能是太低的平均存货水平引起的，而太低的平均存货有可能对公司的生产经营产生不利的影响。原材料存货不足会使生产出现停工待料现象；在产品存货太低有可能使生产过程不能连续进行；产成品存货短缺可能会失去良好的销售时机。可见，各种存货都是有其必要功能的。如果平均存货低到影响其发挥正常的功能时，很高的存货周转率恰恰反映出公司经营管理上存在漏洞。因此，任何企业都应努力在保证存货能够发挥必要功能的基础之上，加速存货的周转。

④ 不同企业的存货周转率存在不可比的情况。因为平均存货的数值大小要看企业的规模，企业规模大，平均存货多，周转一次需要时间长，一年周转次数少，存货周转率低；企业规模小，平均存货少，周转一次需要时间短，一年周转次数多，存货周转率高。这不能说明规模大的企业的营运能力不如规模小的企业。所以，应避免不同规模间企业存货周转率的比较。

⑤ 存货周转率分析中，应注意剔除存货计价方法不同所产生的影响。不同的存货计价方法会直接影响期末存货价值的确定和销售成本的计算，进而对企业的利润、税收负担、现

金流量、财务比率等产生影响。因此，不同企业存货计价方法不同或者同一企业存货计价方法发生变化，必须剔除存货计价方法不同后，才能进行比较。

⑥ 应收账款周转率与存货周转率之间的关系。若应收账款周转率与存货周转率同步上升，表明产品的市场前景好，企业扩大了产销规模，存货转换为应收账款的速度快，应收账款转换为现金的速度也快；若应收账款周转率上升，而存货周转率下降，表明企业对存货的管理效率下降，备货增多，存货占用资金多，但应收账款转换为现金的速度仍然较快；若存货周转率上升，而应收账款周转率下降，表明存货转换为应收账款的速度较快，但应收账款转换为现金的速度变慢，表明企业经营遇到了困难，企业应该放宽信用政策，扩大赊销规模，要关注应收账款的坏账风险；若应收账款周转率与存货周转率同步下降，表明企业存货转换为应收账款的速度变慢，应收账款转换为现金的速度变慢，这种情况表明企业的市场前景不容乐观，产品不好卖，应予以警觉。

 专栏 8-2

存货周转率和毛利率的关系

在分析公司财报时，如果发现存货周转率逐年下降而毛利率逐年上升现象，一般可判断该上市公司可能做了假账。存货周转率下降，表明公司存货项目的资金占用增长过快，超过了其产品销售增长速度，其毛利率应趋同下降才合理。另外，存货周转率下降也说明产品竞争力可能下降，毛利率必然下降。

在正常情况下，毛利率与存货周转率的关系为：毛利率提高，存货周转率上升，说明产品竞争力强，又非常畅销，并有很强的定价能力；毛利率提高，存货周转率下降，大众产品价格敏感度高；毛利率下降，存货周转率上升，替代品多，定价能力较弱；毛利率下降，存货周转率下降，降价也没用，产品卖不动了，属淘汰产品。

如果产品成本正常，主要是靠定价高而导致的高毛利率，说明产品有品牌、有定价权。如果靠降低成本，可能就不太靠谱了。通过对同行业毛利率的对比分析，发现企业出现异常情况，一般可能是发生了财务造假的结果。

如果某家上市公司的毛利率远高于行业平均水平，而该企业的产品又没有过人之处，这种现象就应引起注意了。该企业很可能通过成本分配，将大量成本费用沉淀在存货中，减少由当期销售承担的部分，或者它可能故意推迟办理入库手续，让存货挂在预付账款上，然后少结转成本。

例如：2018 年 6 月 15 日，E 公司收到中国证券监督管理委员会湖南证监局《行政处罚决定书》，其中认定 2015 年至 2016 年，公司通过从全资子公司全额现款购入原料等方式，虚增 2015 年、2016 年营业收入和净利润，使 2015 年、2016 年年报存在虚假记载。其实，如果仔细研究公司存货周转率与毛利率不同寻常的背离关系，从中可以找到一些蛛丝马迹。公司存货周转率与销售毛利率如表 8-1 所示。

表 8-1 公司存货周转率与销售毛利率

项目	2012 年	2013 年	2014 年	2015 年	2016 年
存货周转率（次/年）	5.54	5.58	3.46	1.90	1.99
毛利率/%	36.24	35.97	42.41	51.47	47.63

公司存货周转率从 2013 年的 5.58 次/年不断下滑，到了 2015 年只剩下 1.90 次/年，表明公司存货与两年前相比严重积压。另外，与存货周转率极低形成强烈反差的是，该公司的营

业收入一改以往颓势，年年高增长。更为惊奇的是，公司的毛利率却逐年上升，2015年甚至高达51.47%。

四、现金周转期

1. 现金周转期的内涵与计算

现金周转期又称现金周转天数、净营业周期，是指从购买材料支付现金到收回现金的时间。它是用来衡量企业运营效率的指标。其计算公式为：

现金周转期=存货周转天数+应收账款周转天数-应付账款周转天数

其中：$存货周转天数 = \dfrac{360 \times 平均存货}{营业成本} = \dfrac{360 \times (期初存货+期末存货)}{2 \times 营业成本}$

$应收账款周转天数 = \dfrac{360 \times 平均应收账款}{营业收入} = \dfrac{360 \times (期初应收账款+期末应收账款)}{2 \times 营业收入}$

$应付账款周转天数 = \dfrac{360 \times 平均应付账款}{采购成本} = \dfrac{360 \times (期初应付账款+期末应付账款)}{2 \times 采购成本}$

应付账款对应的是企业原材料采购，本应该用采购成本进行计算。采购成本=销售成本-生产成本+期末存货-期初存货。在分析的时候，如果采购成本的信息无法取得，也可以简单地用销售成本来代替。

一般情况下，现金周转期越短，说明资金周转速度越快；现金周转期越长，说明资金周转速度越慢。现金周转期越短越好。如果现金周转期为负数，说明占用供应商的资金回收周期大于客户占用资金回收周期，在上下游关系中更具有优势。

现金周转期就是企业从现金购买原材料开始，经过生产、销售到收回现金的时间。现金周转期越短，意味着企业货币资金使用效率就越高，也意味着企业可以使用更小的平均货币资金余额进行企业经营。现金周转示意图如图 8-2 所示。

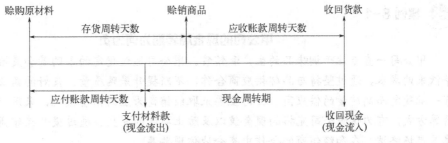

图 8-2 现金周转示意图

在采购过程中，通常是一手交钱一手交货，特殊情况，也会先拿货后给钱，或者先给钱后拿货。不同的付款方式在报表上表现不同。如果在货物到达之前就先付款，在报表里就会形成一个项目叫"预付款项"，货到了以后，"预付款项"就转成了存货；如果货到企业还没有付钱，那么企业在存货增加的同时，会形成等规模的"应付票据"或"应付账款"。

应付款项和预付款项对应的都是上游供应商，区别在于应付款项是企业对上游的资金占用，而预付款项却是上游对企业资金的占用。所以，应付款不仅仅包括"应付账款"和"应付票据"，还应该包括材料的预付款。因此，预付款应当作为应付款的抵减项目处理。

应付款=应付账款+应付票据-预付款项

需要注意的是，企业进行在建工程预付的工程价款，也在"预付账款"科目核算，而这显然不属于运营活动的范围。当某家公司的预付账款金额极大的时候，需要看一看，这是否因为公司有大的资本支出项目。如果是，则要考虑消除资本支出对应付天数计算的影响。

在销售过程中，不仅存在已发货但还没有收到现金的应收款项和应收票据，还存在已经收到现金但还没有发货的预收款。销售活动中提前收到现金的预收款，是企业对下游资金的占用，正是企业产品竞争力的体现。因此，预收款也应当作为应收款的抵减项目处理。

应收款=应收账款+应收票据-预收款项

考虑到预付款项和预收款项后，现金周转期的计算公式为：

现金周转期=存货周转天数+应收账款周转天数+应收票据周转天数+预付款项周转天数-应付账款周转天数-应付票据周转天数-预收款项周转天数

2. 现金周转期分析

① 现金周转期一般情况下应该为正数，但在特殊情况下，现金周转期也有可能为负数。现金周转期为负数的原因，大致分为三种情况：一是产品畅销，回款快，因此应收款少，应收天数短；二是按订单生产，追求"零库存"，存货少，库存天数短；三是以应付款的方式占用供应商的资金，应付款多，应付天数长。

前两种情况通常是企业强势的表现，但是对于第三种情况，则需要仔细甄别。这既有可能是与供应商相比，企业处于强势地位的体现，也有可能是企业资金紧张，不能按时付款的体现。

② 现金周转期具有行业特性，不同行业之间不可比。在分析现金周转期时，一般跟自身的历史对比分析，跟同行对比分析。比如，从2007年到2021年，某公司的现金周转期整体趋势是逐年降低，已经连续5年为负值。这充分反映稳健扩张背后，公司在产业链上下游的影响力和话语权在持续增强。

案例 8-1

甲公司的现金周转期为何为负

甲公司一直专注于调味品的生产和销售。甲公司通过稳定的采购量和灵活的定价策略，降低采购成本，通过坚持与品牌供应商合作，不断提升采购质量，良好的商业信誉使公司拥有一批稳定而高质量的供应商。公司主要采取经销商为主的销售模式，采用"先款后货"的结算方式，有力保障公司充裕的现金流以及防止坏账的发生。通过提升经销商的质量最大化覆盖市场终端，在和经销商的合作中充分地体现共赢。

公司占用供应商资金的项目包括：应付账款和应付票据。

公司占用客户资金的项目包括：预收账款和合同负债。

客户占用公司资金的项目包括：应收账款、应收票据和应收款项融资。

供应商占用公司资金的项目包括：预付账款和合同资产。

现金周转期=存货周转天数+应收账款周转天数+应收票据周转天数+应收款项融资周转天数+预付款项周转天数+合同资产周转天数-应付账款周转天数-应付票据周转天数-预收款项周转天数-合同负债周转天数

公司相关财务指标如表8-2所示。

表 8-2 公司相关财务指标　　　　　　　　　　　　单位：万元

项目	2017 年	2018 年	2019 年	2020 年	2021 年
应付票据	114.41	6 728.4	39 752.54	41 336.87	46 657.96
应付账款	55 491.01	67 755.58	90 094.63	160 695.1	100 136.3
预收款项	267 869.1	323 679.3	409 799.6		
合同负债				445 153.6	470 862.1
应收账款	246.66	244.46	246.33	4 149.37	5 604.51
预付款项	1 836.64	1 720.14	1 857.77	1 629.43	1 562.32
存货	104 112	120 332.8	180 276.1	209 992.1	222 681.9
营业收入	1 458 431	1 703 448	1 979 689	2 279 187	2 500 403
营业成本	792 072.8	911 902.1	1 080 072	1 318 079	1 533 686

资料来源：公司年报

从表 8-2 可以看出，公司每年有大量的预收账款、合同负债，这是公司采用"先款后货"的结算方式形成的。2017—2020 年公司占用供应商资金的项目应付账款和应付票据逐年增加。而客户和供应商占用公司资金的项目应收账款和预付款项金额很小。

公司周转天数如表 8-3 所示。

表 8-3 公司周转天数　　　　　　　　　　　　　　单位：天

项目	2018 年	2019 年	2020 年	2021 年
应付票据周转天数	1.35	7.75	11.07	10.33
应付账款周转天数	24.33	26.31	34.25	30.61
预收款项周转天数	62.51	66.69		
合同负债周转天数			70.31	65.94
应收账款周转天数	0.05	0.04	0.35	0.70
预付款项周转天数	0.70	0.60	0.48	0.37
存货周转天数	44.30	50.10	53.30	50.78
现金周转期	−43.14	−50.01	−61.50	−55.03

从表 8-3 可以看出，2018—2021 年公司现金周转期全部为负数，表明公司在上下游中处于强势地位，而且越来越稳固。

第三节　固定资产营运能力分析

一、固定资产的特征与分类

固定资产是企业赖以生存的物质基础，是企业产生效益的源泉。固定资产的管理水平直接影响着企业的竞争力，关系到企业的运营与发展。

1. 固定资产的特征

固定资产是指使用期限较长，单位价值较高，并且在使用过程中保持原实物形态的资产。

固定资产具有以下一些特征。

① 固定资产属于有形资产。一般情况下，除了无形资产、应收账款、应收票据、其他应收款等资产，资产都具有实物形态，而对于固定资产来说，这一特征则更为明显。例如，固定资产一般表现为房屋建筑物、运输工具以及其他与生产经营有关的设备、工具等。也就是说，固定资产具有实物形态，可以看得见、摸得着。

② 固定资产是指为了生产商品、提供劳务、出租或经营管理而持有的资产。企业使用固定资产所带来的经济利益，如通过把固定资产出租给他人、企业以收取租金的形式实现经济利益的流入，或者通过在企业的生产经营管理中使用固定资产，并最终改进了生产经营过程，降低了生产经营成本等来为企业带来经济利益。这一特征表明企业持有固定资产的主要目的是生产商品、提供劳务、出租或经营管理，而不是出售，从而将其与企业所持有的存货区别开来。

③ 固定资产的使用年限超过一年。固定资产的耐用年限至少超过一年或大于一年的一个生产经营周期，而且最终要将其废弃或重置。这一特征说明企业为了获得固定资产并把它投入生产经营活动所发生的支出，属于资本性支出而不是收益性支出，从而将其与流动资产区别开来。

④ 固定资产的单位价值较高。固定资产投入资金多，回收时间长，能够在生产经营过程中长期发挥作用，但变现能力差，风险大。固定资产的单位价值较高，是为了把固定资产与低值易耗品、包装物等存货区别开来。

2. 固定资产的分类

根据不同的管理需要，可以从不同的角度对固定资产进行分类。

按其经济用途可分为：①生产用固定资产，指参加生产过程或直接服务于生产过程的各种房屋、建筑物、机器设备、工具、仪器和运输设备等固定资产；②非生产用固定资产，指不直接服务于生产过程的各种固定资产，如职工住宅、公用事业、文化生活、卫生保健等使用的房屋、建筑物、设备和器具等。

按其使用情况可分为：①使用中固定资产，指正在使用中的生产用固定资产和非生产用固定资产，还包括由于季节性生产和大修理等正常原因暂时停止使用以及存放在车间备用的机器设备等；②未使用固定资产，指尚未投入生产的新增固定资产和因非正常原因暂时停止使用的固定资产；③不需用固定资产，指不适合本部门需要，已上报等待调配处理的固定资产；④租出固定资产，指出租给外单位使用的固定资产。

二、固定资产收入率

1. 固定资产收入率的内涵与计算

固定资产收入率是指一定时期的营业收入与固定资产平均账面价值的比率，反映固定资产的利用效率。其计算公式如下：

$$固定资产收入率 = \frac{营业收入}{平均固定资产账面价值}$$

其中：固定资产账面价值=固定资产原值-累计折旧-固定资产减值准备

平均固定资产账面价值=(期初固定资产账面价值+期末固定资产账面价值)÷2

资产负债表中披露的固定资产项目金额即为固定资产账面价值。

一般而言，固定资产收入率越高，表明企业固定资产利用越充分，说明企业固定资产投资得当，固定资产结构分布合理，能够较充分地发挥固定资产的使用效率，企业的经营活动越有效；反之，表明企业固定资产使用效率不高，提供的生产经营成果不多，企业固定资产运用效率较差。

例题 8-4 根据附录1和附录2的相关数据，计算Y公司2021年的固定资产收入率。

$$固定资产收入率 = \frac{11\,059\,520.32}{(2\,334\,341.45 + 2\,937\,868.28) \div 2} = 4.20（次/年）$$

Y公司2021年的固定资产收入率为4.20次/年，表明固定资产的结构分布较为合理，固定资产利用较为充分，使用效率较好。

2. 固定资产收入率分析

① 固定资产收入率分析应结合流动资产的规模及周转速度分析更有价值。严格来说，企业的营业收入并不是直接由固定资产周转带来的，而是与流动资产的周转直接相关。因此，用营业收入与平均固定资产账面价值的比值来反映固定资产的周转速度有一定缺陷。但从固定资产对流动资产周转速度和周转额的推动作用来看，固定资产又与企业营业收入有着必然联系，即流动资产利用效率在一定程度上有赖于固定资产的生产能力及利用效率。一般而言，固定资产的质量和使用效率越高，其推动流动资产运营的有效规模越大，周转速度也越快。

② 对固定资产收入率进行分析时，结合企业过去和同业现状使评价更合理。固定资产收入率的影响因素众多，固定资产的来源不同，所选择的折旧政策差异可能导致固定资产收入率发生变化。因此，评价固定资产收入率时，应结合同一企业不同时期的历史数据，与同行业类似企业进行比较，能够使评价结果更加合理，同时这种比较也有利于企业寻找差距。

③ 固定资产收入率有一定的局限性。由于固定资产占用额是用资产负债表中的固定资产账面价值计算的，每年计提折旧会使固定资产净值逐年减少，因此在营业收入和固定资产总额不变的情况下，周转速度会逐年加速，而且企业所采用的折旧方法和使用折旧年限长短不同导致不同的固定资产账面价值，从而影响固定资产收入率指标值。所以，固定资产收入率有一定的局限性。

三、固定资产净值率

1. 固定资产净值率的内涵与计算

固定资产净值率又称固定资产成新率，是指固定资产净值与固定资产原值的比率，是反映企业固定资产新旧程度的指标。其计算公式如下：

$$固定资产净值率 = \frac{固定资产净值}{固定资产原值}$$

其中：固定资产净值=固定资产原值-累计折旧

这一比率可以按每一项固定资产分别计算，也可以按某一类或全部固定资产分类或综合计算。固定资产磨损率越小，固定资产净值率越大，表明固定资产的技术状况较好，处于较新状态；反之，固定资产磨损率越大，固定资产净值率越小，则表明固定资产较为陈旧，技术状况较差，有待维修和更新。

2. 固定资产净值率分析

① 从公式可以看出，固定资产净值率这一指标的分子采用固定资产净值，因此指标值将受到折旧方法和折旧年限的影响，管理者在通过固定资产净值率分析固定资产新旧程度时，要注意其中的可比性问题。

② 当企业属于劳动密集型企业时，固定资产净值率就没有太大的意义。劳动密集型企业是指生产需要大量的劳动力，产品成本中活的劳动量消耗所占比重较大。在劳动密集型企业中，平均每个员工的劳动装备本来就不高，所以没有办法评估固定资产的使用效益。

③ 管理者可以从固定资产净值率看出企业计提固定资产折旧是否合理，从而改变计提策略，调整资产结构到合理状态。

第四节 总资产营运能力分析

一、总资产周转率的内涵与计算

总资产周转率是指企业在一定时期的营业收入与平均总资产的比率，是反映企业总资产利用效率情况的指标。其计算公式为：

$$总资产周转率（次数）= \frac{营业收入}{平均总资产}$$

其中：平均总资产=(期初总资产+期末总资产)÷2

$$总资产周转天数 = \frac{计算期天数}{总资产周转率}$$

其中：在计算一年的总资产周转天数的情况下，计算期天数按360天计算。

总资产中包括一部分非营运资产，如长期债券投资、长期待摊费用、长期股权投资、开办费等，它们与销售收入的取得并没有直接的关系，不能反映周转情况，因而在计算总资产周转率时，最好将这些项目扣除，但为了计算方便，也可直接采用资产负债表中的资产总额，不要扣除。

总资产周转率和周转天数都是反映总资产利用效率的指标。总资产周转率越高，周转天数越短，表明总资产的周转速度越快，企业运用资产产生收入的能力越强，资产的管理效率越高。总资产周转速度的快慢与各类资产的周转速度以及总资产的构成情况密切相关。由于全部资产中，流动资产的周转速度高于其他类资产的周转速度，因此流动资产的周转速度越快，且流动资产占总资产的比重越高，总资产周转速度就越快。

二、总资产周转率的判断标准

一般情况下，希望总资产周转率大于1，如果企业的总资产周转率低于1，说明企业提升空间非常大。

① 总资产周转率为1~2的，属于运营正常的公司。接近1，营运能力比较普通；接近2，营运能力非常优秀。

② 总资产周转率小于1，代表是资本密集或者奢侈品行业，如飞机、高铁、汽车、船舶、

金银铜铁、石油等原材料产业，半导体行业等。

③ 传统生产制造行业，产品毛利率不高，需要有效运用企业的总资产周转，不能让资产闲置在公司的仓库里，总资产周转率通常大于 1。

④ 流通业、快销类行业，产品卖得快，资金周转就快，自然会产生更多的利润，总资产周转率通常大于 2。

例题 8-5 根据附录 1 和附录 2 的相关数据，计算 Y 公司 2021 年的总资产周转率。

$$总资产周转率（次数）= \frac{11\,059\,520.32}{(7\,115\,426.44+10\,196\,233.98)\div 2}=1.28（次/年）$$

$$总资产周转天数 = \frac{360}{1.28} = 281（天）$$

Y 公司的总资产周转率仅为 1.28 次/年，总资产周转天数为 281 天，反映 2021 年 Y 公司的资产利用效率较低，公司运用资产产生收入的能力较弱，资产的管理效率较低，Y 公司应积极采取措施，提高各项资产的利用程度。

三、总资产周转率分析

① 总资产周转率经常和反映盈利能力的指标一起使用，全面评价企业的盈利能力。总资产周转率的分析评价要考虑公司的行业特征和公司的经营战略，要结合公司的销售净利率和权益乘数来综合衡量。

② 总资产周转率的因素分析。总资产包括流动资产和固定资产两大类，因为流动资产的周转速度一般比较快，所以它的比重对加快总资产周转率有很大的作用，即企业的流动性和变现性能力越强，企业偿债能力也越强。从全部周转速度与流动资产周转速度的关系，可确定影响总资产周转率的因素如下。

$$总资产周转率 = \frac{营业收入}{平均总资产} = \frac{营业收入}{平均流动资产} \times \frac{平均流动资产}{平均总资产}$$

$$= 流动资产周转率 \times 流动资产占总资产的比重$$

由此可见，影响总资产周转率的因素有二：一是流动资产周转率；二是流动资产占总资产的比重。前者反映了流动资产在一定时期内可周转的次数，后者说明了企业的流动资产占总资产的比重。总资产周转率的高低与总资产构成和流动资产周转率有关，通过此分析，可以优化资产结构，提高资产使用效率。

③ 总资产周转率异常波动的原因分析。如果企业的总资产周转率突然上升，而企业的销售收入却无多大变化。这可能是企业本期报废了大量固定资产造成的，而不是企业的资产利用效率提高。如果企业的总资产周转率较低，而且长期处于较低的状态，其原因可能是：其一，企业的销售能力下降，销售收入减少，企业的资金回流速度变慢，这是总资产周转率下降最常见的原因；其二，企业的库存较多，越是劣质的企业，存货周转率越低，为保持生产销售的需要，在存货上追加的投资就会越多；其三，闲置资金过多，部分企业有许多长期贷款和不良资产。

④ 总资产周转率的趋势分析和同业分析。由于总资产周转率指标中的资产数据是一个时点数，极易受偶然因素的干扰甚至是人为的修饰，因此要弄清企业总资产周转率的真实状况，应先对其进行趋势分析，即对同一个企业的各个时期的总资产周转率的变化加以对比分

析，以掌握其发展规律和发展趋势。总资产周转率的同业分析，即同行业之间的比较。它可以是与同行业的平均水平相比，也可以是与同行业先进水平相比。前者反映的是在行业中的一般状况，后者反映的是与行业先进水平的距离或者是在行业中的领先地位。企业实际分析时可根据需要选择比较标准。

四、提高总资产周转率的方法

如果企业总资产周转率较低，说明利用全部资产进行经营的效率较差，最终会影响企业的获利能力，这样企业就应该采取措施，提高各项资产的利用程度，即提高销售收入，压缩或处理多余的、未使用的、不需用的资产。

① 在企业盈利能力较高的前提下，通过适当降低产品售价，提高销售量，加快资金的周转速度，从而提高企业总资产周转率，提高企业盈利能力。

② 在企业资产规模不变，生产效率不变的情况下，通过提高产品销售价格，增加销售收入，可以提高企业总资产周转率。

③ 企业通过处置闲置的固定资产，减少资产规模，也会提高企业的总资产周转率。

④ 在企业资产规模不变时，通过提高生产效率，提高产能利用率，从而达到提高企业总资产周转率的目的。

例题 8-6 H 公司 2014—2019 年的总资产及营业收入如表 8-4 所示，试对该公司的总资产周转率进行趋势分析和同业分析。

表 8-4 H 公司总资产与营业收入数据表   单位：万元

项目	2014 年	2015 年	2016 年	2017 年	2018 年	2019 年
总资产	12 991	14 381	19 124	24 739	28 924	82 097
营业收入		10 180	10 010	13 570	21 054	27 572

① 计算总资产的平均占用额，然后在此基础上计算总资产周转率，如表 8-5 所示。

表 8-5 H 公司总资产周转率计算表

项目	2015 年	2016 年	2017 年	2018 年	2019 年
总资产平均占用额	13 686	16 753	21 932	26 832	55 511
比上年增减/%	—	22.41	30.91	22.34	106.89
营业收入	10 180	10 010	13 570	21 054	27 572
比上年增减/%	—	-1.67	35.56	55.15	30.96
总资产周转率/(次/年)	0.74	0.60	0.62	0.78	0.50

② 对总资产周转率进行趋势分析。

其一，自 2017 年起，营业收入保持 30%以上的增长势头，连续两年总资产周转率上升。

其二，2019 年总资产周转率下降，主要是合并了某市子公司，导致总资产大幅度增长。这种战略合并应该对今后发展有好处，因此总资产周转率下降应该是一种暂时现象，不会对整体趋势产生不良影响。

其三，若从外部、市场角度分析，总资产周转率状况如何，还要做同业比较分析。

③ 对总资产周转率进行同业分析，对比数据如表 8-6 所示。

表 8-6　H 公司与同业公司总资产周转率对比数据

项目	2016 年	2017 年	2018 年	2019 年
H 公司	0.60	0.62	0.78	0.50
同业平均	0.33	0.31	0.36	0.39
差异	0.27	0.31	0.42	0.11

与同业平均水平相比，H 公司的总资产营运能力甚优。因为其总资产周转率连续 4 年高于同业平均水平，而且有拉大距离趋势。2019 年差距有所缩小，主要是新合并子公司所致。

由此可以得出结论，H 公司的总资产营运能力居于同业领先水平。

本章小结

营运能力是指企业利用现有资源创造社会财富的能力，反映资产的利用效率。营运能力指标的通用表达式为：资产周转率=周转额÷资产。按照资产的流动性，企业营运能力分析的内容主要包括三个方面，即流动资产营运能力分析、固定资产营运能力分析和总资产营运能力分析。

流动资产营运能力分析主要是分析企业在经营管理活动中运用流动资产的能力。流动资产营运能力分析指标主要有流动资产周转率、应收账款周转率、存货周转率、现金周转期等。流动资产周转率是企业一定时期的营业收入与平均流动资产的比率，是反映企业流动资产运用效率的指标。从流动资产构成来看，应收账款和存货是流动资产周转率最大影响因素。应收账款周转率和存货周转率分别反映了应收账款和存货的利用效率。现金周转期是指从购买材料支付现金到收回现金的时间，现金周转期一般情况下应该为正数，但企业在上下游中处于强势地位时，现金周转期也有可能为负数。

固定资产是企业营运的物质基础，其投资能否收回取决于企业的使用效率。固定资产营运能力分析主要分析固定资产的使用情况和周转速度。固定资产营运能力分析指标主要是固定资产收入率、固定资产净值率。固定资产收入率分析应结合流动资产的规模及周转速度来分析，结合企业过去和同业现状分析更有意义。

总资产营运能力分析主要是总资产周转速度的分析。总资产周转速度可以用来分析企业全部资产的使用效率，是企业全部资产利用效果的综合反映。总资产营运能力分析指标主要是总资产周转率。总资产周转率的分析评价要考虑公司的行业特征和公司的经营战略，要结合公司的销售净利率和权益乘数来综合衡量。

复习思考题

1. 简述营运能力分析的目的。
2. 影响营运能力的主要因素是什么？
3. 分析流动资产营运能力的指标有哪些？
4. 分析应收账款周转率、存货周转率指标时，应注意哪些问题？
5. 某公司流动比率 2.5，速动比率 0.7，存货周转率 1.5。请判断该公司的流动性情况。

第九章
发展能力分析

【学习目标】
1. 掌握发展能力指标的计算和应用
2. 熟悉发展能力分析的概念
3. 熟悉发展能力分析的内容
4. 了解发展能力分析的目的

第一节　发展能力分析的目的和内容

一、发展能力的概念

发展能力又称增长能力,是指企业未来生产经营活动的发展趋势和发展潜能。从形成看,企业的发展能力主要是通过自身的生产经营活动,不断扩大积累而形成的,主要依托不断增长的销售收入、不断增加的资金投入和不断创造的利润等。从结果看,一个发展能力强的企业,应该是资产规模不断增加,股东财富持续增长。所以,发展能力是企业持续发展和未来价值的源泉,是企业的生存之本、获利之源。对企业发展能力的分析与评价有着很强的现实意义。

二、发展能力分析的目的

无论是增强企业的盈利能力、偿债能力还是提高企业的营运能力,其最终都是为了企业未来的生存和发展,发展是企业的生存之本,也是改善生存质量的前提,只有在发展中才能求得生存。因此,需要也必须从动态上去把握企业的发展过程和趋势,充分挖掘企业发展的潜力。

企业的发展能力对投资者、债权人和其他利益相关者非常重要。投资者的回报来源于企业未来的盈利能力,债权人的债务清偿资金来自企业未来的现金流,这些利益主体都非常关注企业未来的成长性。因此,有必要对企业的发展能力进行深入分析。发展能力分析的目的主要体现在以下两个方面。

① 利用发展能力的有关指标衡量和评价企业的增长潜力。通过计算和分析资产、销售、股东权益、利润、经营现金流等增长率指标,可以衡量和评价企业现有的发展潜力;通过现有发展潜力与同行业其他企业发展潜力的比较,可以评价企业发展潜力的强弱;通过现有发展潜力与本企业不同时期发展潜力的比较,可以评价企业发展潜力的变化。

② 通过发展能力分析,发现影响企业增长的关键因素,有利于预测企业未来发展速度。企业发展过快或过慢对企业都不利,因此保持企业以平稳的速度增长也尤为重要,这就需要准确预测企业未来发展的速度,并以此作出相应的对策,使得企业能够可持续发展,使企业价值实现最大化。因此,通过分析企业发展能力的各项指标,可以正确预测企业未来发展速度,根据指标相应调整企业的经营策略和财务策略,才能保持企业以适宜的速度可持续发展。

三、影响发展能力的因素分析

偿债能力、盈利能力和营运能力既是企业发展能力的基础,也是企业发展能力的重要表现。除此之外,盈利质量和企业竞争力这两个因素也对企业发展能力有着重要影响。

1. 盈利质量

从与业绩相关的角度来说,盈利质量是指收益和评价企业业绩之间的相关性。如果盈利能如实反映企业过去、现在和未来的业绩,则认为其盈利质量高;如果盈利不能反映企业过去、现在和未来的业绩,则认为其盈利是低质量的。

盈利质量高的企业一般有如下特征:持续的、稳健的会计政策,该政策对企业财务状况和净收益的计量是谨慎的;企业的盈利是由经常性的与企业基本业务相关的交易所带来的,而不是一次性的,并且企业所依赖的业务具有较好的发展前景;会计上所反映的利润能迅速转化为现金;企业的债务水平相当、财务杠杆利益适中;盈利趋势是稳定的、可预测的;资产的运转状况良好等。通过上述分析可以说明,盈利质量高的企业其发展能力往往很强。所以,可以借助对盈利质量的分析,来正确评价企业的发展能力。

2. 竞争能力

在日趋激烈的市场竞争中,企业的竞争能力如何,已成为决定其能否生存和发展的关键。企业未来的发展能力,主要取决于企业的竞争能力。因此,竞争能力分析是企业发展能力分析的一个重要方面。竞争能力的大小最直观地表现为一个企业能否持续地比其他企业更有效地向消费者(或者市场)提供产品,并由此使企业自身不断得到发展。所谓"更有效",是指以更低的价格或者消费者更满意的质量持续地生产和销售;所谓"使企业自身不断得到发展",是指企业能够实现经济上长期良性循环,具有持续的良好业绩,从而成为长久生存和不断壮大的强势企业。

除此之外,企业所在行业的发展前景,国家的管制政策等因素也是影响企业发展能力的重要因素。

四、发展能力分析的内容

企业发展能力分析,即前后两期的营业收入、利润、股东权益、资产、经营活动现金净流量的对比情况，在实践中通常使用增长率来反映企业发展能力。企业价值要获得增长，就必须依赖于营业收入、利润、股东权益、资产和经营活动现金净流量等主要因素的不断增长。企业发展能力指标分析就是通过计算和分析销售增长率、利润增长率、股东权益增长率、资产增长率、经营活动现金净流量增长率等指标，衡量企业在营业收入、利润、股东权益、资产、经营活动现金净流量等方面的发展能力，并对其发展趋势进行评估。发展能力分析的内容主要包括以下几个方面。

① 以收入与利润为基础的发展能力分析，包括销售增长率分析、经营利润增长率分析和净利润增长率分析。

② 以股东权益与资产为基础的发展能力分析，包括股东权益增长率分析、资产增长率分析。

③ 以经营活动现金净流量为基础的发展能力分析，主要是经营活动现金净流量增长率分析。

专栏 9-1
增长率的不同表现形式

增长率是指一定时期内某一数据指标的增长量与基期数据的比值。增长率有不同表现形式，常见的有环比增长率、同比增长率和复合增长率。

一、环比增长率

环比增长率是本期数据与上期数据的对比，即相邻时间段的比较，反映逐期的发展速度。比如，2021 年 3 月的销售额与 2021 年 2 月的销售额的对比。其计算公式为：

$$环比增长率=\frac{(本期数据-上期数据)}{上期数据}\times100\%$$

二、同比增长率

同比增长率是指某个特定统计段今年与去年之间的比较，可以把同比想象成两条平行线，那么同比就是两条平行线上同一位置的两数值之比。它反映本期的发展水平与上年同期发展水平对比而达到的相对发展速度。比如，2021 年 3 月的销售额与 2020 年 3 月的销售额的对比。其计算公式为：

$$同比增长率=\frac{(本期数据-上年同期数据)}{上年同期数据}\times100\%$$

同比增长率和环比增长率的核心区别：

第一，环比增长率是连续的，这种比较可以有效地反映本期的变动。

第二，同比增长率可以消减季节性因素的影响。大部分季节性的数据都更适合使用同比数据。

在很多情况下，需要同比增长率和环比增长率综合分析，才能具体找到原因，提出改进方案。

在发生重大事件时，如金融危机、公司重大并购重组拆分、重大法律诉讼等，同比增长率和环比增长率均不适用。

三、复合增长率

从统计角度看，复合增长率是几何平均数。"复合"通俗来说就是"利滚利"的最终增

长率。复合增长率通常用来衡量一段时间内的平均增长速度,尤其适用于各年的增长速度不均衡的时候。其计算公式为:

$$复合增长率=\left(\sqrt[年数]{\frac{现有价值}{基期价值}}-1\right)\times 100\%$$

例如:某公司 2011 年的净利润为 0.74 亿元,2021 年的净利润为 15.11 亿元。10 年利润复合增长率为 35.21%。

$$复合增长率=\left(\sqrt[10]{\frac{15.11}{0.74}}-1\right)\times 100\%=35.21\%$$

第二节 以收入与利润为基础的发展能力分析

一、销售增长率

1. 销售增长率的内涵与计算

销售增长率又称营业收入增长率,是指本期营业收入的增长额与上期营业收入的比率。它反映了企业营业收入的变化情况,是评价企业发展能力的重要指标。其计算公式为:

$$销售增长率=\frac{本期营业收入增长额}{上期营业收入}\times 100\%$$

其中:本期营业收入增长额是指企业本期营业收入与上期营业收入的差额,即本期营业收入增长额=本期营业收入-上期营业收入。

销售增长率可能受到销售短期波动的影响,如果上期因特殊原因而使销售收入特别小,而本期则恢复到正常,这就会造成销售增长率因异常因素而偏高;如果上期因特殊原因而使销售收入特别高,就会造成销售增长率因异常因素而偏低。为消除销售收入短期异常波动对该指标产生的影响,并反映企业较长时期的销售收入增长情况。可以计算多年的销售收入平均增长率。其计算公式为:

$$销售平均增长率=\left(\sqrt[n]{\frac{本期营业收入总额}{n年前营业收入总额}}-1\right)\times 100\%$$

利用销售平均增长率指标,能够反映企业销售增长趋势和稳定程度,较好地体现企业的发展状况和发展能力,避免因少数年份销售收入不正常增长而导致对企业发展潜力的误判。

销售增长是企业增长的源泉,它表明企业市场份额扩大,企业生存和发展所依赖的市场空间扩大。销售增长率大于零,表示企业本期的营业收入有所增长,指标值越高,表明增长速度越快,企业的市场前景越好;销售增长率小于零,则表明企业本期的营业收入下降,必须深入分析其产生的原因。

2. 销售增长率分析

① 销售增长率可以用来衡量企业的产品生命周期,判断企业发展所处的阶段。一般来

说，如果销售增长率超过10%，说明企业产品处于成长期，将继续保持较好的增长势头，尚未面临产品更新的风险，属于成长型企业。如果销售增长率为5%～10%，说明企业产品已进入稳定期，不久将进入衰退期，需要着手开发新产品。如果销售增长率低于5%，说明企业产品已进入衰退期，保持市场份额已经很困难，经营利润开始滑坡，如果没有已开发好的新产品，将步入衰落。

② 销售增长率与应收账款增长率的比较分析，可以反映企业回收应收账款的能力，还可以判断企业主营业务的发展状况。一般认为，当销售增长率低于-30%时，说明企业主营业务大幅滑坡，预警信号产生。另外，当销售增长率小于应收账款增长率，甚至销售增长率为负数时，公司极有可能存在操纵利润行为，需严加防范。在判断时，还需根据应收账款占营业收入的比重来进行综合分析。

③ 在对销售增长率进行分析时，应结合企业较长期的历年营业收入水平、企业市场占有情况、行业未来发展及其他影响企业发展的潜在因素进行分析，或结合企业销售平均增长率来做出趋势性分析判断。同时，在分析过程中要确定比较标准，因为单独的一个发展能力指标并不能说明问题，只有对企业之间或本企业各年度之间进行比较才有意义。

④ 企业销售的增长不仅需要企业制定良好的销售策略，还需要企业生产规模的扩大，增加固定资产和存货等资产项目的投资，只有资产投入的增长才能带动营业收入稳定、持续地增长。在分析销售增长率时，要把销售增长率与资产增长率相结合进行分析。如果销售增长率低于资产增长率，则表明企业营业收入的增长依赖于更多的资产投入，营业收入的增长不具有效益性，企业的发展能力较弱；如果销售增长率高于资产增长率，则表明企业营业收入的增长依赖于较少的资产投入，营业收入的增长具有效益性，企业在销售方面具有良好的发展能力。

⑤ 将销售收入增长率与市场占有增长率进行比较，分析竞争优势的变化。对于一个非常巨大的市场来说，市场占有率提高一个百分点的意义就十分巨大。若企业营业收入增幅相当大，但市场占有率却下降了，这说明企业销售收入增长率低于整个行业的增长水平。当然，若是行业销售额大幅下滑，企业销售额照样大幅增长，这说明其市场占有率肯定会大幅提升。分析市场占有率增长情况，也是分析其持续竞争优势的一个重要指标。因此，销售收入增长率代表的不仅仅是盈利，还可以分析出企业在整个市场中所处的地位。

二、经营利润增长率

1. 经营利润增长率的内涵与计算

经营利润增长率是本期经营利润增长额与上期经营利润的比率，反映企业在经营活动的盈利方面的发展能力。其计算公式为：

$$经营利润增长率 = \frac{本期经营利润增长额}{上期经营利润} \times 100\%$$

其中：本期经营利润增长额是指企业本期经营利润与上期经营利润的差额，即本期经营利润增长额=本期经营利润-上期经营利润。

需要说明的是，如果上期经营利润为负值，则计算公式的分母应取其绝对值。经营利润增长率反映了企业经营利润的增减变动情况，经营利润率越高，反映企业的盈利能力越强；反之，经营利润增长率越低，反映企业的盈利能力越弱。

为了避免短期因素对经营利润增长率的影响，可以计算多年的经营利润平均增长率，以反映较长时期内的经营利润增长情况。其计算公式为：

$$经营利润平均增长率=\left(\sqrt[n]{\frac{本期经营利润}{n年前经营利润}}-1\right)\times100\%$$

2. 经营利润增长率分析

① 经营利润受到营业收入、营业成本、税金及附加、销售费用、管理费用和研发费用等因素的影响，但经营利润的增长主要取决于营业收入的增长。如果营业收入保持不变甚至减少，而依靠营业成本、期间费用等项目的减少，是难以形成经营利润的持续增长的。

② 在分析经营利润增长率时，要把经营利润增长率与销售增长率相结合进行分析。如果经营利润增长率低于销售增长率，则表明企业营业成本、税费及附加和期间费用等成本费用项目的增长超过了营业收入的增长，企业营业活动的盈利能力减弱；只有经营利润增长率高于销售增长率，才表明企业营业活动的盈利能力增强，企业的发展能力较强。

③ 应将企业连续多年的经营利润增长率指标进行对比分析，这样可以排除个别时期一些偶然性和特殊性因素的影响，从而全面真实地揭示企业经营利润是否具有持续稳定的增长能力。

三、净利润增长率

1. 净利润增长率的内涵与计算

净利润增长率是本期净利润增长额与上期净利润的比率，反映企业在净盈利方面的发展能力。其计算公式为：

$$净利润增长率=\frac{本期净利润增长额}{上期净利润}\times100\%$$

需要说明的是，如果上期净利润为负值，则计算公式的分母应取其绝对值。企业的净利润增长率越大，说明企业的经营业绩越好，收益增长越快，发展能力越强；反之，企业的净利润增长率越小，说明企业的收益增长越慢，发展能力越弱。

为了避免短期因素的影响，可以计算多年的净利润平均增长率，以反映较长时期内的净利润增长情况。其计算公式为：

$$净利润平均增长率=\left(\sqrt[n]{\frac{本期净利润}{n年前净利润}}-1\right)\times100\%$$

2. 净利润增长率分析

① 净利润受到经营利润、投资收益和营业外收支项目的影响。其中，经营利润是形成净利润的稳定而持续的来源，而投资收益、营业外收支受到企业偶然和非正常因素的影响，对净利润的影响较小。

② 在分析净利润增长率时，要把净利润的增长率与经营利润的增长率相结合进行分析。如果企业净利润的增长主要源于经营利润的增长，则表明企业营业活动的盈利能力较强，具有良好的发展能力；如果企业的净利润的增长不是主要源于经营利润的增长，而是源于投资收益、营业外收入的增长，则表明企业营业活动的盈利能力较弱，企业的发展能力较弱。

③ 应将企业连续多年的净利润增长率指标进行对比分析，这样可以排除个别时期一些

偶然性和特殊性因素的影响,从而全面真实地揭示企业净利润是否具有持续稳定的增长能力。

例题 9-1 根据附录 2 相关数据,计算 Y 公司收入与利润发展能力指标。

Y 公司收入与利润发展能力计算如表 9-1 所示。

表 9-1 Y 公司收入与利润发展能力计算表　　　单位:万元

项目	2018 年	2019 年	2020 年	2021 年
营业收入	7 955 327.75	9 022 307.55	9 688 564.20	11 059 520.32
营业收入增长额	—	1 066 979.79	666 256.65	1 370 956.12
销售增长率/%	—	13.41	7.38	14.15
经营利润	769 082.90	828 031.70	855 823.16	1 023 031.08
经营利润增长额	—	58 948.80	27 791.46	167 207.92
经营利润增长率/%	—	7.66	3.36	19.54
净利润	645 199.61	695 072.62	709 893.87	873 202.56
净利润增长额	—	49 873.00	14 821.25	163 308.69
净利润增长率/%	—	7.73	2.13	23.00

由表 9-1 可知,Y 公司三年间的销售增长率、经营利润增长率、净利润增长率的变化趋势接近,均是先下降后上涨。三年间 Y 公司的营业收入、经营利润、净利润均在增长,其中经营利润增长率与净利润增长率接近,销售增长率在 2019 年和 2020 年均高于经营利润增长率和净利润增长率,但 2021 年经营利润增长率和净利润增长率均超过销售增长率。

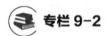

专栏 9-2

为何利润的降速比收入快

大家是否注意到一个现象:当企业的销售收入规模减少 10% 时,利润规模往往会减少 20%~50%,甚至更多。

举例来说,A 公司 2019 年 1 季度销售收入 3 000 万元,成本费用 2 700 万元,其中固定性成本费用 1 200 万元,变动性成本费用 1 500 万元,变动成本费用率 50%,利润 300 万元。2020 年 1 季度 A 公司销售收入同比下降 10%,只有 2 700 万元,成本费用 2 550(其中固定性成本费用 1 200 万元,变动性成本费用 1 350 万元),利润 150 万元。2020 年 1 季度 A 公司利润下降了 50%,远大于销售收入的下降幅度 10%。

为什么利润没有和收入规模同比例下降呢?细究下来,有四个原因。第一,成本费用支出有惯性,这种惯性导致收入减少时,成本费用依旧按原来的预算执行,不肯削减。即销售收入虽未完成预算,可是成本费用却"完成"了预算。第二,固定性成本费用具有刚性,不会随着销售收入的减少而减少。如上例,虽然 2020 年 1 季度 A 公司销售收入下降了 10%,固定性成本费用依旧还是 1 200 万元。第三,变动性成本费用或许会随着收入规模的减少而减少,但减少的幅度一般不会超过销售收入减少的幅度。第四,通货膨胀与物价上涨因素会自然推高成本费用。

基于上述分析,在企业开源(销售收入扩张)受限时,利润下滑会表现得异常迅猛。如果企业已经预测到了销售收入规模有萎缩的趋势,及时启动节流(降低成本费用)是非常必要的。这么做一方面可以遏制成本费用的惯性与刚性,另一方面可以舒缓利润下滑的势头。

第三节　以股东权益与资产为基础的发展能力分析

一、股东权益增长率

1. 股东权益增长率的内涵与计算

股东权益增长率又称资本积累率,是指企业本期股东权益的增长额与期初股东权益的比率。它反映企业资本积累的能力,是评价企业发展潜力的重要指标。其计算公式为:

$$股东权益增长率=\frac{本期股东权益增长额}{期初股东权益}\times100\%$$

其中:本期股东权益增长额是指企业期末股东权益与期初股东权益的差额,即本期股东权益增长额=股东权益期末数-股东权益期初数。

股东权益增长率越高,表明企业资本的积累越多,企业资本保全性就越强,企业应对风险、持续发展的能力也就越大;反之,股东权益增长率越低,表明企业本期股东权益增加的越少,企业资本的积累能力减弱。如果股东权益增长率为负值,则说明企业的资本受到了侵蚀,应该引起充分的重视。

股东权益增长率由于受偶然因素影响,短期异常波动。为弥补这一不足,可以计算多年的股东权益平均增长率,以反映较长时期内的股东权益增长情况。其计算公式为:

$$股东权益平均增长率=\left(\sqrt[n]{\frac{本期期末股东权益}{n年前期末股东权益}}-1\right)\times100\%$$

2. 股东权益增长率分析

① 股东权益的增长一方面取决于股本和资本公积的增长,另一方面取决于盈余公积和未分配利润的增长,即留存收益的增长。其中,留存收益的增长是股东权益增长的稳定而持续的来源,而留存收益的增长则依靠净利润的增长。在分析股东权益增长率时,要分析股东权益增长的来源。只有股东权益的增长主要源于留存收益的增长,即净利润的增长,才表明企业的发展能力较强。如果股东权益的增长主要源于股本的增长,则表明企业的发展能力较弱。

② 股东权益增长趋势分析。为了正确判断和预测企业股东权益规模的发展趋势和发展水平,应将企业不同时期的股东权益增长率加以比较。因为一个持续增长的企业,其股东权益增长率是不断增长的。如果时增时减,则反映企业发展不稳定,同时也说明企业并不具备良好的发展能力。因此,仅仅计算和分析某个时期的股东权益增长率是不全面的,应利用趋势分析法将一个企业不同时期的股东权益增长率加以比较,才能正确全面地评价企业发展能力。

> **专栏 9-3**
>
> **长期投资收益率为什么约等于净资产收益率**
>
> 巴菲特曾说过,如果非要他用一个指标进行选股,他会选择 ROE(净资产收益率),那些 ROE 能常年持续稳定在 20%以上的公司都是好公司,投资者应当考虑买入。公司能够创造并维持高水平的 ROE 是可遇而不可求的,这样的事情实在太少了!因为当公司的规模扩大

时，维持高水平的 ROE 是极其困难的事。

查理·芒格也说过，如果 ROE 较为稳定的话，从长期来看，一只股票的回报率约等于它的 ROE。

投资收益率为什么约等于净资产收益率？我们可以从两个方面推导。

1. 推导之一

假定当下企业市值为 P_0，当下企业净资产为 B_0，当下企业净利润为 E_0，常年净资产收益率即 ROE 保持不变。每年收益全部投入再生产，不进行分红。当下企业估值为 $G_0=P_0/E_0$。N 年以后企业的市值为 P_N，净资产为 B_N，企业利润为 E_N，估值为 G_N，年化投资收益率为 R。计算过程如下：

$$E_N=B_N \times \text{ROE}=B_0 \times (1+\text{ROE})^N \times \text{ROE}$$
$$P_N=G_N \times E_N=G_N \times B_0 \times (1+\text{ROE})^N \times \text{ROE}$$
$$P_0=G_0 \times E_0=G_0 \times B_0 \times \text{ROE}$$

则：

$$\frac{P_N}{P_0}=\frac{G_N \times B_0 \times (1+\text{ROE})^N \times \text{ROE}}{G_0 \times B_0 \times \text{ROE}}=\frac{G_N}{G_0}(1+\text{ROE})^N$$

同时：

$$P_N=P_0 \times (1+\text{ROE})^N$$

则：

$$R=\sqrt[N]{\frac{P_N}{P_0}}-1=\sqrt[N]{\frac{G_N}{G_0}}(1+\text{ROE})-1$$

从公式看，收益率 R 与 ROE 和估值 G 有关，且 ROE 对 R 影响更大。

结论：

假设 $G_N=G_0$，则 $R=\text{ROE}$。

假设 $G_N>G_0$，N 足够大，则 $\sqrt[N]{\frac{G_N}{G_0}}>1$。

但是无限趋近于 1，那么 R 略大于 ROE，但无限趋近于 ROE。

假设 $G_N<G_0$，则 $\sqrt[N]{\frac{G_N}{G_0}}<1$。

但是无限趋近于 1，那么 R 略小于 ROE，但无限趋近于 ROE。

所以我们认为，从长期来看，不管当下买的贵贱，我们的长期投资收益率大概等于 ROE。

2. 推导之二

$$股东权益增长率=\frac{本期股东权益增长额}{股东权益期初余额} \times 100\%$$

$$=\frac{净利润+(股东新增投资-支付股东股利)+直接计入股东权益的利得和损失}{股东权益期初余额} \times 100\%$$

$$=\frac{净利润+对股东的净支付+直接计入股东权益的净损益}{股东权益期初余额} \times 100\%$$

$$=净资产收益率+股东净投资率+净损益占股东权益比率$$

从公式中可以看出，股东权益增长率是受净资产收益率、股东净投资率、净损益占股东权益比率这三个因素驱动的。

净资产收益率反映了企业运用股东投入资本创造收益的能力，股东净投资率反映了企业利用股东新投资的程度，净损益占股东权益比率则反映了直接计入股东权益的利得和损失在股东权益中所占的份额。这三个比率的高低都反映了对股东权益增长的影响程度。

长期而言，投资收益率约等于股东权益增长率，而股东权益增长率约等于净资产收益率，由此可以得出结论：长期投资收益率约等于净资产收益率。

为什么巴菲特和芒格喜欢消费类的股票？因为经营长期稳定的消费类公司能够产生稳定的现金流收入，其投资收益率与公司的净资产收益率大致相等。

以某公司为例，2009—2021年总共12年，经过三次大比例送股，股本扩张6倍，每年均有现金分红。复权股价从26.48元涨到278.30元，投资收益率为21.66%。而该公司12年的平均净资产收益率为23.05%，可见投资收益率约等于公司的净资产收益率。

对于指数来说，其实也是适用的。以沪深300为例，2005年开始的开盘点位1 000点，2021年年底是4 940点，17年年化收益率为9.85%。而沪深300的ROE在12%左右，平均股息率为2.1%，考虑股息后沪深300年化收益率为11.95%（9.85%+2.1%），与沪深300的ROE大致相等。

二、资产增长率

1. 资产增长率的内涵与计算

资产增长率又称资产扩张率，是指本期资产的增长额与期初资产总额的比率。它反映企业资产规模的增长情况，是评价企业发展潜力的重要指标。其计算公式为：

$$资产增长率 = \frac{本期资产增长额}{期初资产总额} \times 100\%$$

其中：本期资产增长额是指企业期末资产与期初资产的差额，即本期资产增长额=资产期末数-资产期初数。

为了能较好地体现企业的发展状况和发展潜力，避免出现短期波动对资产增长率指标产生的影响，有效地剔除少数时期资产的不正常增长，从而对企业的发展潜力做出科学预测和判断，可以计算多年的资产平均增长率。其计算公式为：

$$资产平均增长率 = \left(\sqrt[n]{\frac{本期期末资产}{n年前期末资产}} - 1 \right) \times 100\%$$

资产增长率是分析企业期末资产总额比期初资产总额增长幅度的财务指标。资产增长率大于零，表明企业资产的增加，资产规模扩大；资产增长率小于零，表明企业资产的减少，资产规模缩减。

2. 资产增长率分析

① 在分析资产增长率时，需要分析资产增长的来源，资产的增长一方面取决于股东权益的增长，另一方面取决于负债的增长。如果资产的增长主要取决于负债的增长，则表明企业的债务负担加重，偿债能力减弱，企业的发展能力较弱；如果资产的增长主要取决于股东

权益的增长,则表明企业的发展能力较强。

② 资产的增长是企业销售增长的基础,只有能带来更多的销售增长的资产增长才是有效的;否则,资产的增长是企业资源投入的浪费,是无效的资产增长。在分析资产增长率时,要把资产增长率与销售增长率相结合进行分析。如果资产增长率高于销售增长率,则表明企业用较多的资产投入产生了较少的营业收入的回报,资产的增长不具有效益性,企业的发展能力较弱;如果资产增长率低于销售增长率,则表明企业用较少的资产投入产生了较多的营业收入的回报,资产的增长具有效益性,企业的发展能力较强。

③ 在分析资产增长率指标时,要结合多期的资产增长率数据。如果增长只发生在个别时期,则表明企业的发展可能受到一些偶然和非正常因素的影响,发展能力较弱,发展能力的可持续性较差;只有长期持续稳定的增长才能表明企业的发展能力较强,具有可持续性。

例题 9-2 根据附录 1 相关数据,计算 Y 公司资产与股东权益发展能力指标。

Y 公司资产与股东权益发展能力计算如表 9-2 所示。

表 9-2 Y 公司资产与股东权益发展能力计算表　　　　单位:万元

项目	2018 年	2019 年	2020 年	2021 年
资产总额	4 760 620.45	6 046 126.70	7 115 426.44	10 196 233.98
资产增长额	—	1 285 506.25	1 069 299.74	3 080 807.54
资产增长率/%	—	27.00	17.69	43.30
股东权益总额	2 803 722.20	2 627 413.88	3 053 264.39	4 879 101.83
股东权益增长额	—	−176 308.32	425 850.51	1 825 837.44
股东权益增长率/%	—	−6.29	16.21	59.80
股东权益增加占资产增加的比重/%	—	−13.72	39.83	59.26

由表 9-2 可知,Y 公司三年间的资产均在增长,但资产增长率波动较大,从 2019 年的 27.00%降低到 2020 年的 17.69%,又大幅上涨到 2021 年的 43.30%,而股东权益增加占资产增加的比重在 2020 年和 2021 年分别为 39.83%和 59.26%,可见 2020 年之后股东权益增加在资产增长率中发挥了一定的作用。2019 年 Y 公司在资产增加的情况下,股东权益减少 176 308.32 万元,股东权益增长率降低 6.29%,可见 2019 年 Y 公司的负债大幅增加。2020—2021 年,Y 公司的股东权益大幅增加,增长率从 16.21%大幅上涨到 59.80%,且股东权益增加占资产增加的比重上涨 19.43%。

Y 公司三年间的资产平均增长率为 28.90%,股东权益平均增长率为 20.28%,很明显,资产的增长率高于股东权益的增长率,说明资产的增加一部分来自股东权益的增加,还有一部分来自负债的增加。

上述资产增长率、销售增长率、利润增长率、股东权益增长率指标,分别从资产规模、营业收入规模、利润和股东权益等不同方面考察了企业的发展能力。

企业资产是取得营业收入的保障,要实现营业收入的增长,在资产效率一定的条件下就要扩大资产规模。要扩大资产规模,一方面可以通过负债融资实现,另一方面可以依赖股东权益的增长,即净利润和净投资的增长。

销售增长是企业收益增长的主要来源,也是企业价值增长的源泉。一个企业只有不断开拓市场,保持稳定的市场份额,才能不断扩大收益,增加股东权益。同时,为企业进一步扩大市场、开发新产品和进行技术改造提供资金来源,最终促进企业的进一步发展。

利润的增长主要表现为净利润的增长,而对于一个持续发展的企业,净利润的增长应该主要来源于经营利润,而经营利润的增长在经营利润率保持不变的情况下,主要取决于营业收入的增加。

股东权益的增长来源于两个方面：一是净利润，净利润又主要来自经营利润，经营利润又主要取决于营业收入，并且营业收入的增长在资产使用效率既定的前提下，又依赖于资产投入的增加；二是股东的净投资，而净投资取决于本期股东投入资本的增加和本期对股东股利的发放。

可见，这四类增长率之间是相互联系、相互作用的。只有企业的资产增长率、销售增长率、利润增长率和股东权益增长率保持同步增长，且不低于行业平均水平，才可以判断这个企业具有良好的发展能力。四类增长率之间的关系如图9-1所示。

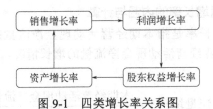

图9-1 四类增长率关系图

第四节 以经营活动现金净流量为基础的发展能力分析

一、经营活动现金净流量的作用

经营活动现金净流量是指企业投资活动和筹资活动以外的所有的交易和事项产生的现金净流量，它是企业现金的主要来源。因此，判断企业的好坏，经营活动现金净流量是非常关键的指标。在实务中，经营活动现金净流量具有预喜和预警作用。

1. 经营活动现金净流量的预喜作用

将经营活动现金净流量与净利润进行比较，如果经营活动现金净流量明显超过净利润，通常有两种情况。

一是预收账款大幅增加，企业今后的净利润会大幅提高。可以查一下资产负债表中的预收款项，如果预收款项大幅增加，这说明企业的产品很强势，其销售是先收钱、后交货。由于货还没有交，在会计处理上，还不能计入销售收入。但这些预收款项在未来会变成销售收入，为净利润提高做贡献。

二是应付账款大幅增加，导致经营活动现金净流量增长。这说明企业在购买原材料的时候，属于买方市场。能够长时间占用供应商资金，对于企业来说是比较有利的。

值得注意的是经营活动现金净流量报喜的作用不是万能的，一些企业由于所属行业本身的特点也会导致经营活动现金净流量一直远超净利润，但并不能因此认为净利润将大幅增长。比如，资本密集型企业的固定资产比例较高，而固定资产折旧虽然每年会纳入企业成本，但不会产生现金的流出，所以就导致经营活动现金净流量远超净利润。水电类企业是这种类型的代表。

2. 经营活动现金净流量的预警作用

将经营活动现金净流量与净利润进行比较，如果经营活动现金净流量明显低于净利润，需要引起警惕。

通常情况下，导致上述现象的主要原因有：一是销售回款速度下降，卖出货后没有收回货款；二是存货出现积压，采购的原材料尚未形成成品或产品尚未销售。可以查一下企业资产负债表中的应收账款与存货，看一下它们的数额是不是明显增加了。如果是，基本可以断定是这两个原因导致了经营活动现金净流量明显低于净利润。

二、经营活动现金净流量增长率

1. 经营活动现金净流量增长率的内涵与计算

经营活动现金净流量增长率是指本期经营活动现金净流量的增长额与上期经营活动现金净流量的比率。它反映企业经营活动现金净流量的增长情况，是评价企业发展潜力的重要指标。其计算公式为：

$$经营活动现金净流量增长率=\frac{本期经营活动现金净流量增长额}{上期经营活动现金净流量}\times100\%$$

其中：本期经营活动现金净流量增长额是指企业本期经营活动现金净流量与上期经营活动现金净流量的差额，即本期经营活动现金净流量增长额=本期经营活动现金净流量-上期经营活动现金净流量。

需要说明的是，如果上期经营活动现金净流量为负值，则计算公式的分母应取其绝对值。经营活动现金净流量增长率越高，表明企业经营活动产生现金流量的能力越强，企业资金越充裕，持续发展的能力也就越大；反之，经营活动现金净流量增长率越低，表明企业经营活动产生现金流量的能力越弱。如果经营活动现金净流量增长率为负值，则说明企业经营现金流入不能满足正常经营活动要求，需要通过筹资才能弥补资金短缺的困境。

为了避免短期因素对经营活动现金净流量增长率的影响，可以计算多年的经营活动现金净流量增长率，以反映较长时期内的经营活动现金净流量增长情况。其计算公式为：

$$经营活动现金净流量平均增长率=\left(\sqrt[n]{\frac{本期经营活动现金净流量}{n年前经营活动现金净流量}}-1\right)\times100\%$$

2. 经营活动现金净流量增长率分析

① 在分析经营活动现金净流量增长率时，要把经营活动现金净流量增长率与净利润增长率相结合进行分析。如果经营活动现金净流量增长率低于净利润增长率，则表明企业净利润转化现金流能力较弱，可能存在应收账款和存货增加等情况；只有经营活动现金净流量增长率高于净利润增长率，才能表明企业营业活动的盈利质量增强，企业的发展能力较强。

② 如果企业经营活动现金净流量在以往很好的情况下突然较大幅度下滑，应当引起警惕，有可能是企业为了销售的增长而对下游放宽了信用政策，也有可能是企业加大了原材料的采购。信用政策放宽可以说明企业的行业地位可能在下降，但也有可能是企业为了抢占市场。

③ 应将企业连续多年的经营活动现金净流量增长率指标进行对比分析，这样可以排除个别时期一些偶然性和特殊性因素的影响，从而全面真实地揭示企业经营活动现金净流量是否具有持续稳定的增长能力。

例题 9-3 A 公司发展能力分析

A 公司是一家电子企业，下面以 2009—2012 年财务报表有关数据为基础，分别计算出该公司 2010—2012 年的有关增长率指标，如表 9-3 所示。根据上述资料，分析评价 A 公司的发展能力。

表 9-3　A 公司 2010—2012 年增长率计算表　　　　　　单位：万元

项目	2009 年	2010 年	2011 年	2012 年
资产	43 504	58 010	82 090	120 806
资产增长额	—	14 506	24 080	38 716
资产增长率/%	—	33.34	41.51	47.16
主营业务收入	26 145	33 359	40 938	48 201
主营业务收入增长额	—	7 214	7 579	7 263
销售增长率/%	—	27.59	22.72	17.74
经营利润	7 026	9 138	13 973	15 747
经营利润增长额	—	2 112	4 835	1 774
经营利润增长率/%	—	30.06	52.91	12.70
净利润	3 968	4 246	7 743	8 431
净利润增长额	—	278	3 497	688
净利润增长率/%	—	7.01	82.36	8.89
股东权益	26 359	32 635	61 699	69 400
股东权益增长额	—	6 276	29 064	7 701
股东权益增长率/%	—	23.81	89.06	12.48
经营活动现金净流量	2 650	2 800	4 500	5 100
经营活动现金净流量增长额	—	150	1 700	600
经营活动现金净流量增长率/%	—	5.67	60.71	13.33

从表 9-3 可以看出，A 公司自 2010 年以来资产增长率、销售增长率、经营利润增长率、净利润增长率、股东权益增长率和经营活动现金净流量增长率都为正值，说明该公司 2010—2012 年的销售收入、资产规模、收益规模、股东权益和经营现金流一直都在增加。

A 公司自 2010 年以来，其销售增长率一直处于下降趋势，大部分增长率指标也出现一种先升后降的趋势，这种趋势属于暂时性的还是持续性的，还需要进一步分析。问题的焦点集中在 2011 年，该公司 2011 年除销售增长率和资产增长率以外其余指标增长率都要明显高于其他两年数值，这不排除是存在偶然性因素或非正常因素所致。

销售增长率和资产增长率比较。2010 年、2011 年和 2012 年的销售增长率都分别低于资产增长率，这说明该公司这三年的销售增长主要依赖于资产的追加投入取得，并没有取得相应的经济效益，因此反映出该公司的销售增长不具有效益性。再结合该公司三年销售增长率处于下降趋势的事实，可以判断该公司在销售方面不具备良好的成长性。

经营利润增长率和销售增长率比较。2010 年、2011 年的经营利润增长率都分别高于当年的销售增长率，这说明该公司 2010 年、2011 年的主营业务盈利能力较强。但是这种势头没有得以保持，该公司 2012 年的经营利润增长率低于 2012 年销售增长率，说明其营业成本、税金及附加等成本、费用的上升超过了营业收入的增长，主营业务的盈利能力减弱了。

净利润增长率与经营利润增长率比较。除 2011 年以外，该公司其余两年的净利润增长率都分别低于当年的经营利润增长率，说明这两年其他支出的增长速度超过了经营利润的增长速度，应该引起注意。

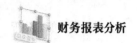

股东权益增长率和净利润增长率比较。该公司 2010—2012 年的股东权益增长率均高于当年的净利润增长率，说明该公司股东权益的增长并不是来源于生产经营活动创造的净利润而是来源于融资活动所带来的净投资，这种现象对于公司而言是有利还是不利，应该具体情况具体分析。如果该公司资本收益超过资本成本，则可以通过增加资本投入增加企业价值；反之，增加资本投入可能会损害股东利益。

经营活动现金净流量增长率和净利润增长率比较。该公司 2010—2011 年的经营活动现金净流量增长率均低于当年的净利润增长率，说明该公司的部分利润没有转化为现金，可能存在应收账款增加的情况。2012 年的经营活动现金净流量增长率高于当年的净利润增长率，说明公司转化为现金的能力有所提高。

通过上述分析，我们对 A 公司的发展能力可以得出一个初步的结论，即该公司不具有良好的发展能力。

如果公司经营者在未来不对其经营策略和财务策略进行调整和改革，则其投资前景令人担忧。这仅仅是初步结论，因为掌握的资料有限，而影响企业发展能力的因素是多方面的而且是复杂的，所以还需要进一步深入分析。

本章小结

发展能力是指企业未来生产经营活动的发展趋势和发展潜能。企业的发展能力对投资者、债权人和其他利益相关者非常重要。投资者的回报来源于企业未来的盈利能力，债权人的债务清偿资金来自企业未来的现金流，这些利益主体都非常关注企业未来的成长性。

偿债能力、盈利能力和营运能力既是企业发展能力的基础，也是企业发展能力的重要表现。除此之外，盈利质量和企业竞争力这两个因素也对企业发展能力有着重要影响。

以收入与利润为基础的发展能力分析，包括销售增长率分析、经营利润增长率分析和净利润增长率分析。销售增长是企业增长的源泉，它表明企业市场份额扩大，企业生存和发展所依赖的市场空间扩大，在分析销售增长率时，要把销售增长率与资产增长率相结合进行分析。经营利润受到营业收入、营业成本、税金及附加、销售费用、管理费用和研发费用等因素的影响，但经营利润的增长主要取决于营业收入的增长，在分析经营利润增长率时，要把经营利润增长率与销售增长率相结合进行分析。净利润受到经营利润、投资收益和营业外收支项目的影响，其中经营利润是形成净利润的稳定而持续的来源，而投资收益、营业外收支受到企业偶然和非正常因素的影响，对净利润的影响较小，在分析净利润增长率时，要把净利润的增长率与经营利润的增长率相结合进行分析。

以股东权益与资产为基础的发展能力分析，包括股东权益增长率分析、资产增长率分析。股东权益的增长一方面取决于股本和资本公积的增长，另一方面取决于盈余公积和未分配利润的增长，即留存收益的增长，其中留存收益的增长是股东权益增长的稳定而持续的来源，而留存收益的增长则依靠净利润的增长。在分析股东权益增长率时，要把股东权益增长率与净利润增长率相结合进行分析。资产的增长是企业销售增长的基础，只有能带来更多的销售增长的资产增长才是有效的；否则，资产的增长是企业资源投入的浪费，是无效的资产增长。在分析资产增长率时，要把资产增长率与销售增长率相结合进行分析。

以经营活动现金净流量为基础的发展能力分析，主要是经营活动现金净流量增长率分析。经营活动现金净流量是指企业投资活动和筹资活动以外的所有的交易和事项产生的现金净流量，它是企业现金的主要来源，因此判断公司的好坏，经营活动现金净流量是非常关键的指标。在实务中,经营活动现金净流量具有预喜和预警作用。在分析经营活动现金净流量增长率时,要把经营活动现金净流量增长率与净利润增长率相结合进行分析。

复习思考题

1. 发展能力分析的目的是什么?
2. 评价企业发展能力的指标有哪些?
3. 为什么在分析销售增长率时要结合资产增长率进行?
4. 企业可以采取哪些措施提高股东权益增长率?
5. 如何正确分析企业资产增长的来源?
6. 为什么投资者的长期收益率与净资产收益率大体一致?

第十章
财务综合分析

【学习目标】
1. 掌握杜邦财务分析体系的基本原理与应用
2. 熟悉综合评价法的应用
3. 熟悉雷达图的绘制方法与应用
4. 熟悉财务综合分析的概念
5. 了解财务综合分析的目的

第一节 财务综合分析的目的和方法

一、财务综合分析的概念

财务综合分析就是将偿债能力、盈利能力、营运能力和发展能力等诸方面的分析纳入一个有机的整体之中，全面地对企业经营状况、财务状况进行分析，从而对企业经济效益做出正确的评价与判断。

前面几章所介绍的偿债能力分析、盈利能力分析、营运能力分析和发展能力分析等分别是从不同的角度对企业的财务能力进行具体分析，但它们仅仅局限于对某些局部的分析，不能全面、系统地反映企业实际情况。为弥补单项财务分析的不足，有必要在单项财务分析的基础上，将有关指标按其内在联系结合起来进行综合分析。

一个健全、有效的财务综合分析体系至少应当具备以下三个基本要素。

① 评价指标全面。财务综合分析所设置的评价指标体系，应该能够涵盖偿债能力、盈利能力、营运能力和发展能力等方面的考核要求。

② 主辅指标功能匹配。在分析中强调两个方面：一是在确立偿债能力、盈利能力、营运能力和发展能力等诸方面评价指标的同时，要进一步明确各项指标在综合分析体系中的主

辅地位；二是要能从不同侧面、不同层次反映企业财务状况，揭示企业经营业绩。

③ 满足多方信息需求。财务综合分析指标体系要能够提供多层次、多角度的信息资料，既能满足企业管理当局实施决策的需要，又能为投资者、债权人、客户和政府等利益相关方提供决策有用的信息。

二、财务综合分析的目的

财务综合分析将企业视为一个不可分割的整体，并通过各种分析方法对其进行全方位的考察和评价，目的在于从整体上概括企业的财务状况和综合评价企业的经营业绩。财务综合分析的具体目的如下。

1. 通过财务综合分析，把握不同财务指标之间的相互关联

不同的财务指标之间存在千丝万缕的联系，只有将它们放到一个系统中进行综合的考量，才可能充分展现各种指标之间的互动关系以及相互之间影响的方向、程度和原因。

2. 通过财务综合分析，正确评价企业的财务状况和经营业绩

如果只了解企业某一方面的情况，就不可能对企业的财务状况和经营业绩做出全面、完整的评价，甚至很难对某个方面做出正确、科学的判断，因为只有在整体中了解局部，才可能真正认识全局。

3. 通过财务综合分析，为企业未来发展指明方向

如果把企业看成一个系统，只有通过财务综合分析，从系统的角度看问题，才能找到问题的要害，更好地为企业未来的发展提出具有针对性和全局性的改进意见。

三、财务综合分析的方法

财务综合分析的方法有多种，最常用的有杜邦财务分析体系、综合评价法和雷达图分析法。

杜邦财务分析体系就是利用各个主要财务比率之间的内在联系，建立财务比率分析的综合模型，来综合地分析和评价企业财务状况的方法。采用这一方法，可使财务比率分析的层次更加清晰，条理更加突出，为财务报表分析者能全面地、细致地了解企业的经营和盈利状况提供方便。

综合评价法是选择一系列能够反映企业各方面财务状况的财务比率，通过对这些财务比率打分得出综合得分，来评价企业综合财务情况的一种方法。综合评价法主要包括沃尔评分法和中央企业综合绩效评价体系。沃尔评分法是最早使用的综合评价法。中央企业综合绩效评价体系是结合我国国情，制订的一套全面评判中央企业盈利能力和资产运营质量，诊断企业经营管理中存在的问题，引导企业正确经营的综合绩效评价体系。

雷达图分析法是将主要财务分析指标进行分类汇总，绘制成一张直观的财务分析雷达图，从而达到综合反映企业总体财务状况目的的一种方法。雷达图形象直观，便于发现企业经营中存在的问题。

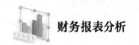 财务报表分析

第二节 杜邦财务分析体系

一、杜邦财务分析体系的概念

杜邦财务分析体系是利用各主要财务比率指标间的内在联系,对企业财务状况及经济效益进行综合分析评价的方法。这个方法是美国杜邦公司首次提出的,故被称为杜邦财务分析体系,又称杜邦体系、杜邦分析法。

杜邦财务分析体系最显著的特点是将若干个用以评价企业经营效率和财务状况的比率按其内在联系有机地结合起来,形成一个完整的指标体系,并最终通过净资产收益率来综合反映。采用这一方法,可使财务比率分析的层次更清晰、条理更突出,为报表分析者全面仔细地了解企业的经营和盈利状况提供方便。

二、杜邦财务分析体系的作用

① 随着现代企业经营管理水平的不断提升,越来越多的企业开始关注净资产的盈利能力,股东利益最大化也成为许多上市公司财务管理核心目标之一。杜邦财务分析体系的各项指标能够围绕股东利益最大化来对企业财务状况进行分析,有效跟踪、监测股东财富变化,协助企业及时改变经营战略并保持股东财富持续增值。所以,杜邦财务分析体系是现代企业财务管理目标的有效工具。

② 杜邦财务分析体系就是将一个财务指标分解为三个财务比率相乘的方法,且各项分析指标均能从侧面反映企业在生产经营方面所存在的问题。通过深入剖析各项指标关系,该方法能够帮助企业找到问题的原因,进而找到解决问题的方法,以保障企业的获利能力提升,并为企业带来持续发展的动力。因此,杜邦财务分析体系是能够帮助现代企业解决经营管理问题的有效办法。

③ 杜邦财务分析体系是先进、可操作的财务分析理论,使得企业财务分析更加具体和全面,指导企业财务分析工作更加健全和完善,推动财务分析朝着更加科学化的方向发展。杜邦财务分析体系为企业管理者提供了提高股东财富的基本思路,提高股东财富的根本途径在于增加销售收入,节约产品成本,改善资本结构,合理配置资源,加速资产周转,减少资金占用。

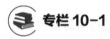 专栏 10-1

杜邦财务分析体系的来历

杜邦财务分析体系是美国杜邦公司发明并最早使用的,它的发明者是杜邦公司的销售员法兰克·唐纳德森·布朗。杜邦财务分析体系的发明,其实是一段励志故事。

1909 年,法兰克·唐纳德森·布朗即将从美国康奈尔大学毕业。与无数毕业生一样,学工程学的他开始找工作。最终,布朗选择加入杜邦公司,成为了一名销售人员,专门负责爆炸性物品的销售工作。

1912 年,在销售部门工作了 3 年之后,布朗依然名不见经传。可是布朗不甘心,他一直在花时间思考如何量化公司的运营效率。最终,经过冥思苦想之后他下定决心,将自己创立

的分析公司运营效率的新方法撰写成报告,送到了杜邦公司管理层的面前。

在这份报告中,他开宗明义地写道:"报告的主旨是要深入分析用公司自己的钱赚取的利润率。"随后,布朗天才般地把这个利润率进行了三方面的拆解,分别对应着公司运营的三个层面:
① 公司业务的盈利能力如何?
② 公司资产的使用效率如何?
③ 公司债务负担的风险如何?

报告递上去之后,布朗就一直在焦急地等待。结果,这份报告中神奇的分解分析方法博得了公司所有高层的好评。这种方法在1920年后被杜邦公司广泛运用到公司的财务分析中,并被流传到世界各地,后来就干脆把这个方法称为杜邦分析法。

布朗因为这份报告被调到公司财务部门,并很快加薪升职。之后,布朗平步青云,当上了财务主管。布朗以他出色的才华以及他对财务的贡献,开启了财务分析的一个新思维、新领域。

三、杜邦财务分析体系的基本原理

杜邦财务分析体系是以净资产收益率为基础的,净资产收益率是所有财务比率中综合性最强、最具有代表性的核心指标。净资产收益率的计算公式如下。

$$净资产收益率 = \frac{净利润}{平均净资产}$$

$$= \frac{净利润}{平均总资产} \times \frac{平均总资产}{平均净资产}$$

$$= \frac{净利润}{销售收入} \times \frac{销售收入}{平均总资产} \times \frac{平均总资产}{平均净资产}$$

其中:

$$总资产净利率 = \frac{净利润}{平均总资产}$$

$$销售净利率 = \frac{净利润}{销售收入}$$

$$总资产周转率 = \frac{销售收入}{平均总资产}$$

$$权益乘数 = \frac{平均总资产}{平均净资产} = \frac{1}{1-资产负债率}$$

因此:

$$净资产收益率 = 总资产净利率 \times 权益乘数$$
$$= 销售净利率 \times 总资产周转率 \times 权益乘数$$

说明:
① 净资产收益率有很多计算方法,为简化起见,可以采用简单算术平均净资产收益率。
② 在合并财务报表分析时,净利润一般采用归属于母公司股东的净利润。
③ 净资产与总资产均采用简单算术平均数。

$$平均净资产 = (年初净资产+年末净资产) \div 2$$
$$平均总资产 = (年初总资产+年末总资产) \div 2$$

④ 为了保持计算口径一致，计算权益乘数时，分子与分母均采用简单算术平均数。

从以上公式可以看出，影响净资产收益率的因素有三个：销售净利率、总资产周转率和权益乘数。

净资产收益率是一个综合性最强的财务比率，是杜邦财务分析体系的核心。它直接代表了企业净资产的盈利能力。因为净资产即所有者财富的不断增加，体现了企业经营活动的最终成果。净资产收益率的变化，不但受总资产净利率的影响，还取决于权益乘数的影响，因此净资产收益率是总资产盈利水平和权益乘数（资本结构）的综合体现。

销售净利率反映了企业净利润与销售收入的关系，从这个意义上看，提高销售净利率是提高企业盈利能力的关键所在。要想提高销售净利率，需通过以下方法：一是扩大销售收入；二是降低成本费用。通过分析销售净利率的升降变动，可以促使企业在扩大销售的同时，注意改进经营管理，加强成本费用控制，提高盈利水平。

总资产周转率是反映企业运用资产以产生销售收入能力的指标。企业资产的营运能力既关系到企业的获利能力，又关系到企业的偿债能力。一般而言，流动资产直接体现企业的偿债能力和变现能力；非流动资产体现企业的经营规模和发展潜力。两者之间应有一个合理的结构比率，如果企业持有的现金超过业务需要，就可能影响企业的获利能力；如果企业占用过多的存货和应收账款，则既要影响获利能力，又要影响偿债能力。为此，就要进一步分析各项资产的占用数额和周转速度。对于流动资产应重点分析存货是否有积压现象、货币资金是否闲置，应收账款中分析客户的付款能力和有无坏账的可能；对于非流动资产应重点分析企业固定资产是否得到充分的利用。因此，对总资产周转率的分析，需要对影响资产周转的各因素进行分析，以判明影响企业资产周转的主要问题在哪里。

权益乘数反映了企业利用财务杠杆进行经营活动的程度。权益乘数越大，表明所有者投入企业的资本占全部资产的比重越小，企业负债的程度越高；反之，该比率越小，表明所有者投入企业的资本占全部资产的比重越大，企业的负债程度越低，债权人权益受保护的程度越高。所以，在企业管理中就必须寻求一个最优资本结构，从而实现企业价值最大化。

杜邦财务分析体系各个指标之间的关系如图10-1所示。

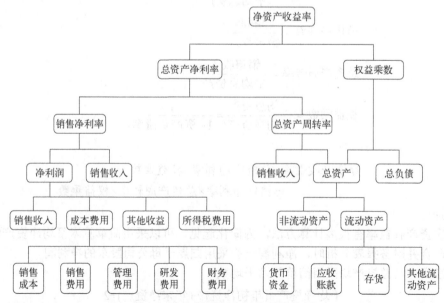

图10-1 杜邦财务分析体系结构图

四、净资产收益率的驱动因素分析

杜邦财务分析体系是运用相关财务指标之间的内在联系，对企业综合经营理财及经济效益进行的系统分析。这种分析实质上是因素分析法的具体运用。

净资产收益率驱动因素分析的具体步骤如下。

① 明确净资产收益率驱动因素并计算相关数据。根据杜邦财务分析体系，净资产收益率分解为销售净利率、总资产周转率以及权益乘数，计算四个指标的报告期和基期数据，并计算净资产收益率报告期和基期的变化结果。

② 顺序代入销售净利率、总资产周转率以及权益乘数的实际值，分别计算分析销售净利率、总资产周转率以及权益乘数的变动对净资产收益率的影响方向和程度。

③ 使用因素分析法进一步分解各个指标到财务报表项目，分析其变动的深层次原因，找出解决问题的办法。

五、公司经营特性分析

从公司利润的来源看，可以将公司的经营特性分为三类：高利润率型、高周转率型和高杠杆型。

1. 高利润率型公司

该类型公司表现为利润率高，周转率相对较低。一般涉及的行业有软件、医药、高端消费品、高端制造业等。

该类型公司往往具有优秀的商业模式，高利润率的来源为：产品需求差异化明显，业务定位独特，产品附加值高，竞争小，公司具有定价权。这种业务由于其独特性，或者客户的细分程度高，销售面相对比较窄，资产利用率和周转率相对会较低。

公司极高的利润率一方面来源于极高的毛利率，而毛利率体现了公司产品价值相对于包括材料的各种成本的溢价能力，反映了产品具有相当高的附加值，另一方面来源于较低的三费，即管理费用、销售费用、财务费用占比较低。

这类公司需要重点关注以下内容。

① 公司是否有足够强大的竞争壁垒，保证其高利润率能够持续，而不被吸引而来的竞争者破坏。如果没有，则高利润率只会是昙花一现。

② 公司在维持高利润率的同时，是否能逐渐提高其总资产周转率。如果可以的话，再叠加少量杠杆资金，则公司 ROE 会非常优秀，能够为公司带来丰厚的盈利。

2. 高周转率型公司

该类型公司表现为总资产周转率高，净利润率相对较低，与高利润率型公司相反。一般涉及的行业有零售、家电、低端食品、低端制造、建筑施工等。

该类公司业务和产品的差异化程度不高，主要依靠规模效应。产品较低的净利润率说明难以通过产品的差异化来获取定价权，因此成本因素是主要的优势来源，而成本主要靠规模优势来降低。由于产品的同质化，其客户面往往也更宽，有利于形成规模优势。

较高的总资产周转率则依赖于公司建立高效的内部运营和管理机制，来弥补净利润率的不足。其中重资产公司由于高固定资产而导致固定成本极高，净利润率往往较低，需要依靠规模优势，降低平均成本，因此产能利用率至关重要。一旦销售量下降，会导致平均成本急剧上升，极易导致亏损。

这类公司需要重点关注以下内容。

① 是否能保持销售规模的长期增长和总资产周转率的高水准。需要观察：企业内部是否有独创的或领先的强大经营机制，或者创新的商业模式，或者高效卓越的运营水平。

② 是否有可持续的成本优势。由于较低的净利润率，成本优势非常重要。达到成本优势需要公司在运营链和产业布局上先人一步并精耕细作，抬升产业的盈亏平衡点，通过规模优势将竞争对手挤出市场。

3. 高杠杆型公司

该类型公司以负债为基础，高额的负债率是经营所必需的，也是 ROE 水平的决定因素。一般涉及的行业有银行、地产、保险、券商等。

该类型公司以小博大，公司运营的资源都是通过负债端借来的，利用借来的资源赚钱。

例如，银行需要吸引到大量的低利率存款，才能进行放贷，赚取息差。地产公司需要获得规模庞大的低息贷款，才能有足够的资金购买土地来建房子。保险公司需要获得大量的保费来进行投资获利。

这类公司的经营资源来源于负债，其负债规模相对于其利润非常庞大，这些负债通过公司经营变成了"关键风险资产"，贷款、土地、股票投资组合等，随着经营的波动，这些资产的估价也会变动。

这类公司需要重点关注以下内容：公司的风险管理能力，无论是银行的大规模贷款、地产公司高额的存货、还是保险公司庞大的投资组合，如果遇到行业波动，会导致资产估价的大幅波动，如银行不良资产飙升、地产价格大跌、股市大跌等。由于"关键风险资产"规模的庞大，估价的少量变动或贬值核销会严重影响利润，因此风险意识和风控能力是最为重要的生存原则。

这三类具有经营特性的公司都可以带来较高的 ROE，但是从上面的分析可以看出其 ROE 质量的优劣程度是不一样的，如果排序的话，则高利润率型公司优于高周转率型公司，高周转率型公司优于高杠杆型公司。

高利润率型公司往往具有优秀的商业模式，或者属于一本万利的生意，行业竞争一般比较小。一般来说对管理层的要求没有那么高，更接近于巴菲特所说的"傻瓜也能管理的企业"。

高周转率型公司，其产品通常没有高利润率，行业竞争较大，因此公司就会更加依赖于管理层的运营能力，在竞争充分的市场中提供更低成本的产品或者服务，薄利多销，通过快速的周转来增加利润。

高杠杆型公司属于最差的模式，高杠杆导致其商业模式非常脆弱，对确定性的要求更高。一旦出现危机，公司更容易猝死。例如，2008 年次贷危机中的雷曼、贝尔斯登、美林、AIG 等金融巨头，尽管拥有顶尖的管理团队，但是一次意外便万劫不复。投资该类型的公司，一定要选择行业中风险管理能力最强、最稳健的公司。

六、杜邦财务分析体系的局限性

从企业绩效评价的角度来看，杜邦财务分析体系只包括财务方面的信息，不能全面反映企业的实力，有很大的局限性，在实际运用中需要加以注意，必须结合企业的其他信息加以分析。

杜邦财务分析体系的局限性主要表现在以下几个方面。

1. 忽略了对现金流量的分析

杜邦财务分析体系所用的财务指标主要来自资产负债表和利润表，没有考虑现金流量表，而现金流量表是根据收付实现制编制的，可以减少数据人为控制的可能性，增强财务分析结果的可信度，据此可以对企业经营资产的效率和创造现金利润的真正能力做出评价。

2. 缺少对可持续发展能力的分析

杜邦财务分析体系只是从盈利能力、偿债能力及营运能力三个方面进行了分析，仅关注企业的静态财务状况与经营成果，对企业的发展能力不够重视。随着市场经济的发展和竞争加强，信息使用者会越来越注重企业发展的态势、潜能及成长性，尤其是从动态上去把握企业的发展过程和发展趋势。

杜邦财务分析体系不能反映上市公司的重要财务指标（如每股收益、每股净资产、股利支付率等），对短期财务结果过分重视，有可能助长公司管理层的短期行为，忽略企业长期的价值创造。

3. 没有关注非财务指标

杜邦财务分析体系通过财务指标反映企业过去的经营业绩，用来衡量工业时代的企业能够满足要求。但在目前的信息时代，顾客、供应商、雇员、技术创新等因素对企业经营业绩的影响越来越大，企业的无形资产对提高企业长期竞争力至关重要，而杜邦财务分析体系在这些方面是无能为力的。

4. 没有充分反映企业的风险

众所周知，财务杠杆是把双刃剑，它会增加净资产收益率，同时也蕴含着财务风险。在杜邦财务分析体系中，权益乘数反映了公司外部融资的杠杆程度，但它主要体现了利用财务杠杆好的一面，而对财务风险未有充分展现。

 专栏10-2

帕利普财务分析体系——杜邦财务分析体系的发展

随着经济与环境的发展、变化和人们对企业目标的进一步升华，人们对杜邦财务分析体系进行了变形和补充，最有代表性的是帕利普财务分析体系。美国哈佛大学教授帕利普在其《企业分析与评价》一书中，将财务分析体系中的常用财务比率分为四大类：偿债能力比率、盈利比率、资产管理效率比率、现金流量比率。帕利普财务分析的原理仍然是将某一个要分析的指标层层展开，这样便可探究财务指标发生变化的根本原因。

可持续增长率是指在不增发新股、不改变经营效率（不改变销售净利率和总资产周转率）和财务政策（不改变资本结构和股利支付率）的条件下，公司销售所能达到的最大增长率，它体现的是一种可持续的平衡发展。

可持续增长率的计算公式如下。

可持续增长率=净资产收益率×(1−股利支付率)

=销售净利率×总资产周转率×权益乘数×(1−股利支付率)

其中：股利支付率=支付现金股利/净利润

从上述公式可以看出，该体系通过引入股利支付率，将现金流引入杜邦财务分析体系，弥补了原体系缺乏对现金流量分析的缺陷，更好地反映了资产质量和企业的财务状况。可持续增长率受到销售净利率、总资产周转率、权益乘数和股利支付率四个指标的影响。在不发行新股的情况下，只要有一个或多个指标值上升，企业当年的可持续增长率就会高于前一年；反之，有一个或多个指标值下降时，企业当年的可持续增长率就会低于前一年。从长远来看，企业的价值增长状况将企业偿债能力、营运能力、盈利能力和发展能力联系起来，将各种财务指标统一起来，以评估企业的增长战略是否可持续。

第三节 综合评价法

综合评价法是20世纪初由美国银行家亚历山大·沃尔首先提出并使用的方法。综合评价法通过选择一系列能够反映企业各方面财务状况的财务比率，对这些财务比率打分得出综合得分，来评价企业综合财务情况。

一、沃尔评分法

1928年，亚历山大·沃尔在《信用晴雨表研究》和《财务报表比率》中提出了信用能力指数的概念，并给出了综合评价企业信用水平的方法。他选用了7个财务指标，分别给定各指标的比重，然后以行业平均数为基础确定标准比率，将实际比率与标准比率相比得出相对比率，将相对比率与各比率的比重相乘得出总评分，以此评价企业的信用状况，如表10-1所示。

表10-1 沃尔评分法评价表

财务比率	比重①	标准比率②	实际比率③	相对比率 ④=③÷②	评分 ⑤=①×④
流动比率	25	2	2.33	1.17	29.25
净资产/负债	25	1.5	0.88	0.59	14.75
资产/固定资产	15	2.5	3.33	1.33	19.95
销售成本/存货	10	8	12	1.50	15.00
销售额/应收账款	10	6	10	1.67	16.70
销售额/固定资产	10	4	2.66	0.67	6.70
销售额/净资产	5	3	1.63	0.54	2.70
合计	100				105.05

从表10-1可以看出，该公司的综合评分为105.05，总体财务状况比较好。

沃尔评分法将彼此孤立的财务指标进行组合，做出了较为系统的评价。因此，其对评价企业的财务状况具有一定的积极意义，在实践中被广泛应用。但是，这种评价方法本身具有一定的局限性。

1. 指标选择方面

沃尔评分法未能在理论上说明为什么要选择这7个指标。现代社会与沃尔所处的时代相比，已经发生很大的变化，沃尔最初提出的7项指标已经难以完全适用当前企业评价的需要。

2. 指标权重设置方面

沃尔评分法无法提供各个指标权重大小的依据，无法说明各个指标所占权重的合理性，因而导致各个指标权重的赋予具有较大的主观性和随意性。

3. 技术方面

从技术上讲，沃尔评分法存在一个问题，就是当某一个指标严重异常时，会对综合得分产生不合逻辑的重大影响。例如，当某一单项指标的实际值畸高时，会导致最后综合得分大幅度增加，掩盖情况不良的指标。因此，在实际运用时，可以设定各指标得分值的上限或下限，如按标准值的 1.5 倍定分数上限，0.5 倍定分数下限。

二、中央企业综合绩效评价体系

为规范中央企业综合绩效评价工作，综合反映中央企业资产运营质量，促进提高资本回报水平，正确引导中央企业经营行为，国务院国有资产监督管理委员会分别于 2006 年 4 月和 9 月出台了《中央企业综合绩效评价管理暂行办法》（国务院国有资产监督管理委员会令第 14 号）和《中央企业综合绩效评价实施细则》。此办法是一套完整的评价体系，对企业综合绩效评价的目标、评价内容、评价指标、评价方法、组织方式、评价结果运用等做出了具体规定。

（一）绩效评价指标的选择及权重

中央企业综合绩效评价指标由 22 个财务绩效定量评价指标和 8 个管理绩效定性评价指标组成。财务绩效定量评价指标权重确定为 70%，管理绩效定性评价指标权重确定为 30%。在实际评价过程中，财务绩效定量评价指标和管理绩效定性评价指标的权数均按百分制设定，分别计算分项指标的分值，然后按 7：3 折算。中央企业综合绩效评价指标及权重如表 10-2 所示。

表 10-2 中央企业综合绩效评价指标及权重表

评价内容与权数		财务绩效（70%）				管理绩效（30%）	
		基本指标	权数	修正指标	权数	评议指标	权数
盈利能力状况	34	净资产收益率	20	销售（营业）利润率	10		
		总资产报酬率	14	盈余现金保障倍数	9		
				成本费用利润率	8		
				资本收益率	7	战略管理	18
资产质量状况	22	总资产周转率	10	不良资产比率	9	发展创新	15
		应收账款周转率	12	流动资产周转率	7	经营决策	16
				资产现金回收率	6	风险控制	13
债务风险状况	22	资产负债率	12	速动比率	6	基础管理	14
		已获利息倍数	10	现金流动负债比率	6	人力资源	8
				带息负债比率	5	行业影响	8
				或有负债比率	5	社会贡献	8
经营增长状况	22	销售（营业）增长率	12	销售（营业）利润增长率	10		
		资本保值增值率	10	总资产增长率	7		
				技术投入比率	5		

（二）财务绩效定量评价指标

财务绩效定量评价指标由 8 个基本指标和 14 个修正指标构成，反映了企业的盈利能力、资产质量、债务风险和经营增长状况，综合评价财务报表所反映的经营绩效状况。在具体指标的设定上，考虑到中央企业的实际状况，国有资产监督管理委员会特意设定了一些不常见的特殊指标，如不良资产比率、带息负债比率等。

1. 财务绩效定量评价基本指标及其计算

① 净资产收益率，指企业运用投资者资本获得收益的能力。

$$净资产收益率 = \frac{归属于母公司所有者的净利润}{平均归属于母公司所有者权益} \times 100\%$$

其中：平均归属于母公司所有者权益=(年初归属于母公司所有者权益+年末归属于母公司所有者权益)÷2

② 总资产报酬率，用于衡量企业运用全部资产的获利能力。

$$总资产报酬率 = \frac{利润总额 + 利息支出}{平均资产总额} \times 100\%$$

其中：平均资产总额=(年初资产总额+年末资产总额)÷2

③ 总资产周转率，反映企业全部资产的经营质量和利用效率。

$$总资产周转率 = \frac{营业收入}{平均资产总额} \times 100\%$$

④ 应收账款周转率，是企业一定时期赊销收入净额与应收账款平均余额的比率。

$$应收账款周转率 = \frac{赊销收入净额}{应收账款平均余额} \times 100\%$$

其中：应收账款平均余额=(年初应收账款余额+年末应收账款余额)÷2
　　　应收账款余额=应收账款净额+应收账款坏账准备

⑤ 资产负债率，用于衡量企业负债水平与偿债能力的情况。

$$资产负债率 = \frac{负债总额}{资产总额} \times 100\%$$

⑥ 已获利息倍数，用于衡量企业的偿债能力。

$$已获利息倍数 = \frac{净利润 + 所得税 + 利息支出}{利息支出}$$

⑦ 销售（营业）增长率，反映企业销售（营业）收入增长情况。

$$销售（营业）增长率 = \frac{本年营业收入 - 上年营业收入}{上年营业收入} \times 100\%$$

⑧ 资本保值增值率，用于衡量企业所有者权益的保持和增长幅度。

$$资本保值增值率 = \frac{扣除客观增减因素的年末国有资本及权益}{年初国有资本及权益} \times 100\%$$

2. 财务绩效定量评价修正指标及其计算

① 销售（营业）利润率 $= \dfrac{\text{销售（营业）利润}}{\text{营业收入}} \times 100\%$

② 盈余现金保障倍数 $= \dfrac{\text{经营现金净流量}}{\text{净利润}} \times 100\%$

③ 成本费用利润率 $= \dfrac{\text{利润总额}}{\text{成本费用总额}} \times 100\%$

其中：成本费用总额=营业成本+税金及附加+营业费用+管理费用+财务费用

④ 资本收益率 $= \dfrac{\text{归属于母公司所有者的净利润}}{\text{平均资本}} \times 100\%$

其中：平均资本=[(年初实收资本+年初资本公积)+(年末实收资本+年末资本公积)]÷2

⑤ 不良资产比率 $= \dfrac{\text{资产减值准备余额+应提未提和应摊未摊的潜亏挂账+未处理资产损失}}{\text{资产总额+资产减值准备余额}} \times 100\%$

⑥ 流动资产增长率 $= \dfrac{\text{营业收入}}{\text{平均流动资产总额}} \times 100\%$

其中：平均流动资产总额=(年初流动资产总额+年末流动资产总额)÷2

⑦ 资产现金回收率 $= \dfrac{\text{经营现金净流量}}{\text{平均资产总额}} \times 100\%$

⑧ 速动比率 $= \dfrac{\text{速动资产}}{\text{流动负债}} \times 100\%$

其中：速动资产=流动资产−存货

⑨ 现金流量负债比率 $= \dfrac{\text{经营现金净流量}}{\text{流动负债}} \times 100\%$

⑩ 带息负债比率 $= \dfrac{\text{带息负债}}{\text{流动负债}} \times 100\%$

其中：带息负债=短期借款+一年内到期的非流动负债+交易性金融负债+其他带息流动负债+长期借款+应付债券+其他带息非流动负债

⑪ 或有负债比率 $= \dfrac{\text{或有负债余额}}{\text{所有者权益}} \times 100\%$

其中：或有负债余额=已贴现承兑汇票+担保余额+贴现与担保外的被诉事项金额+其他或有负债

⑫ 销售（营业）利润增长率 $= \dfrac{\text{本年销售（营业）利润−上年销售（营业）利润}}{\text{上年销售（营业）利润}} \times 100\%$

⑬ 总资产增长率 $= \dfrac{\text{年末资产总额−年初资产总额}}{\text{年初资产总额}} \times 100\%$

⑭ 技术投入比率 $= \dfrac{\text{本年科技支出合计}}{\text{营业收入}} \times 100\%$

3. 财务绩效定量评价指标的标准系数和标准值

各项基本指标的参照水平即标准值由财政部根据企业类型和指标分类情况颁布，分为优秀（A）、良好（B）、平均（C）、较低（D）、较差（E）五个档次，对应五档评价标准的标准系数分别为 1.0、0.8、0.6、0.4、0.2，较差（E）以下为 0。不同行业、不同规模的企业有不同的标准值。

4. 财务绩效定量评价指标得分计算

（1）财务绩效定量评价基本指标得分计算

财务绩效定量评价基本指标计分是按照功效系数法计分原理，将评价指标实际值对照行业评价标准值，按照规定的计分公式计算各项基本指标得分。计算公式为：

$$基本指标总得分 = \sum 单项基本指标得分$$

$$单项基本指标得分 = 本档基础分 + 调整分$$

$$本档基础分 = 指标权数 \times 本档标准系数$$

$$调整分 = 功效系数 \times (上档基础分 - 本档基础分)$$

$$上档基础分 = 指标权数 \times 上档标准系数$$

$$功效系数 = \frac{实际值 - 本档标准值}{上档标准值 - 本档标准值}$$

本档标准值是指上下两档标准值居于较低等级一档。

（2）财务绩效定量评价修正指标得分计算

财务绩效定量评价修正指标的计分是在基本指标计分结果的基础上，运用功效系数法原理，分别计算盈利能力、资产质量、债务风险和经营增长四个部分的综合修正系数，再据此计算出修正后的分数。计算公式为：

修正后总得分 = Σ 各部分修正后得分

各部分修正后得分 = 各部分基本指标分数 × 该部分综合修正系数

$$某部分综合修正系数 = \sum 该部分各修正指标加权修正系数$$

$$某指标加权修正系数 = \frac{修正指标权数}{该部分权数} \times 该指标单项修正系数$$

某指标单项修正系数 = 1.0 + (本档标准系数 + 功效系数 × 0.2 - 该部分基本指标分析系数)，单项修正系数控制修正幅度为 0.7～1.3。

$$某部分基本指标分析系数 = \frac{该部分基本指标得分}{该部分权数}$$

（三）管理绩效定性评价指标

1. 管理绩效定性评价指标内容

企业管理绩效定性评价指标包括战略管理、发展创新、经营决策、风险控制、基础管理、人力资源、行业影响、社会贡献等 8 个方面的指标，主要反映企业在一定经营期间所采取的各项管理措施及其管理成效。

管理绩效定性评价指标的计分一般通过专家评议打分形式完成，聘请的专家应不少于 7 名。评议专家应当在充分了解企业管理绩效状况的基础上，对照评价参考标准，采取综合分析判断法，对企业管理绩效定性评价指标做出分析评议，评判各项指标所处的水平档次，并直接给出评价分数。

管理绩效定性评价标准分为优（A）、良（B）、中（C）、低（D）、差（E）五个档次，对应五档评价标准的标准系数分别为 1.0、0.8、0.6、0.4、0.2，差（E）以下为 0。标准系数是评价标准的水平参数，反映了评价指标对应评价标准所达到的水平档次。

2. 管理绩效定性评价指标得分计算

$$管理绩效定性评价指标分数 = \sum 单项指标分数$$

$$单项指标分数 = \frac{\sum 每位专家给定的单项指标分数}{专家人数}$$

（四）企业综合绩效评价得分

企业综合绩效评价分数=财务绩效定量评价分数×70%+管理绩效定性评价分数×30%

企业综合绩效评价结果以 85、70、50、40 分作为类型判断的分数线。企业综合绩效评价类型与评价级别如表 10-3 所示。

表 10-3　企业综合绩效评价类型与评价级别一览表

评价类型	评价级别	评价得分
优（A）	A++	A++≥95 分
	A+	90 分≤A+＜95 分
	A	85 分≤A＜90 分
良（B）	B+	80 分≤B+＜85 分
	B	75 分≤B＜80 分
	B−	70 分≤B−＜75 分
中（C）	C	60 分≤C＜70 分
	C−	50 分≤C−＜60 分
低（D）	D	40 分≤D＜50 分
差（E）	E	E＜40 分

在得出评价分数以后，应当计算年度之间的绩效改进度，以反映企业年度之间经营绩效的变化状况。计算公式为：

$$绩效改进度 = \frac{本期绩效评价分数}{基期绩效评价分数}$$

绩效改进度大于 1，说明经营绩效上升；绩效改进度小于 1，说明经营绩效下滑。

中央企业综合绩效评价体系具有综合评判、分析诊断和行为引导三大功能，充分体现了全面性、综合性与客观公正性的特点。这一评价体系从多角度综合评价，全面反映中央企业的经营管理水平，可以为出资人财务监督、经营者管理以及企业经营管理等方面提供决策支持。

第四节　雷达图分析法

一、雷达图分析法的概念

雷达图分析法又称综合财务比率分析图法，是一种财务状况综合评价方法。它适用于多维度地对企业进行全局性、整体性评价，可以将企业的财务与经营能力用一张二维平面图清

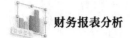

晰地表示出来，综合分析和评价企业经营状况。

雷达图分析法源于日本企业界，是对企业经营情况进行系统分析的一种有效方法。这种方法是从企业的收益性、安全性、流动性、成长性等四个方面分析企业的经营情况，并将这四个方面的有关数据用比率表示出来，填写到一张能表示各自比率关系的等比例图形上，再用彩笔连接各自比率的结点后，非常像雷达的形状，因此而得名。

雷达图分析法直观、形象、易于操作，雷达图能够清晰地描绘企业相对于同行业的优势和劣势，揭示了企业的竞争地位。

二、雷达图指标体系

雷达图指标体系有许多不同的表述，从投资的角度分析，一般包括收益性、安全性、流动性和成长性四个方面。

1. 收益性

分析收益性指标，目的在于观察企业一定时期的获利能力。反映收益性的主要财务指标有毛利率、总资产报酬率、净资产收益率等。

2. 安全性

分析安全性指标，目的在于观察企业在一定时期内偿债能力。反映安全性的主要财务指标有流动比率、速动比率、资产负债率、利息保障倍数等。

3. 流动性

分析流动性指标，目的在于观察企业在一定时期内资金周转状况，掌握企业资金的运用效率。反映流动性的主要财务指标有总资产周转率、流动资产周转率、应收账款周转率、存货周转率等。

4. 成长性

分析成长性指标，目的在于观察企业在一定时期内经营能力的发展变化趋势，一个企业虽然收益性高，但成长性不好，也就表明其未来盈利能力下降。因此，以发展的眼光看企业，动态地分析企业财务资料，对投资决策特别重要。反映成长性的主要财务指标有营业收入增长率、经营利润增长率、净利润增长率等。

三、雷达图绘制步骤

（一）手工绘制雷达图的步骤

① 画出三个同心圆，最小的圆圈代表同行业平均水平的 1/2 值或最低水平，中间的圆圈代表同行业平均水平，又称标准线，最大的圆圈代表同行业水平或平均水平的 3 倍。

② 把这三个圆圈分成四个扇形区，分别代表收益性、安全性、流动性和成长性指标区域。

③ 从四个扇形区的圆心开始以放射线的形式分别画出相应的财务指标线，并标明指标名称及标度。财务指标线的比例尺及同心圆的大小由该经营比率的量纲与同行业的平均水平来决定。

④ 把企业同期的相应指标值用点标在图上，以线段依次连接相邻点，形成的多边形折

线闭环就代表了公司的现实财务状况。

（二）运用 Excel 绘制雷达图的步骤

① 通过 Excel 表格填制财务指标汇总表。财务指标汇总表第一列填写财务分析需要考虑的方面，第二列填写选用指标，第三列填写公司实际值。第四列填写行业平均水平，第六列填写内圆，数值为 0.5，第七列填写标准值，数值为 1，第八列填写外圆，数值为 3。

② 计算公司对比值。公司对比值=公司实际值/行业中位数。将公司对比值列入财务指标汇总表的第五列。

③ 生成雷达图。选中财务指标汇总表中的相关数据，在 Excel 工具栏中，单击"插入"，再单击"图表"旁的向下拉按钮。在弹出窗口选择"所有图表"。点击"雷达图"，选择"带数据标记的雷达图"，再单击"确定"，Excel 表格自动生成默认的雷达图。生成完雷达图后其默认的设置观赏性较差，需要进一步进行美化。后面的步骤均属于美化雷达图的措施。

④ 删除图表标题。由于图形下面一般有图形名称，为避免重复，图表中的标题应该删除。

⑤ 添加雷达图中指标射线。右键单击雷达图中的网格线，弹出快捷菜单，选择其中的"设置坐标轴格式"选项，在"刻度线"标签下，类型设置为"外部"，射线就出现了。

⑥ 去除雷达图中多余网格线，提高图的清晰度。右键单击绘图区中雷达图，弹出快捷菜单，选择其中的"设置网格线格式"选项，在"线条"标签下，选择"无线条"，便可完全去掉多余的网格线。

⑦ 更改坐标轴的刻度值。令光标锁定雷达图中的"数值轴"，右键单击弹出快捷菜单，选择其中的"设置坐标轴格式"选项，在"坐标轴选项"标签下，修改雷达图的数值（Y）轴的刻度，实例中数值（Y）轴的刻度的最小值为 0，最大值为 3，主要刻度为 0.5。另外，在其他标签下可修改坐标轴中刻度的字体颜色等。

⑧ 修改雷达图折线。选中雷达图中要修改的系列，右键单击弹出快捷菜单，选择"设置数据系列格式"选项，在"设置数据点格式"对话框的"颜色"标签下，选择不同的颜色。

⑨ 进一步美化雷达图。为了得到一个比较美观、易看懂的雷达图，可以将雷达图复制到 Windows 自带的画图工具下，对雷达图不同的几个区域进行填充各种对比度比较鲜明的颜色，选择"用颜色填充"按钮对不同的区域着色；选择"矩形"按钮对不同区域的指标着色；选择"文字"按钮在图的旁边空白区域拖拽鼠标得到一个矩形框，单击右键选择"文字工具栏"对文字进行编辑，键入不同区域的名称，如"流动性"等；用"选定"按钮对刚才的文字进行切割并分别拖拽到相应的区域内。

四、雷达图分析方法

① 企业的对比值超过了中圆或标准线，甚至接近外圆，说明该指标处于理想状态，则表明企业经营的优势所在，予以巩固和发扬。当然，不是所有指标都处于标准线外侧就是最好，还是要具体问题具体分析。

② 企业的对比值处于标准线以内，说明该指标低于同行业水平，应认真分析原因，提出改进方向。

③ 企业的对比值接近内圆或处于其内，则说明企业经营处于非常危险的境地，急需推出改革措施以扭转局面。

五、雷达图分析注意事项

① 财务指标的标准化处理。在绘制雷达图时，发现有的指标数值很大，有的指标数值很小，如果直接用公司实际值绘制雷达图，图形很难看。为了避免这种情况，按照公司实际值与行业中位数计算的公司对比值来绘制雷达图，以行业中位数为基准，只要观察公司对比值在雷达图中的数值分布，偏离 1 程度的大小，便可直观地对公司进行综合分析。

② 正向型、负向型指标的处理。正向型指标，指标值越大越好；负向型指标，指标值越小越好。在绘制雷达图时，一般认为越靠近外圆越好，为了达到这个目的，可以将负向型指标转变为正向型指标。例如，资产负债率是负向型指标，但是资产负债率的倒数就是正向型指标。

③ 坐标轴刻度的选择要适当。雷达图的目的是能直观地了解每个指标的相对优劣。如果刻度值过大或过小，图形的整体表现效果难以直观和美观。

④ 应用范围受到限制。雷达图仅适用于一个企业的多个方面和另一个参照对象的相应方面进行比较分析，而不适用于多个企业多个指标进行比较分析。若想用图形直观地表示多个企业多个指标进行比较分析，可用柱状图表示。

案例 10-1

E 公司雷达图分析

E 公司依据财务报表计算相关财务比率，具体数值如表 10-4 所示。根据财务指标汇总表绘制雷达图，如图 10-2 所示。

表 10-4　2015 年 E 公司财务指标汇总表

类别	财务指标	公司实际值	行业中位数	公司对比值	内圆	标准值	外圆
收益性	毛利率/%	46.59	42.62	1.09	0.5	1	3
	净利率/%	13.79	12.89	1.07	0.5	1	3
	加权净资产收益率/%	19.66	13.05	1.51	0.5	1	3
安全性	流动比率	2.54	1.5	1.69	0.5	1	3
	速动比率	2.24	1	2.24	0.5	1	3
	资产负债率/%	23.26	36	1.55	0.5	1	3
流动性	应收账款周转率/(次/年)	17.96	15	1.2	0.5	1	3
	存货周转率/(次/年)	10.71	8	1.34	0.5	1	3
	总资产周转率/(次/年)	1.09	0.5	2.18	0.5	1	3
成长性	营业收入增长率/%	31.79	10.79	2.95	0.5	1	3
	归母净利润增长率/%	38.44	16.48	2.33	0.5	1	3

注：资产负债率是负向型指标，在计算公司对比值时采用行业中位数/公司实际值。

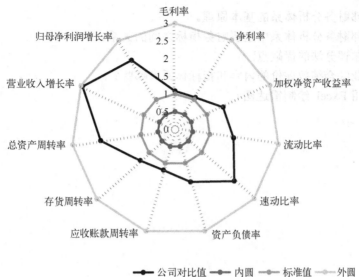

图 10-2 　E 公司雷达图

从图 10-2 可以看出，E 公司各项指标均优于行业标准值，成长性和安全性表现更加突出。

本章小结

财务综合分析就是将偿债能力、盈利能力、营运能力和发展能力等诸方面的分析纳入一个有机的整体之中，全面地对企业经营状况、财务状况进行分析，从而对企业经济效益做出正确的评价与判断。财务综合分析的方法有多种，最常用的有杜邦财务分析体系、综合评价法和雷达图分析法。

杜邦财务分析体系是利用各主要财务比例指标间的内在联系，对企业财务状况及经济效益进行综合分析评价的方法。杜邦财务分析体系是以净资产收益率为核心，从销售净利率、总资产周转率和权益乘数三个方面分析影响净资产收益率变动的原因。从公司利润的来源看，可以将公司的经营特性分为三类：高利润率型、高周转率型、高杠杆型。

综合评价法是通过选择一系列能够反映企业各方面财务状况的财务比率，对这些财务比率打分得出综合得分，来评价企业综合财务情况的一种方法。沃尔评分法是最早使用的综合评价法，它将彼此孤立的财务指标进行了组合，做出了较为系统的评价，目前在实践中仍被广泛应用。中央企业综合绩效评价体系克服了传统的综合评价法的缺点，引进非财务指标，从财务绩效和管理绩效两方面评价中央企业综合绩效。

雷达图分析法是对企业经营情况进行系统分析的一种有效方法。这种方法是从企业的收益性、安全性、流动性、成长性等四个方面分析企业的经营情况，雷达图分析法直观、形象、易于操作，雷达图能够清晰地描绘企业相对于同行业的优势和劣势，揭示了企业的竞争地位。

复习思考题

1. 试述财务综合分析有哪些方法？

2. 简述杜邦财务分析体系的基本原理。
3. 简述杜邦财务分析体系中主要财务指标之间的关系。
4. 简述沃尔评分法的优缺点。
5. 中央企业综合绩效评价的内容和指标体系有哪些？
6. 如何运用 Excel 绘制雷达图？

第十一章
企业价值评估

【学习目标】
1. 掌握现金流量折现法
2. 掌握市盈率估值法
3. 熟悉企业价值评估模型的分类
4. 熟悉会计价值、现时市场价值与公平市场价值的概念
5. 了解企业价值评估的目的

第一节 企业价值评估概述

一、企业价值评估的概念

企业价值评估又称企业估值,是投资者和管理者为改善决策,对企业的公平市场价值进行分析和衡量,并提供相关信息的一种经济评估方法。

首先,企业价值评估是一种经济评估方法。虽然它依靠许多定量分析模型计算企业价值,具有一定的科学性和客观性,但在进行评估时,由于认识能力和成本的限制,人们不可能获得完全的信息,总要对未来做出某些假设,使得评估的过程带有主观估计的成分,其结论必然存在一定的误差,不可能绝对正确。

其次,企业价值评估提供的是有关"公平市场价值"的信息。企业价值评估不否认市场的有效性,但是也不承认市场的完善性。企业价值评估认为市场只在一定的程度上有效,即并非完全有效。在完善的市场中,市场价值和内在价值相等,企业价值评估没有什么实际意义。在这种情况下,企业无法为股东创造价值。股东价值的增加,只能利用市场的不完善才能实现。企业价值评估正是利用市场的缺陷寻找被低估的资产。当评估价值与市场价格相差悬殊时,必须十分慎重,评估人必须令人信服地说明评估价值比市场价格更好的原因。

最后,企业价值提供的信息不仅仅是企业价值的一个数字,还包括评估过程中产生的大量信息。例如，企业价值的驱动因素，资本成本对企业价值的影响等。即使企业价值的最终评估值不是很准确，这些中间信息也是很有意义的。因此，不要过分关注最终结果而忽视评估过程产生的其他信息。另外，由于企业状况和市场状况的不断变化，企业价值也在发生变化，因此，企业价值评估的结论具有很强的时效性。

二、企业价值评估的目的

企业价值评估的目的是帮助投资人和管理当局改善决策。企业价值评估的基本原理和股票债券估价、投资项目价值评估是一致的，并且与企业的筹资决策、营运资本管理密切相关。它的主要目的表现在以下三个方面。

1. 企业价值评估可以用于投资分析

对于公司投资者，尤其是那些价值型投资者和长期战略投资者，企业价值评估在他们的投资决策中起到了关键性的作用。价值型投资者认为，公司价值可以通过财务指标（如成长预期、风险预测和现金流量预测）反映出来，任何偏离公司内在价值的股票价格都是低估或高估的表现，而那些被低估的股票正是他们投资的重点。长期战略投资者则通过对公司的管理施加影响，从而改变公司财务和投资决策，通过企业价值评估，规避公司存在的较大风险，从而理性地做出投资决策。

2. 企业价值评估可以用于战略分析

战略是指一整套的决策和行动方式。战略管理是指涉及企业目标和方向、带有长期性、关系企业全局的重大决策和管理。战略分析是战略管理的第一步，它通过使用定价模型清晰地说明经营设想和发现这些设想可能创造的价值来评价企业目前和今后增加股东财富的关键因素是什么。例如，在产权交易中，在收购活动开始前，并购公司或个人首先要评估目标公司的合理价位。同样，在接受或者放弃某个标价之前，目标公司也要对自己有一个合理的定价，同样也需要进行价值评估。

3. 企业价值评估可以用于以价值为基础的管理

以开发企业潜在价值为主要目的的价值管理正在成为当代企业管理的新潮流。企业价值管理强调对企业整体获利能力的分析和评估，通过制定和实施合适的发展战略及行动计划以保证企业的经营决策有利于增加企业股东的财富价值。通过对企业价值的分析和评估，有助于管理人员发现企业价值的真正驱动因素，从而做出正确的分配企业资源的投资决策，以实现企业价值的不断增值。

三、企业价值评估的对象

企业价值评估的首要问题是明确要评估什么，也就是评估的对象是什么，价值评估的一般对象是企业整体的经济价值。企业的整体经济价值是指企业作为一个整体的公平市场价值。

（一）企业的整体价值

企业价值是指企业的整体价值。企业整体价值观念主要体现在以下四个方面。

1. 整体不是各部分的简单相加

企业作为整体虽然是由部分组成的，但是它不是各部分的简单相加，而是有机的结合。

这种有机的结合使得企业总体具有它各部分所没有的整体性功能，所以整体价值不同于各部分的价值。就如人的价值不同于器官的价值。企业的整体性功能表现为它可以通过特定的生产经营活动为股东增加财富，这是任何单项资产所不具有的。企业是有组织的资源，资源的结合方式不同，就可以产生不同效率的企业。

2．整体价值来源于要素的结合方式

企业的整体价值来源于各个部分之间的联系。只有整体内各部分之间建立有机联系时，才能使企业成为一个有机整体。各部分的有机联系是企业形成整体的关键。厂房、机器和人简单加在一起不能成为企业，关键是按一定的要求将他们有机地结合起来。因此，企业资源的重组即改变各要素之间的结合方式，可以改变企业的功能和效率。

3．部分只有在整体中才能体现出其价值

企业是整体和部分的统一。部分依赖于整体，整体支配部分。部分只有在整体中才能体现出它的价值，一旦离开整体，这个部分就失去了作为整体中一部分的意义。

4．整体价值只有在运行中才能体现出来

企业的整体功能只有在运行中才能得以体现。如果企业停止运营，整体功能随之丧失，不再具有整体价值，此时企业的价值只能是企业财产（如机器、存货和厂房）的变现价值，即清算价值。

（二）企业的经济价值

经济价值是指一项资产的公平市场价值，通常用该资产所产生的未来现金流量的现值来计量。在此，要特别注意区分会计价值与市场价值，现时市场价值与公平市场价值。

1．会计价值与市场价值

会计价值是指资产、负债和所有者权益的账面价值。会计价值与市场价值是两码事。会计价值与市场价值相比，它的缺点是没有关注未来。会计报表很少考虑现有资产可能产生的未来收益，而且把许多影响未来收益的资产和负债项目从报表中排除。市场价值是未来现金流量现值。从交易属性看，未来售价计价属于产出计价类型；从时间属性看，未来售价属于未来价格。它也被经常称为资本化价值，即一项资产未来现金流量的现值。经济学家认为，未来现金流量的现值是一项最基本的属性，是资产的经济价值。只有未来售价符合企业价值评估的目的。因此，企业价值评估的"价值"是指未来现金流量现值。

例如：D 公司 2021 年年末资产负债表中显示，股东权益的账面价值为 1 895 亿元，总股份数为 12.56 亿股，年末总市值为 24 580 亿元，与股权的会计价值相差悬殊。

2．现时市场价值与公平市场价值

企业价值评估的目的是确定一个企业的公平市场价值。所谓公平市场价值，是指在公平交易中，熟悉情况的双方自愿进行交换或债务清偿的金额。现时市场价值是按现行市场价格计量的资产价值，它可能是公平的，也可能是不公平的。

（三）企业整体经济价值的分类

我们已经明确了企业价值评估的对象是企业的整体经济价值，但这仍然不够，还需要进一步明确是哪一种整体价值。企业的整体经济价值可以分为实体价值和股权价值、持续经营价值和清算价值。

1. 实体价值和股权价值

在企业购并活动中，买方大多数都是以购买被购并方股份的形式进行的，评估的焦点在于卖方的股权价值。但是，买方的实际收购成本等于股权成本加上所承担的债务。例如，A企业以 8 亿元的价格买下了 B 企业的全部股份，并承担了 B 企业原有的 2 亿元债务，收购的经济成本是 10 亿元，即 A 企业用 10 亿元购买了 B 企业的全部资产。那么 B 企业的股权价值是 8 亿元，实体价值是 10 亿元。从中可以看出，企业全部资产的总体价值，即为"企业实体价值"。企业实体价值是股权价值与净债务价值之和。这里的股权价值和净债务价值是两者的公平市场价值，而不是所有者权益和净债务的会计价值（账面价值）。

2. 持续经营价值和清算价值

企业能够给所有者提供价值的方式有两种，一种是持续经营价值，另一种是清算价值。持续经营价值是指在持续经营条件下公司的价值，它假设现有资产将被用于产生未来现金流量并且不会出售；清算价值是指企业停止经营，出售资产产生的现金流量。评估企业价值，必须首先明确拟评估的企业是一个持续经营的企业还是一个准备清算的企业，评估的价值是其持续经营价值还是其清算价值。一般情况下，评估的是企业的持续经营价值。

四、企业价值评估的程序

从理论上讲，企业价值评估没有固定的模式，而应该根据企业的经营状况、资产构成，采用不同的评估方法进行操作。但在实际评估过程中，一般遵守以下程序，如图 11-1 所示。

图 11-1　企业价值评估的程序

1. 了解评估对象背景

① 宏观经济前景分析：包括政治法律环境、经济环境等。

② 行业发展状况和前景：包括企业所在行业的生命周期、竞争状况等。

③ 企业的市场竞争力分析：包括企业的资源、与竞争对手相比的优势、企业预期的价值驱动因素等。

2. 进行企业价值评估

① 会计分析和财务分析：即收集信息的过程。不仅要收集财务报表的信息，还要收集报表之外的信息，如消费者变化、技术的变化等。

② 评估模型的选择：依据评估假定和各种分析结果，选择恰当的评估模型。

③ 企业收益预测与折现率的确定：包括利用适当的方法预测未来若干年的损益以及估计时间价值和风险价值。

3. 进行投资决策

对于价值型投资者来说，通过比较市值和估值决定是否进行交易；对于长期战略投资者来说则决定是否进行投资，如收购。

五、企业价值评估的方法

一般来说，估价有两种方法。第一种是现金流量折现法，即将企业的现值与企业未来可能创造的现金流的现值相联系，主要有股利现金流量模型、股权现金流量模型和实体现金流量模型；第二种是相对价值估价法，即通过观察与通用变量（如净资产、净利或销售额）相关的可比资产的定价来对资产进行估价，如市净率模型、市盈率模型和托宾 Q 值模型等。由于各个模型对基本信息做出的假设不一样，因此使用不同的方法会得出不同的估计值。以下介绍常用的现金流量折现法和相对价值估价法。

第二节　现金流量折现法

现金流量折现法以现金流量预测为基础，充分考虑了目标企业未来创造现金流量的能力对其价值的影响，是一种理论性较强的方法。它的基本思想是增量现金流量原则和时间价值原则，也就是任何资产的价值是其产生的未来现金流量按照含有风险的折现率计算的现值。在崇尚"现金为王"的现代理财环境中，现金流量折现法是企业价值评估中使用最广泛、理论上最健全的估值方法。

一、现金流量折现法的基本原理

现金流量折现法是通过评估企业投资或资产的收益（即净现金流量）从而评估企业价值的一种方法。其基本原理是，一项资产的价值应等于该资产在未来所产生的全部现金流的现值总和。用公式表示为：

$$企业价值 = \sum_{t=1}^{n} \frac{现金流量_t}{(1+资本成本)^t}$$

该模型有三个参数：现金流量、资本成本和时间序列（n）。

其中："现金流量"是指各期的预期现金流量。对于投资者来说，企业现金流量有三种：股利现金流量、股权现金流量和实体现金流量。根据现金流量的不同，企业估价模型可以分为股利现金流量模型、股权现金流量模型和实体现金流量模型三种。

模型中的"资本成本"是计算现值使用的折现率。折现率是指将未来预期收益折算成现值的比率，它是现金流量风险的函数，风险越大则折现率越大。因此，折现率和现金流量要互相匹配。股权现金流量只能用股权资本成本来折现，实体现金流量只能用企业的加权平均资本来折现。

二、股利现金流量模型

由上节可知，在对股权资本进行评估时，应对股权现金流不同的界定有不同的模型。如果以股票的股利作为股权资本唯一的现金流，就是股利现金流量模型。它是一个用于计算每股内在价值的模型。该模型假设未来的股利增长模式是可预计的，而且事先确定了折现率。

对于股票持有者来说，股票的未来现金流决定了其手中股票的价值，其未来现金流包括预期每期支付的股利及持有期期末出售股票时的价格。用公式表示为：

$$P_0=\sum_{t=1}^{n}\frac{D_t}{(1+r)^t}+\frac{P_n}{(1+r)^n}$$

式中：P_0——股票当前价格；D_t——t期支付的股利；r——股权资本成本；n——详细预测期期数；P_n——持有期末股票卖出的价格。

实际上无法对无限期的股利做出预测，即使是有期限的，也不能对未来每一年的股利做出准确的预测。由于公司的价值是未来股利的折现值，影响股票价值的唯一现金流是股利，因此基于不同的股利特点，该模型可以简化。其主要有股利不增长、固定增长、阶段性增长三种情况。该模型以股权资本成本折现，股权资本成本的估计方法有多种，其中应用最广泛的是资本资产定价模型。

使用股利现金流量模型对企业价值进行估价的方法与股票价值评估的方法类似。考虑到由于股利分配政策有较大变动，股利现金流量很难预计。所以，股利现金流量模型在实务中很少被使用。如果假设企业不保留多余的现金，而将股权现金全部作为股利发放，则股权现金流量等于股利现金流量，股权现金流量模型可以取代股利现金流量模型，避免了对股利政策进行估计的麻烦。因此，大多数企业估价使用股权现金流量模型或实体现金流量模型。

三、股权现金流量模型

如果将股利作为股东获得的唯一现金流，就是上面所讲的股利折现模型。但是，在实务中股利只是股权现金流的一种特殊情况。由特殊到一般，下面将现金流的含义拓宽，考虑更一般的股权现金流的情况。

股权现金流量（Free Cash Flow of Equity，FCFE）是一定期间企业可以提供给股权投资人的现金流量，它等于企业实体现金流量扣除对债权人支付后剩余的部分，也可以称为"股权自由现金流量"。股权现金流量也就是企业支付所有营运费用、再投资支出、所得税和净债务支付（利息、本金支付减去发行新债务的净额）后可分配给企业股东的剩余现金流量。计算公式如下：

股权现金流量=税后经营利润+折旧与摊销-经营营运资本增加-
资本支出-税后利息费用+债务净增加

股权现金流量模型的基本形式是：

$$股权价值=\sum_{t=1}^{\infty}\frac{股权现金流量_t}{(1+股权资本成本)^t}$$

股权现金流量=实体现金流量-债务现金流量

由上述公式可知，股权现金流量有多少可以作为股利分配给股东，取决于企业的筹资和股利分配政策。

根据现金流量的分布特征，股权现金流量模型可以分为两种类型：永续增长模型和阶段性增长模型。

（一）永续增长模型

永续增长模型假设企业未来长期稳定、可持续地增长。在永续增长的情况下，企业价值是下期现金流量的函数。

永续增长模型的一般表达式如下。

$$V_0 = \frac{FCFE_1}{k-g}$$

式中：V_0——公司当前的股权资本价值；$FCFE_1$——预期下一年的 FCFE；k——公司的股权资本成本（亦是投资者的要求收益率）；g——FCFE 的稳定增长率。

永续增长模型的使用条件是，企业必须处于永续状态。所谓永续状态，是指企业有永续的增长率和投资资本回报率。使用永续增长模型，企业价值对增长率的估计值很敏感，当增长率接近折现率时，股票价值趋于无限大。

例题 11-1 乙公司 2013 年每股收益 3.6 元，每股股利 2.02 元。当时公司的折旧为 3.25 亿元，净资本支出为 4.5 亿元（公司有 1.8 亿股股票流通在外，每股市场价格为 48 元），资本支出与折旧的比率在长期内不会发生变化；营运资本追加值为 0.54 亿元；该公司的债务为 17.5 亿元。而且公司计划在今后的投资项目融资中保持负债比率不变；公司处于稳定增长阶段，年增长率为 6.5%；其股票的 β 值为 1.05，当时国债利率为 4.25%（风险溢价率取 7.5%）。

① 使用股利现金流量模型对该公司每股股票价值进行估价。
② 使用股权现金流量模型对该公司每股股票价值进行估价。
③ 对两种模型所得结果的差异做出合理解释；在与公司股票的市场价格进行对比时，应选用哪一种方法计算的结果作为标准？

根据题意可知：

每股收益=3.6（元）
每股股利=2.02（元）
每股折旧=3.25÷1.8=1.81（元）
每股净资本支出=4.5÷1.8=2.5（元）
每股营运资本追加值=0.54÷1.8=0.3（元）
负债比率=负债÷资产=17.5÷(17.5+1.8×48)=16.84%
每股债务净增加=(2.5-1.81+0.3)×16.84%=0.17（元）

① 采用股利现金流量模型评估。

$$k = r_f + \beta(r_m - r_f) = 长期国债利率 + \beta \times 风险溢价率$$

$$= 4.25\% + 1.05 \times 7.5\% = 12.13\%$$

$$每股价值 = \frac{年初每股股利 \times (1+增长率)}{股权资本成本 - 增长率}$$

$$= \frac{2.02 \times (1+6.5\%)}{12.13\% - 6.5\%} = 38.21（元）$$

② 采用股权现金流量模型评估。

每股股权现金流量=每股收益+每股折旧-每股净资本支出-每股营运资本追加值+每股债务净增加=3.6+1.81-2.5-0.3+0.17=2.78（元）

$$每股价值 = \frac{年初每股股权现金流量 \times (1+增长率)}{股权资本成本 - 增长率}$$

$$= \frac{2.78 \times (1+6.5\%)}{12.13\% - 6.5\%} = 52.59（元）$$

③ 由于公司的股权现金流量比公司支付的股利大得多,因此用股权现金流量模型计算出的公司价值要比用股利现金流量模型得出的价值大,多出的那一部分价值是公司留存利润的那一部分价值的反映。因此,在这种情况下,股权现金流量模型更加真实地反映了公司的价值,也更接近市场价值。

一般来说,用股权现金流量模型评估的价值会超过股利现金流量模型评估的价值。使用股权现金流量模型评估的价值与使用股利现金流量模型评估的价值之间的差异可被看作是操纵公司价值的一个因素——它可以用来衡量操纵股利政策的价值。在恶意收购中,投标方能够控制公司并改变股利政策,从而获得较高的股权现金流量价值。

至于两种价值中哪一个更适合被用于评估市场价格这个问题,其答案取决于市场上公司控股权变动的概率。如果一家公司被收购或其管理层变动的可能性很大,市场价格就会反映出这种可能性,那么使用股权现金流量模型所得到的价值就更准确。如果公司的控制权很难发生变动,那么通过股利现金流量模型所得到的结果是判断公司股票价格是否合理的更好标准。

(二) 阶段性增长模型

企业的寿命是不确定的,通常采用持续经营假设,即假设企业将无限期地持续下去。而预期无限期的现金流量数据是很困难的,时间越长,远期的预测越不可靠。为了避免预测无限期的现金流量,大部分估价将预测的时间分为两个阶段。第一阶段是有限的、明确的预测期,称为详细预测期,简称预测期,在此期间需要对每年的现金流量进行详细预测,并根据现金流量模型计算其预测期价值;第二阶段是预测期以后的无限时期,称为后续期或永续期,在此期间假设企业进入稳定状态,有一个稳定的增长率,可以用简便方法直接估计后续期价值,后续期价值也被称为永续价值或残值。除了将现金流分成两个时期的两阶段增长模型,还有三阶段增长模型等,其原理与两阶段增长模型相似。

在阶段性增长模型中,主要讨论两阶段增长模型,即预计公司股权自由现金流会在前一时期快速增长,然后再进入稳定增长阶段。因此,公司股权价值是超常增长阶段每期的自由现金流量的现值和超常增长阶段结束时期末价值的现值之和。而股权在第一阶段(高速增长阶段)期末价值可由持续稳定增长的股权现金流量模型求得。两阶段增长模型的一般表达式如下:

$$股权价值 = 预测期股权现金流量现值 + 后续期价值的现值$$

假设预测期为 n,则:

$$股权价值 = \sum_{t=1}^{n} \frac{股权现金流量_t}{(1+股权资本成本)^t} + \frac{股权现金流量_{n+1} \div (股权资本成本 - 永续增长率)}{(1+股权资本成本)^n}$$

两阶段增长模型的使用条件:两阶段增长模型适用于增长呈现两个阶段的企业。第一阶段为超常增长阶段,增长率明显快于永续增长阶段;第二阶段具有永续增长的特征,增长率比较低,是正常的增长率。

例题 11-2 ×公司是一个高新技术公司,具有领先同业的优势。2010 年每股营业收入 10 元,每股经营营运资本 3 元,每股净利润 4 元,每股资本支出 2 元,每股折旧 1 元。目前无风险的年利率为 3%,市场组合的预期报酬率为 8%,该公司预计投资资本中始终维持净债务占 40%的比率。假设该公司的资本支出、经营营运资本、折旧与摊销、净利润与营业收入始终保持同比例增长。其未来销售增长率及预计风险系数如表 11-1 所示。

表 11-1 未来销售增长率及预计风险系数

年份	2011 年	2012 年	2013 年及以后
销售增长率	10%	10%	2%
β	1.6	1.6	1.4

要求:以 2011 年到 2013 年为预测期,计算后续期价值和股权价值。

根据题意,后续期价值和股权价值计算过程如下。

2011 年每股净利润=4×(1+10%)=4.4(元)

2011 年每股资本支出=2×(1+10%)=2.2(元)

2011 年每股经营营运资本=3×(1+10%)=3.3(元)

2011 年每股经营营运资本增加=3.3−3=0.3(元)

2011 年每股折旧与摊销=1×(1+10%)=1.1(元)

每股净经营资产净投资=每股资本支出+每股经营营运资本增加−每股折旧与摊销
=2.2+0.3−1.1=1.4(元)

每股净债务=1.4×40%=0.56(元)

2011 年每股股权现金流量=每股净利润−每股净经营资产净投资+每股净债务
=4.4−1.4+0.56=3.56(元)

股权价值计算如表 11-2 所示。

表 11-2 股权价值计算表 单位:元

年份	2010 年(基期)	2011 年	2012 年	2013 年
每股净利润	4	4.40	4.84	4.9368
销售增长率		10%	10%	2%
每股经营营运资本	3	3.30	3.63	3.7026
每股经营营运资本增加		0.30	0.33	0.0726
每股资本支出	2	2.20	2.42	2.4684
每股折旧摊销	1	1.10	1.21	1.2342
每股净经营资产净投资		1.40	1.54	1.3068
每股净债务		0.56	0.616	0.5227
每股股权现金流量		3.56	3.916	4.1527
β		1.60	1.6	1.4
无风险年利率		3%	3%	3%
股票市场风险补偿率		5%	5%	5%
股权资本成本		11%	11%	10%
折现系数		0.9009	0.8116	0.7378
预测期每股股权现金流量现值		3.21	3.18	3.06
后续期价值	39.06			
股权价值	48.51			

后续期价值=[4.1527×(1+2%)÷(10%−2%)]×0.7378=39.06(元)

股权价值=3.21+3.18+3.06+39.06=48.51(元)

四、实体现金流量模型

股权现金流量模型以股权资本成本作为折现率对现金流量折现,但股权资本成本受资本结构的影响较大,估计起来比较复杂。当债务增加时,风险上升,股权成本会上升,而上升的幅度不容易测定。因此,在实务中大多采用实体现金流量模型进行估价。

实体现金流量模型以加权平均资本成本对企业实体现金流量进行估算,由于加权平均资本成本受资本结构的影响较小,对资本结构变化不敏感。当债务增加时,企业风险增加,股权成本上升,但由于债务成本较低,债务成本的下降大部分被股权成本的上升所抵销,平均资本成本变化不明显。

实体现金流量模型的基本形式是:

$$实体价值 = \sum_{t=1}^{\infty} \frac{实体现金流量_t}{(1+加权平均资本成本)^t}$$

$$净债务价值 = \sum_{t=1}^{\infty} \frac{偿还债务现金流量_t}{(1+等风险债务成本)^t}$$

$$股权价值 = 实体价值 - 净债务价值$$

现金流量折现模型折现率比较如图 11-2 所示。

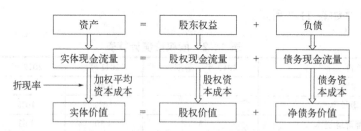

图 11-2 现金流量折现模型折现率比较

企业实体现金流量等于公司的税后净营业利润加上非现金支出,再减去流动资金、土地、厂房和设备以及其他资产的投资。它不包括任何与筹资有关的现金流量,如利息支出、红利等。它是企业一定时期可以提供给所有投资人(包括股权投资人和债券投资人)的税后现金流量。

根据实体现金流量的来源和去向分析,计算企业实体现金流量有两种方法。

从实体现金流量的来源分析,具体如下:

企业实体现金流量=营业现金净流量-资本支出

=(营业现金毛流量-经营营运资本增加)-资本支出

=(税后经营利润+折旧与摊销)-经营营运资本增加-资本支出

其中:税后经营利润、折旧与摊销可以根据预计利润表直接获得。经营营运资本增加可以根据预计资产负债表计算取得。

经营营运资本增加=本年经营营运资本-上年经营营运资本

经营营运资本=经营性流动资产-经营性流动负债

资本支出=净经营性长期资产增加+折旧与摊销

从实体现金流量的去向分析，具体如下。

$$实体现金流量=股权现金流量+债务现金流量$$

其中：股权现金流量=股利分配-股权资本发行+股份回购
债务现金流量=税后利息-净债务增加

实体现金流量模型，如同股权现金流量模型一样，也可以分为两种。

（一）永续增长模型

$$实体价值=\frac{下期实体现金流量}{加权平均资本成本-永续增长率}$$

（二）阶段性增长模型

下面以两阶段增长模型为例来讨论。

$$实体价值=预测期实体现金流量现值+后续期价值的现值$$

设预测期为 n，则：

$$实体价值=\sum_{t=1}^{n}\frac{实体现金流量_t}{(1+加权平均资本成本)^t}+\frac{实体现金流量_{n+1}\div(加权平均资本成本-永续增长率)}{(1+加权平均资本成本)^n}$$

下面通过一个例子说明实体现金流量模型的应用。

例题 11-3 S 公司的预测利润表和资产负债表主要数据如表 11-3 所示。其中 2013 年为实际值，2014—2016 年为预测值（其中资产负债表项目为期末值）。S 公司 2014 年和 2015 年为高速成长时期，年增长率为 6%～7%；2016 年销售市场将发生变化，S 公司调整经营政策和财务政策，销售增长率下降为 5%；2017 年进入均衡增长期，其增长率为 5%（假设可以无限期持续），假设加权平均资本成本为 10%。根据所给出的利润表和资产负债表预测数据，假设债务的账面成本与市场价值相同，根据加权平均资本成本和实体现金流量评估 2013 年年末 S 公司的企业实体价值和股权价值（均指持续经营价值，下同）。

表 11-3　S 公司的预计利润表和资产负债表　　　　　单位：万元

项目	实际值	预测值		
	2013 年	2014 年	2015 年	2016 年
利润表：				
一、营业收入	1 000.00	1 070.00	1 134.20	1 191.49
减：营业成本	600.00	636.00	674.16	707.87
二、毛利润	400.00	434.00	460.04	483.62
减：销售和管理费用（不包含折旧费用）	200.00	214.00	228.98	240.43
折旧与摊销	40.00	42.42	45.39	47.66
财务费用	20.00	21.40	23.35	24.52
三、利润总额	140.00	156.18	162.32	171.01
减：所得税费用（25%）	35.00	39.05	40.58	42.75
四、净利润	105.00	117.13	121.74	128.26
加：年初未分配利润	79.00	93.38	115.74	133.65
五、可供分配利润	184.00	210.51	237.48	261.91
减：应付普通股股利	67.20	70.42	78.18	82.09

续表

项目	实际值	预测值		
	2013年	2014年	2015年	2016年
六、未分配利润	116.80	140.09	159.30	179.82
资产负债表：				
经营流动资产	60.00	63.63	68.09	71.49
固定资产原值	460.00	529.05	607.10	679.73
减：累计折旧	20.00	62.42	107.81	155.47
固定资产净值	440.00	466.63	499.29	524.26
资产总计	500.00	530.26	567.38	595.75
经营流动负债	15.00	15.91	17.02	17.87
长期借款	168.20	174.26	191.06	198.06
股本	200.00	200.00	200.00	200.00
年末未分配利润	116.80	140.09	159.30	179.82
股东权益合计	316.80	340.09	359.30	379.82
负债和股东权益总计	500.00	530.26	567.38	595.75

根据上述资料计算企业实体价值和股权价值。

2014年预计税前经营利润=净利润+财务费用+全部所得税
=117.13+21.40+39.05=177.58（万元）

税后经营利润=税前经营利润×(1-平均所得税税率)
=177.58×(1-25%)=133.19（万元）

营业现金毛流量=税后经营利润+折旧与摊销
=133.19+42.42=175.61（万元）

经营流动资产增加=63.63-60.00=3.63（万元）

经营流动负债增加=15.91-15.00=0.91（万元）

经营营运资本增加=经营流动资产增加-经营流动负债增加
=3.63-0.91=2.72（万元）

营业现金净流量=营业现金毛流量-经营营运资本增加
=175.61-2.72=172.89（万元）

净经营长期资产增加=466.63-440=26.63（万元）

资本支出=净经营长期资产增加+折旧与摊销
=26.63+42.42=69.05（万元）

实体现金流量=营业现金净流量-资本支出
=172.89-69.05=103.84（万元）

2015年和2016年的预计实体现金流量如表11-4所示。

表11-4　S公司2015年和2016年预计实体现金流量表　　单位：万元

项目	2014年	2015年	2016年
净利润	117.13	121.74	128.26
+财务费用	21.40	23.35	24.52
+全部所得税	39.05	40.58	42.75

续表

项目	2014年	2015年	2016年
=税前经营利润	177.58	185.67	195.53
税后经营利润=税前经营利润×(1-平均所得税税率25%)	133.19	139.25	146.65
+折旧与摊销	42.42	45.39	47.66
=营业现金毛流量	175.61	184.64	194.31
经营流动资产增加	3.63	4.46	3.40
-经营流动负债增加	0.91	1.11	0.85
=经营营运资本增加	2.72	3.35	2.55
营业现金净流量	172.89	181.29	191.76
净经营长期资产增加	26.63	32.66	24.97
+折旧与摊销	42.42	45.39	47.66
资本支出	69.05	78.05	72.63
实体现金流量	103.84	103.24	119.13

净债务价值=年初净负债-归还借款=168.20-0=168.20（万元）

$$预测期期末价值的现值 = \frac{119.13 \times (1+5\%)}{10\% - 5\%} \times 0.7513 = 1\,879.55（万元）$$

S 公司企业价值计算如表 11-5 所示。

表 11-5　S 公司企业价值计算表　　　　　　　　单位：万元

项目	现值	2014年	2015年	2016年
实体现金流量		103.84	103.24	119.13
折现系数		0.9091	0.8264	0.7513
预测期现金流量现值	269.22	94.40	85.32	89.50
预测期期末价值的现值	1 879.55			
公司实体价值	2 148.77			
净债务价值	168.20			
股权价值	1 980.57			

企业实体价值=预测期现金流量现值+预测期期末价值的现值
=269.22+1 879.55=2 148.77（万元）

股权价值=企业实体价值-净债务价值=2 148.77-168.20=1 980.57（万元）

五、现金流量折现法的评价

目前，现金流量折现法是企业价值评估的主流方法。特别是在资本资产定价模型、调整现值法等理论发展和完善后，企业可以更好地精确估计企业的资本成本，因此现金流量折现法也得到了更多人的关注。但是，由于目前的现金流量折现方法存在种种假设，而现实的资本市场和投资者素质往往无法达到其要求的条件，因此在利用现金流量折现法进行评估时会出现各种问题。这主要表现在：

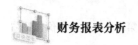

1. 没有反映企业现金流量的动态变化

企业的现金流量时刻处于变化之中，而且现金流量是时间、销售收入等参数的变化函数，必然导致依赖于现金流量的企业价值也处于动态变化之中。但是，在目前的评估模型中，往往忽视了现金流量的动态变化，单单依靠线性关系来确定现金流量，使评估结果更多地表现为静态结论。

2. 没有考虑折现率的动态变化

目前的评估方法，对折现率的选取一般是在企业资本成本的基础上，考虑财务风险因素选取的。在具体评估企业价值时，一般会以静止的方法确定折现率，以目前资本结构下的折现率进行企业价值评估，即折现率是固定的。但在实际中，由于企业经营活动发生变化，企业的资本结构必然处于变化之中，导致企业风险出现变化，进而影响到资本结构中各项资金来源的权重，导致折现率的波动，从而引起企业价值评估结果出现变化。

3. 没有反映企业财务杠杆的动态变化

企业在经营中会根据环境的变化而改变企业的举债数额和负债比率，这引起财务杠杆的波动，从而使企业的风险发生波动。一般情况下，这种风险的变化会在现金流量或者折现率中得到反映。但在目前的评估模型下，只是从静止的观点进行价值评估，忽视了这种财务杠杆和财务风险的变化。

4. 现金流量折现法的运用前提无法满足

现金流量折现法是建立在完全市场基础之上的，它的应用依赖于一系列的前提条件。这包括资本市场是有效率的，资产的价格反映了资产的价值；企业所面临的经营环境是稳定的，科学的预测模型可以有效防止经营环境的不确定性；企业满足持续经营的假设，没有特殊情况，企业将无限期地经营下去；投资者的估计是无偏差的，投资者往往都是理性的投资者，可以利用一切可以得到的信息进行投资决策等。显然，如果上述条件不能得到满足，对于企业价值评估的影响是非常不利的。

第三节 相对价值估价法

虽然现金流量折现法在理论上很健全，但其在实际应用中会遇到很多技术上的困难，现实中大多数资产都是以相对价值为基础评估的。

一、相对价值模型的原理

相对价值模型是利用类似企业的市场定价来估计目标企业价值的一种方法。它的前提是假设存在一个支配企业市场价值的主要变量，市场价值与该变量的比值，各企业是相似的、可以比较的。例如，用行业平均市盈率来评估公司，其前提是该行业中的其他公司和该公司是可比较的，而且这些公司在一般情况下存在合理的市场价格。相对价值模型一般包括市盈率模型、市净率模型和托宾Q值模型等。

在采用相对价值模型评估公司股权价值时，最关键的就是要选择适当的可比公司以及合适的参照比率。对于可比公司的选择，需要注意：首先，要选择同行业的企业，并且产品类型以及企业的市场地位要大致相同；其次，企业的资产结构以及财务指标（如企业偿债能力、营运能力以及盈利能力等）要大致相同。对于参照比率的选择，各个相对价值模型都不同，下面分别进行介绍。

二、市盈率模型

（一）基本模型

市盈率模型是相对价值模型中最为常用的模型之一，其假设如下：①公司的连续价值等于未来净利润的一定倍数；②具有类似的增长潜力、股利支付率和股权资本成本的公司具有类似的市盈率，所以目标企业的每股价值可以用目标企业的每股收益乘以可比企业平均市盈率计算获得。

$$目标企业每股价值=可比企业平均市盈率 \times 目标企业的每股收益$$

其中：$市盈率 = \dfrac{每股市价}{每股收益}$

可比企业平均市盈率的计算方法有两种：一是将可比企业的市盈率简单地进行平均，其计算公式为：可比企业平均市盈率=所有可比企业平均市盈率之和÷股票个数之和；二是加权平均法，其计算公式为：可比企业平均市盈率=(所有可比企业市盈率分别乘以各自的总股本)÷所有可比公司的总股本之和。

（二）模型原理

根据股利折现模型，处于稳定状态企业的股权价值为：

$$股权价值\ P_0 = \dfrac{股利_t}{股权资本成本 - 增长率}$$

两边同时除以每股收益$_0$：

$$\dfrac{P_0}{每股收益_0} = \dfrac{股利_t \div 每股收益_0}{股权资本成本 - 增长率}$$

$$= \dfrac{[每股收益_0 \times (1+增长率) \times 股利支付率] \div 每股收益_0}{股权资本成本 - 增长率}$$

$$= \dfrac{股利支付率 \times (1+增长率)}{股权资本成本 - 增长率}$$

$$= 本期市盈率$$

上述公式表明，市盈率的驱动因素是企业的增长潜力、股利支付率和股权资本成本。这三个因素类似的企业，才会具有类似的市盈率。因此，在选择可比公司时，还要选择合适的参照比率，即选择与目标企业的这三个比率类似的企业。

（三）模型的适用性

市盈率模型的最大特点是简单方便、数据易得、易于理解；另外，市盈率把价格和收益联系起来，直观地反映投入和产出的关系。但是，应用市盈率模型进行估价时还存在很多问题。首先，当企业的收益是负值时，计算出来的市盈率就失去了意义；其次，即使采用行业平均市盈率，也需要根据被估价企业的实际情况进行相应的调整，这样就不可避免地在估价过程中产生了很多主观因素;最后,当被评估企业所在的行业不景气或者过热时,该行业的平均市盈率就会偏低或偏高。如果企业的 β 值为 1,则评估价值正确反映了对未来的预期。如果企业的 β 值显著大于 1,经济繁荣时评估价值被夸大,经济衰退时评估价值被缩小。因此,市盈率模型最适合于连续盈利,并且 β 值接近于 1 的企业。

例题 11-4 甲企业是一家大型船舶制造企业,2013 年的每股收益是 1.5 元,每股分配股利 0.5 元,假设甲企业的增长率是 5%,β 值为 0.8。市场收益率为 12%,政府长期债券利率为 7%。乙企业 2013 年每股收益是 1.0 元,且乙企业与甲企业是类似企业,试用市盈率模型为乙企业估值。

$$甲企业股权资本成本 = 无风险利率 + \beta \times (市场收益率 - 无风险利率)$$
$$= 7\% + 0.8 \times (12\% - 7\%)$$
$$= 11\%$$

$$甲企业本期市盈率 = \frac{股利支付率 \times (1 + 增长率)}{股权资本成本 - 增长率}$$
$$= \frac{(0.5 \div 1.5) \times (1 + 5\%)}{11\% - 5\%}$$
$$= 5.83$$

$$乙企业股票价值 = 可比企业市盈率 \times 目标企业每股收益$$
$$= 5.83 \times 1.0$$
$$= 5.83（元/股）$$

三、市净率模型

(一) 基本模型

市净率模型假设股权价值是净资产的函数,类似企业有相同或相似的市净率。因此,目标企业的价值可以用每股净资产乘以平均市净率计算。

$$目标企业每股价值 = 可比企业平均市净率 \times 目标企业净资产$$

其中:$市净率 = \dfrac{每股市价}{每股净资产}$

(二) 模型原理

把股利折现模型的两边同时除以同期股权账面价值:

$$\frac{P_0}{股权账面价值} = \frac{[股利_0 \times (1+增长率)] \div 股权账面价值_0}{股权资本成本 - 增长率}$$

$$= \frac{\dfrac{股利_0}{每股收益_0} \times \dfrac{每股收益_0}{股权账面价值_0} \times (1+增长率)}{股权资本成本 - 增长率}$$

$$= \frac{股东权益收益率_0 \times 股利支付率 \times (1+增长率)}{股权资本成本 - 增长率}$$

$$= 本期市净率$$

根据上述公式,股东权益收益率、股利支付率、增长率和股权资本成本是不同企业市净率差别所在。因此,选择可比公司时,应该考虑与目标企业这四个比率类似的企业。

(三) 模型的适用性

市净率模型不受"公司净利润为正"的限制,从而弥补了市盈率模型的缺陷。净资产账面价值比每股收益稳定,不容易被人为操纵。但账面价值会受会计政策选择的影响,如果各企业的会计估计和会计政策不同,市净率就会失去可比性。对于高科技企业来说,净资产与企业价值关系不大,不适合用市净率模型估价。市净率模型适用于拥有大量资产、净资产为正的公司。

例题 11-5 表 11-6 列出了建筑建材业 8 家上市公司的市盈率和市净率,以及全年的平均股价,评估人员打算采用市净率模型和市盈率模型分别评估 S 公司的股票价值,评估基准日为 2020 年 12 月 31 日,哪一个更接近实际价格?为什么?

表 11-6 建筑建材业 8 家上市公司的市盈率和市净率

公司	每股收益/元	每股净资产/元	市盈率	市净率	平均价格/元
A	1.04	4.67	25.36	5.65	26.37
B	0.55	3.89	30.84	4.36	16.96
C	0.40	3.09	20.80	2.69	8.32
D	0.48	3.79	30.31	3.84	14.55
E	0.67	6.96	29.70	2.86	19.90
F	0.35	4.24	36.26	2.99	12.69
G	0.16	2.34	33.56	2.29	5.37
H	0.26	4.16	30.15	1.88	7.84
平均数			29.62	3.32	
S 公司	0.77	6.47			19.86

按照市盈率模型估价=0.77×29.62=22.81(元/股)
按照市净率模型估价=6.47×3.32=21.48(元/股)

虽然用两种方法为 S 公司估价的结果相差不大,但仍然可以看出,市净率模型的估价更接近实际价格。这是因为建筑建材业是一个需要大量资产的行业。

 专栏 11-1

股票回报来源拆分

"指数基金之父"约翰·博格在《共同基金常识》第 2 章中,通过对美股将近 200 年的投资回报率进行分析,认为决定股市回报率的有三个变量,分别是企业盈利增长率、股息率、市盈率的变化。市盈率是估值的一个指标,市盈率的变化可以看作估值的变化。这三个变量共同决定了股市的回报。基于此,可以得出一个公式。

股票回报≈企业盈利增长+股息收益+估值变化

美股的数据显示,从长期来看,股票的回报主要来源于企业盈利增长和股息收益,而估值的变化则会导致股票短期波动,在某些时期提高了股票回报,在某些时期则降低了股票回报。

上述公式在美股成立,那么在 A 股如何呢?将万得全 A 的累计收益率来源进行拆分,并分别计算净资产增长率(用来说明企业盈利增长)、股息率、估值变化率(用 PB 计算),发现万得全 A 的累计收益率也是由这三个变量共同影响的,相关数据如表 11-7 所示。

表 11-7 股票回报来源统计表   单位：%

项目	近1年	近3年	近5年	2005年以来
万得全A累计收益率	−17.32	15.78	1.26	505.31
净资产增长率	2.25	11.74	20.00	468.99
估值变化率	−20.35	−0.97	−21.76	−18.66
股息率	1.52	4.64	7.85	30.79

数据来源：wind   截至日期：2022年9月30日

从表 11-7 可以看出，净资产增长率和股息率持续增长，对万得全 A 累计收益率都是正向影响。在股市低迷的当下观察，估值变化率均是负值，对万得全 A 累计收益率是负向影响。从长期来看，万得全 A 的收益率来源于企业盈利增长和股息收益，其中公司盈利增长是贡献最高的，估值变化的贡献微乎其微。

上述数据说明，如果买入股票或者股票基金，一直长期持有，获得的收益更接近于企业盈利增长和股息收益的总和，长期的累计收益率会很高。

四、托宾 Q 值模型法

1965 年，诺贝尔经济学奖得主詹姆斯·托宾（James Tobin）提出了著名的托宾 Q 值。托宾 Q 值是企业的市场价值对其资产重置成本的比率，反映一个企业两种不同价值估计的比值。市场价值是金融市场上所说的企业值多少钱，即企业的实体价值，包括股权价值和债权价值；分母中的资产重置成本是企业的"基本价值"，它是指企业重新取得与其所拥有的某项资产相同或与其功能相当的资产需要支付的现金或现金等价物。托宾 Q 值有四种计算方法，其计算公式如下。

$$托宾 Q 值 A = \frac{市场价值A}{期末总资产} = \frac{股权价值 + 净债务价值}{期末总资产}$$

（其中：非流通股权市值用净资产代替计算）

$$托宾 Q 值 B = \frac{市场价值A}{资产总额 - 无形资产净值} = \frac{股权价值 + 净债务价值}{资产总额 - 无形资产净值}$$

（其中：非流通股权市值用净资产代替计算）

$$托宾 Q 值 C = \frac{市场价值B}{期末总资产} = \frac{股权价值 + 净债务价值}{期末总资产}$$

（其中：非流通股权市值用流通股股价代替计算）

$$托宾 Q 值 D = \frac{市场价值B}{资产总额 - 无形资产净值} = \frac{股权价值 + 净债务价值}{资产总额 - 无形资产净值}$$

（其中：非流通股权市值用流通股股价代替计算）

托宾 Q 值为企业价值评估提供了另外一种选择，虽然市盈率模型法和市净率模型法等价值评估方法仍是当前重要的价值评估方法，但其缺陷也逐渐暴露，如不同市场之间以及不同行业之间市盈率和市净率水平如何测定等往往难以定量，而托宾 Q 值则真实反映了公司的内在价值与市场价值之间的关系,当通货膨胀使资产的价值膨胀时,或当技术进步使资产的价值降低时,这种方法可能是一个更好的识别低估的方法。如果托宾 Q 值大于 1,股票市场对公司资产的定价就高于其实际的重置成本,即公司的投资收益大于资本成本,公司就有了投资的积极性;反之,如果托宾 Q 值小于 1,公司就不愿意进行再投资。

与市盈率模型法和市净率模型法一样,在使用托宾 Q 值模型法进行价值评估时,首先要选择一组与目标企业相似的可比公司,以此来确定适当的托宾 Q 值比率,然后再用该托宾 Q 值乘以目标企业的资产重置成本就可以得到企业的价值,即:

企业价值=可比企业平均托宾 Q 值×目标企业资产重置成本

在实务中使用该方法时,较大的困难在于重置成本的取得,尤其对于一些具有专用性的资产进行重置成本估计是非常困难的。因此,在实际运用中,人们经常用企业资产的账面价值作为重置成本来替代。

五、相对价值估价法的评价

相对价值估价法的吸引人之处在于它很简单而且具有数据易于获取的性质。利用这些比率可以迅速地得到公司及其资产的价值,当金融市场上有大批可比公司,且市场总体上正确赋予了这些公司价格时,相对价值估价法尤其适用。但事实上,相对价值估价法提供的只是关于待评估公司相对于其他可比公司的价值的信息,这使它具有很大的局限性。例如,假设我们发现了一家被低估的公司,其市盈率为 10,而可比公司的市盈率为 20,如果整个行业都被市场高估,那么我们仍然会在投资中受损。

同样,相对价值估价法也容易被误用和操纵,特别是在有可比公司使用的情况下,如果实际上并没有哪两家公司在成长和风险方面是完全一致的,那么可比公司的概念就是一个相对比较主观的概念。其结果是,一个抱有偏见的估值人员可以选择一组可比公司来确认其对一家公司的价值的偏见。

专栏 11-2

如何选择可比公司

只有风险和收益特征比较接近的公司才能被视为可比公司。但是,正如世界上找不到两片完全相同的树叶,同样也找不到两个完全相同的公司,公司之间必然会存在一定的差异。一般来说,可比公司与目标公司之间应该具备以下一些基本特征,才有可能满足上述要求。

第一,具有类似的业务或者行业背景。不同行业由于其产品特性、生产流程、原材料供应、市场发展等具体特征的差异,其未来收益和风险变化的影响因素完全不同。因此,这是可比公司选择的首要条件。有的分析将化工行业内的所有公司都视为可比公司,而实际上这些公司的上述特征差异很大,显然违背了这条原则的初衷。所以,上述原则一定要从风险和收益影响要素的角度进行把握。

第二,具有类似的规模。不同规模的企业其抗风险能力、增长潜力甚至核心价值驱动要素等有可能有所不同。一般来说,市值或者销售收入等指标可以用来判断公司在规模上是否具备可比性。

第三,具有预期近似的增长率。公司的价值总是企业未来前景的反映,两个当前状况完全相同的企业如果未来的增长率存在明显差异,其价值显然应该具有本质差别。

第四，近似的股东结构。这条原则主要是从公司治理的角度来考察公司间的可比性质。一般来说，一股独大的公司和股权分散的公司在决策机制上会有差别，可能造成公司不同的发展战略和发展方向，从而表现为对于投资人而言不同性质的风险。就我国资本市场的具体情况来看，国有控股和民营上市公司不同的行为方式特点就会对公司的未来走向造成不同的影响。

第五，近似的资本结构，即公司对财务杠杆的使用程度。资本结构的差异一方面表现为企业风险的差异，因为负债比例高的企业其股东面临的风险会更大。另外，资本结构也会对净利润等指标产生影响，从而扭曲企业间的可比性质。

第六，类似的地域特点和收入来源的特点。同行业、同等规模的美国和中国公司之间，产品主要出口的公司和主要内销的公司之间，其价值影响要素肯定会有所差别。

以上是可比公司应该具备的一些基本特征，这些特征可能会由于具体的使用环境而有所调整，但无论如何，未来收益和风险特征的类似性是可比公司选择的根本原则。只有可比公司的使用遵循了内在价值的基本原理，方法本身才可能成为探寻企业内在价值的有力工具，进而相对价值法的方便性和简洁性才能具有现实意义。

本章小结

企业价值评估是投资者和管理者为改善决策，对企业的公平市场价值进行分析和衡量并提供相关信息的一种经济评估方法。价值评估可用于投资分析、战略分析以及以价值为基础的管理。

企业价值评估的一般对象是企业整体的经济价值。企业的整体经济价值是指企业作为一个整体的公平市场价值。经济价值是指一项资产的公平市场价值，通常用该资产所产生的未来现金流量的现值来计量。

企业价值评估一般遵守以下程序：了解评估对象背景；选择恰当的评估模型估值；通过比较市值和估值，进行投资决策。

常见的企业价值评估方法包括现金流量折现法和相对价值估价法。现金流量折现法通过把未来期限现金流量按一定的比率进行折现来计算企业价值，具体又分为股利现金流量模型、股权现金流量模型和实体现金流量模型。根据现金流的特征，现金流量折现模型又可以分为两种类型：永续增长模型和阶段性增长模型。

股权现金流量也就是企业支付所有营运费用、再投资支出、所得税和净债务支付（利息、本金支付减去发行新债务的净额）后可分配给企业股东的剩余现金流量。

根据实体现金流量的来源和去向分析，计算企业实体现金流量有两种方法。从实体现金流量的来源分析，企业实体现金流量=税后经营利润+折旧与摊销－经营营运资本增加－（净经营性长期资产增加+折旧与摊销）；从实体现金流量的去向分析，实体现金流量=股权现金流量+债务现金流量。

现金流量折现法的应用依赖于一系列的前提条件，即企业的财务管理活动处于一个完全的竞争市场中，企业的经营是有规律的并且可以有效预测。但由于经营环境的变动，企业价值处于一种动态波动之中，对于影响企业价值的财务杠杆、资本成本、现金流量等参数的波动没有进行考虑，因此现金流量折现法存在一定的缺陷。

相对价值估价法是利用可比公司的价格或价值参数来估计企业的相对参数，常见的估值方法有市盈率模型法、市净率模型法和托宾Q值模型法。相对价值法具有简单而且数据易于获取的性质，但它提供的只是关于待评估公司相对于其他可比公司的价值的信息。同时，相对价值法也容易被误用和操纵。

复习思考题

1. 企业价值评估的含义是什么？
2. 企业价值评估有哪些目的？
3. 企业价值评估的对象是什么？
4. 企业实体价值、股权价值和净债务价值三者之间的关系是什么？
5. 企业价值评估的程序有哪些？
6. 企业价值评估的方法有哪些？
7. 股利折现模型和股权现金流量模型两者之间有什么关系？
8. 两阶段增长模型的特点是什么？
9. 如何计算企业股权现金流量和实体现金流量？
10. 如何评价现金流量折现法？
11. 运用相对价值估价法时，如何选取可比公司？
12. 市净率模型和市盈率模型分别适用于哪一类型的企业？
13. 相对价值估价法与现金流量折现法相比，有什么优缺点？

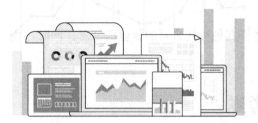

附　录

附录 1　Y 公司合并资产负债表

单位：万元

项目	2017 年	2018 年	2019 年	2020 年	2021 年
流动资产					
货币资金	2 182 306.62	1 105 100.37	1 132 532.08	1 169 518.40	3 174 237.09
交易性金融资产	0.00	49.88	38 999.40	12 321.98	3 721.32
衍生金融资产	0.00	0.00	0.00	26 282.86	6 062.05
应收票据	16 359.70	18 110.00	22 172.00	14 287.50	14 845.00
应收账款	78 614.02	110 102.66	161 551.04	161 634.49	195 897.79
预付款项	119 243.42	145 960.10	115 717.52	128 973.40	151 975.22
应收利息	18 844.70	0.00	0.00	0.00	0.00
其他应收款	4 466.18	15 455.92	19 475.92	11 548.58	12 603.32
存货	463 999.39	550 707.40	771 503.13	754 502.55	891 719.56
一年内到期的非流动资产	0.00	0.00	30 324.07	156 220.90	222 992.00
其他流动资产	100 739.16	500 043.36	278 309.88	402 767.26	341 442.64
流动资产合计	2 984 573.19	2 445 529.68	2 570 585.04	2 838 057.92	5 015 495.99
非流动资产					
可供出售金融资产	65 181.96	83 101.10	0.00	0.00	0.00
债权投资	0.00	0.00	0.00	0.00	0.00
其他债权投资	0.00	0.00	0.00	0.00	0.00
长期应收款	0.00	0.00	0.00	0.00	0.00
长期股权投资	176 518.51	190 938.71	196 090.49	290 281.76	420 995.03
其他权益工具投资	0.00	0.00	114 789.61	362 962.28	381 535.43
其他非流动金融资产	0.00	0.00	14 216.77	26 469.08	63 800.68
投资性房地产	0.00	0.00	53 329.59	52 045.21	50 760.84
固定资产	1 325 639.03	1 468 776.25	1 829 621.43	2 334 341.45	2 937 868.28
在建工程	188 785.73	268 670.59	616 505.02	542 473.78	373 565.23
工程物资	1 420.83	0.00	0.00	0.00	0.00
生产性生物资产	0.00	0.00	0.00	0.00	177 694.57
使用权资产	0.00	0.00	0.00	0.00	71 808.95
无形资产	51 436.12	63 926.86	140 868.22	153 578.49	160 913.47
开发支出	0.00	0.00	0.00	0.00	0.00
商誉	1 067.86	1 067.86	52 754.38	36 155.10	30 628.67

续表

项目	2017年	2018年	2019年	2020年	2021年
长期待摊费用	6 919.50	5 853.76	67 872.80	54 468.18	40 976.41
递延所得税资产	55 994.61	60 908.42	74 397.45	129 439.20	118 398.30
其他非流动资产	72 498.19	171 847.21	315 095.90	295 153.99	351 792.13
非流动资产合计	1 945 462.35	2 315 090.77	3 475 541.66	4 277 368.52	5 180 737.99
资产合计	4 930 035.53	4 760 620.45	6 046 126.70	7 115 426.44	10 196 233.98
流动负债					
短期借款	786 000.00	152 300.00	455 963.13	695 673.07	1 259 636.64
交易性金融负债	0.00	0.00	3 707.90	0.00	2.87
衍生金融负债	0.00	0.00	0.00	3 222.01	2 941.99
应付票据	21 527.68	27 624.92	30 009.76	25 916.97	40 214.73
应付账款	725 387.95	883 946.22	1 050 112.56	1 137 646.75	1 365 951.67
预收款项	412 557.11	440 076.13	602 005.83	0.00	0.00
合同负债	0.00	0.00	0.00	605 589.79	789 132.76
应付职工薪酬	260 361.74	251 339.27	242 035.46	271 315.18	316 817.61
应交税费	40 409.08	35 337.96	39 669.16	63 235.72	40 273.13
应付利息	932.68	0.00	0.00	0.00	0.00
应付股利	7 313.12	0.00	0.00	0.00	0.00
其他应付款	126 900.93	122 100.04	382 165.85	313 683.88	351 467.03
一年内到期的非流动负债	2 419.15	3 312.89	30 619.22	82 323.60	66 811.15
其他流动负债	1 193.10	1 040.57	306 938.60	278 211.51	96 374.36
流动负债合计	2 385 002.53	1 917 078.00	3 143 227.47	3 476 818.48	4 329 623.94
非流动负债					
长期借款	28.90	28.90	47 112.41	137 503.17	538 017.65
应付债券	0.00	0.00	150 000.00	376 245.00	318 785.00
租赁负债	0.00	0.00	0.00	0.00	41 598.69
长期应付款	6 403.73	13 366.48	16 401.51	7 125.63	20 824.39
专项应付款	0.00	0.00	0.00	0.00	0.00
递延收益	14 618.62	15 833.03	11 457.76	17 912.00	30 826.88
递延所得税负债	0.00	10 591.84	50 513.67	46 557.77	37 455.60
其他非流动负债	0.00	0.00	0.00	0.00	0.00
非流动负债合计	21 051.25	39 820.25	275 485.35	585 343.57	987 508.21
负债合计	2 406 053.78	1 956 898.25	3 418 712.82	4 062 162.05	5 317 132.15
股东权益					
股本	607 849.26	607 812.76	609 637.89	608 262.48	640 013.09
资本公积	276 553.46	284 133.70	84 443.89	141 741.11	1 426 856.51
减：库存股	20 169.05	9 746.28	332 774.09	177 201.71	125 106.73
其他综合收益	−7 139.33	37 523.62	98 414.27	111 496.29	79 295.19
盈余公积	242 265.39	304 572.85	320 696.69	304 818.94	320 006.55
未分配利润	1 410 979.19	1 567 261.74	1 832 683.86	2 049 273.92	2 429 766.43
归属于母公司股东权益合计	2 510 338.92	2 791 558.39	2 613 102.50	3 038 391.03	4 770 831.04
少数股东权益	13 642.83	12 163.81	14 311.38	14 873.36	108 270.79
股东权益合计	2 523 981.75	2 803 722.20	2 627 413.88	3 053 264.39	4 879 101.83
负债和股东权益总计	4 930 035.53	4 760 620.45	6 046 126.70	7 115 426.44	10 196 233.98

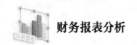

附录2 Y公司合并利润表

单位：万元

项目	2017年	2018年	2019年	2020年	2021年
一、营业收入	6 805 817.43	7 955 327.75	9 022 307.55	9 688 564.20	11 059 520.32
减：营业成本	4 236 254.43	4 910 603.44	5 639 171.27	6 745 294.73	7 641 670.55
税金及附加	51 157.02	53 095.24	57 698.77	54 650.24	66 358.01
销售费用	1 552 186.25	1 977 268.38	2 106 965.75	1 688 355.86	1 931 480.97
管理费用	310 788.34	297 973.55	428 492.77	388 289.86	422 707.31
研发费用	20 916.53	42 687.31	49 517.08	48 709.98	60 101.71
财务费用	11 348.53	−6 027.12	800.21	18 809.01	−2 915.88
其中：利息费用	0.00	13 160.26	27 242.59	49 431.73	80 951.37
利息收入	0.00	19 909.57	34 943.86	55 180.29	75 179.87
资产减值损失	5 062.34	7 565.58	24 144.23	33 931.24	42 732.70
信用减值损失	0.00	0.00	6 055.31	−1 186.21	10 850.47
加：其他收益	78 801.38	74 656.27	58 779.15	67 632.62	80 932.65
投资收益	13 467.93	26 091.32	54 486.57	59 973.00	46 138.54
公允价值变动收益	0.00	23.10	7 816.31	17 108.89	12 059.30
资产处置收益	1 217.82	−3 849.17	−2 512.48	−600.83	−2 633.89
二、营业利润	711 591.12	769 082.90	828 031.70	855 823.16	1 023 031.08
加：营业外收入	8 559.78	3 481.89	2 983.76	4 852.19	5 824.91
减：营业外支出	12 753.56	14 801.55	11 604.94	45 690.42	17 620.59
三、利润总额	707 397.33	757 763.24	819 410.51	814 984.93	1 011 235.40
减：所得税费用	107 115.83	112 563.63	124 337.90	105 091.06	138 032.84
四、净利润	600 281.50	645 199.61	695 072.62	709 893.87	873 202.56
其中：归属于母公司股东的净利润	600 088.49	643 974.96	693 376.34	707 817.68	870 491.51
少数股东损益	193.01	1 224.65	1 696.27	2 076.19	2 711.05
五、其他综合收益的税后净额	−43 334.33	44 662.95	26 318.58	13 024.93	−8 745.20
六、综合收益总额	556 947.17	689 862.56	721 391.20	722 918.00	864 457.36

附录3 Y公司合并现金流量表

单位：万元

项目	2017年	2018年	2019年	2020年	2021年
一、经营活动产生的现金流量					
销售商品、提供劳务收到的现金	7 569 902.75	8 926 979.00	10 146 173.33	10 602 400.27	12 196 836.99
收到的税费返还	205.81	112.31	0.00	0.00	0.00
收到其他与经营活动有关的现金	181 329.07	219 850.54	168 670.75	207 032.24	228 344.64
经营活动现金流入小计	7 751 437.63	9 146 941.85	10 314 844.08	10 809 432.51	12 425 181.63
购买商品、接受劳务支付的现金	5 793 473.94	7 024 575.35	7 967 980.67	8 353 749.54	9 118 246.26
支付给职工以及为职工支付的现金	596 926.52	720 817.28	910 905.73	934 032.04	1 104 434.61
支付的各项税费	462 934.07	466 834.90	441 132.03	403 954.12	507 539.69
支付其他与经营活动有关的现金	197 473.38	72 237.14	149 277.61	132 532.90	142 209.10
经营活动现金流出小计	7 050 807.91	8 284 464.67	9 469 296.05	9 824 268.59	10 872 429.66
经营活动产生的现金流量净额	700 629.72	862 477.18	845 548.03	985 163.92	1 552 751.97
二、投资活动产生的现金流量					
收回投资收到的现金	1 452.22	144 857.58	84 691.72	61 462.87	13 383.18
取得投资收益收到的现金	5 313.81	11 605.64	20 919.99	82 408.24	18 814.10
处置固定资产、无形资产和其他长期资产收回的现金净额	7 280.20	4 716.85	3 423.97	2 196.48	3 877.69
处置子公司及其他营业单位收到的现金净额	0.00	0.00	200.00	219.14	
收到其他与投资活动有关的现金	13 908.57	51.62	0.00	0.00	2 333.35
投资活动现金流入小计	27 954.81	161 231.70	109 235.69	146 286.73	38 408.32
购建固定资产、无形资产和其他长期资产支付的现金	335 135.95	509 060.05	924 285.87	652 219.71	668 273.41
投资支付的现金	4 500.00	162 500.00	15 285.35	396 102.94	97 930.31
取得子公司及其他营业单位支付的现金净额	0.00	0.00	161 698.32	0.00	51 809.49
支付其他与投资活动有关的现金	0.00	27 070.06	7 900.10	2 273.23	93.46
投资活动现金流出小计	339 635.95	698 630.11	1 109 169.64	1 050 595.88	818 106.67
投资活动产生的现金流量净额	−311 681.14	−537 398.41	−999 933.95	−904 309.16	−779 698.35
三、筹资活动产生的现金流量					
吸收投资收到的现金	21 768.60	1 800.00	27 489.38	24 750.15	1 225 515.00
其中：子公司吸收少数股东投资收到的现金	0.00	1 800.00	0.00	44.34	20 790.00
取得借款收到的现金	846 000.00	498 300.00	1 656 972.55	7 455 730.61	12 693 820.14
收到其他与筹资活动有关的现金	0.00	0.00	235 301.20	0.00	63 593.87
筹资活动现金流入小计	867 768.60	500 100.00	1 919 763.14	7 480 480.76	13 982 929.01
偿还债务支付的现金	75 000.00	1 132 000.00	993 696.85	6 943 563.15	12 195 751.84
分配股利、利润或偿付利息支付的现金	384 542.89	439 260.28	440 567.13	530 973.73	569 280.51
其中：子公司支付给少数股东的股利、利润	1 528.07	1 920.89	1 370.80	1 373.07	2 108.77
支付其他与筹资活动有关的现金	2 945.05	3 738.21	587 146.07	10 600.08	23 376.00
筹资活动现金流出小计	462 487.94	1 574 998.48	2 021 410.05	7 485 136.97	12 788 408.35
筹资活动产生的现金流量净额	405 280.66	−1 074 898.48	−101 646.92	−4 656.20	1 194 520.66
四、汇率变动对现金及现金等价物的影响	−39 771.77	30 714.78	6 211.22	−39 513.26	−2 881.06
五、现金及现金等价物净增加额	754 457.47	−719 104.93	−249 821.63	36 685.30	1 964 693.22
加：期初现金及现金等价物余额	1 321 140.52	2 075 597.99	1 356 493.06	1 106 671.44	1 143 356.73
六、期末现金及现金等价物余额	2 075 597.99	1 356 493.06	1 106 671.44	1 143 356.73	3 108 049.95

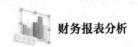

附录4 S公司合并所有者权益变动表

单位:万元

项目	2014年	2015年	2016年	2017年	2018年
一、上年年末余额	2 868 517	2 953 680	3 192 506	6 992 197	8 362 765
会计政策变更					
二、本年年初余额	2 868 517	2 953 680	3 192 506	6 992 197	8 362 765
三、本年度增减变动额					
(一)综合收益总额					
净利润	82 404	75 773	49 323	404 954	1 264 255
其他综合收益	3 025	20 866	253 631	949 303	-1 165 698
综合收益总额合计	85 429	96 639	302 954	1 354 257	98 557
(二)股东投入和减少资本					
股东投入资本			2 909 282		
少数股东增加资本	1 158	149 960	632 356	83 628	530 424
少数股东减少资本	-1 424	-7 814	-284	-788	-15
非同一控制下企业合并转入		12 765		-1 055	4 475
处置子公司		24 555		-40	
股票回购					-100 000
股份支付计入股东权益的金额					18 400
其他				255	-255
(三)利润分配					
提取盈余公积					
对股东的分配		-37 279	-44 617	-65 689	-93 272
其他					
四、本年年末余额	2 953 680	3 192 506	6 992 197	8 362 765	8 821 079